高等学校交通运输与工程类专业教材建设委员会规划教材

缆索承重桥梁

沈锐利　**主编**
刘占辉　唐茂林　**参编**

人民交通出版社股份有限公司
北京

内 容 提 要

全书共分九章。前八章分别介绍了缆索承重桥梁的发展简史、结构体系与总体布置、结构总体设计、计算理论与方法、缆索系统、梁结构、塔与锚结构的设计；第九章对缆索承重桥梁的施工进行了简单介绍。

本书可作为桥梁工程相关专业本科及研究生教材使用，亦可供桥梁工程设计、施工和研究人员参考。

图书在版编目(CIP)数据

缆索承重桥梁 / 沈锐利主编. — 北京：人民交通出版社股份有限公司，2021.2
　ISBN 978-7-114-16959-5

Ⅰ. ①缆… Ⅱ. ①沈… Ⅲ. ①悬索桥—承重结构—桥梁工程—研究 Ⅳ. ①U448.25

中国版本图书馆 CIP 数据核字(2021)第 029466 号

高等学校交通运输与工程类专业教材建设委员会规划教材
Lansuo Chengzhong Qiaoliang

书　　名：	**缆索承重桥梁**
著 作 者：	沈锐利
责任编辑：	卢俊丽　闫吉维
责任校对：	刘　芹
责任印制：	张　凯
出版发行：	人民交通出版社股份有限公司
地　　址：	(100011)北京市朝阳区安定门外外馆斜街 3 号
网　　址：	http://www.ccpcl.com.cn
销售电话：	(010)59757973
总 经 销：	人民交通出版社股份有限公司发行部
经　　销：	各地新华书店
印　　刷：	中国电影出版社印刷厂
开　　本：	787 × 1092　1/16
印　　张：	24.25
字　　数：	605 千
版　　次：	2021 年 2 月　第 1 版
印　　次：	2021 年 12 月　第 1 版　第 2 次印刷
书　　号：	ISBN 978-7-114-16959-5
定　　价：	60.00 元

(有印刷、装订质量问题的图书由本公司负责调换)

前言

在悬索桥、斜拉桥和斜拉-悬吊协作体系桥梁中,缆索都是最重要的传力构件,因此,将这类桥梁统称为缆索承重桥梁。

悬索桥的建造历史悠久,是最早的以缆索为承重结构的桥梁,可追溯到2000多年前,而以正常方式通行车辆的现代悬索桥的建造也有100多年的历史。我国在18世纪及以前建造了多座世界领先的传统悬索桥,为世界悬索桥的发展作出了重大贡献。1995年,我国建成了第一座现代悬索桥——广东汕头海湾大桥,其加劲梁采用预应力混凝土箱形梁,主跨跨径452m;1996年建成了跨径900m的西陵长江大桥,是我国第一座钢箱加劲梁悬索桥;1997年建成跨径888m的珠江虎门大桥,是我国第一座高速公路悬索桥;1999年建成跨径1385m的江阴长江大桥,使我国首次拥有了自主修建的跨径超过1000m的桥梁。前述几座悬索桥的建成,使我国悬索桥设计、施工和研究能力大大增强,奠定了我国大跨径悬索桥建设的基础。进入21世纪后,随着我国交通需求的更进一步增长,跨越海湾、海峡、大江大河、山区峡谷的桥梁越来越多,我国悬索桥建设不仅在跨径上取得了更进一步的突破,数量上也急剧增大,建设、设计、施工和管养人员需求大幅度增大。据不完全统计,到2019年底,我国跨径大于300m的现代悬索桥已经超过70座,其中跨径超过1000m的接近30座,其数量超过国外的总和。

以斜拉索为梁提供支撑的设计构思在300多年前就已经产生,但安全可靠的现代斜拉桥则是在20世纪50年代诞生的。我国在20世纪70年代开始研究现代斜拉桥,并建造了几座跨径较小的混凝土斜拉桥;经过近10年的发展,在20世纪80年代初,我国斜拉桥的跨径突破200m。2008年,我国建成了世界上首座跨径超过1000m的斜拉桥,2020年建成了世界首座跨径超过1000m的公铁两用斜拉桥。目前在世界跨径排名前10座斜拉桥中,我国占了7座。随着斜拉桥跨径的加大,设计理论、计算方法和建设技术需要更深入的研究。

近几十年来,现代斜拉-悬吊协作体系桥梁的研究工作和方案有很多。2018年土耳其建成了首座公铁两用现代斜拉-悬吊协作体系桥梁,跨径达到1408m。这种结构体系桥梁充分发挥了斜拉桥刚度大、悬索桥跨越能力大的优势,协作受力,在大跨径铁路桥梁或公铁两用桥梁中具有广阔的应用前景。

国内外大量缆索承重桥梁的修建,需要一大批深入了解缆索承重桥梁设计、施工和管养的人才。基于此需求,国内部分高校在土木工程专业桥梁工程方向本科教学中开设了缆索承重桥梁或大跨径桥梁专业课,但是一直没有系统的教材,因此,编者结合近些年讲义及相关教学资料编写了本教材,供开设这门课程的老师和学生选用。

本书结合国内外工程实例,就缆索承重桥梁的基本概念、发展历史、总体设计构思与布置、总体设计、计算理论和各部分构件的设计进行了全面系统的介绍,还对缆索承重桥梁的施工要点进行了简要介绍。全书共分9章,用于课堂教学需要48~64学时。

第1章首先介绍了桥梁结构的体系与分类,引出了缆索承重桥梁的概念;在早期缆索承重桥梁的发展简介中,介绍了中国、欧洲各国和美国在发展缆索承重桥梁方面所作出的贡献,阐述了缆索承重桥梁发展的艰难历史和创新历程;在现代缆索承重桥梁的发展简介中,介绍了国内外悬索桥、斜拉桥的现代发展历程。

第2章主要介绍了缆索承重桥梁的结构体系和总体布置。在桥型与结构体系部分,主要介绍了悬索桥、斜拉桥和斜拉-悬吊协作体系桥梁的结构构成、受力特点,比较了悬索桥和斜拉桥的优缺点,阐述了缆索承重桥梁能建成大跨径桥梁的原因;在缆索承重桥梁的分跨布置方面,按照桥塔数量的不同,介绍了无塔、单塔、双塔和多塔缆索承重桥梁的总体布置方案和需要考虑的问题;在本章中还介绍了缆索承重桥梁桥面位置的布置方案。通过本章的学习,可以从总体上把握缆索承重桥梁的各种桥梁特点。

第 3 章首先介绍了缆索承重桥梁的总体设计原则、桥梁选型应考虑的主要因素；然后分悬索桥、斜拉桥和斜拉-悬吊协作体系桥梁，分别介绍各种桥梁的主要设计参数的取值范围、如何匹配等，介绍了悬索、吊索、斜拉索在立面、横断面等方向的设计方案。

第 4 章首先介绍了单索的计算理论，有加劲梁的悬索桥的微小位移理论、挠度理论，考虑几何非线性影响的有限位移理论和有限元法；然后详细介绍了悬索桥、斜拉桥的合理成桥状态和计算方法；最后对活载作用下的计算、荷载组合、结构局部分析、抗风和抗震分析等内容进行了简单介绍。

第 5 章首先介绍了悬索桥主缆及吊索、斜拉桥斜拉索的构造与设计，包括其防腐设计；然后介绍了索的锚具、悬索桥的鞍座和索夹的构造与设计；最后介绍了主缆、吊索和斜拉索的锚固连接系统的构造与设计。

第 6 章按照建造斜拉桥的主梁和悬索桥加劲梁的材料类型，首先介绍了混凝土梁结构的截面形式、构成方式与特点；然后介绍了钢箱梁和钢桁架梁的结构形式、构成特点，组合梁和混合梁的结构形式、构成特点；最后介绍了主梁或加劲梁的计算内容。

第 7 章首先介绍了缆索承重桥梁中桥塔的功能与分类；然后分别介绍了悬索桥和斜拉桥钢桥塔、混凝土桥塔的构造与结构特点，采用实例的方式，展示了实桥的桥塔设计要点；最后，在此基础上介绍了桥塔的设计计算内容。

第 8 章介绍了悬索桥锚碇的构造和设计。悬索桥锚碇主要分重力式锚碇、隧道式锚碇和组合式锚碇。本章主要介绍了各种锚碇的基础、锚碇结构和受力传力特点；分析了各种锚碇的计算内容。

第 9 章介绍了缆索承重桥梁的锚碇、桥塔、主缆系统和梁结构的施工方法和要点。

本教材是在主编承担的"大跨径桥梁及城市桥梁""缆索承重桥梁"课程教学讲义的基础上编写而成的。编者一直从事相关课程的教学工作。2012 年前采用讲义方式教学。2012 年，在邵长江老师的帮助下，编者将以前的讲义编写为教材，分成《悬索桥篇》《斜拉桥篇》及《城市桥梁篇》单独胶印。2013 年，唐茂林老师组织研究生将前两篇内容重新编排整理为《缆索承重桥梁》，仍然为学校胶印教材。

为适应"新工科"教学需要,编者在2018年重新调整了教材的内容编排,删除了过时的内容,增加最近几年新发展的一些内容,作为2018—2019学年启用的新教材。

2018—2019学年,沈锐利、马存明和刘占辉老师结合使用该教材时的教学经验,对相关内容提出了一些修改意见;刘占辉老师对抗风抗震部分内容进行了重新编写。在此基础上,编者对教材的内容再次进行了修订,刘占辉老师对全书的图文编辑进行了整理。研究生刘喆、陈鑫、张军政、马政辉、唐凤林、厉萱等同学在教材编写中完成了资料收集与整理等工作;研究生李建、邱鹏、程翔,本科生李廉兴、郭超、涂博文、蒲光鑫、郑臣君、何金宏等同学在图文绘制方面提供了很大帮助。

在教材编写过程中,编者参考了大量的国内外有关悬索桥、斜拉桥方面的专著、教材,以及设计、施工及科研方面的论文,教材中有些地方直接引用了其中的内容。在此,谨向这些专著、教材和论文的作者们表示敬意和谢意。

由于编者水平有限,教材中错谬之处在所难免,敬请批评指出,以便修订时更正。

沈锐利
2020年7月

目录

第1章　绪论 ··· 1
　1.1　缆索承重桥梁的概念 ··· 1
　1.2　古代缆索承重桥梁发展简介 ··· 4
　1.3　现代缆索承重桥梁的发展简介 ··· 16
　　复习思考题 ·· 38

第2章　结构体系与分跨布置 ··· 41
　2.1　概述 ·· 41
　2.2　桥型与结构体系 ··· 43
　2.3　缆索承重桥梁的分跨布置 ·· 52
　　复习思考题 ·· 79

第3章　缆索承重桥梁总体设计 ·· 81
　3.1　设计总体原则 ·· 81
　3.2　桥型选择 ··· 82
　3.3　悬索桥总体设计 ··· 87
　3.4　斜拉桥总体设计 ··· 96
　3.5　斜拉-悬吊组合体系桥梁总体设计 ·· 105
　3.6　桥面位置布置 ·· 107
　　复习思考题 ·· 108

第4章　计算理论与方法 ·· 111
　4.1　单索结构的计算理论 ·· 111
　4.2　悬索桥计算的微小位移理论与挠度理论 ·································· 119
　4.3　缆索承重桥梁的有限元计算 ·· 125
　4.4　悬索桥恒载状态设计与计算 ·· 137

4.5　斜拉桥恒载状态设计与计算 ……………………………………………… 139
　4.6　可变荷载作用计算及荷载组合 …………………………………………… 146
　4.7　局部分析 …………………………………………………………………… 148
　4.8　抗震抗风分析* …………………………………………………………… 148
　复习思考题 ……………………………………………………………………… 167

第5章　缆索系统的构造与设计 ………………………………………………… 169
　5.1　概述 ………………………………………………………………………… 169
　5.2　主缆构造与设计 …………………………………………………………… 170
　5.3　吊索 ………………………………………………………………………… 176
　5.4　斜拉索 ……………………………………………………………………… 182
　5.5　索的锚具 …………………………………………………………………… 185
　5.6　索夹 ………………………………………………………………………… 189
　5.7　鞍座 ………………………………………………………………………… 193
　5.8　主缆的锚固连接系统 ……………………………………………………… 197
　5.9　索与梁的锚固连接 ………………………………………………………… 199
　5.10　索与塔的锚固连接 ………………………………………………………… 205
　复习思考题 ……………………………………………………………………… 210

第6章　梁的构造与设计 ………………………………………………………… 213
　6.1　概述 ………………………………………………………………………… 213
　6.2　混凝土梁 …………………………………………………………………… 214
　6.3　钢梁 ………………………………………………………………………… 225
　6.4　组合梁 ……………………………………………………………………… 247
　6.5　混合梁 ……………………………………………………………………… 249
　6.6　梁结构的设计计算 ………………………………………………………… 251
　复习思考题 ……………………………………………………………………… 254

第7章　桥塔的构造与设计 ……………………………………………………… 255
　7.1　桥塔的功能及分类 ………………………………………………………… 255
　7.2　悬索桥的桥塔结构形式 …………………………………………………… 257
　7.3　斜拉桥的桥塔结构形式 …………………………………………………… 264
　7.4　桥塔的计算 ………………………………………………………………… 271
　7.5　混凝土桥塔设计及示例 …………………………………………………… 275
　7.6　钢桥塔设计及示例 ………………………………………………………… 278
　7.7　组合结构桥塔设计及示例 ………………………………………………… 283
　复习思考题 ……………………………………………………………………… 284

第8章　锚碇的构造与设计 ……………………………………………………… 285
　8.1　重力式锚碇及基础 ………………………………………………………… 285
　8.2　重力式锚碇设计及示例 …………………………………………………… 291
　8.3　隧道式锚碇设计及示例 …………………………………………………… 296
　8.4　组合式锚碇设计及示例 …………………………………………………… 299

复习思考题……………………………………………………………………………… 299
第9章 缆索承重桥梁施工简介……………………………………………………… 301
9.1 钢结构桥塔施工……………………………………………………………… 301
9.2 钢筋混凝土桥塔施工………………………………………………………… 303
9.3 悬索桥锚碇的施工…………………………………………………………… 308
9.4 悬索桥主缆系统施工………………………………………………………… 314
9.5 悬索桥加劲梁的施工………………………………………………………… 331
9.6 斜拉桥主梁的施工…………………………………………………………… 353
9.7 斜拉索的施工………………………………………………………………… 368
复习思考题……………………………………………………………………………… 376
参考文献…………………………………………………………………………………… 377

第 1 章
绪论

1.1 缆索承重桥梁的概念

《中国大百科全书土木工程卷》对桥梁的定义是:"供铁路、道路、渠道、管线、行人等跨越河流、山谷,或其他交通线路时使用的建筑物,简称桥。"当前桥梁也已向海洋延伸,成为跨越海峡、海湾等海上障碍的结构物。从线路的角度讲,桥梁就是线路在跨越上述障碍时的延伸部分或连接部分。

桥梁结构可按主要承重结构体系、桥梁上部结构的建筑材料、桥梁用途、跨越障碍类型、桥面位置、桥梁平面形状、制造方法、桥梁长度、使用期限等进行分类。《中国大百科全书土木工程卷》将桥梁按主要承重结构体系分为梁桥、拱桥、悬索桥、刚架桥、斜拉桥和组合体系桥等(图1-1)。前三种桥梁的主要承重构件只受一种形式的内力(弯剪、轴向受压或轴向受拉),因此被称为桥梁的基本结构体系。

梁桥的主要承重结构是梁,梁承受剪力与弯矩。对于简支梁桥来说,其跨中弯矩通常与跨径的平方成正比。因此,随着跨径增大,梁桥需要的截面尺寸急剧增大。拱桥的主要承载结构是拱圈或拱肋。其特点是结构在竖向荷载作用下,两拱脚处不仅产生竖向反力,还产生水平反力(推力)。由于水平推力的作用,拱中弯矩和剪力大大降低。设计合理的拱轴线可使拱结构的受力以受压为主,从而减小拱截面内的弯矩和剪力,如圬工拱桥、钢管混凝土拱桥等,如图1-2所示。

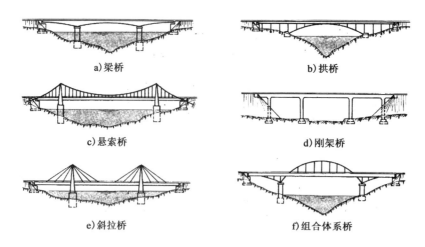

图 1-1 不同结构体系的桥梁[1]

a) 圬工拱桥　　　　　　　　　　b) 钢管混凝土拱桥

图 1-2 拱桥

悬索桥又称吊桥,主要承载结构为缆索。其特点是在荷载作用下,缆索以承受拉力为主,次弯矩很小,锚固点处不仅产生竖向反力,还产生水平拉力。这种桥型充分发挥了高强度钢材的抗拉性能,使其能以较小的建筑高度,实现任何其他桥型都无法达到的特大跨径。无加劲梁的索桥完全由索及锚固体承重,如图1-3所示。与梁桥比较,索桥的跨越能力更大,但刚度较

图 1-3 无加劲梁的索桥

小,在活载作用下,几何形状易改变。拱桥主要由拱结构来承载,为压弯构件,有时候其面内、面外的稳定性控制拱的截面尺寸。与拱桥相比,索桥缆索不存在静力稳定性问题。索桥由主缆承载,仅受拉,且受力均匀;由于恒载一般占主要部分,因此索桥的缆索一般不受疲劳强度控制;缆索可用高强度材料制作,承载能力大,适应超大跨径结构。

刚构桥、斜拉桥及梁拱组合桥的主要受力结构由两种或者两种以上的基本体系组合形成,或由一种基本体系与某些构件(塔、柱、索等)组合形成。相对于基本结构体系,这类桥可统称为组合体系桥。在现代桥梁结构中,代表性的组合体系桥有梁柱组合体系桥(如刚构桥)、梁拱组合体系桥、索柱梁组合体系桥(如斜拉桥、斜拉-悬吊组合体系桥等)、索拱组合体系桥、索拱梁组合体系桥等。例如,图1-4所示为斜拉-悬吊组合体系桥。

图1-4 斜拉-悬吊组合体系桥

传统的按结构体系进行桥梁分类的方法,不容易说明为什么悬索桥、斜拉桥及系杆拱桥能建成大跨径桥梁结构,而梁桥、刚构桥、常规拱桥只能达到中小跨径(300m以下)。针对该问题,周念先教授在其编著的《桥梁方案比选》一书中,提出了对桥梁体系的另一种分类方法,即将桥梁结构体系分为墩支桥和杆吊桥两大类。

墩支桥是指梁桥类(包括简支、连续、连续刚构、上承式拱桥、斜腿式刚构桥等),其特点是上部结构的重量会随着跨径的增长而迅速加大,使材料用量增多、施工难度加大、工期加长,因此桥墩支点间的间距不能太大。杆吊桥是指用间距10m左右的吊索或斜拉索,把一座大跨径桥梁分成许多个小跨弹性支承的连续梁的桥梁结构,如悬索桥、斜拉桥、系杆拱桥等。这类桥的特点是桥梁内的弯矩和剪力都很小,主梁高度低,桥面结构很轻,其主梁的高度并不随主跨的增大而增加,可为桥下留出更多净空,也可降低线路高程,缩短引桥长度。由于跨越障碍的桥梁用间距很小的索(杆)弹性悬吊,恒载、活载下,梁的内力基本不随跨径增大而增大,因此可建成大跨径桥梁。事实上,缆索承重桥梁也主要用于跨径300m以上的大跨径桥梁。

在上述杆吊桥中,与墩支桥不同的一个重要构件就是吊拉梁的索。在悬索桥中,吊拉梁的主要承重结构是主缆(也称大缆)。主缆采用高强度材料制作,且主要承受拉力,因此其自重轻,承载能力非常强大。在斜拉桥中,通过斜拉索将梁的重量和荷载传给桥塔(梁传递斜拉索的水平分力),桥塔设计成直立结构,以受压为主,因此其承载能力和材料的利用率也非常高。在系杆拱桥中,平衡拱推力的系杆可以是索,也可以是刚性梁。悬吊梁的吊索大多数采用柔性索,也可以采用刚性杆。系杆拱桥中主要承重结构还是拱,是以受压为主的跨越结构,结构的整体刚度也需要拱的截面刚度来提供。因此总体上说,系杆拱桥与悬索桥和斜拉桥的受力特性有较大差异。因此,本书仅把悬索桥、斜拉桥及斜拉-悬吊组合体系桥梁归类为缆索承重桥梁,后面的内容也只涉及这三种桥型。

本书将介绍缆索承重桥梁的发展历史、桥型与总体布置、结构总体设计、计算理论等,重点介绍索、塔、梁和锚碇等结构的设计与计算,简单介绍缆索承重桥梁各构件的制造和施工等方面的内容。

1.2 古代缆索承重桥梁发展简介

1.2.1 在中国的发展

在《中国桥梁技术史 第一卷 古代篇(上)》中,第4章专门介绍了我国古代的索桥。自然界中藤类植物自然形成的藤桥,广西桂平自然藤桥[3]是其代表。桂平西北大藤峡,"峡中有大藤如斗,延亘两崖,势如徒杠。蛮(民)众蚁渡,号大藤峡,最险恶,地亦最高"[3],这描述了该藤桥的状态。西藏、云南和台湾则有人工建造的藤桥,《徐霞客游记·滇游日记九》中有腾冲以北,界头附近,"龙川东江之源,滔滔南逝,系藤为桥于上以渡"。这种桥"反挂而中垂,一举足辄摇荡不已,必手揣旁枝,然后可移,止可度人,不可度马也"[3]。

用竹子编织起来作为索的竹索桥,是利用自然材料进行加工后建的桥。竹索古称笮,也写作筰[3]。古时四川西部少数民族中昔以笮为名,据此推测"笮人作为一个善于用竹、以竹索造桥的民族,造竹索桥必多,历史必久,典籍所记,已经比较晚了"[3]。典籍中关于"笮"的记载是公元前300年左右。

有记载的古代竹索桥都在四川境内。"灌县原共有索桥十五座……1886年(清光绪丙戌),所刻《四川成都水利图》,有二座竹索桥,即白沙利涉桥和安澜桥"[3]。

安澜桥位于都江堰口,横跨内外两江。"《华阳国志》和《水经注》都记堰而无桥,汉赋不名,唐诗不咏"[3],因此文献[3]推测,安澜桥"始建年代当在唐代以后"。

安澜桥古名"珠浦桥"。公元990年(北宋淳化元年),大理评事梁楚重建,称"评事桥"。1803年(清嘉庆八年),"寿民何先德素行好义,叠呈县署请修"索桥。"邑侯钱塘吴公乃与邑人捐建。桥长九十四丈,高七丈,宽八尺。纬索十余系两岸,旁翼以阑,厥功伟矣"(《新建安澜桥碑》)。桥成,两岸行人狂澜安渡,故更名"安澜桥"。兴建此桥,何先德夫妇出力甚多,故民间又有"夫妻桥"之称。安澜竹索桥需要"年年维修,三年一大修,修必在冬季,所以冬架浮桥。大修时时或移动一下桥位和墩位,因此各时期桥长不尽一致"。1177年(南宋淳熙四年),范成大记录桥长约360m,分为五架(即中间有五个支架),民国初年梁思成调查"得桥长330m余,最大跨径61m。两岸各有桥屋,江中木架八,石墩一,合计十孔。较宋桥短而孔多"[3]。图1-5是20世纪50年代安澜桥的照片。

1974年因兴建外江水闸,保持原貌将桥下移100m。1975年重建,将竹索改为钢索,以钢筋混凝土柱代替木柱,基本维持桥的原样,孔数改为8孔,如图1-6所示。

铁索桥是指用铁链锁于两岸架设的索桥。中国古代铁索桥记载中最早的是樊河桥。据记载,该桥始建于公元前206年5月至8月,是樊哙带领军队建造[3]。后于1531年"加砌石桥台、调索,上铺木板桥面。也可能是建木梁石墩或木柱桥"。樊哙军队所建樊河桥是否采用铁链,"有不敢断言者"。但1554年水毁后,1835年重建采用铁链则是事实。

a) 远景

b) 近景

c) 桥面

d) 桥头竹索锚碇的桥屋(示意)

图 1-5　四川安澜竹索桥[3]（20 世纪 50 年代照片）

a) 全景

b) 桥面

c) 绞索

图 1-6　1975 年改建后的四川都江堰安澜桥[3]

传说汉朝时在云南澜沧江上建了一座铁索桥,即景东兰津桥(记载认为是东汉明帝时造,明永乐年间重修,但早已不存在,考证困难)。文献[3]的考证认为:"自汉的兰津渡到明的霁虹桥,其情况是:公元 69 年(东汉明帝永平十二年)为渡,名兰津或仓津;公元 225 年(三国蜀汉建兴三年),诸葛亮命造竹索桥,1295 年(元贞年)建为木桥,初名霁虹"。1475 年(明成化十一年),改建铁索桥,清康熙年间重修。重修后的霁虹桥跨径为 57.3m,宽 3.7m,由 18 根铁索链悬吊两岸,上铺桥面板。1986 年,霁虹桥被水冲毁。

1665 年,徐霞客有篇题为《铁索桥记》的游记。该书详细记载了 1629 年贵州境内一座跨径约为 122m 的铁索桥。大家熟知的四川泸定大渡河桥是 1706 年(清康熙四十五年)建成,采用了 9 条铁链组成跨越结构,跨径 103m,两边还各有两条护栏索,如图 1-7 所示。

图 1-7 泸定大渡河铁索桥

18～19 世纪和 20 世纪前 30 年的 200 多年间,我国在缆索承重桥梁建设方面停滞不前,再没有一些有名的索桥流传后世。中国古代缆索承重桥梁的特点是:无加劲梁,竹索、藤索或者铁链缆索上直接铺木板供行人和马车通行,不设桥塔,缆索直接锚固于地基。

1.2.2 以欧洲为主的发展时期

16 世纪末至 17 世纪初,我国的铁索桥结构和技术经传教士介绍到西方,这种索桥才被西方人知晓。18 世纪中叶,英国开始建铁链悬索桥。随后发展了"锻铁眼杆或钢眼杆桥,也有一些采用熟铁丝或钢丝"[4]作为主缆建造的悬索桥。

1784 年,德国木匠伊曼努尔·勒舍尔(C. T. Lösher)在弗里堡州(Fribourg)建了一座 32m(105 英尺)的拉杆木结构桥,如图 1-8 所示。该桥已经具备斜拉桥"自身锚固"结构的所有特征,木质的拉杆锚在纵梁的下端。该桥开创了纯斜拉的桥梁形式。采用一根悬出的、通过拉杆拉紧的加劲梁作为跨越结构,加劲梁后端施加重物压重,以保持梁的平衡,结构中水平分力自平衡,基础中无水平力作用。

1808 年,生于爱尔兰后移居美国的詹姆斯·芬利(James Finley)设计建成了一座两跨悬吊加劲梁的悬索桥,如图 1-9 所示。该桥位于宾夕法尼亚州(Pennsylvania),靠费城(Philadelphia)北边的斯库尔基尔瀑布(Falls of Schuylkill),跨越斯库尔基尔河。主缆铁链和吊索由铁杆锻造,采用 3.8cm(1.5 英寸)的方铁杆。主缆跨径为 60.96m+30.48m(200 英尺+100 英尺),吊索间距为 3.05m(10 英尺),吊索上连接 25.4cm×12.7cm(10 英寸×5 英寸)的木制桁架托梁。梁长 93.26m(306 英尺),宽 5.5m(18 英尺),桥面采用木板,厚度为 6.4cm(2.5 英寸);桥塔采用木制框架,一侧位于桥台上,另一侧位于河中的石头桥墩上。该桥最终并不成功,于1810年9月因一群牛过桥,部分上部结构遭到了破坏,1816年1月因大雪而垮塌。

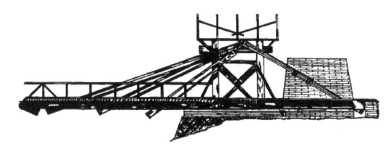

图1-8 德国1784年木制拉杆桥

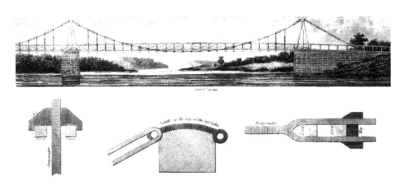

图1-9 美国1808年建成的斯库尔基尔瀑布铁链悬索桥

在此前的1801年,詹姆斯·芬利设计修建的雅各布溪桥(Jacob's Creek Bridge),是一座单跨悬吊、结构与图1-9类似的悬索桥。该桥为美国首座铁链悬索桥,跨径为21.4m(70英尺),宽3.81m(12.5英尺)。上述两座桥跨径虽然不大,但已经具备了所有现代悬索桥的组件:主缆、吊索、桥塔、桥墩、锚碇、加劲梁等。为此,詹姆斯·芬利申请了专利,并由此成为现代悬索桥结构的发明人。

在詹姆斯·芬利设计的斯库尔基尔瀑布铁链悬索桥倒塌的同年,即1816年,由于行走非常不方便,钢铁制造商美国人乔赛亚·怀特(Josiah White)和厄斯金(Erskine Hazard)在距桥位下游5km处修建了斯库尔基尔瀑布蜘蛛桥(Spider Bridge at Falls of Schuylkill)。桥面长121.9m(400英尺),宽0.46m(1.5英尺)。尽管该桥是一座中等的临时简易人行桥,振动很大,人行走很不舒服,但它是历史上第一座铁丝索悬索桥,影响深远。

英国人理查德·李(Richard Lees)在1816年修建了加拉希尔斯铁丝人行桥(Galashiels Wire Bridge)。跨径为33.83m(111英尺),索面扇形布置,拉索也采用铁丝。此桥为世界首座金属拉索的斜拉桥,标志着斜拉桥从概念走向现实。

1817年英国建筑师约翰(John)和威廉·史密斯(William Smith)设计建成了跨威德河(Tweed River)的德赖堡修道院桥(Dryburgh Abbey Bridge)。该桥为纯斜拉桥,跨径为79m(260英尺),宽1.22m(4英尺),拉索采用3.66m(12英尺)的锻铁杆形成的铁链制成。6个月之后暴风将拉索吹断,之后重新设计修建,改为斜拉-悬吊组合体系人行桥。1838年又垮塌了。法国工程师克劳德·纳维叶(Claude L. M. H. Navier)受命对斜拉桥的倒塌进行调查,于1823年得出结论——斜拉支承使用不当,因为其受力不明确;纳维叶还得出悬索桥力学特性优于斜拉桥的结论。

1824年,德国宁堡(Nienburg)附近建成了跨萨勒河(Saale River)斜拉链条桥,为德国首座斜拉桥,如图1-10所示。该桥跨径78m,宽7.4m,塔高14.5m。它实际上是两个独塔斜拉桥,中间是一个长3.5m的活动跨。如果高桅杆轮船通过,该跨可以打开。这种组合在当时是世界上独一无二的。建成后该桥用6t车载做了试验,证实该桥竖向刚度较弱(竖向位移较大,达到24cm),后来还进行了加固。但在1825年因一次火炬游行而倒塌,造成50人丧生的悲剧。

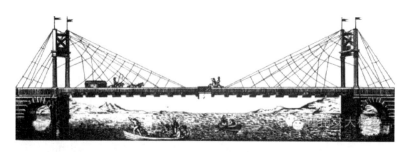

图1-10 德国宁堡(Nienburg)附近跨萨勒河(Saale River)桥

基于克劳德·纳维叶1823年对倒塌斜拉桥的调查研究结论,此前斜拉桥几无成功例子,加上1824年宁堡斜拉桥的再次倒塌,从19世纪30年代至首座现代斜拉桥诞生,纯斜拉桥结构除了在理论研究上有所进展外,设计上基本放弃了一个世纪。斜拉桥实桥的修建停滞下来,悬索桥却在更加快速地发展。

19世纪20年代前,英国工程师塞缪尔·布朗(Samuel Brown)发明了眼链杆,使用在悬索桥上,作为悬索桥的主缆。这种主缆可以分片安装,解决了大跨径悬索桥主缆安装需要大型机械的问题。1820年,他设计的跨特威德河(River Tweed)的联盟桥(The Union Bridge)建成,如图1-11所示。该桥为英国第一座车行桥,跨径为137m(449英尺),宽度为5.5m(18英尺),通车时是世界上最长的悬索桥。该桥比梅奈悬索桥(Menai Suspension Bridge)晚设计,但先通车。目前这座桥尚在使用,期间因交通量上升加强了主缆。

图1-11 英国联盟桥(The Union Bridge)

瑞士物理学家马克·奥古斯特·皮科特(Marc-Auguste Pictet)在参观迈克·塞格英(Marc Seguin)的人行桥后,出版了专著。受该专著影响,瑞士人纪尧姆·亨利·杜福尔(Guillaume Henri Dufour)在1823年建成了日内瓦(Geneva)圣安东尼桥(Saint Antoine Bridge)。

此后关于缆索材料问题就分成了两种流派：法国、瑞士、美国工程师偏好用铁丝缆索；英国、德国工程师偏好用铁链杆索。铁丝缆索流派认为：铁丝比铁链杆强度高；把铁丝拧紧到一起比铁链杆更快速、更容易施工就位；铁丝施工不需要重型机械，普通工具就可以了，在小桥上施工很方便[那时还没有空中纺线法（即 Aerial Spinning，简称 AS 法），都是制好缆整体提升就位]。铁链杆索流派认为：承受荷载的细铁丝会引起许多问题，尤其是与耐久性相关的问题（那时还没有解决铁丝缆索防腐）；铁丝比等截面的铁链杆暴露的面积大，更容易氧化破坏，改变含碳量虽然可以稍微起点防护作用，但铁链杆也可以改变含碳量，还可以油漆，所以这一点铁链杆比铁丝好；单丝虽然比铁杆强度高，但丝制缆比同面积的杆制缆强度高是值得怀疑的，因为铁丝中张力不均匀，应折减面积计算有效强度；铁丝虽然很柔，容易连接，但易产生永久性伤害，并且具有初应变，会损失极限强度；虽然铁丝在小桥上施工方便，成缆迅速，但是如果跨径增大，缆的提升仍是个问题。以上两派都修了不少桥，并且各自发展，不断克服自身的弱点。

在 1826 年，英国建成了由工程师托马斯·特夫德（Thomas Telford）设计的梅奈悬索桥（Menai Suspension Bridge，目前仍在用），宽度 7.3m（24 英尺），跨径 176m（577 英尺），为当时世界最大跨径的悬索桥，采用铁眼链杆主缆，如图 1-12 所示。此后英国在 1864 年建成了克里夫顿桥（Clifton Suspension Bridge，目前仍在用）、1928 年建成波因特·普莱森特桥（Point Pleasant Bridge，倒塌）等铁眼链杆主缆悬索桥。美国在 1837 年建成了波士顿公园桥（Boston Public Gardens Bridge），为铁眼链杆主缆悬索桥，如图 1-13 所示。

图 1-12　梅奈悬索桥（Menai Suspension Bridge）

图 1-13　波士顿公园桥（Boston Public Gardens Bridge）

1828 年由德国人 Herr Ignaz Edlen von Mitis 设计的维也纳（Vienna）跨多瑙河（Danube）战备悬索桥建成，主缆采用钢眼链杆，跨径为 101.8m（334 英尺），为世界上首座钢眼链杆悬索桥，也是世界上第一座钢主缆桥。

铁丝缆悬索桥也在不断发展改进，世界上首座采用空中成缆的铁丝悬索桥是柴林根大桥

(Grand Pont Suspendu),由法国工程师约瑟夫·查理(Joseph Chaley)设计,于1834年建成,位于瑞士弗里堡(Fribourg)。该桥的架缆方法后来称为AS法。该方法由一名法国工程师路易斯·维卡(Louis Vicat)在1830年发明,解决了铁丝缆施工的问题。此前的方法是铁丝先绑成主缆,再整体提升就位。柴林根大桥跨径为273m,如图1-14所示。该桥跨径打破了当时的世界纪录。

图1-14 柴林根大桥(Grand Pont Suspendu)

约瑟夫·查理设计的悬索桥很多,其中有一座是法国西北部跨越曼恩河(Maine River)的昂热大桥(Angers Bridge),1839年建成,如图1-15所示。该桥跨径为102m(335英尺),共有2根主缆,桥面宽7.2m(24英尺)。1850年法国一个营的士兵行军穿过昂热大桥时,该桥倒塌。当时是大风雷暴天气,桥振动很厉害,桥上共487人,死亡226人。事故过程是:首先断裂的是右岸上游位于地面以下3~4m的锚碇锚固处缆索,然后邻近的下游缆索断裂,破坏情况如图1-16所示。该桥主缆断裂的主要原因是暴风和士兵整齐行军步伐的动力作用;其次还有主缆锚固处的腐蚀。由于锚固处主缆浇筑包裹了水泥圈,此前认为此处绝对不会腐蚀,但是实际上索股与水泥圈分开了,水渗入后腐蚀了主缆,造成主缆腐蚀破断。

图1-15 昂热大桥(Angers Bridge)

18世纪中叶到19世纪中叶,缆索承重桥梁结构已经演变为现代桥梁结构。与中国古代相比,这一时期的缆索承重桥梁有以下特点:具有浅加劲梁或者加劲梁;缆索材料从铁链改进为眼链杆或铁丝;眼链杆缆悬索桥技术已经由英国发展成熟;采用圬工砌体刚性桥塔结构。在该阶段建设了许多较成功的悬索桥,部分桥梁直至目前尚在使用。纯斜拉桥也已出现,但是遭遇到了挫折,基本上没有成功的例子。

图 1-16　倒塌后的昂热大桥(Angers Bridge)

在计算理论方面,19 世纪以前悬索桥还没有任何力学分析方法;直到 1823 年,法国学者克劳德·纳维叶(Claude L. M. H. Navier)才总结发表了无加劲梁的悬索计算理论;在 1858 年,英国的朗肯(W. J. M. Rankine)提出了针对有加劲梁的悬索桥的计算理论。

1.2.3　以美国为主的发展时期

18 世纪中叶以前,缆索承重桥梁领先技术在中国;18 世纪中叶到 19 世纪中叶将近一个世纪,欧洲的缆索承重桥梁技术领先世界;自惠灵悬索桥(Wheeling Suspension Bridge)开始的一个世纪,即 19 世纪中叶到 20 世纪中叶,美国的缆索承重桥梁技术逐步领先世界并将其他国家远远甩于其后,此后缆索承重桥梁的跨径也遥遥领先于其他桥型。无论铁眼链杆缆悬索桥还是铁丝缆悬索桥,美国开始建设的悬索桥要么是欧洲人直接设计的,要么是欧洲人培养的学生设计的,后来美国人逐渐积累经验并超过欧洲。1891 年建成的格兰德大道悬索桥(Grand Avenue Suspension Bridge)、1895 年建成的磨溪公园悬索桥(Mill Creek Park Suspension Bridge)、1914 年建成的德累斯顿悬索桥(Dresden Suspension Bridge)、1926 年建成的安迪沃霍尔大桥(Andy Warhol Bridge,自锚式,见图 1-17)和瑞秋·卡森桥(Rachel Carson Bridge,自锚式)、1928 年建成的银桥(Silver Bridge)等均采用眼链杆主缆。

图 1-17　安迪沃霍尔大桥(Andy Warhol Bridge)

美国的第一座大跨径铁丝缆悬索桥是 1841 年由查尔斯·埃利特(Charles Ellet Jr.)设计建造的宾夕法尼亚州(Pennsylvania)费城(Philadelphia)的费尔蒙特桥(Fairmount Bridge),如图 1-18 所示,跨径为 109m(358 英尺)。

图 1-18　费尔蒙特桥(Fairmount Bridge)

同年,从德国移民到美国的约翰·奥古斯塔斯·罗勃林(John Augustus Roebling)获得了空中纺线法架缆的专利,将此前手工作业的架缆方法标准化、机械化。

1849 年查尔斯·埃利特设计建造了西弗吉尼亚州(West Virginia)的惠灵悬索桥(Wheeling Suspension Bridge),跨越俄亥俄河(Ohio River)主通道,跨径 308m(1010 英尺)(为当时悬索桥最大跨径),桥面宽 4.95m(16.25 英尺),主缆也是采用铁丝缆。该桥并没有采用 AS 法架缆。该桥 1954 年被风毁,1956 年重建,查尔斯·埃利特将桥面加宽到 6.1m(20 英尺)。1859 年威廉·麦科马斯(William McComas)对其进行了加固。1874 年威廉·希尔登布兰德(William Hildenbrand)再次对其进行加固,此次在罗勃林儿子的建议下增加了斜拉索,成为斜拉-悬吊组合体系桥,如图 1-19 所示。

图 1-19　加固后的惠灵悬索桥(Wheeling Suspension Bridge)

1855 年约翰·奥古斯塔斯·罗勃林(John Augustus Roebling)修建了跨径为 251m(825 英尺)的尼亚加拉大瀑布桥(Niagara Falls Bridge),属铁路与马车路两用桥;1867 年,罗勃林修建了辛辛那提(Cincinnati)俄亥俄河桥(Ohio River Bridge),后称罗勃林桥(John A. Roebling Bridge),跨径为 322m;1883 年,罗勃林修建了布鲁克林桥(Brooklyn Bridge),如图 1-20 所示,跨径为 486.3m(1595.5 英尺),至今仍在使用。

上述三座桥不仅用了主缆,还加了斜拉索,为斜拉-悬吊组合体系桥梁。其中布鲁克林桥(Brooklyn Bridge)全长 1834m,最大宽度 26m,桥面离水面 41m,建成时,桥墩高达 87m,是当时纽约最高建筑物之一,被认为是世界上第一座现代化的悬索桥(不是指结构)。原因如下:该桥是世界上第一座采用镀锌高强度钢丝缆的悬索桥;采用空中纺线法(Aerial Spinning)施工;对主缆采用软钢丝进行缠丝并涂密封膏,最后涂油形成致密保护层进行防护;是世界上首次采用沉箱技术施工桥塔基础的悬索桥;跨径大,是当时跨径创纪录的桥梁;活载重,包括两线铁路、两线电车、两线汽车和一个中央走道。

图 1-20　布鲁克林桥(Brooklyn Bridge)

罗勃林一生建造的索桥有 10 座，均亲自参与设计和施工，缆索架设 AS 法经其机械化，再经过建造，这些桥梁已经成熟；他创立的主缆防护方法在今天看来并不环保，但的确很成功。平行丝缆索桥经罗勃林发展后，在制造、防护及高强镀锌钢丝的使用等方面已经变得成熟。罗勃林的成就不仅在于刷新了当时的跨径纪录，而且在构造上采用了钢加劲桁架梁和多根斜拉索，从而有效地抵御了风暴和周期性荷载的作用，为索桥在美国的发展奠定了基础。从罗勃林的设计思路来看，其设计还是按悬索桥来进行的，但他认为单纯的悬索桥太柔，加斜拉索的作用有两个：一是提高刚度，加固受风引起振动的桥面；二是受力时对主缆起辅助作用。事实上这些斜拉索确实是起了作用，然而当年的设计计算手段是无法弄清楚的，这种设计可为当代桥梁设计提供思路。

受罗勃林形式的缆索承重桥梁形式——斜拉-悬吊组合体系的影响，欧洲在这一时期也建了不少此类体系的桥梁。

在 1868 年，横跨捷克布拉格(Prague)伏尔塔瓦河(Moldau River)上的约瑟夫·弗兰兹桥(Franz Josef Bridge)，由英国工程师奥迪什(Rowland Mason Ordish)和勒菲弗(William Henry Le Feuvre)设计建造完成，如图 1-21a)所示。该桥主跨为 100m(330 英尺)，桥长 250m(825 英尺)，桥宽 9.76m(32 英尺)；斜拉杆从主梁 4 分点到塔顶，斜拉杆和主缆又通过多个竖直吊索进行连接以减小垂度；两个内部斜拉杆在塔之间是连续的，因此不传递张力到桥台；主缆、斜拉杆、吊索均由锻铁链杆组成。在 1890 年对该桥进行了加强，主缆、斜拉杆换成了钢丝缆索，取消了竖直吊索，如图 1-21b)所示。

1873 年英国建成的由工程师奥迪什(Rowland Mason Ordish)设计的泰晤士河上的阿尔伯特桥(Albert-Kettan Bridge)，如图 1-22 所示。该桥主跨为 122m，悬索之外，亦用斜拉索。第二次世界大战之前，斜拉索不能独立作为承重结构，只能在一些悬索桥里作"帮手"。这是当时对斜拉索作用的普遍认识。

著名的法国桥梁工程师费迪南德·阿尔诺丹(Ferdinand Arnodin)，亲自开发了桥用螺旋形钢丝绳；他设计的索桥是斜拉-悬吊组合体系，主梁 4 分点以外部分由斜拉索支承，4 分点以内的中间部分由主缆承担。1879 年在上卢瓦尔省(Haute-Loire)修建的圣尔皮兹(Pont de Saint Ilpize)桥(图 1-23，跨径为 70.67m)、1888 年在里昂(Lyon)修建的索恩河大桥(Saone River Bridge)(图 1-24，跨径为 121m)、1888 年在阿维尼纽斯部落(Avignon)修建的罗讷河大桥

(Rhone River Bridge)、1904年在马尔本特(Marbiant)附近修建的跨布拉维河(Blavet River)的伯诺姆桥(Bonhomme Bridge,图1-25,跨径为163m),均是这种形式。

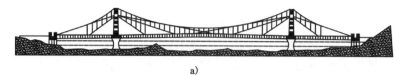

图1-21　约瑟夫·弗兰兹桥(Franz Josef Bridge)

图1-22　阿尔伯特桥(Albert-Kettan Bridge)

图1-23　圣伊尔皮兹桥(Pont de Saint Ilpize Bridge)

在罗勃林之后,于1903年美国又建成了巴克(Leffert Lefferts Buck)设计的主跨488m的威廉姆斯堡桥(Williamsburg Bridge,图1-26),建成时是当时世界最大跨径桥梁,是使用弹性理论设计的最后一座大跨径悬索桥;在1909年建成了利昂·所罗门·莫西夫(Leon Solomon Moisseiff)设计的跨径448m的曼哈顿桥(Manhattan Bridge)。两座桥均为纯悬索桥,主缆的架设是采用空中编丝成缆,缆的制造、防护完全采用罗勃林的方法。

在理论研究方面,奥地利工程师米兰(J. Melan)于1888年发表了悬索桥挠度理论(Deflection Theory),曼哈顿桥(Manhattan Bridge,图1-27)就是移居纽约的立陶宛工程师莫西夫(L. S. Moisseiff)采用这种理论设计的第一座桥。因为这种理论对于大跨径悬索桥十分有利,因此在1926年设计修建的跨径339.55m的巴西弗洛里亚诺波利斯(Florianópolis)桥和跨径为533.4m的美国费城(Philadephla)桥、1929年跨径365.76m的美国霍普山(Mount Hope)桥和跨径为288.95m的加拿大魁北克大梅雷桥(Quebec's Grand'Mere)等桥的设计都采用了这种理论。铁木辛柯(S. Timoshenko)在1928年还发表了用三角级数来表示的"挠度理论",这个理论能更合理地说明问题。从现在的结构分析理论来看,在有限元出现以前,悬索桥挠度理论确实是解析分析理论中最精确的二阶分析理论。利用挠度理论,设计出了许多更为轻巧的悬索桥。

图1-24　索恩河大桥(Saone River Bridge)

图1-25　伯诺姆桥(Bonhomme Bridge)

图1-26　主跨488m的威廉姆斯堡桥(Williamsburg Bridge)

图 1-27 曼哈顿桥(Manhattan Bridge)

可见,在19世纪中叶至20世纪30年代这段时间,所建桥梁以斜拉-悬吊组合体系为主,通过美国工程师和学者研究,钢丝缆材料、制作、架设、防护技术已经成熟;悬索桥的计算理论已经发展到较精确的挠度理论;在缆索承重桥梁中,悬索桥已可以在较精确的理论和成熟的专业技术指导下进行建造,跨径已突破了500m。

1.3 现代缆索承重桥梁的发展简介

1.3.1 现代悬索桥的发展

经过18世纪到20世纪初期的发展,悬索桥建设技术已趋成熟,进入了现代悬索桥的发展时期。从世界范围看,现代悬索桥的建设可概括性地分为四个高峰地区和时期。

1) 第一个高峰——美国

悬索桥第一次建造高峰期发生在美国(20世纪30年代以后)。1931年在纽约的赫德森河上修建了跨径突破千米的乔治·华盛顿桥(George Washington Bridge),主跨达1067m,如图1-28所示;1936年建成旧金山—奥克兰海湾大桥西桥(San Francisco-Oakland Bay Bridge West Span),如图1-29所示,东、西两桥为孪生悬索桥,主跨均为704m,双层桥面,上层通6车道的小汽车,下层通3车道的重载载货汽车和2列电车;1937年建成的旧金山的金门大桥(Golden Gate Bridge),如图1-30所示,其主跨为1280m,曾保持世界桥梁最大跨径达27年之久;1939年又在纽约的东河建成主跨701m的布朗克斯白石大桥(Bronx Whitestone Bridge)。

这一时期悬索桥的大发展固然与工业革命后材料的发展有很大关系,但起重要作用的是悬索桥计算理论的进步。1909年前采用简约弹性理论(即微小变形假设下的计算理论,线性理论)设计悬索桥,加劲梁是活载作用下的主要承力结构,因此跨径越大,需要的梁高越大;实际上,悬索桥的主缆在受到强大的恒载作用后,具有比加劲梁的抗弯刚度大得多的抵抗活载变形的能力(这种由主缆拉力的存在而具有的抵抗横向作用力引起的变形的能力,一般资料中称其为重力刚度),根据结构受力按刚度分配的原则,主缆将承受作用于桥上的绝大部分活载,以至于可以不要有抗弯刚度的加劲梁,只要能形成桥面,就可以建成车辆通行的悬索桥,这种认识是由挠度理论(一种将平衡方程建立在结构变形后的状态的计算理论,属于二阶理论)

的计算结果得到的。正是因为有了挠度理论,在计算受力的时候使悬索桥的加劲梁成为非主要承载结构。加劲梁的梁高大幅度减小,加劲梁的重量减轻,施工难度也大幅度减小,主缆的跨越能力就得以大幅度提高,于是悬索桥的跨径才得到了大的突破。

图 1-28　乔治·华盛顿桥(George Washington Bridge)

图 1-29　旧金山—奥克兰海湾大桥西桥(San Franisco-Oakland Bay Bridge West Span)

图 1-30　金门大桥(Golden Gate Bridge)

由于认识到悬索桥中的加劲梁可以设计得很柔,因此在 20 世纪 30 年代设计了一大批柔性加劲梁悬索桥,但是这种极端的做法很快受到了大自然的惩罚。

1940 年在华盛顿州建成的塔科马(Tacoma Narrows Bridge)老桥,主跨 853m。此桥加劲梁采用浅加劲钢板梁,梁高 2.4m,宽 12m,由于加劲梁的高跨比 1∶350 和宽跨比 1∶72 均过小,在风速 19m/s 时即被风振毁坏,如图 1-31 所示。

a) 风毁前　　　　　　　　　　　　　　　b) 风毁后

图 1-31　塔科马老桥被风毁坏截图

1940 年塔科马老桥发生事故之后，美国及世界上的悬索桥建设事业的发展整整停滞了 10 年之久。但以此为契机，成立了塔科马桥的事故调查委员会，利用风洞进行三维模型试验，明确了无衰减的反复力逐渐累积后会导致极度的共振乃至破坏。针对塔科马老桥风毁事故，经过研究认识到，为满足抗风稳定性要求，加劲梁必须有一定的刚度，特别是必须有一定的抗扭刚度，同时加劲梁还必须选择受风动力作用较小的结构断面形式。1950 年按原跨径重修塔科马新桥时，加劲梁改用桁架式，高跨比为 1∶85，宽跨比为 1∶47，抗风条件远优于老桥，如图 1-32 所示。

图 1-32　重建的塔科马桥

在此同时，美国吸取塔科马老桥的教训，还重新检查了一些已建成悬索桥的抗风能力，对高跨比 1∶68 和宽跨比 1∶47 的金门大桥增设了下横联，将布朗克斯白石大桥（Bronx-Whitestone Bridge）高跨比 1∶209 的加劲钢板梁改造成 1∶92 的桁梁。

通过抗风稳定性研究，美国确定了悬索桥加劲梁应采用桁架形式。悬索桥的设计也从仅考虑静风发展到必须考虑动力抗风稳定性的设计。

到 20 世纪 50 年代，美国在克服了塔科马老桥风灾挫折后又重振旗鼓，再度致力于修建大跨径悬索桥。1951 年首先于威明顿（Wilmington）建成主跨为 655m 的特拉华（Delaware Bridge）纪念桥。1957 年又建成主跨为 1158m 的麦金纳克海峡大桥（Mackinac Bridge），如图 1-33 所示。除此之外，还修建了几座跨径为 500～600m 的煤气管道悬索桥。

20 世纪 60 年代初美国先后在纽约的圣·劳伦斯河（Saint Lawrence River）上建成跨径为 655m 的航道桥（Seaway Skyway Bridge）和东河上建成主跨为 549m 的窄颈大桥（Throgs-Neck Bridge）。到 1964 年又突破金门大桥原有的世界跨径纪录，修建了主跨为 1298m 的维拉扎诺桥（Verrazano Narrows Bridge），如图 1-34 所示。此桥的世界最大跨径纪录曾保持了 17 年之久,目前仍是美国跨径最大的桥梁。1968年美国又建成新的特拉华纪念桥,主跨与老桥相同,仍为655m。

图1-33 麦金纳克海峡大桥(Mackinac Bridge)

图1-34 维拉扎诺桥(Verrazano Narrows Bridge)

1969年,美国在罗得岛(Rhode Island)建成了克莱本佩尔新港大桥(Claiborne Pell Newport Bridge),主跨为545m,如图1-35所示。该桥首次使用预制平行索股法(Prefabricated Parallel Wire Strand,简称PPWS法)架设主缆,再次创造出一种现代悬索桥主缆的施工方法,发明人为杰克逊·L.德基(Jackson L. Durkee),1970年申请了专利。新港大桥主缆采用76股61丝直径为25.9cm(0.2英寸)的高强度钢丝,钢丝总长12874.75km(8000英里),质量为2280t。

图1-35 新港大桥(Newport Bridge)

尽管在20世纪60年代之后美国新的悬索桥修建得较少,但美国至今仍是拥有悬索桥较多的国家之一,跨径在500m以上的超过15座,跨径在1000m以上的也有4座。20世纪30年代到60年代美国在悬索桥方面的实践,使悬索桥在技术上更加成熟,为全球悬索桥的发展铺平了道路,并使悬索桥成为目前建成桥中跨越能力最大的桥型。

美国的悬索桥具有以下共同特点:

(1) 主缆采用空中纺线法(AS法)架设成缆。
(2) 加劲梁采用非连续体系的钢桁梁,并在塔处设吊拉支承及伸缩缝,适应双层桥面。
(3) 桥塔采用铆接或栓接钢结构。
(4) 吊索采用竖直4股骑跨式钢丝绳。
(5) 索夹分左右两块,在其上下采用水平高强度螺栓紧固。
(6) 鞍座采用大型铸钢件、辊轴滑移支承。
(7) 桥面采用钢筋混凝土板。

2) 第二个高峰——欧洲

悬索桥第二个建造高峰期发生在欧洲(20世纪60年代以后)。20世纪60年代后,欧洲各国也开始致力于修建较大跨径的悬索桥。1959年在法国建成主跨为608m的坦卡维尔(Tancarville Bridge)桥,如图1-36所示。此桥与传统的美国式悬索桥相比有三个特点:一是采用边中跨连续的加劲桁梁,二是在主跨中点将主缆与加劲梁固接,三是采用混凝土主塔。

图1-36　法国的坦卡维尔(Tancarville)桥

英国在1964年和1966年先后在苏格兰和布里斯托尔建成主跨为1006m和988m的福斯公路桥(Forth Road Bridge)和塞文桥(Severn Bridge),如图1-37、图1-38所示。这两座桥也有许多与美国传统悬索桥不同的特点,如福斯桥的钢主塔不是铆接多室结构,而是用具有加劲肋条的大型钢板焊接的。另外,它的主跨桥面不是用钢筋混凝土板而是用正交异性钢板,塞文桥则首创了在悬索桥中采用全焊流线型钢箱梁和斜吊索结构。

图1-37　福斯公路桥(Forth Road Bridge)

图 1-38　塞文桥(Severn Bridge)

1966年葡萄牙在里斯本建成现名为"4月25日"(25th of April Bridge)的悬索桥,主跨1013m。此桥采用了法国坦卡维尔桥的做法,在主跨中点也将主缆与加劲桁梁固结,另外在设计上计划后期能在桁梁下层增设铁路桥面,改为公铁两用桥,如图1-39所示。1970年丹麦建成的小贝尔特桥(Lillebaelt Bridge),如图1-40所示,主跨600m。此桥是继英国塞文桥之后第二座采用全焊流线型钢箱梁的悬索桥,也采用了混凝土主塔。

图 1-39　葡萄牙的4月25日桥(25th of April Bridge)

图 1-40　丹麦的小贝尔特桥(Lillebaelt Bridge)

1973年土耳其建成主跨1074m的博斯普鲁斯海峡大桥(Bosphorous Bridge),它是由设计塞文桥的英国Freeman Fox & Partners公司所设计的,故主要设计构思与塞文桥相同,既采用流线型焊接钢箱梁,又布置斜吊索的形式。1981年英国又建成了当时世界上最大跨径(1410m)的恒比尔桥(Humber Bridge)。此桥同样由Freeman Fax & Partners公司设计,除全部继承流线型钢箱梁和斜吊索的构思之外还采用混凝土主塔,如图1-41所示。1988年土耳其又建成博斯普鲁斯海峡第二大桥(The Second Bosphorus Bridge),如图1-42所示,主跨1090m。此桥采用流线型钢箱梁,垂直吊索。

图1-41　英国的恒比尔桥(Humber Bridge)

图1-42　土耳其的博斯普鲁斯海峡第二大桥(The Second Bosphorus Bridge)

据不完全统计,到20世纪80年代,欧洲各国跨径超过500m的悬索桥有十多座,超过1000m的有7座,其中较有影响的塞文桥、博斯普鲁斯海峡大桥和恒比尔桥,是典型的英式悬索桥。典型英式悬索桥主要特征如下:

(1)加劲梁为流线型扁平箱梁。
(2)吊索为两端销接的斜向布置。
(3)索夹分上下两半,两侧采用高强度螺栓紧固。
(4)桥塔采用焊接钢结构或钢筋混凝土结构。

3)第三个高峰——日本

悬索桥第三次建造高峰期发生在日本(20世纪70年代以后)。日本最早的悬索桥是1962

年在福冈建成的主跨为367m的若户桥,之后在1973年建成主跨为710m的关门大桥,1977年又在长崎建成主跨465m的平户桥。通过以上三座悬索桥的实践,日本积累了技术和经验,接着在本州四国连络线中建成一系列的悬索桥。其中有1983年尾道今沿线上的因岛桥,主跨770m;1985年神户鸣门线上的大鸣门桥,主跨878m;1988年儿岛坂出线上的下津井桥(主跨840m)、北备赞桥(主跨990m)以及南备赞桥(主跨1100m),如图1-43所示。

图1-43　日本南、北备赞桥

1998年建成通车的日本明石海峡大桥是目前世界上已经建成的最大跨径的悬索桥,如图1-44所示。该桥跨径为960m+1991m+960m,加劲梁经过多次比较后选用桁架梁,用钢量达到90000t,主缆用钢量为60000t,桥塔用钢量为50000t,建设工期10年。

图1-44　日本明石海峡大桥

日本在发展悬索桥方面做出很大努力并已取得可观成绩。摆在日本悬索桥面前的有两种模式,即美式与英式,但经过研究比较,结合日本的具体情况,基本上采用美国模式的较多。日本之所以在大跨径悬索桥中仍采用桁架式加劲梁,主要考虑到公铁两用桥用桁架结构易于布置成双层桥面,使公路与铁路分层通过;采用垂直吊索是受英国塞文桥斜吊索事故的影响,对斜吊索的可靠性有所怀疑;至于采用钢主塔则是出于国情。但是在以美国模式为主的基础上,由于工业发达和技术发展,日本悬索桥也有它自己的特点。主要特点是:

(1)主缆采用预制平行索股法(PPWS法)架设成缆。

(2)加劲梁主要采用钢桁梁形式,且在下层布置铁路;少数公路桥采用英式流线型箱梁。

(3) 吊索沿用美式竖向 4 股骑跨式钢丝绳。

(4) 桥塔采用钢结构,主要采用焊接,少数采用栓接。

(5) 鞍座采用铸焊混合式。

(6) 在公铁两用悬索桥中,针对铁路对桥面伸缩量和转角变形方面有严格限制的要求,设计了专门的缓冲梁。

4) 第四个高峰——中国

悬索桥第四次建造高峰期发生在 20 世纪 90 年代以后,是由中国领头的发展时期。20 世纪 90 年代,我国开始建设大跨径的现代悬索桥。

1991 年以汕头海湾大桥的开工建设为起点,我国进入了大规模的悬索桥建设时期。1992 年广东珠江虎门大桥进入施工设计阶段,1993 年开始西陵长江大桥的设计。1995 年底建成了目前世界上最大跨径的预应力混凝土箱形加劲梁悬索桥——汕头海湾大桥,这是我国的第一座现代悬索桥,随后建成了跨径 900m 的我国第一座钢箱加劲梁悬索桥——西陵长江大桥,跨径 888m 的我国第一座高速公路悬索桥——珠江虎门大桥。1997 年建成的跨径 1377m 的香港青马大桥,是我国第一座跨径超过 1000m 的现代悬索桥,而 1999 年建成跨径 1385m 的江阴长江公路大桥,是我国第一座自主设计的跨径超过 1000m 的现代悬索桥。

进入 21 世纪后,我国悬索桥的建设进入快车道,截至 2018 年底,建成和在建的跨径超过 600m 的悬索桥有 48 座,详细资料见表 1-1。跨径超过(含)1000m 的就有 23 座。其中在建的武汉杨泗港桥是目前世界第三跨径的悬索桥,主跨 1700m,且是双层桥面的悬索桥,主缆直径超过 1m;在建的主跨 1092m 的江苏五峰山长江大桥,是包括四线常规铁路荷载的公铁两用悬索桥,单位长度的恒载超过 1000kN/m,主缆直径达到 1.3m,是目前最大直径主缆的悬索桥。我国的悬索桥建设经过不到 30 年的发展,也形成了自己的特色,总结起来有以下几点:

(1) 大跨径桥加劲梁以流线型钢箱梁和单层桥面钢桁架为主,中小跨径则形式多样。

(2) 加劲梁以单跨悬吊为主,部分城市桥梁才采用三跨悬吊。

(3) 桥塔基本为混凝土结构,注重美学效果。

(4) 主缆施工方法为 PPWS 法。

在结构体系、构造形式和施工方法的创新方面,有以下几点:

(1) 实现了跨径超过 1000m 的三塔、主缆连续多跨悬索桥的修建。

(2) 塔梁分离体系结构桥梁的建设。

(3) 轨索运梁施工方法的发明和成功运用。

(4) 分体式钢箱梁的首次应用。

(5) 钢-混凝土组合截面加劲梁悬索桥的成功设计建造。

1991—2019 年中国建成和在建悬索桥(跨径为 600m 及以上) 表 1-1

编号	桥　名	所　在　地	建成年份(年)	跨径组成(m)	交通形式	加劲梁形式
1	杨泗港长江大桥	湖北武汉	2019	465+1700+465	上层6车道+下层4车道	钢桁梁
2	虎门二桥坭洲水道桥	广东广州—东莞	2019	658+1688+522	8车道高速公路	钢箱梁

续上表

编号	桥 名	所 在 地	建成年份(年)	跨径组成(m)	交通形式	加劲梁形式
3	西堠门大桥	浙江舟山	2010	578+1650+485	4车道公路	分体箱梁
4	润扬长江大桥	镇江—扬州	2005	470+1490+470	6车道高速公路	钢箱梁
5	杭瑞高速洞庭湖大桥	湖南岳阳	2018	460+1480+491	6车道高速公路	钢桁梁
6	南京长江四桥	江苏南京	2012	576.2+1418+481.8	6车道高速公路	钢箱梁
7	华丽高速公路金安金沙江大桥	云南丽江市	在建	330+1386+205	4车道高速公路	钢桁梁
8	江阴长江大桥	江阴—靖江	1999	369+1385+309	6车道高速公路	钢箱梁
9	香港青马大桥	香港	1998	355.5+1377+300	公路、轻轨	钢桁梁
10	阳逻长江大桥	湖北武汉	2007	250+1280+440	6车道高速公路	钢箱梁
11	虎门二桥大沙水道桥	广州—东莞	2019	360+1200+480	8车道高速公路	钢箱梁
12	云南龙江大桥	中国	2016	320+1196+320	6车道高速公路	钢箱梁
13	湖南矮寨大桥	湖南吉首	2012	242+1176+116	4车道高速公路	钢桁梁
14	贵阳至瓮安高速公路清水河大桥	贵州瓮安县—开阳县	2015	258+1130+345	4车道高速公路	钢桁梁
15	珠江黄埔大桥	广东广州	2008	290+1108+350	6车道高速公路	钢箱梁
16	雅安至康定高速公路泸定大渡河大桥	四川泸定	2018	220+1100+253	4车道高速公路	钢桁梁
17	五峰山长江大桥	镇江扬州	在建	350+1092+350	8车道高速公路+4线高铁	钢桁梁
18	坝陵河大桥	贵州关岭	2009	268+1088+228	4车道高速公路	钢桁梁
19	泰州长江大桥	泰州—镇江	2012	390+2×1080+390	6车道高速公路	钢箱梁
20	马鞍山长江大桥	安徽马鞍山	2013	360+2×1080+360	6车道高速公路	钢箱梁
21	重庆万州驸马长江大桥	重庆万州	2018	300+1050+300	双向4车道高速公路	钢箱梁
22	棋盘洲长江大桥	阳新—蕲春	在建	240+1038+305	6车道高速公路	钢箱梁
23	白洋长江大桥	湖北宜昌	在建	276+1000+269	6车道高速公路	钢箱梁
24	宜昌长江大桥	湖北宜昌	2001	246+960+301	4车道高速公路	钢箱梁
25	舟山秀山大桥	浙江宁波	2019	918	4车道公路一级	钢箱梁
26	西陵长江大桥	湖北宜昌	1996	225+900+255	4车道公路	钢箱梁
27	四渡河大桥	湖北巴东	2009	114+900+208	4车道高速公路	钢箱梁
28	虎门大桥	东莞—广州	1997	302+888+348.5	6车道高速公路	钢箱梁
29	寸滩长江大桥	重庆	2018	250+880+250	8车道公路	钢箱梁
30	张花高速公路澧水大桥	湖南张家界—永顺	2013	200+856+190	4车道高速公路	钢桁梁

续上表

编号	桥 名	所在地	建成年份（年）	跨径组成（m）	交通形式	加劲梁形式
31	鹦鹉洲长江大桥	湖北武汉	2014	200＋850＋850＋200	8车道公路	钢-混凝土结合梁
32	宜昌至喜长江大桥	湖北宜昌	2016	250＋838＋215	6车道城市Ⅰ级主干道	钢-混凝土结合梁
33	宜泸高速公路南溪长江大桥	四川宜宾	2013	192＋820＋376	4车道公路	钢箱梁
34	温州瓯江北口大桥	浙江温州	在建	230＋800＋800＋348	6车道高速公路＋6车道Ⅰ级公路	钢桁梁
35	重庆南涪高速公路青草背大桥	重庆	2013	245＋788＋245	4车道高速公路	钢箱梁
36	香丽高速公路虎跳峡金沙江大桥	云南丽江	在建	766＋160	4车道高速公路	钢桁梁
37	长寿长江二桥	重庆长寿	2019	739	6车道高速公路	钢箱梁
38	金沙江金东大桥	四川云南	2018	240＋730＋120	4车道公路	钢桁梁
39	郭家沱长江大桥	重庆	在建	253.3＋720＋253.3	8车道城市快速路＋两线轻轨	钢桁梁
40	张家口—怀来官厅水库大桥	北京怀来	在建	720	双向6车道	钢-混凝土组合梁
41	丽江至香格里拉铁路金沙江大桥	云南丽江	在建	132＋660＋132	双线铁路	钢桁梁
42	金沙江白鹤滩葫芦口大桥	四川宁南—云南巧家	2016	158＋656＋145	2车道公路	钢桁梁
43	厦门海沧大桥	福建厦门	1999	230＋648＋230	6车道公路	钢箱梁
44	贵州北盘江大桥	贵州晴隆	2008	192＋636＋192	4车道高速公路	钢桁梁
45	普立大桥	云南	2016	168＋628＋168	4车道公路	钢箱梁
46	鱼嘴长江大桥	重庆	2009	180＋616＋205	6车道公路	钢箱梁
47	鹅公岩长江大桥	重庆	1997	211＋600＋211	6车道公路	钢箱梁
48	江津几江大桥	重庆江津	2016	600	6车道公路	钢箱梁

5）建设成果

19世纪后科学技术得到了较大的发展，计算理论与工程实践相结合，使工程结构的设计、制造和施工有了理论指导，桥梁的发展趋势向长大化、轻型化、标准化和机械化方向发展。这种趋势促进了悬索桥的研究工作，使设计与施工日益完善，迅猛发展。

截至2019年，国内外创纪录的悬索桥统计见表1-2。1999年建成的明石海峡桥，跨径达1991m，为目前悬索桥跨径的世界纪录。在建的土耳其恰纳卡莱1915大桥主跨2023m，将成为世界上第一座跨径超过2000m的桥梁，西南交通大学承担了该桥的抗风试验研究；而正在设计的墨西拿海峡公铁两用悬索桥，主跨达3300m，桥面宽60m。由此可见悬索桥的跨径之大、修建之多和发展之快。

我国正在进行设计方案比选跨径超过2000m的悬索桥有好几座,不远的将来,我国的悬索桥跨径将创造新的世界纪录。

截至2019年国内外创纪录的悬索桥 表1-2

桥　名	地　点	主跨长度(m)	建成年份(年)
联盟桥(特威德河)	英国(英格兰诺森伯兰郡—苏格兰边区)	137	1820
梅奈悬索桥	英国(威尔士安格尔西岛,梅奈海峡)	176	1826
柴林根大桥	瑞士	273	1834
惠灵悬索桥	美国(惠灵)	308	1849
昆斯顿—刘易斯顿大桥	美国(刘易斯顿—加拿大,昆斯顿)	317	1851
罗勃林吊桥	美国(辛辛那提—卡温顿)	322	1866
尼亚加拉·克利夫顿桥	美国(尼亚加拉瀑布城—加拿大)	384	1869
布鲁克林大桥	美国(纽约布鲁克林—曼哈顿)	486	1883
威廉斯堡大桥	美国(纽约布鲁克林—曼哈顿)	488	1903
熊山大桥	美国(皮克斯基尔)	497	1924
本杰明·富兰克林大桥	美国(费城—肯顿)	533	1926
大使桥	美国(底特律—加拿大,温莎)	564	1929
乔治·华盛顿大桥	美国(利堡—纽约曼哈顿)	1067	1931
金门大桥	美国(旧金山—马林县)	1280	1937
维拉扎诺桥	美国(纽约史泰登岛—布鲁克林)	1298	1964
亨伯桥	英国(英格兰赫尔—亨伯河畔巴顿)	1410	1981
明石海峡大桥	日本(神户—淡路岛)	1991	1998
恰纳卡莱1915大桥	土耳其(跨越土耳其海峡)	2023	在建

1.3.2 现代斜拉桥的发展概述

1)探索时期的发展进程(20世纪60年代前)

斜拉索与悬索组合,或者单一的斜拉桥,其结构是高次超静定的,在20世纪60年代以前,计算非常困难。因此,自1883年美国纽约布鲁克林桥建成以后至第二次世界大战结束这段时间,缆索承重桥梁主要以悬索桥为主。在第二次世界大战前,法国、英国和西班牙等国修建了几座斜拉索不再是辅助索的斜拉桥,并对结构形式进行了较多的改进,但是这类结构修建完成后在短期内就出现严重的损坏,从而影响了斜拉桥的发展。

1938年迪辛格(F. Dischinger)在德国汉堡(Hamburg)附近易北河(Elbe River)上设计了一座跨径315m的高等级铁路桥梁。他再次意识到对于重载铁路来说悬索桥太柔,最终他还是采用罗勃林体系,增加了斜拉索,成为斜拉-悬吊组合体系桥,如图1-45所示。1949年他发表了研究成果,指出斜拉索对变形特性的约束影响;他推导了斜拉索由于垂度引起的刚度损失,若采用高的应力水平,可以减小斜拉索的自重垂度;他认识到高强度钢材斜拉索的优点和索力精确调整的重要性;他还发现由于早期斜拉桥的斜拉索不受任何初张力,只有结构发生较大变形后斜拉索才有良好的作用,这个问题导致人们错误地认为这种桥型柔度大且不安全;他也证实了罗勃林发现的附加斜拉索可以提高空气动力稳定性。与罗勃林不同的是,为了清楚力的分配,迪辛格有意识地放弃了斜拉索和悬吊索的重叠。该成果在1949年发表后,自纳维叶以来被放弃的斜拉桥,自此重新受到重视。

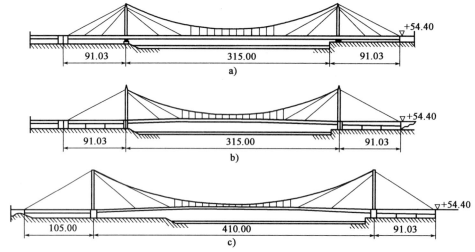

图1-45　迪辛格(F. Dischinger)跨易北河(Elbe River)桥方案(尺寸单位:m)

1954年完成的杜伊斯堡(Duisburg-Homberg)的莱茵河桥(Rhine River Bridge)是一个部分悬索桥,主跨260m,如图1-46b)所示。它的大缆一端锚到梁上,另一端锚到塔上。该桥主梁由两个细长的正交异性板箱梁组成,具有现代桥主梁的所有特点,如图1-47所示。这种支承体系悬索桥的显著缺点是施工很困难,因为莱茵河具有繁忙的船运交通,梁在施工期间必须采用临时拉索支承穿过莱茵河。很明显,将那些临时斜拉索作为最终斜拉索并因此取消主缆是最经济的。

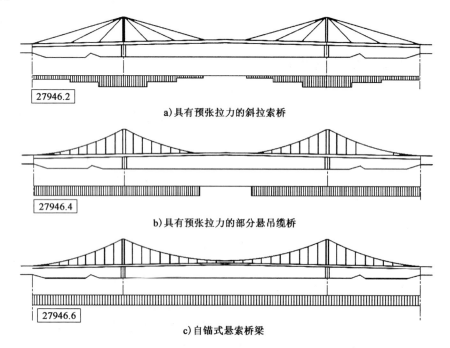

a) 具有预张拉力的斜拉索桥

b) 具有预张拉力的部分悬吊缆桥

c) 自锚式悬索桥梁

图1-46　杜伊斯堡(Duisburg-Homberg)的莱茵河桥(Rhine River Bridge)方案

1953年迪辛格(F. Dischinger)关于瑞典斯特洛姆桑特桥(Strömsund Bridge)向德国钢材机械制造公司——德玛格(Demag)提出了修建斜拉桥的建议。结果一致同意修成斜拉桥。该桥于1955年建成,如图1-48所示。此桥主跨182.6m,采用钢板梁,钢筋混凝土桥面板;路面宽9m,两侧还有各1.75m的人行道;索从塔顶放射而出,拉吊主梁;混凝土桥面板只承受局部车轮荷载,与钢梁不组合,混凝土桥面板也不参与整个梁的弯矩分配。该桥是世界上第一座现代钢结构斜拉桥,它的建成标志着现代斜拉桥建设的开始。

图1-47　莱茵河桥(Rhine River Bridge)梁断面示意图

图1-48　瑞典斯特洛姆桑特桥(Strömsund Bridge)

1952年德国杜塞尔多夫城(Düsseldorf)计划修建三座跨越莱茵河的斜拉桥,如图1-49所示。任务落到了弗里德里希·泰姆(Friedrich Tamms)和工程师埃尔温·贝克(Erwin Beyer)身上,弗里德里希·泰姆(Friedrich Tamms)要求桥要"精致轻巧,纤细透明而亲和"。他要求把斜拉索采用竖琴布置,因此斜拉索不仅平行,而且对称,如此斜拉索将完全不相交;与普通悬索桥的复杂框架桥塔不同,该桥桥塔不设横梁,而是两根柱子自由直立。虽然杜塞尔多夫城三座桥的结构体系明显不同,但都是斜拉索竖琴形布置和塔柱独自自由直立,主梁为正交异性钢梁,施工时都是自由悬臂,不设辅助墩,因此不中断莱茵河繁忙的船运交通。三座桥分别为:北桥(North Bridge),双塔,主跨260m(图1-50);科尼桥(Knie Bridge),独塔,主跨319m(图1-51);奥贝卡索桥(Oberkassel Bridge),独塔,主跨258m(图1-52)。三座桥的设计完成时间在1953—1954年,建造完成时间分别是1957年、1969年、1976年,其开始设计时间早于瑞典特洛姆桑特桥(Stromsund Bridge),但建造完成时间在后,其设计、施工、制造都促进了斜拉桥在全世界的推广应用。

图1-49　德国1952年设计的杜塞尔多夫桥
(Düsseldorf Bridge Family)

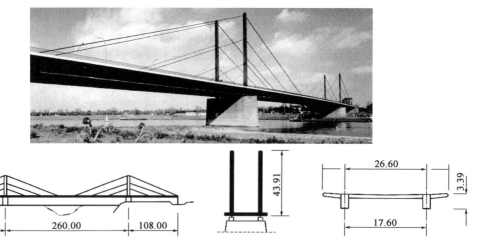

图1-50 杜塞尔多夫北桥(Düsseldorf North Bridge)(尺寸单位:m)

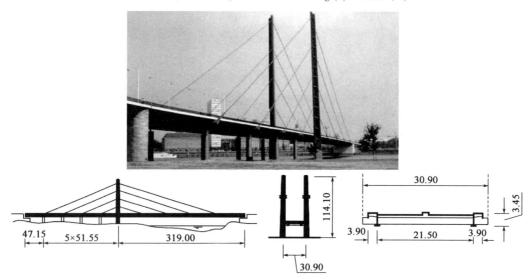

图1-51 德国1969年杜塞尔多夫科尼桥(Düsseldorf Knie Bridge)(尺寸单位:m)

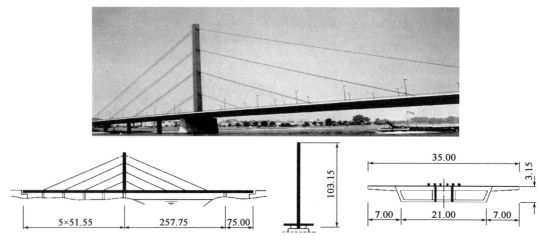

图1-52 杜塞尔多夫奥贝卡索桥(Düsseldorf Oberkassel Bridge)(尺寸单位:m)

由意大利工程师里卡多·莫兰迪(Riccardo Morandi)设计,1962年建成的南美洲委内瑞拉(Venezuela)马拉开波湖桥(Maracaibo Lake Bridge)是世界上第一座现代大跨径公路混凝土斜拉桥。这座桥很长,共9km,有135孔。该桥中间大孔共5孔,跨径160m+5×235m+160m,为带挂孔的稀索斜拉桥,如图1-53所示。

图1-53　马拉开波湖桥(Maracaibo Lake Bridge)

2)对现代斜拉桥结构发展的认识

现代斜拉桥的结构发展经历了四代[5]:

第一代为稀索体系的斜拉桥,斯特罗姆松德大桥是其代表。这类斜拉桥采用数量很少的斜拉索,通常主跨的斜拉索为2~6对,斜拉索梁上锚固点的间距为30~80m,要求梁必须有较大的竖向抗弯刚度。由于斜拉索少,其缺点是单根斜拉索需要承受较高的拉力,组成斜拉索截面的钢丝或钢绞线非常多,斜拉索截面大,锚头大,锚固结构复杂,应力集中问题较突出;由于梁段长度长,施工架设往往需要超大型的吊装设备或者需要先修建临时结构,把梁在临时结构上架好后再张拉斜拉索。第一代斜拉桥的主梁采用钢结构更容易实现。从美观上考虑,对于一些跨径较小的桥,修建成稀索体系可能有其优势,如我国2010年建成的胶州湾大桥中,红岛通航孔桥和沧口通航孔桥都采用了稀索体系的钢箱梁斜拉桥。

第二代为密索体系斜拉桥。在德国莱昂哈特(F. Leonhardt)等专家研究和倡导下,将拉索加密,在1972年建成了德国Höchst化工厂第2美因(Mein)河桥。该桥主跨148.23m,独塔13对索,梁上索距减小到6.3m。这座桥要通过专线铁路、输油管路和6车道的汽车,桥面总宽30.95m,主梁为混凝土箱形截面,高度仅2.6m。

第三代斜拉桥则是主梁柔薄化的斜拉桥。斜拉索加密,相当于主梁支撑间距的缩短,这样主梁的高度就可以降低。第一座现代化的斜拉桥——斯特罗姆松德大桥的高跨比是1/56,在稀索体系桥中,斜拉桥主梁高跨比很少小于1/100;密索体系时代,主梁高跨比则急剧减小,特别是混凝土斜拉桥,其主梁高跨比甚至达到了接近1/500。随着主梁高跨比的减小,混凝土梁由整体箱梁逐渐演变为分体的边箱梁或实体的边主梁,活载下主梁分担的内力变小,主梁的作用退化为如悬索桥的加劲梁一样,以传递局部活载为主,在整体上仅需满足静动力稳定性和传递竖向荷载的要求即可。

第四代斜拉桥则是指当代大跨径及超大跨径斜拉桥。斜拉桥诞生之初,人们普遍认为这种桥型适宜250~500m跨径范围的桥梁,经过30年的发展,到1991年跨径突破了500m,1993年跨径突破了600m(我国的上海杨浦大桥),1994年法国诺曼底(Normandie)大桥跨径达到了856m,1999年日本多多罗桥跨径达到了890m,2008年我国的苏通大桥跨径则达到了1088m,这是第一座跨径突破1000m的斜拉桥,斜拉桥也成为跨径超过1000m的第二种桥型;2012年一座从符拉迪沃斯托克（海参崴）的纳热莫夫（Nazimov）半岛跨越东博斯普鲁斯（Eastern Bosphorus）海峡到罗斯基（Rossky）岛的斜拉桥——"俄罗斯岛"海参崴大桥建成，该桥的主跨达到1104m，为目前世界跨径最大的斜拉桥，是继苏通大桥、香港昂船洲大桥后建成的跨径突破1000m的第三座斜拉桥。随着斜拉桥跨径的增大，结构动力及稳定方面的问题越来越突出，施工的难度增长很快，施工控制的要求也更高。正在发展的第四代斜拉桥在解决大跨径及超大跨桥的设计、施工及控制、稳定及振动、振动控制等方面，与前三代相比有相当大的不同，正朝着技术精细化的方向发展。

斜拉桥的优点是结构比较简单，造价比较低，能适合大、中、小各种桥跨，并且桥型变化无穷。现代斜拉桥发展的原因如下[13]：

（1）设计理论、计算技术和试验技术的进步。

早期的斜拉桥都是稀索，结构体系的超静次数较少。由于电子计算技术的发展，计算高次超静结构已不是难事，因而密索体系得到不断的发展。除此之外，作为柔性结构和高次超静定结构，斜拉桥的抗风抗震问题比较突出。对大跨径斜拉桥还有非线性的问题。这些方面的计算理论也较复杂，但近年来由于计算理论的研究开发以及计算手段的进步，为斜拉桥的发展创造了有利条件；施工过程的仿真模拟分析，使设计者和施工人员更加清楚地掌握了结构的受力性能和内力分布，使计算分析的结构工作状态与实际工作状态更加一致。

由于斜拉桥是超静定次数较高的结构，且某些部位（如斜拉索的锚固区等）应力分布又较复杂，所以常常利用各种静、动力模型试验来探求其设计参数和验证设计的安全性，根据静力模型试验研究桥梁结构构件的应力传递，根据动力模型试验和风洞试验研究其动力特性及抗地震、抗风振的能力，根据疲劳试验研究构件和锚固系统的疲劳强度，根据光弹模型试验确定锚固区的应力分布。试验结果与计算分析的对比，能提高结构安全保障的可靠性。

（2）在200~500m跨径内最有竞争力。

由于钢材的强度与重量、梁高和架设等原因，钢梁最大适用跨径目前基本上仍停留在150~200m之间。而适用于大跨径的悬索桥，当其跨径小于400~500m时有活载影响太大和易于变形的缺点。处在上述两者之间的200~500m跨径对斜拉桥来说是最适宜的。

悬索桥锚碇工程量巨大，且在许多地基基础较差的地方修建锚碇困难大，经济性差。在700m以下跨径修建斜拉桥有时更安全和经济；目前1000m以下大跨径桥梁一般都要进行悬索桥、斜拉桥和拱桥结构比选；在现有规范下比较，国内部分桥位，1000m跨径以下斜拉桥比悬索桥有一定的竞争优势。

（3）景观方面的新颖感。

斜拉桥的梁、索和塔，特别是索和塔，可以各自有多种形式和布置方法。因此可以组合出很多的桥梁形态满足景观要求。它的特点是可以突出直线感与细长感及刚劲有力，能显示出过去桥梁所没有的现代造型。

（4）新材料开发的配合。

近年来高强钢材，特别是斜拉索卷材的发展有力地配合了斜拉桥的飞跃发展。螺旋形钢丝绳（Spiral Rope）是较早作为斜索的一种卷材；自从封闭式卷制钢丝绳（Locked Coil Rope，简称LCR）问世以来，在强度、抗腐蚀性及弹性模量等方面都较优越，以德国为代表的欧洲各国采用LCR较多；后来又出现平行钢丝索（Parallel Wire Strand，简称PWS），在材料性能和施工技术方面不断改进,逐渐在全球成为斜拉索的主要材料;最近几年又总结了已建斜拉桥斜拉索防腐方面的经验,采用多层防护体系的钢绞线作为斜拉索,既解决了长大斜拉索制作安装的困难,也对斜拉索的抗腐蚀能力有较大的提高。目前斜拉索在工厂连同锚头和防腐体系一起制造成商品供架桥现场使用,精度容易得到保证,在防腐方面也不断得到改进。

(5)施工技术的进步。

由于悬臂架设法的开发和进步,斜拉桥可利用拉索来进行悬臂施工,与索梁同时并进,甚至塔、索、梁同时并进,还可利用斜索对主梁施加预应力来调整弯矩。架设后的最终状态可与成桥后所要求的线形基本吻合。随着预应力工艺技术的进步,现代预应力张拉工艺已成功地运用在拉索的张拉作业中。大型吊装设备的发展,为斜拉桥长大整体梁段的预制、整体锚固结构的预制和安装提供了可靠的手段,因而使新型的结构和设计不断涌现。

(6)整体桥面的开发与配合。

早期的桥面结构是在纵梁上铺设桥面板,而纵梁由联结于主梁的横梁支承着。因为是假定纵梁和横梁各自独立起作用,所以就必须有一个或两个纵向联结系以承受横向力。这种上部结构形式对斜拉桥是不合适的。1936年德国采用正交异性板作为主梁的上翼缘和桥面系,但当时还未解决焊接的翘曲问题,后来由于焊接技术的进步,最主要的是自动焊接的进步,使用正交异性板获得了成功。经过长期研究之后,现在正交异性板的设计计算及制造方法都达到了相当高的水平,给钢斜拉桥的发展创造了条件。这是因为正交异性板不但能作为主梁及横梁的上翼缘,而且能作为承受风力的横向杆件。这种使用正交异性板的桥梁比以往使用纵向联结系的结构具有更大的横向刚度。即使对长大的斜拉桥,为了平衡钢索的水平分力,也不需要额外增加钢料。特别是流线型扁平钢箱梁问世以来,大跨径斜拉桥建造数量越来越多。

3)斜拉桥在我国的发展

20世纪70年代,我国开始发展斜拉桥。交通部重庆公路科学研究所和四川省公路设计院合作,在四川省云阳县建造了我国第一座试验性斜拉桥,于1975年2月完成[5]。这是一座两塔的混凝土斜拉桥,主梁由钢筋混凝土槽形箱梁和预制的钢丝网混凝土板组成,每塔有三对拉索,辐射状布置,主跨75.84m。图1-54为该桥的照片。2006年10月17日12时,为了三峡大坝蓄水,该斜拉桥被爆破拆除。

图1-54 四川云阳汤溪河桥(来源于百度图片)

1975年上海市政工程设计院在上海新五镇建造了一座主跨54m的三跨连续钢筋混凝土试验性斜拉桥,其主梁采用组合边箱和肋板式桥面。每塔三对拉索,竖琴形布置。1979年6月,在陕西安康建成一座跨越汉江,主跨120m的水电站专用斜拉桥。该桥三跨对称布置,边跨38m,是一座预应力混凝土斜拉桥,三对斜拉索扇形布置。

上述三座试验桥的成功修建,给更大跨径斜拉桥的建设提供了借鉴。1980年在四川建成了三台涪江桥,其主跨达到128m,为双塔预应力混凝土斜拉桥。1981年在辽宁建造了一座跨越长兴岛与大陆间海峡的辽宁复兴长兴岛桥,主跨176m,全桥140根拉索,布置成扇形。1981年还建成了中国首座铁路斜拉桥——湘桂铁路广西来宾红水河桥(图1-55),主跨96m,采用塔、梁固结体系,设三对斜拉索。该桥建设中进行了大量的研究,"是当时科技含量最高的一座试验桥"[6]。1982年在上海松江建成一座主跨200m的双塔预应力混凝土斜拉桥,双索面采用竖琴形布置。该桥跨径比较大,又位于风影响比较大地区,因此开展了国内"首次节段模型的风洞试验,成为中国桥梁风工程研究的起点"[6]。

图1-55 湘桂铁路广西来宾红水河铁路桥(来源于百度图片)

1982年建成的济南黄河公路桥(图1-56),是一主桥5孔连续的预应力混凝土斜拉桥,孔跨布置是40m+94m+220m+94m+20m,主梁断面是闭口双室箱梁,采用挂篮悬臂浇筑法施工;每塔有斜拉索11对,采用扇形布置;每根拉索采用67~121根直径5mm镀锌钢丝组成,冷铸镦头锚。该桥的建成"是中国早期斜拉桥建设的一个里程碑,具有重要的意义"[6]。

图1-56 济南黄河大桥(来源于百度图片)

1987年,在天津建成了主跨260m预制拼装施工的天津永和桥。该桥地处强震区,还要考虑风的影响,因此主梁采用流线型断面、漂浮体系结构;在广东南海建成了我国首座独塔斜拉桥，两跨不对称布置，分跨为100m+124.58m，在塔顶设有观光厅；在上海建成了两跨略有不对称的恒丰北路桥，是国内首座独塔单索面斜拉桥，15对斜拉索按竖琴形布置。1988年在广东南海县建成了两孔对称布置的跨径160m的九江独塔斜拉桥、在重庆建成了跨径布置为200m+230m重庆石门独塔斜拉桥。1988年还建成了主跨175m广州海印大桥，该桥是当时桥宽最大的单索面斜拉桥。1990年建成了双塔单索面、主跨210m的长沙湘江北大桥。

进入20世纪90年代后，我国的斜拉桥建设从跨径和规模上都有了突飞猛进的发展，其跨径逐渐超越世界最大跨径纪录。1991年建成的上海南浦大桥，主跨423m，主梁采用了钢-混凝土组合梁。1993年建成的上海杨浦大桥，跨径达到602m，是当时斜拉桥世界跨径纪录。1997年，香港建成了跨径布置为127m+448m+475m+127m的三塔四索面组合梁斜拉桥——香港汀九桥。2000年武汉建成了白沙洲长江大桥，是一座主跨618m的双塔双索面混合梁斜拉桥。2001年建成南京长江第二大桥，主跨为628m，主梁为全钢结构的流线型箱梁斜拉桥。2005年建成了主跨648m的南京长江三桥，桥塔也采用了钢结构。2008年，建成了世界上首座跨径超过1000m的斜拉桥——江苏苏通长江大桥，主跨达到1088m。

截至2018年底，全世界跨径超过600m的斜拉桥有29座，其中22座在中国；跨径超过1000m的斜拉桥有4座（包括在建），其中3座在中国。可见，在将近40年的发展中，我国的桥梁建设技术和规模都达到了世界较高水平。

4）现代斜拉桥的成就

现代斜拉桥是第二次世界大战后才开始发展的。第二次世界大战以后，为了修复破坏的老桥，法国发明了预应力钢筋混凝土梁，德国则重新研究并完善了斜拉桥。由于计算技术、材料强度、工厂制造能力、工地施工手段等都有进展，斜拉桥在各个环节都有保证，渐渐地发掘出它的优越性。先在欧洲，后在美洲、亚洲，现在斜拉桥已推广到全世界。

从1955年第一座现代化的钢斜拉桥跨径182.6m、1962年第一座现代化的混凝土斜拉桥跨径235m，到2018年60多年的发展，世界上最大跨径的钢斜拉桥的跨径已超过了1000m，混凝土斜拉桥跨径已超过500m。表1-3为1955年以来创跨径纪录的斜拉桥；表1-4则列出了截至2018年，世界上建成和在建的跨径不小于500m的斜拉桥情况。

自1955年以来创跨径纪录的斜拉桥 表1-3

建成年份	桥　名	跨径(m)	梁的材料	塔的材料	国　家
1955	斯特洛姆桑特桥	183	钢	钢	瑞典
1959	西奥特 霍伊斯桥	260	钢	钢	德国
1961	塞弗林桥	302	钢	钢	德国
1969	膝盖桥	320	钢	钢	德国
1970	杜伊斯堡—诺以恩卡泼桥	350	钢	钢	德国
1975	圣—纳扎桥	404	钢	钢	法国
1983	巴利奥斯—月亮桥	440	混凝土	混凝土	西班牙
1986	阿列克斯—弗雷泽桥	465	组合	混凝土	加拿大
1991	生口桥	490	钢	钢	日本
1991	斯卡恩圣特	530	混凝土	混凝土	挪威

续上表

建成年份	桥名	跨径(m)	梁的材料	塔的材料	国家
1993	杨浦大桥	602	组合	混凝土	中国
1995	诺曼底大桥	856	混合	混凝土	法国
1999	多多罗大桥	890	钢	钢	日本
2008	苏通大桥	1088	钢	混凝土	中国
2012	俄罗斯岛大桥	1104	钢	混凝土	俄罗斯

世界上大跨径斜拉桥排名(跨径500m及以上,截至2018年)　　表1-4

序号	名称	国家	地点	跨越	主跨长度(m)	开通年份	桥塔数	最大高度(m)
1	俄罗斯岛大桥	俄罗斯	符拉迪沃斯托克(海参崴)	东博斯普鲁斯海峡	1104	2012	2	320.9
2	沪通长江大桥	中国	江苏南通—张家港	长江	1092	在建	2	325
3	苏通长江大桥	中国	江苏南通—苏州	长江	1088	2008	2	306
4	昂船洲大桥	中国	香港新界	蓝巴勒海峡	1018	2009	2	298
5	鄂东长江大桥	中国	湖北黄石—浠水	长江	926	2010	2	242.5
6	多多罗大桥	日本	广岛县—爱媛县	濑户内海	890	1999	2	220
7	诺曼底大桥	法国	勒阿弗尔—翁夫勒	塞纳河	856	1995	2	214.77
8	九江长江大桥	中国	江西—湖北黄梅	长江	818	2013	2	242.3
9	荆岳长江大桥	中国	湖北—湖南岳阳	长江	816	2010	2	265.5
10	芜湖长江二桥	中国	安徽芜湖	长江	806	2017	2	262.48
11	仁川大桥	韩国	仁川	仁川湾	800	2009	2	230.5
12	鸭池河大桥	中国	贵州黔西—清镇	鸭池河	800	2016	2	258.2
13	厦漳桥北汊桥	中国	福建厦门—龙海	九龙江	780	2013	2	227
14	金角湾大桥	俄罗斯	海参崴	金角湾	737	2012	2	226.25
15	上海长江大桥	中国	上海	长江	730	2009	2	212
16	闵浦大桥	中国	上海	黄浦江	708	2010	2	214.5
17	江顺大桥	中国	广东江门—佛山	西江	700	2015	2	186
18	象山港大桥	中国	浙江宁波—象山	象山港	688	2012	2	225.5
19	琅岐闽江大桥	中国	福建福州	闽江	680	2014	2	223
20	南京长江三桥	中国	江苏南京	长江	648	2005	2	215
21	中朝鸭绿江界河公路大桥	中国、朝鲜	辽宁丹东—新义州	鸭绿江	636	2014	2	194.6
22	铜陵长江公铁大桥	中国	安徽无为—铜陵	长江	630	2015	2	212
23	南京长江二桥	中国	江苏南京	长江	628	2001	2	195.41
24	金塘大桥	中国	浙江舟山	灰鳖洋	620	2009	2	204
25	白沙洲长江大桥	中国	湖北武汉	长江	618	2000	2	174.75

续上表

序号	名称	国家	地点	跨越	主跨长度(m)	开通年份	桥塔数	最大高度(m)
26	二七长江大桥	中国	湖北武汉	长江	616×2	2011	3	209
27	永川长江大桥	中国	重庆永川—江津	长江	608	2014	2	207.4
28	青洲大桥	中国	福建福州	闽江	605	2002	2	175.5
29	杨浦大桥	中国	上海	黄浦江	602	1993	2	208
30	徐浦大桥	中国	上海	黄浦江	590	1997	2	217
31	名港中央大桥	日本	名古屋	名古屋港	590	1998	2	195
32	桃夭门大桥	中国	浙江舟山	灰鳖洋	580	2003	2	151
33	安庆长江铁路大桥	中国	安徽安庆—池州	长江	580	2015	2	210
34	黄冈长江大桥	中国	湖北黄冈—鄂州	长江	567	2014	2	193.5
35	里翁—安提里翁大桥	希腊	里翁—安提里翁	科林斯湾	560×3	2004	4	230
36	芹苴大桥	越南	芹苴—永隆	湄公河	550	2010	2	175.3
37	釜山港大桥	韩国	釜山	釜山港	540	2014	2	190
38	拉佩芭大桥	西班牙	加的斯—王港	加的斯湾	540	2015	2	180
39	斯堪桑德大桥	挪威	因德勒于	斯堪桑德海峡	530	1991	2	152
40	巴鲁阿特大桥	墨西哥	杜兰戈州—锡那罗亚州	巴鲁阿特河	520	2012	2	169
41	黄舣长江大桥	中国	四川泸州	长江	520	2012	2	210
42	礐石大桥	中国	广东汕头	榕江	518	1999	2	148
43	鹤见翼桥	日本	横滨	东京湾	510	1994	2	180
44	安庆长江大桥	中国	安徽安庆	长江	510	2005	2	185
45	天兴洲大桥	中国	湖北武汉	长江	504	2009	2	188.5
46	荆州长江大桥	中国	湖北荆州	长江	500	2002	2	150
47	堪恰纳披色大桥	泰国	北榄府	湄南河	500	2007	2	187.6
48	柔佛河大桥	马来西亚	柔佛州	柔佛河	500	2011	2	143
49	木浦大桥	韩国	木浦	荣山江	500	2012	2	500
50	禾太大桥	韩国	突山岛—禾太岛	丽水湾	500	2015	2	151.25

图1-57为2012年建成的主跨1104m的海参崴的俄罗斯岛大桥,为截至2018年世界上最大跨径斜拉桥;图1-58为2008年建成主跨1088的中国苏通长江大桥,为截至2018年国内已建成的最大跨径,世界第二大跨径斜拉桥。图1-59为1992年挪威建成的主跨530m的斯卡恩圣特(Skarnsundet)桥,为目前世界上最大跨径混凝土斜拉桥。

图 1-57　海参崴的俄罗斯岛大桥

图 1-58　中国苏通长江大桥

图 1-59　挪威斯卡恩圣特（Skarnsundet）桥

复习思考题

1-1　桥梁结构的基本体系包括哪几种？
1-2　按结构体系分，桥梁结构可分为哪几类？
1-3　梁桥的受力特点是什么？
1-4　拱桥的受力特点是什么？
1-5　悬索桥的受力特点是什么？
1-6　周念先教授将桥梁结构分为墩支桥和杆吊桥，两种桥型各有什么特点？
1-7　杆吊桥为什么能建设成大跨径桥梁？

1-8 中国古代索桥有什么特点?
1-9 欧美早期索桥的缆采用了哪些主要形式?
1-10 美国雅各布溪桥在当时的创新性体现在哪些方面?
1-11 斯库尔基尔瀑布蜘蛛桥采用了哪项以前没有采用的技术,成为开创性贡献?
1-12 斜拉索之间增加横向拉索,有哪些作用?
1-13 英国联盟桥采用了什么形式的主缆?
1-14 铁丝缆与眼链杆缆各有哪些优点和缺点?
1-15 空中纺线法是哪国哪位工程师发明的?主要特点是什么?
1-16 欧洲发展时期,缆索承重桥的特点是什么?
1-17 罗勃林体系缆索承重桥的特点是什么?
1-18 罗勃林对缆索承重桥的贡献体现在哪些方面?
1-19 列举罗勃林修建的比较有名的三座缆索承重桥梁。
1-20 列举布鲁克林桥的几个特点。
1-21 列举罗勃林对悬索桥的几点贡献。
1-22 与曼哈顿桥相比,威廉斯堡桥的计算理论有什么不同?
1-23 总结美国发展时期缆索承重桥梁的特点。
1-24 现代悬索桥的建造可分为哪几个高峰期?
1-25 世界上首座跨径超过千米的桥是哪国的哪一座,跨径是多少?大致建成于什么年代?
1-26 金门大桥是哪年建成的?跨径是多少?是否创了当时的跨径世界纪录?
1-27 悬索桥跨径能达到1000m以上,哪种计算理论起到了至关重要的作用?
1-28 哪个国家哪座800m以上跨径的悬索桥被风摧毁?该桥加劲梁有什么特点?
1-29 通过抗风稳定性研究,确定了提高悬索桥抗风稳性的措施主要有哪些?
1-30 风毁坏的Tacoma Narrows桥加劲梁与重修的有什么不同?
1-31 美国哪座桥梁跨径打破了金门桥的跨径纪录?是多大跨径?
1-32 哪个国家哪座桥首次采用预制平行索股法施工悬索桥主缆?
1-33 列举美国悬索桥的特点。
1-34 法国建成的坦卡维尔(Tancarville)桥与美国悬索桥相比有哪几个不同特点?
1-35 与美国悬索桥相比,英国建成的主跨为1006m的福斯公路桥有哪些特点?
1-36 英国塞文桥(Severn Bridge)有哪些特点?
1-37 葡萄牙建成主跨为1013m的4月25日桥有哪些特点?
1-38 丹麦建成的主跨为600m的小贝尔特桥有哪些特点?有什么重要发明?
1-39 英国恒比尔桥的跨径是多少?有什么特点?
1-40 列举英国式悬索桥的特点。
1-41 与其他悬索桥相比,日本南北备赞桥有什么特别的地方?
1-42 日本的哪座桥是目前已建成的桥梁中的最大跨径桥梁?主跨多少米?
1-43 列举日本悬索桥的特点。
1-44 我国的现代悬索桥建设是从哪座桥梁开始的?
1-45 汕头海湾大桥的跨径是多少?加劲梁采用了什么材料?

1-46 简单列举中国现代悬索桥建设的特点。

1-47 中国悬索桥在创新与发展方面有哪几方面的贡献?

1-48 目前正在建设的世界上最大跨径的悬索桥是哪国哪座桥?跨径超过了多少?

1-49 意大利墨西拿海峡大桥的设计跨径是多少?

1-50 简单列举19世纪以前所建斜拉桥失败的原因。

1-51 画出迪辛格缆索承重桥梁体系的简单图式,说明其受力特点。

1-52 第一座现代斜拉桥是哪年诞生的?是什么样的结构体系?

1-53 第一座现代大跨径混凝土斜拉桥是哪一座?有什么特点?

1-54 简单描述现代斜拉桥四代体系各自的特点。

1-55 哪个国家哪座斜拉桥是世界上第一座跨径突破1000m的斜拉桥?

1-56 目前世界上最大跨径的斜拉桥、最大跨径混凝土梁斜拉桥各是哪一座?跨径是多少?

第 2 章
结构体系与分跨布置

缆索承重桥梁中的悬索桥可以设计成多种结构体系形式,如主缆和加劲梁可以布置成单跨、两跨、三跨和多跨结构,加劲梁的跨数可比主缆跨数少;斜拉桥根据桥塔数量的不同,也可以设计成单跨、两跨、三跨和多跨结构体系,斜拉桥和悬索桥还可以与其他桥梁组合,形成组合式缆索承重桥梁。本章首先介绍缆索承重桥梁的桥型和结构体系,并对不同桥型的受力特性进行比较;然后按照桥塔数量的不同,分别介绍无塔、单塔、双塔和多塔结构的缆索承重桥梁的分跨总体设计。本章仅介绍缆索承重桥梁总体设计中的立面分跨布置设计,总体设计的其他内容在第 3 章中介绍。

2.1 概　　述

按主要承载构件的受力特点进行分类,缆索承重桥梁可分为基本体系和组合体系两种。基本体系是以缆索作为主要承重结构的悬索桥;组合体系则具有一个或者多个主要承载构件,缆索为其中重要构件的桥梁。由于索与其他构件很容易组合,所以组合体系的缆索承重桥梁很多,如索-柱组合体系、索-柱-梁组合体系、索-拱组合体系、索-拱-梁组合体系等。

与其他桥型相比,缆索承重桥梁的受力特点如下:

(1)缆索是几何可变体,只能承受拉力作用;缆的承载方式除了自身的轴向弹性变形外,还可通过主缆的面外几何形状改变来影响体系平衡,这种几何形状改变(大位移)对结构平衡是不可忽略的,因此平衡应建立在变形之后的结构上。

(2)在恒载作用下,缆索具有较大的内力,使缆索保持着一定的几何形状,当内外作用变化时,缆索将发生几何形状的改变,恒载拉力对内外作用的变化存在着抗力,它和位移相关,反映出缆索的几何非线性性质;恒载内力往往使活载位移减小,从而提供结构刚度,在悬索桥中,这种刚度被称为重力刚度;在几何非线性分析中,是以几何刚度矩阵来反映其作用的。

(3)改变缆索的垂跨比将影响缆索的内力,从而影响结构的内力,结构体系的刚度也将随之改变。减小垂跨比,缆索的拉力将增加,在一定垂跨比范围内可减小结构的挠度。

(4)桥梁的跨越结构直接或者间接地受缆索支承,形成多点弹性支承连续梁,这就使得桥梁的跨越能力大大增强。

与其他桥型相比,缆索承重桥梁具有如下优点:

(1)缆索是受力非常合理的构件。

缆索承重桥梁中的重要受力构件是缆索,它主要受拉,次弯矩非常小。从材料力学的知识可了解,对于受拉或受压的构件,其应力在截面上的分布比较均匀,而对于受弯构件,在弹性范围内,其应力分布呈三角形。从充分发挥材料的承载能力方面比较,拉压的受力方式比受弯曲要合理,而受压构件长细比太大时,受构件稳定性影响,其承载能力还要折减。因此对于构件截面来说,受拉是最合理的受力方式。

(2)跨越能力大。

由于主要承载构件缆索受拉,在大跨径缆索承重桥梁中,缆索中的恒载拉力远大于活载值,一般疲劳的影响较小,可以采用高强钢丝制成主缆,使与极限跨径有关的参数——容许应力与密度的比值最大,因此,缆索承重桥梁的跨越能力是目前所有桥梁体系中最大的。

(3)桥型优美。

大跨径悬索桥加劲梁和斜拉桥主梁的梁高一般与跨径关系不大,跨径越大,梁的高跨比越小,因此相对于其他桥来说,缆索承重桥梁的建筑高度较小,具有优美的曲线,外形比较美观,成为城市景观的一部分,如美国旧金山的金门大桥等。

斜拉桥桥塔较高,拉索较直,挺拔而巍然,具有刚性美。若与环境协调,往往是一道风景和地标。虽然在早期发展过程中几乎没有成功的例子,但斜拉桥方案仍然受到许多人推崇。

一些具有特殊造型的缆索承重桥梁,往往也是根据造型的需要而设计。建筑师们充分发挥自己的想象力,将其设计成为艺术品。

与其他桥型相比,缆索承重桥梁也有缺点:

(1)荷载作用下变形较大。

由于缆索是柔性结构且采用高强材料制作,当活载作用时:一方面会改变几何形状,引起桥跨结构产生较大的如S形曲线的挠曲变形;另一方面,缆索能承受的应力高,因此应变相对就大。

(2)精确分析结构时,必须考虑结构几何非线性的影响。

对现代桥梁结构进行精确分析时,必须考虑结构几何非线性的影响,如结构大位移、缆垂度、缆索初始内力的影响,因此,其计算分析比其他桥型复杂得多。

(3)结构风致振动问题相对严重。

由于缆索承重桥跨径较大,相对较柔,结构风致振动问题与其他桥型相比更严重。尤其是悬索桥,体系具有相对较小的刚度,为了防止加劲梁在大风下振动,需要研究采用合理的刚度参数和合适的气动断面形状。在建桥历史上早期采用木制加劲梁时,悬索桥发生破坏的事故比较多,采用钢梁后也曾发生过塔科马桥事故,但自从1940年后开展桥梁抗风稳定性研究以来,采取了合理的结构设计和抗风措施以后,风毁桥事故已可避免。

上述特点与优缺点是缆索承重桥梁的共同点,为了更准确地认识各种缆索承重桥梁的特点,本章对缆索承重桥梁结构体系进行更详细的分类,对该类桥梁的总体布置设计情况进行介绍。

2.2 桥型与结构体系

在桥梁结构中,主要有两种缆索与其他构件组合:主缆和斜拉索。这两种构件的一种或者两种一起与其他构件组合成为缆索承重桥梁。按桥型进行分类,常见的缆索承重桥型包括:悬索桥(主缆、主缆-柱组合)、斜拉桥(斜拉索-柱-梁组合)、斜拉-悬吊组合体系桥(主缆、斜拉索、梁、柱),本书主要介绍这三种桥型。比较少见的桥型有:缆-拱组合体系桥梁(悬吊拱桥)、斜拉-拱组合体系桥梁(斜拉拱桥)、斜拉-拱-梁组合体系桥梁。系杆拱桥、钢管混凝土拱桥的梁虽然也是由吊索悬吊,但其主要承力结构是受压为主的拱肋而不是吊索,因此不属于缆索承重桥梁。下面介绍各种缆索承重桥型的总体组成。

2.2.1 悬索桥

利用主缆及吊索作为加劲梁的悬挂体系,将荷载作用经桥塔、锚碇传递到地基的桥梁,被称为悬索桥。悬索桥(suspension bridge)主要由缆索系统、塔墩、加劲梁及附属结构四大部分组成。缆索系统包括主缆、索夹、吊索、索鞍、锚碇等;附属结构包括桥塔附属工程、锚碇附属工程、加劲梁附属工程、缆索附属工程及其他附属工程等,如图2-1所示。

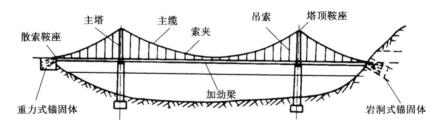

图2-1 悬索桥

地锚式悬索桥的梁一般称为加劲梁(stiffening girders),它不是主要的承载构件,简易的悬索桥甚至只有桥面而无梁,梁的高度受抗风稳定性的影响,一般与跨径大小的相关性不强。地锚式悬索桥中锚碇、桥塔和主缆是主要的承载结构,吊索与加劲梁则主要是传递直接作用于其上的荷载;自锚式悬索桥中锚碇、桥塔、主缆、加劲梁是主要的承载结构。

1)优点

悬索桥除了具有缆索承重桥梁的共同优点外,还具有如下优点:

(1)桥型合理。

悬索桥的缆索作为主要承载构件受拉,次弯矩非常小;桥塔以受压为主,弯矩也较小;加劲梁只是作为桥面来传递荷载,不是主受力构件,就静力来说,梁高与跨径无关而只与吊索间距有关。因此，悬索桥与其他桥型相比是最合理的受力形式，其跨越能力是最大的。由于悬索桥跨越能力大，常可因地制宜地选择一跨跨过河谷的布置方案，这样可以避免水中桥墩的修建；在V形山谷中架桥，采用悬索桥方案可避免高墩，它是较理想的桥型之一。

（2）抗震能力强。

悬索桥是轻而柔的桥梁，与刚度大而重的桥梁相比，在地震作用下，受到的振动惯性力较小，往往位移大而内力小，消能能力强，因此抗震能力强。

（3）材料用量省。

悬索桥采用高强材料作为主要承重结构，与其他桥型（如拱桥、梁桥）比较，恒载与活载之比较小，因此对一般大跨径桥来说，悬索桥是一种用料最省的桥型。

（4）施工方便。

悬索桥施工时是先架设好桥塔，然后利用桥塔架设牵引索和施工猫道等，利用猫道来架设主缆，然后再架设加劲梁和桥面系，施工方便；在交通不便的山区，修建悬索桥较为有利；在交通方便的江河湖海和城市处，悬索桥除了架设先导索外，其他施工不会中断交通。

2）缺点

悬索桥除了具有缆索承重桥梁的共同缺点外，还有如下缺点：

（1）抗重载能力相对较差。

与其他桥型相比，悬索桥加劲梁的桥面刚度相对较小，承受集中活载大的重载交通比较困难，尤其是局部集中荷载下加劲梁的转角变形较大。

（2）施工技术要求高。

悬索桥施工方法成熟，但往往需要专业技术人员施工，且对施工机械的依赖程度也较高。如主缆架设、紧缆、主缆缠丝等工况，非专业人员难以保证质量，没有专门机械将难以操作。

2.2.2 斜拉桥

斜拉桥（cable-stayed bridge）是指将斜拉索两端分别锚固在塔和梁或其他载体上，形成塔、梁、索共同承载的结构体系的一种桥梁，是一种组合的桥梁结构体系，如图2-2所示。斜拉桥的梁称为主梁，跨径不太大时，主梁高度对结构的竖向刚度有较大贡献；跨径较大时（如超过500m），主梁高度对结构的竖向刚度影响相对较小。斜拉桥主要由斜拉索、桥塔、主梁及附属结构四大部分组成。附属结构包括桥塔、主梁、斜拉索和其他附属结构等。斜拉桥中主梁、斜拉索、桥塔是主要的承载构件。

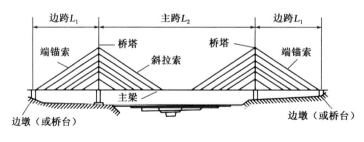

图2-2 斜拉桥

1）优点

斜拉桥除具有与缆索承重桥梁相同的优点外，还具有如下突出优点：

（1）不需要锚碇结构。

除了为了实现特殊的超大跨外,斜拉桥一般采用自锚式,斜拉索的水平力由主梁承受,省去了锚碇。

（2）施工方便。

现代斜拉桥一般都可以采用悬臂施工,不会影响桥下的通航净空。

2）缺点

斜拉桥较突出的缺点包括：

（1）斜拉桥是高次超静定结构,设计计算复杂。

斜拉桥是高次超静定结构,是不能采用手算算清楚的桥型之一,在计算方法和手段发展起来之前,斜拉桥很少有修建成功的例子就与计算困难有关。

（2）必须考虑结构的稳定性。

斜拉桥的主梁和桥塔受到斜拉索张力的锚固作用而产生强大的压力,可能会导致桥梁结构发生面内或者面外整体失稳或者局部板件失稳,因而设计时必须进行结构稳定分析。

（3）抗震能力稍差。

在地震作用下,由于结构刚度大,变形能力小,所以分配的内力大,消能能力小,因此抗震能力较悬索桥差。

（4）索与梁、塔的连接构造比较复杂。

为了抵抗斜拉索的张力,塔、梁在拉索锚固处的局部强度必须满足要求,斜拉索与梁或者塔的连接一般都要设计专门的锚固结构,这类结构构造及施工都很复杂。

（5）施工控制等技术要求严格。

斜拉桥在施工中将发生多次的结构体系转换,施工中结构内力大小与施工过程紧密相关,施工误差将引起成桥状态内力和线形变化,因此必须进行严格的施工监控,以确保结构内力与设计接近一致。

3）悬索桥与斜拉桥的比较

悬索桥和斜拉桥是最典型的缆索承重桥型,在此比较其相同点和不同点。两者的索都采用高强材料,受力合理,材料用量较省;两种结构的经济跨径范围都是大跨径,一般斜拉桥的经济跨径在200m以上,悬索桥的经济跨径超过600m;两种桥型的柔度大,变形大;抗风问题必须予以重视。

悬索桥与斜拉桥也有许多不同之处,具体表现在以下几方面：

（1）结构受力方面。

悬索桥主要靠主缆承受荷载,通过主缆将拉力传给锚固体系,加劲梁仅起局部承受和传递荷载的作用,采用地锚体系时,加劲梁中基本不受轴向力,由加劲梁自重引起的加劲梁内力较小;斜拉桥由斜拉索与主梁共同承受荷载,主梁刚度的大小将对结构刚度有一定影响,主梁中一般存在较大的轴向力,恒载内力(主要是轴力)将占很大的比重;悬索桥只有通过调整垂跨比才能改变主缆的恒载内力,而斜拉桥通过直接张拉斜拉索就能调整索、桥塔和主梁的恒载内力;悬索桥和斜拉桥应重视抗风设计,而斜拉桥整体结构和悬索桥的桥塔则应重视抗震设计。

（2）材料方面。

合理的大跨径悬索桥加劲梁主要是用钢,因为其自重轻,可减少主缆的面积和锚碇体量,也可采用钢-混凝土结合梁;斜拉桥则可根据跨径采用钢材或者混凝土材料,也可以用钢-混凝土结合梁。

(3)刚度方面。

悬索桥的竖向刚度主要由主缆重力提供,相对来说其刚度比较小,调整其竖向刚度的方法主要靠调整主缆的线形;而斜拉桥的竖向刚度由斜拉索与主梁共同提供,相对悬索桥而言,刚度较大,斜拉桥的主梁刚度对结构刚度有一定影响,可通过改变结构布置形式等办法来调整其竖向刚度。

(4)施工方面。

悬索桥的施工顺序是锚碇、塔、主缆、吊索、加劲梁,施工需要的大型机械较多,但技术工艺要求相对简单;斜拉桥施工中塔、梁、斜拉索可交替同时施工,施工时可改变结构的体系以保证施工安全,施工的工序安排可灵活控制。相对说来,斜拉桥的施工机械要求比悬索桥低,但技术工艺方面的要求要比悬索桥高,斜拉桥施工中将发生多次的结构体系转换,必须严格控制结构的线形和内力,施工控制复杂、技术难度相对较大。

2.2.3 组合体系桥梁

1)斜拉-悬吊组合体系

斜拉-悬吊组合体系桥是在悬索桥上增加斜拉索,或者在斜拉桥上增加主缆,故斜拉-悬吊组合体系桥(cable-stayed-suspension bridge)也是主要由缆索系统、桥塔、加劲梁及附属结构四大部分组成,如图2-3所示。缆索系统包括主缆、索夹、吊索、斜拉索、索鞍、锚碇等;附属结构包括桥塔、锚碇、加劲梁、缆索及其他附属结构等。斜拉-悬吊组合体系桥中锚碇、桥塔、主缆、斜拉索、加劲梁(主梁)均是主要的承载结构。

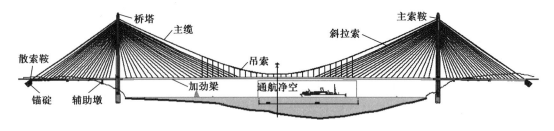

图2-3 斜拉-悬吊组合体系

斜拉-悬吊组合体系桥梁最早出现于18世纪初,当时跨径仅为100m左右,未被世人注意。经过美国籍德国桥梁设计师罗勃林的进一步研究和改进,形成了一种新的桥梁结构体系,即罗勃林体系,他修建的尼亚加拉大瀑布桥(Niagara Falls Bridge)、辛辛那提(Cincinnati)俄亥俄河(Ohio River)桥和布鲁克林桥(Brooklyn Bridge)均是这种体系,罗勃林之后的美国许多缆索承重桥梁发展期也采用这种体系。此外还有迪辛格体系、斯坦因曼体系等,下面分别介绍这些体系的特点。

(1)罗勃林体系。

罗勃林体系(图2-4),悬吊部分的吊索全桥布置,只是在桥塔两侧对称布置一些斜拉索,斜拉索作为悬索系统的一种辅助构件,只起增强作用,在设计中并不能把斜拉索和悬索作为同等重要的受力构件考虑。这种结构体系中吊索连续布置,整体性较好,若在吊索与斜拉索相交处联结可使拉索垂度变化减小,并且可以明显减小甚至完全消除单根斜拉索风致振动的可能性。但是这种结构体系受力不明确,斜拉索和悬索相互影响。

图 2-4 罗勃林体系

(2)迪辛格体系。

1938 年德国著名桥梁设计师迪辛格在设计汉堡附近跨越易北河的一座铁路悬索桥时,提出的斜拉-悬吊组合体系方案被称之为"迪辛格体系",如图 2-5 所示。在迪辛格体系中,索塔两侧梁段由对称布置斜拉索支承,仅中跨跨中段布置吊索,并且采用稀索体系,使主梁受力集中。这种结构体系的优点是结构简明,受力明确,两种结构体系相对独立,彼此间影响较小,施工难度也比罗勃林体系小。但是由于缺乏斜拉索的有利作用,使得跨中挠度较大,并且吊索与斜拉索交界区域受力较为复杂。与罗勃林体系的本质差别在于斜拉索的作用不同,迪辛格体系中斜拉索是独立受力的主要构件,而不再是辅助构件。由于在斜拉部分采用密索体系是在迪辛格体系上的发展,因此称之为"修正的迪辛格体系"。

图 2-5 迪辛格体系

(3)斯坦因曼体系。

1950 年德国的斯坦因曼提出了一种较为新颖独特的倒置斜拉索的斜拉-悬吊组合体系方案,如图 2-6 所示,但这种桥型从未进入实施阶段。斯坦因曼组合体系方案采用了从悬索体系主缆向下锚固到塔根处的斜拉索布置形式,增加了主缆的拉力,减小主缆受力后的变形,在一定程度上提高桥梁的整体刚度。这一点与罗勃林体系是相反的,后者的斜拉索是从塔顶辐射下来支承主梁,斜拉索分担主缆承受的荷载,因此减小了缆力。

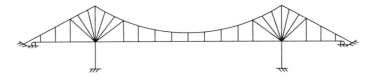

图 2-6 斯坦因曼体系

(4)林同炎体系。

1984 年林同炎教授在连接西班牙与摩洛哥之间的直布罗陀海峡大桥中,提出了主跨 5000m 双悬臂刚性斜撑悬索-斜拉组合体系方案,如图 2-7 所示。林同炎教授提出的斜拉-悬吊组合体系方案的结构特点是:用两个刚性斜撑支承桥塔附近的桥面荷载,主跨的中间部分由悬索体系承担。在直布罗陀海峡大桥方案设计中,是用双刚性斜撑悬臂梁支承距桥墩 1000m 范围内的桥面,以降低主缆主跨跨径,双悬臂端的支点起着 3000m 中跨主缆的支撑点的作用。增加刚性斜撑后,极大地提高了桥梁的整体刚度,有利于桥梁结构的动力稳定性。

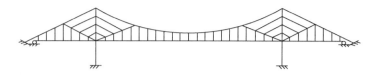

图 2-7　林同炎体系

（5）吉姆辛组合体系。

吉姆辛组合体系如图 2-8 所示。这种结构体系将悬索体系与部分地锚式的斜拉索体系混合在一起，在边跨仅用一根背拉索进入地锚，用较少的曲线形二次索代替较多的竖向吊索，提高了抗风稳定性。

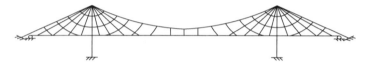

图 2-8　吉姆辛组合体系

1997 年在我国贵州修建的乌江大桥属于"修正的迪辛格体系"，主跨 288m，如图 2-9 所示。

图 2-9　贵州乌江桥

浙江湖州东苕溪大桥采用的自锚式斜拉-悬吊组合体系，其设计效果图如图 2-10 所示。这种结构体系的特点是主跨采用悬索体系，边跨采用斜拉体系，主跨主缆直接锚固在桥塔上。由于主缆锚固在向边跨倾斜的桥塔上，并与边跨斜拉索的水平分力平衡。因此，与上述组合体系不同的是，这种结构形式仅适用于中、小跨径的桥梁，满足一定的景观要求，在城市桥梁设计中具有竞争力。江苏常州龙城大桥和福建南平剑州大桥采用类似这种结构的单塔布置形式，但是在一些构造（如吊索布置、桥塔造型等方面）上有差异。

图 2-10　东苕溪大桥

如图 2-11 所示为 2017 年建成的土耳其博斯普鲁斯海峡第三大桥(The Third Bosphorous Bridge),跨径为 1408m,为"修正的迪辛格体系",但斜拉索与吊索立面图有部分重叠,采用四索面,中间火车道路两侧布置主缆,为竖直平面缆索,桥梁两侧布置斜拉索,为空间缆索形式。设计荷载较重:8 车道公路荷载,速度 120km/h,共 97.5kN/m;2 车道铁路,其中重载速度 80km/h,每线加载 400m×80kN/m 或者 35.3m×133kN/m,快速铁路速度 160km/h,每线加载 400m×23.7kN/m;人群荷载 2×2.25m×2.5kPa。

图 2-11　博斯普鲁斯海峡第三大桥(The Third Bosphorous Bridge)

2) 斜拉-连续梁组合体系

将斜拉桥的主梁外伸,形成多跨连续梁的主梁是斜拉-连续梁组合体系结构,如图 2-12 所示的安徽铜陵长江大桥、如图 2-13 所示的山东济南黄河大桥、如图 2-14 所示的浙江宁波大桥等都是斜拉-连续梁组合体系桥梁。

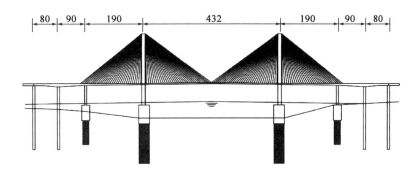

图 2-12　安徽铜陵长江大桥(尺寸单位:m)

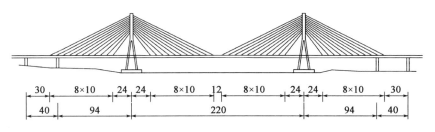

图 2-13　济南黄河大桥(尺寸单位:m)

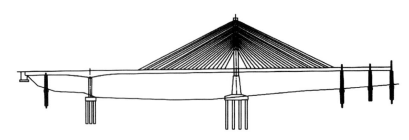

图 2-14　浙江宁波大桥示意图

3）斜拉-连续刚构组合体系

将连续刚构与斜拉桥组合,可提高连续刚构桥的跨越能力[1],也能增大斜拉桥的刚度。如图 2-15 所示为广东肇庆金马大桥所采用的斜拉-连续刚构桥组合体系结构。

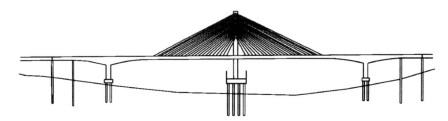

图 2-15　广东肇庆金马大桥示意图

4）悬吊拱桥

悬吊拱桥(suspension arch bridge)是主缆与拱肋的组合体系。其中主缆、拱肋和桥塔是主要的承载构件,主梁的高度对结构的竖向刚度有较大贡献。此种桥在抵抗温度变化作用时具有明显的缺陷,温度升高时,主缆恒载将卸载到拱上,导致拱的内力增加很大,尤其是拱脚反力;温度降低时拱的恒载将卸载到缆上,导致拱脚反力减小很多;吊索疲劳和拱脚抗推是一个需要重点解决的问题。

图 2-16 是 1913 年德国教授米兰(J. Melan)在其著作《拱桥和悬索桥理论》(*Theory of Arches and Suspension Bridges*)一书中讨论的悬吊拱桥模型。图 2-17 为英国的阿尔伯特桥(Albert Bridge)。

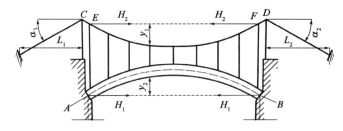

图 2-16　悬吊拱桥

图 2-18 为我国河南郑州桃花峪黄河大桥初步设计的一个方案,为自锚式悬索桥与拱桥的组合体系结构。主桥的跨径布置为 20m + 160m + 406m + 160m + 20m,主桥长 406m,索塔高 176.714m,塔顶主缆理论交点高程为 260.44m。桥梁宽度为 38m,双边主梁断面形式。索塔横向为门式塔,设上、下两道横梁连接。纵向为单柱式。主缆垂跨比为 1/4.5,吊索间距为 10m。主拱肋采用钢箱截面,中跨矢跨比为 1/7。从受力上分析,结构体系不合理,因此最终放弃了该方案。

图 2-17　英国阿尔伯特桥（Albert Bridge）

图 2-18　桃花峪黄河大桥自锚式悬吊拱桥方案

5）斜拉拱桥

斜拉拱桥是斜拉索与拱肋的组合体系桥。斜拉拱桥中斜拉索、拱肋、塔都是主要的承载构件。

图 2-19 为湘潭湘江四桥,跨径组成为 120m + 400m + 120m,系斜拉飞燕式系杆钢管混凝土拱桥,结构以拱受力为主,辅以斜拉索受力；主拱采用中承式双肋无铰平行拱,拱肋中心距为 34m,计算跨径为 388m。主跨桥面系采用悬吊体系,桥面结构由钢横梁、钢纵梁、π 形桥面板组成。桥塔采用直线和圆曲线组成的花瓶形混凝土索塔,斜拉索的布置采用空间扇形。边跨主梁采用双边主梁截面形式,边主梁采用箱形截面,两片主梁之间用面板和横梁连接。边跨主梁与主跨桥面系之间铰接。

图 2-19　湘潭市湘江四桥

6) 斜拉-拱-梁组合体系

斜拉-拱-梁组合体系是斜拉索、拱肋、主梁的组合体系桥。其中斜拉索、拱肋、主梁、塔都是主要的承载构件。与斜拉拱桥相比，该桥型中梁也为主要承载构件。

如图2-20所示为马来西亚吉隆坡普特拉贾亚城中的布城(Putrajaya)桥。该桥由两个顶部倾斜的拱肋与一座"典型"的双塔斜拉桥组成。主跨300m，剑形塔高73m，桥面宽32m，桥面中心线处布置单索面斜拉索，两翼布置拱桥吊索。拱肋为直径2.2m的钢管，用冷轧钢板卷制而成，桥面以上拱高34m。拱上设置由钢管制作的K撑。桥塔下部为混凝土结构，拉索锚固处用钢结构围护。虽然都由两种桥型组合而成，但在结构上是不同的，布城(Putrajaya)桥将索拉在梁上，湘潭市湘江四桥将索拉在拱上。

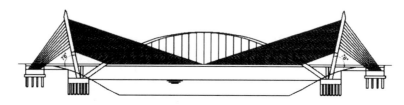

图2-20　马来西亚吉隆坡的布城(Putrajaya)桥

图2-21为无锡五里湖大桥主桥，为上承式梁拱和斜塔拉索组合结构，跨径组合为35m+80m+35m，全长150m，桥宽33m；主拱跨径为80m，矢高12.5m，矢跨比1/6.4，拱轴线为悬链线，钢筋混凝土箱形拱圈宽27~23.8m，高1.5m。

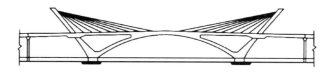

图2-21　无锡五里湖大桥主桥

2.3　缆索承重桥梁的分跨布置

2.3.1　无塔体系桥梁

在适宜的地形条件下，单跨式缆索承重桥梁可以利用山体岩锚来代替桥塔（无论是独塔或双塔）。在美国加利福尼亚(California)州北部奥佛水坝的上游，跨越Middle Fork American河的鲁克丘基桥(Ruck-A-Chucky Bridge)的设计中，林同炎教授曾提出过一个岩锚曲线梁斜拉桥的设计方案，如图2-22所示。此桥若不是设计成曲线梁斜拉桥而是采用直线桥，则在两岸必须开凿隧道，需多耗资1200多万美元。此外，若不采用斜索吊拉而是采用中间桥墩来支承，也需多耗资200多万美元。

在山区地形条件合适的地方，也可以不设置桥塔，将悬索桥的主缆通过索鞍转向后直接锚固在山体上。如1990年建成的四川奉节（现属重庆）梅溪河悬索桥（图2-23）。该桥主缆跨径338m，加劲梁跨径205m，采用斜吊索，主缆直接锚固在两岸山体上。该桥因三峡水库蓄水已被拆除。

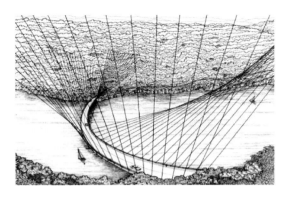
图 2-22 鲁克丘基(Ruck-A-Chucky)桥（方案）

图 2-23 奉节梅溪河悬索桥

2.3.2 独塔体系桥梁

独塔体系桥梁的主孔跨径一般比双塔三跨式的主孔跨径小，故特别适用于跨越中小河流、谷地及交通道路，当然也可用于跨越较大河流的主航道部分。在缆索承重桥梁中，一般独塔斜拉桥和独塔自锚式悬索桥较多。

1）双跨式

独塔双跨式也是一种常见的孔跨布置方式。采用独塔双跨式时，可以用两跨跨越河流，将桥塔设在河道中，如图 2-24、图 2-25 所示；也可以用主跨跨越河流，将桥塔及边跨设在河流的一岸，如图 2-26～图 2-28 所示。独塔双跨式可以布置成两跨不对称的形式，即分为主跨与边跨；也可以布置成两跨对称，即等跨形式，如图 2-25 所示的广东南海九江大桥就是这种形式。其中以两跨不对称的形式较多，也较合理，如图 2-26～图 2-29 所示。对于斜拉桥，两等跨形式由于一般不设端锚索，不能有效地约束塔顶位移，故在受力与变形方面不能充分发挥斜拉桥的优势。如果采用加大桥塔刚度的方法来减小塔顶变位，如图 2-24 所示的德国路德维希港(Ludwigs-hafen)桥那样，则会变得非常不经济。因为对减小塔顶变位来说，加大桥塔刚度不如增设端锚索有效。在独塔双跨式桥的边跨内同样也可根据地形、地质条件及结构受力需要等，布置若干中间辅助墩，如图 2-27 所示。

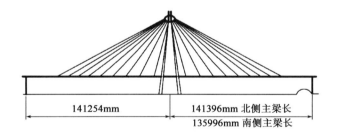

图 2-24 德国路德维希港桥的刚性塔

2）单跨式

由于不存在边跨，独塔单跨式斜拉桥边跨索只能采用地锚形式，同时梁体内的水平轴力必须由相应的下部结构来承受。图 2-30～图 2-33 是部分已建成的典型的单塔单跨斜拉桥。如图 2-34 所示的广东佛山平胜大桥是独塔单跨式自锚式悬索桥。

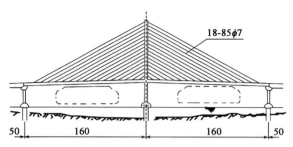

图 2-25　广东南海九江大桥(尺寸单位:m)

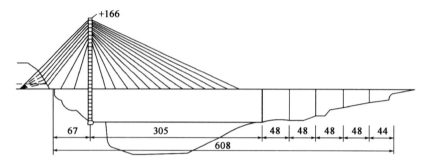

图 2-26　挪威格伦兰(Grenland)桥(尺寸单位:m;高程单位:m)

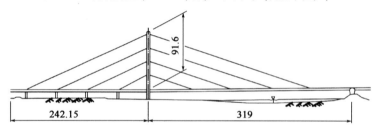

图 2-27　德国科尼(Knie)桥(尺寸单位:m)

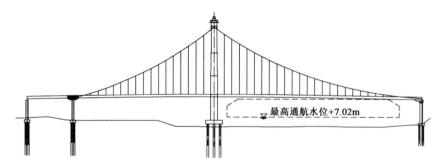

图 2-28　福州鼓山大桥

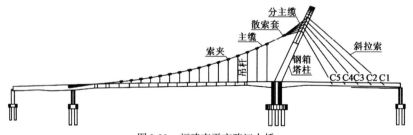

图 2-29　福建南平市跨江大桥

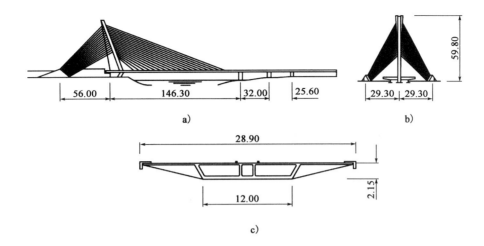

图 2-30 西班牙桑丘埃尔马约尔(Sancho-El-Major)河桥(尺寸单位:m)

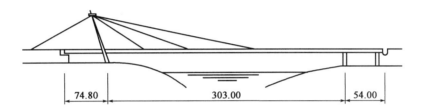

图 2-31 捷克多瑙河(Donau)桥(尺寸单位:m)

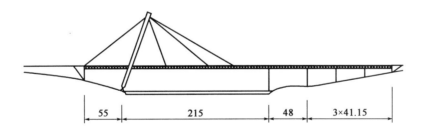

图 2-32 澳大利亚彼特曼(Batman)桥(尺寸单位:m)

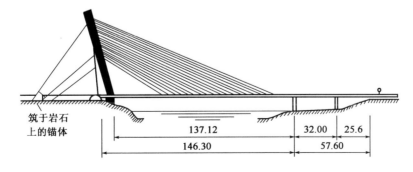

图 2-33 西班牙埃布罗(Ebro)桥(尺寸单位:m)

图 2-34　广东佛山平胜大桥

在单跨式斜拉桥中,为平衡有拉索跨的主梁中的水平力,一般将桥塔设计成倾斜的,其方向一般是倒向边跨。主跨斜拉索可采用稀索体系或密索体系;锚固跨一般采用地锚,多数桥都是采用比较少的斜拉索进行锚固。

如果将独塔单跨斜拉桥中塔向主跨相反方向倾斜到一定角度,利用塔的自重就可能平衡拉索在塔中产生的弯矩,这样就可以设计出无背索的单跨斜拉桥。1992 年西班牙建成的阿拉米罗(Alamillo)桥就是这种形式的首座斜拉桥。该桥主跨 200m,倾斜的桥塔离地面高 134.25m,总体布置图如图 2-35 所示。

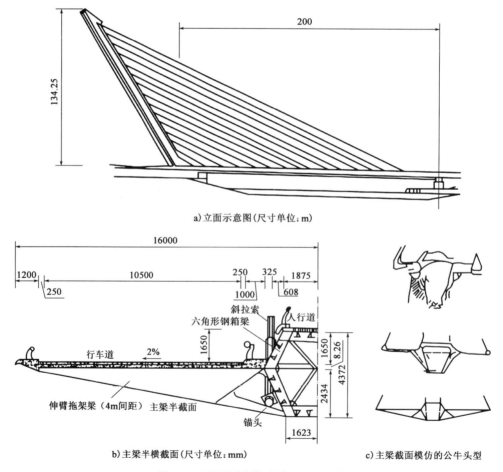

a) 立面示意图(尺寸单位:m)

b) 主梁半横截面(尺寸单位:mm)

c) 主梁截面模仿的公牛头型

图 2-35　西班牙的阿拉米罗(Alamillo)桥

捷克于1998年建成了一座与西班牙的阿拉米罗(Alamillo)桥类似的马莱恩(Marain)桥,如图2-36所示,双索面的斜拉索锚固在靠近桥轴线位置,自行车和人行道放在桥面中间,车行道放在两边。

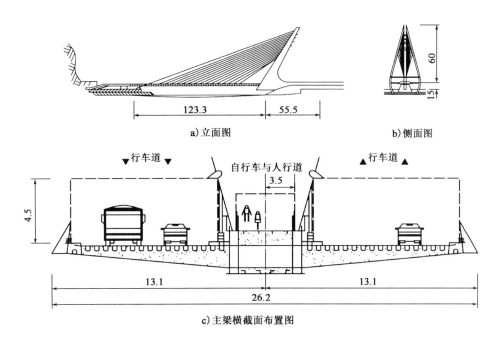

图2-36 捷克的马莱恩(Marain)桥(尺寸单位:m)

2000年哈尔滨太阳岛桥(图2-37)、2001年湖南长沙市北二环线上的洪山桥(图2-38)等也采用了无背索的单斜塔单跨斜拉桥。洪山桥主跨206m,斜桥塔竖向高135m,为平衡斜拉索的水平力,将桥塔设计成向岸倾斜的形式,桥塔与主梁在桥台处连为一体,形成自相平衡体系。

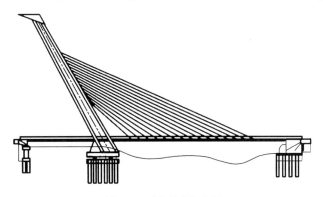

图2-37 哈尔滨太阳岛桥

在深切峡谷的山区悬索桥中,有时可利用地形建设不对称的独塔单跨悬吊地锚式悬索桥。如图2-39所示为云南香丽高速公路上跨越金沙江虎跳峡峡谷的金沙江大桥,在香格里拉岸不设桥塔和边跨,将主缆通过索鞍转向后直接锚固,建成了一座独塔单跨悬吊的地锚式悬索桥,这种桥型特别适合深切峡谷。

图 2-38 湖南长沙洪山庙桥

图 2-39 香丽高速公路金沙江大桥

2.3.3 双塔体系桥梁

1)三跨式

双塔三跨式是标准的大跨和超大跨缆索承重桥梁的布置形式,适合悬索桥、斜拉桥和斜拉-悬吊组合体系等所有桥型。由于双塔三跨式缆索承重桥梁的主孔跨径较大,一般适用于跨越较大的河流、河口及海面。在跨越河流时,可以用主孔一跨跨越,将两个桥塔设在岸边,两个边跨设在岸上,如图2-40~图2-42所示;也可以将两个桥塔设在靠岸侧的河中,用三孔来跨越整个河道或主航道,如图2-43~图2-45所示。

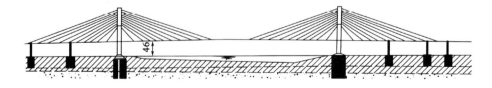

图 2-40 上海南浦大桥

第2章 ▶ 结构体系与分跨布置

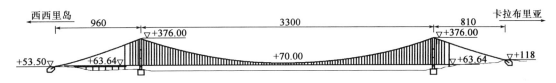

图 2-41 墨西拿海峡大桥(悬索桥)布置方案(尺寸单位:m;高程单位:m)

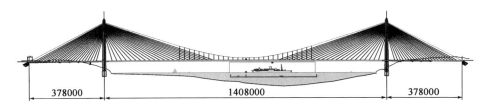

图 2-42 博斯普鲁斯海峡第三大桥(尺寸单位:mm)

图 2-43 南京长江二桥

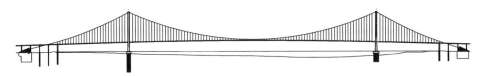

图 2-44 南京长江四桥

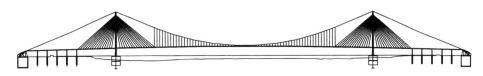

图 2-45 泰州长江大桥斜拉-悬吊组合体系方案

双塔三跨式可以布置成两个边跨跨径相等的对称形式,前述多组图的桥跨布置均采用了这种布置形式;也可以布置成两个边跨跨径不等的非对称形式,如图 2-41 和 图 2-44 所示。甚至可以布置成如图 2-46 所示的两塔高度也不对称的结构形式。双塔三跨式的两个边跨可以根据地形、地质、水文条件与结构受力的需要等布置辅助墩,如图 2-40 和图 2-47 所示。

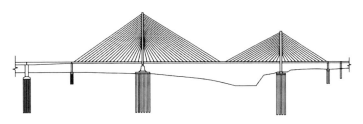

图 2-46 荆州长江公路大桥南汊通航孔桥

59

图 2-47　宁波庆丰自锚式悬索桥

2）两跨式

双塔双跨式是悬索桥常用的布孔形式,如图 2-48 和图 2-49 所示。其他桥型则较少采用这种形式。

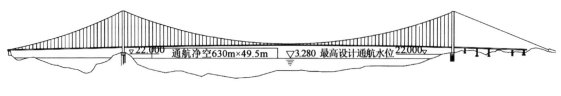

图 2-48　舟山西堠门大桥(高程单位:m)

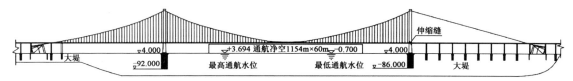

图 2-49　广州虎门二桥(坭洲水道桥;高程单位:m)

3）单跨式

双塔单跨式是悬索桥另一常用的布孔形式,如图 2-50～图 2-53 所示,而其他桥型则较少采用这种布置形式。对于斜拉桥,双塔单跨式一般为地锚式斜拉桥,如图 2-54 所示;斜拉桥主梁的轴力可由桥塔或者塔处地基承受,也可以让主梁受拉或者添加水平索来抵抗斜拉索的水平分力,但是需要采用其他施工方法。双塔单跨式悬索桥由于边跨无悬吊,边缆垂度小,故刚度优于两跨或者三跨悬吊,但是景观上不如三跨悬吊优美。

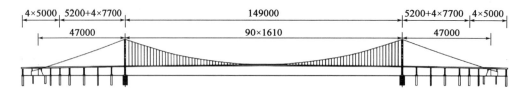

图 2-50　润扬长江大桥(尺寸单位:cm)

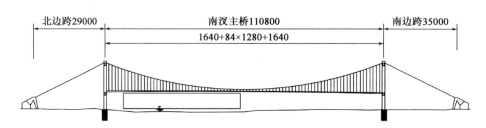

图 2-51　广州黄埔大桥(尺寸单位:cm)

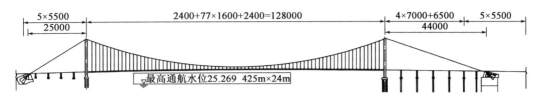

图 2-52　武汉阳逻大桥(尺寸单位:cm;高程单位:m)

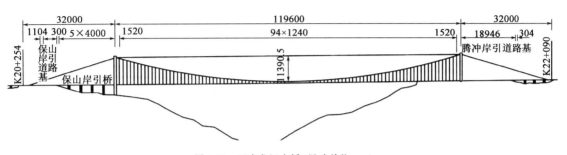

图 2-53　云南龙江大桥(尺寸单位:cm)

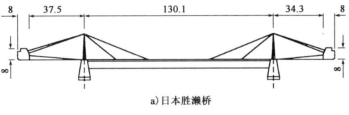

a)日本胜濑桥

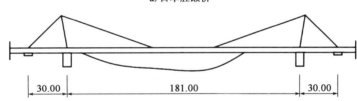

b)意大利Basentana,Carpinato河桥

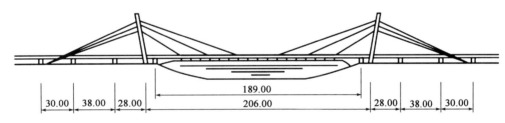

c)意大利阿尔诺(Arno)河桥

图 2-54　双塔的单跨斜拉桥(尺寸单位:m)

2.3.4　三塔及多塔体系桥梁

1)概述

当桥位处水域宽广时,目前世界上通常采用如下四种方式实现跨越:

(1)小跨长桥的方式。

这种方式由于每跨的跨径较小,所以其桥墩和基础的数目较多,相应的基础造价也较高。

如果水域较深且环境恶劣,那么下部结构的施工可能会遇到很大的甚至是不可克服的困难,如加拿大联邦桥(Confederation Bridge),如图 2-55 所示。

图 2-55　加拿大联邦桥(Confederation Bridge)

(2)一座大跨径主桥和一系列小跨长桥相结合的方式。

这种方式很多,如丹麦大贝尔特桥(Great Belt Bridge),如图 2-56 所示;我国的杭州湾大桥、苏通长江大桥、江苏润扬长江大桥等也是这种布置形式。

图 2-56　丹麦大贝尔特桥(Great Belt Bridge)

(3)连续大跨径布置形式。

当跨径超过 1200m 时,悬索桥已被公认是一种最有竞争力的桥型,所以桥梁工程师就采用两三座传统悬索桥,通过共用锚碇而前后相连的办法来完成跨越。1936 年美国建成的旧金山—奥克兰西海湾大桥,由两座 352m+701m+352m 的孪生悬索桥相连,如图 1-29 所示;日本 1988 年建成的南、北备赞濑户大桥由南备赞大桥(274m+1100m+274m)和北备赞大桥(274m+990m+274m)相连,如图 1-43 所示;1998 年日本建成的来岛海峡大桥,由三座不同悬吊形式的悬索桥相连,如图 2-57 所示。

图 2-57　来岛海峡大桥

如果跨径合适,也可以采用多座斜拉桥来连接,但这种方式少,一般这种情况是采用后面将要介绍的多塔多跨斜拉桥方式实现跨越。

(4)多塔连跨缆索承重桥梁。

本教材所说的多塔连跨桥梁是指三塔或更多塔组成的主缆或梁连续的一类缆索承重桥

梁。目前桥型中主要是多塔悬索桥和多塔斜拉桥。如果是多塔悬索桥，边跨可以悬吊也可以不悬吊甚至只悬吊其中一个边跨。

多塔连跨主缆连续悬索桥与串联大跨径布置形式相比，省去了中部庞大的锚碇和基础；相比于传统的两塔悬索桥，多塔悬索桥不只是表面上塔数、跨数的增多，更重要的它是一种新的桥梁结构形式，具有不同的结构特性。由于中间桥塔的塔顶没有锚索来有效地限制它的纵向偏位，因此将使缆索发生位移，从而导致梁的挠度加大，也就是说，已经是柔性结构的悬索桥，多塔多跨后将使结构柔性更加增大。因此多塔连跨缆索承重桥梁在结构设计上存在的最大困难就是如何合理地设计结构的整体刚度。

多塔多跨斜拉桥的中间桥塔同样没有端锚索来约束塔顶纵向位移，中塔的纵向刚度同样比较弱，如果仍然按常规两塔斜拉桥的设计参数来设计多塔斜拉桥，将会出现结构整体刚度偏小的问题，因此需要采取一些提高结构整体刚度的措施。

2）多塔连跨悬索桥

20世纪上半叶，欧洲修建了多座小跨径多塔连跨悬索桥，它们是通过刚性塔墩、桥塔塔顶和塔梁连接处设置交叉拉索或者纵向水平拉索直接连接各个桥塔的塔顶来提高塔的纵向抗弯刚度，从而达到提高结构整体刚度的目的。对于大跨径悬索桥，刚性中间桥塔方案由于纵向剪力大，还要考虑主缆与鞍座、鞍座与塔顶之间的抗滑稳定性，因此并不能照搬采用。

（1）早期欧洲小桥。

图2-58为1836年法国建成的库布扎克（Cubzac）桥，为六塔五跨悬索桥，跨径为5×109m，圬工桥塔，桥塔塔顶和塔梁连接处设置交叉拉索；图2-59为1842年法国建成的罗什穆尔（Rochemaure）桥，布置为三塔两跨悬索桥，该桥塔墩为刚性圬工结构；图2-60为1922年法国建成的安格朗德（Ingrandes）桥，布置为九塔八跨，中塔最粗壮，在中塔右边的其他桥塔附近加了斜拉索，纵向水平拉索直接将各个桥塔的塔顶连接起来。

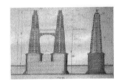
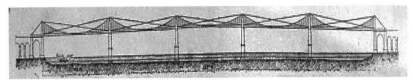

图2-58 法国库布扎克（Cubzac）桥

图2-59 法国罗什穆尔（Rochemaure）桥

图2-61为1937年法国建成的新堡（Chateauneuf）桥，为四塔五跨悬索桥，桥跨布置为49.15m+3×59.50m+49.15m，钢结构桥塔均支承在圬工桥墩上；图2-62为1949年法国建成的蒙特让（Montjean-sur-Loire）桥，为五塔六跨悬索桥，桥跨布置为50m+90m+92m×2+90m+50m，钢筋混凝土桥塔支承在圬工桥墩上；图2-63为1951年法国建成的沙蒂永（Châtillon）桥，为三塔四跨悬索桥，桥跨布置为92m+2×76m+92m，桥塔为圬工结构。上列各桥的塔顶之间连接了水平拉索。

图 2-60 法国安格朗德(Ingrandes)桥(中塔右侧塔加了斜拉索,左侧没有)

图 2-61 法国新堡(Chateauneuf)桥

图 2-62 法国蒙特让(Montjean-sur-Loire)桥

图 2-63 法国的沙蒂永(Châtillon)桥

(2)日本小鸣门桥。

1961年日本建成的小鸣门桥是一座三塔四跨悬索桥,桥跨主缆跨径布置为70.6m+2×160m+50.8m,如图2-64所示。中塔为纵向呈A字形的钢筋混凝土塔,纵向刚度大,为解决主缆可能在中间桥塔上的主鞍座滑移的问题,部分索锚固在中塔上。

图2-64 日本小鸣门桥

(3)莫桑比克桥。

葡萄牙杰出工程师埃德加·卡多佐教授(Edgar Cardoso)1965年在莫桑比克设计建造的萨韦河桥(Save River Bridge)是四塔五跨公路悬索桥,桥跨布置为110m+3×210m+110m。该桥宽10.6m,主缆垂跨比1/8.4,吊索间距10m,斜吊索,桥面由支承在横梁上的鱼腹式预应力混凝土板构成。1973年他设计并建造了跨越在赞比西河的太特大桥(Tete Bridge),如图2-65所示。其跨径为90m+3×180m+90m,该桥与萨韦河桥相似。这两座多塔缆索承重桥梁采用了混凝土桥面板,矢跨比用得比较大,因此没有采取任何刻意提高塔的纵向抗弯刚度的措施。

图2-65 莫桑比克太特大桥

(4)大跨径桥。

近年来,我国设计了多座大跨径三塔两主跨悬索桥,如泰州长江公路大桥、马鞍山长江公路大桥、武汉鹦鹉洲长江公路大桥、浙江温州瓯江北口大桥等,三塔两主跨悬索桥扩展了传统的两塔悬索桥的适用范围,在同等覆盖的条件下,与跨径大一倍的两塔悬索桥相比,主缆和锚碇的工程量节省一半以上,抗风稳定性更好,经济上的优越性不言而喻。

①泰州长江公路大桥。

图 2-66 为泰州长江公路大桥的立面布置图,跨越水域 2000m 以上,采用三桥塔主缆四跨连续布置,主缆跨径组成为 390m + 1080m + 1080m + 390m,加劲梁为两跨连续。主缆垂跨比为 1/9。中塔纵向呈人字形结构,如图 2-67 所示;塔梁纵向采用弹性索连接。塔顶高程为 +200.00m,塔底高程为 +8.00m,塔柱高 192.0m。塔柱两条斜腿中心交点的高程约为 +78.0m,交点以上塔柱高约 122.0m,交点以下塔柱高约 70.0m。两斜腿在塔底的叉开量为 35.0m,斜腿段倾斜度为 1:4。

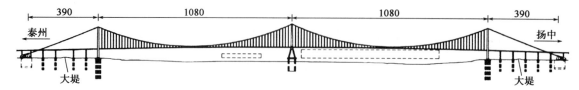

图 2-66　泰州长江公路大桥(尺寸单位:m)

图 2-67　泰州长江公路大桥中塔

②马鞍山长江公路大桥左汊悬索桥。

图 2-68 为安徽马鞍山长江公路大桥的左汊桥,总体布置是三桥塔、主缆四跨连续的悬索桥,主缆跨径布置为 360m + 1080m + 1080m + 360m,加劲梁两跨连续,主缆垂跨比为 1/9。与泰州大桥不同的是,该桥中塔塔梁固结,为钢-混凝土混合塔,门式结构,如图 2-69 所示。该桥中间桥塔由上、下塔柱、塔顶装饰及上、下横梁组成,其中下塔柱为预应力混凝土结构,上塔柱、塔顶装饰及上、下横梁为钢结构。中间桥塔塔高(从塔座顶面算起)为 175.8m。上塔柱高

127.8m,(从钢-混凝土结合面至鞍座底),横桥向宽度为6.0m,顺桥向宽度为7.0~11.0m。塔顶装饰高10.5m。塔柱间中心距在塔顶处为35m,承台顶处为43.5m,斜率为1∶39.6。两边桥塔为门式结构的钢筋混凝土桥塔,横梁为预应力混凝土结构,塔顶装饰与中间桥塔一致。

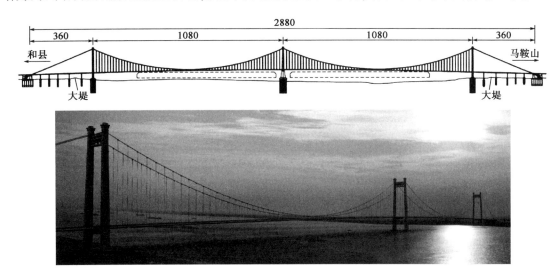

图2-68 马鞍山长江公路大桥左汊悬索桥(尺寸单位:m)

图2-69 马鞍山长江大桥左汊悬索桥中塔

为了减小塔柱截面风阻系数,改善涡振性能,对塔柱截面四个角点进行切角,切角尺寸为0.7m×0.7m,将截面进行钝化。

③鹦鹉洲长江大桥。

武汉鹦鹉洲长江大桥主桥是一座跨径布置为225m+2×850m+225m的三塔四跨悬索桥,如图2-70所示,加劲梁为板梁结合梁,北锚碇采用沉井基础,南锚碇采用地下连续墙基础。

鹦鹉洲长江大桥中塔为钢-混凝土混合门式结构,由上、下塔柱及上、下横梁组成,其中下塔柱及下横梁为预应力混凝土结构,上塔柱及上横梁为钢结构,塔高152.0m(从承台顶面算起),其中上塔柱钢结构高105.7m,混凝土塔柱高45m,塔座高1.3m。塔顶高程为+159.5m,承台顶高程为+7.5m。塔柱间中心距:在塔顶处36m,承台顶处40m,上塔柱斜率1∶53.5,混凝土下塔柱竖直。

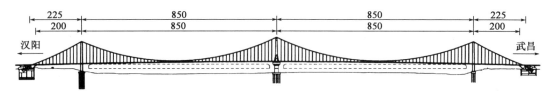

图 2-70 鹦鹉洲长江大桥(尺寸单位:m)

上塔柱纵向呈人字形结构,如图 2-71 所示,高 105.7m(从混凝土塔座中心算至鞍座底),塔顶高程为 +159.5m。塔柱两条斜腿中心交点的高程为 +87.8m,交点以上塔柱高 71.7m,交点以下塔柱高 34m。两斜腿在塔底的叉开量为 17m,斜腿段倾斜度为 1:4。

两边桥塔为钢筋混凝土结构,上下横梁为预应力混凝土结构。

④浙江温州瓯江北口大桥。

温州瓯江北口大桥跨江主桥为高速公路与一级公路合建的双层公路桥梁,受桥下通航和空中航线的净空限制,经反复比较,最终采用了主缆连续的三塔四跨双层钢桁梁悬索桥设计方案,效果图见图 2-72。

温州瓯江北口大桥的两主跨跨径相等,均为 800m,主缆主跨布置为 230m+800m+800m+348m,悬吊部分加劲梁的跨径为 213.6m+800m+800m+273.7m,主桥加劲梁全长 2087.2m。桥面上层为甬台温高速公路复线,下层为南金一级公路。受上下净空限制,主缆矢跨比采用 1/10,且吊索的下锚固点在主桁架的下层桥面外横梁上。

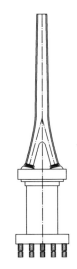

图 2-71 鹦鹉洲长江大桥桥塔

桥位位于瓯江入海口附近,设计基准风速达到 43.2m/s。结构设计时如采用前面三座三塔悬索桥类似的钢结构中塔,计算分析表明结构总体刚度偏小,抗风稳定性不满足规范要求,且钢塔的后期维修养护工作量大。采用 A 字形混凝土的中塔,既可提高结构的整体刚度和抗风稳定性、减少后期的养护维修工作,又可节省工程造价,但需要解决的问题是中塔顶主鞍座的抗滑移问题。

经业主(温州瓯江口大桥有限公司)、设计院(浙江省交通规划设计研究院)和高校(西南交通大学)三年多的共同试验与理论研究,建立了经过试验验证确认的主鞍座抗滑承载力的理论分析方法,工程上则采用将常规鞍座中的竖隔片(板件薄、不固定)设置为竖隔板(板件加厚、底部完全固定)的方式,大幅度提高了主鞍座的抗滑承载力,全面解决了悬索桥主鞍座的抗滑承载力不高的问题,突破了多塔多跨主缆连续悬索桥的"中塔效应"约束,使过去控制总体设计的中塔选型的主缆抗滑移的局部问题不再困扰设计工程师,为建造更多跨数的主缆连续悬索桥提供了技术支撑。如图2-73所示为瓯江北口桥的A字形混凝土中塔结构图。

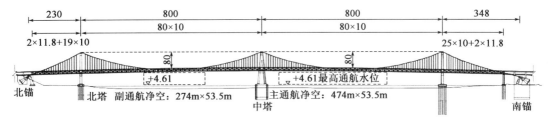

图 2-72　温州瓯江北口大桥效果图(尺寸单位:m;高程单位:m)

⑤多塔悬索桥方案。

除了上面介绍的已经建成或正在建设的三塔悬索桥结构外,还有多座设计方案和已开工的国外桥梁,以下进行简单介绍。

20世纪30年代,在美国旧金山奥克兰西海湾大桥的初步设计阶段,曾提出过三塔四跨悬索桥方案,桥跨布置为393m + 2 × 1036m + 393m,如图2-74所示。后来因为工程师对传统悬索桥的熟悉而选择了共用锚碇形式。

地中海墨西拿海峡(Strait of Messina),位于意大利亚平宁半岛与西西里岛之间,连接第勒尼安海和爱奥尼亚海。该海峡宽3.3km,水深120m,海峡底有断层,属于强烈地震带。虽然困难重重,但是建造一座联系亚平宁半岛与西西里岛的跨海大桥,一直是意大利人的梦想。1973年,A. M. Toscano提出了公铁两用三塔两跨悬索桥方案,桥跨布置为850m + 2 × 1750m + 1000m,如图2-75所示。

直布罗陀海峡(Strait of Gibraltar)是隔断欧非大陆的"天堑",位于西班牙与摩洛哥之间,连接地中海和大西洋。在3条可能的渡桥路线中,有1条长仅14km,但水深超过800m。1984年,林同炎国际公司针对这一路线,提出了三塔四跨悬索桥方案,桥跨布置为2500m + 2 × 5000m + 2500m,见图2-76。其深水桥墩高度减至450m,大大提高了工程建设的可行性。

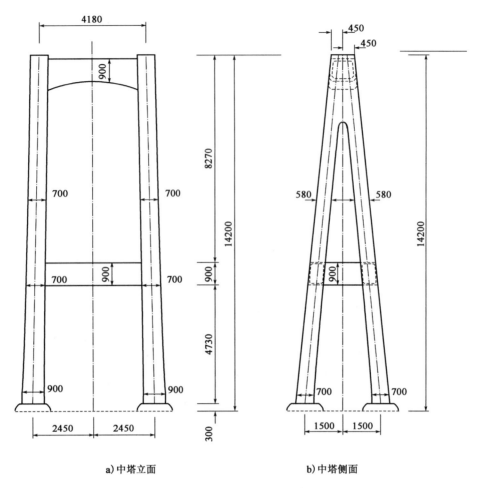

a) 中塔立面 b) 中塔侧面

图 2-73 A 字形混凝土中塔(尺寸单位:cm)

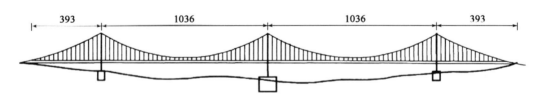

图 2-74 美国旧金山—奥克兰西海湾大桥方案(尺寸单位:m)

图 2-75 A. M. Toscano 提出的墨西拿海峡大桥方案(尺寸单位:m)

图 2-77 为智利查考海峡大桥 COWI 公司的设计方案,主跨为 1055m + 1100m 的三塔悬索桥,中塔采用纵向刚度很大的 A 形塔。因为中塔纵向刚度很大、鞍座与塔顶固结,难以满足主缆与中主鞍座间的抗滑移稳定要求,故设置 4 道连续的纵向隔板和"暗销";为了改善中塔受力、改善抗滑移稳定性能,设置中央扣,利用中央扣降低纵向水平力的作用。

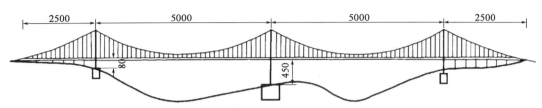

图 2-76　林同炎国际公司提出的直布罗陀海峡大桥方案(尺寸单位:m)

图 2-77　智利查考桥 COWI 公司方案

除上述大跨径地锚式悬索桥外,在自锚式悬索桥中,到目前为止,已经提出和建成多座多塔多跨主缆连续的自锚式悬索桥。图 2-78 为原郑州黄河四桥公路桥方案,因为并不通航,没有必要修建大跨径悬索桥,地质原因又不宜修建锚碇,设计单位曾经提出的主桥方案为五塔六跨自锚式悬索桥。后因该桥位需要公铁合建,五塔六跨自锚式悬索桥方案未能实施,改为多塔斜拉桥方案。

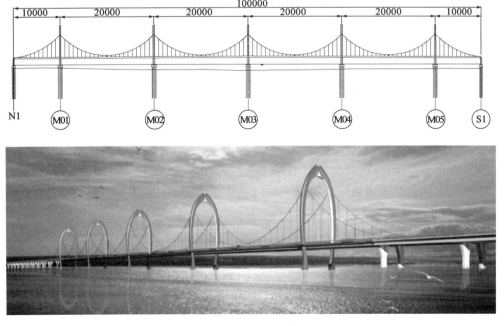

图 2-78　郑州黄河四桥公路桥方案(尺寸单位:cm)

宁夏银川滨河黄河桥和福州螺洲大桥是已经建成的三塔主缆连续自锚式悬索桥,如图2-79所示。

图2-79　银川滨河黄河大桥

3)多塔斜拉桥

多塔斜拉桥有多种结构形式,下面给出相应的介绍。

(1)Morandi体系桥。

1962年建成的世界上第一座预应力混凝土斜拉桥——委内瑞拉的马拉开波湖桥(Maracaibo Lake Bridge)就是一座多塔多跨斜拉桥。该桥共有6个塔、5个主跨,每跨236m,其主要特点是用人字形塔并加V形斜撑形成一个非常刚劲的索塔,两边悬出一个主梁并用一对斜拉索悬吊起来,这样就形成了一个对称稳定的独立双悬臂单元,如图2-80a)所示,两个相邻的单元之间用挂孔连接,形成连通的主桥面。该桥每个独立单元只有两次超静定,纵向温度伸缩通过挂孔处的伸缩缝自动调节,因此即使在当时的计算技术水平下也没有难度;该桥由意大利Ricardo Morandi教授设计,因此后来称这种桥梁为莫兰迪(Morandi)体系桥。1967年建造的意大利波尔切韦拉高架桥(Polcevera Viaduct Bridge),如图2-80b)所示,也采用了类似的结构体系(注:该桥有一孔于2018年8月14日垮塌,造成50多人丧生)。

稀索的莫兰迪(Morandi)体系桥只有一对斜拉索,对一个独立单元来说,梁、塔和索都没有冗余度,结构的强健性比较差,结构的维修也很困难。波尔切韦拉高架桥的垮塌,对类似的桥梁结构敲响了警钟。

莫兰迪(Morandi)体系由于每跨皆有挂孔,设有两条伸缩缝,随着混凝土的收缩、徐变,虽然结构内力变化不大,但梁端的变形量增大,在挂孔支座处形成转角,影响行车。台北淡水河大桥采用在跨中设置能转动与伸缩的铰,如图2-81所示。台北淡水河桥结构体系是用铰串联三个以塔为中心的双向伸臂结构物,斜拉索与桥塔对主梁仅起到体外预应力索与转向支架的补强作用。这是对莫兰迪(Morandi)体系桥的一种改进。

希腊的佩特雷(Patras)海湾大桥是一座密索的莫兰迪(Morandi)体系桥,如图2-82所示,该桥的四个索塔分别由4根立柱组成稳定的空间锥形,塔两侧梁伸出悬臂,跨中设50m的简支挂孔。该桥位于高烈度地震区,水深60m,建桥条件十分恶劣,桥墩基础采用了高达20m的三脚柱预应力混凝土结构,预制后运到桥位,就地浇筑混凝土下沉。桥墩在基底高程处直径达到90m。

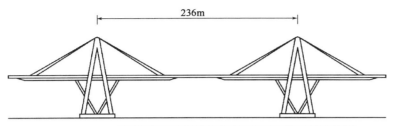

a）马拉开波湖桥（Maracaibo Lake Bridge）

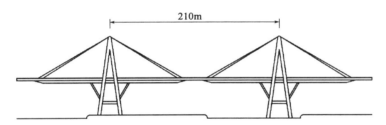

b）波尔切韦拉高架桥（Polcevera Viaduct Bridge）

图 2-80　委内瑞拉的马拉开波湖桥和意大利的波尔切韦拉高架桥

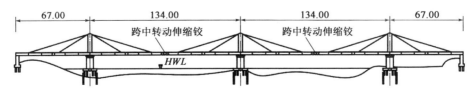

图 2-81　台北淡水河桥（光复桥）（尺寸单位：m）

图 2-82 希腊的佩特雷(Patras)海湾大桥

(2)香港汀九桥。

香港汀九桥是一座三塔四跨斜拉桥,跨径组成为 127m + 448m + 475m + 127m,主梁采用连续预应力混凝土结构。该桥的边跨很短,边跨与主跨之比为 1∶3.5∶3.7。中央主桥塔没有采用刚性塔,通过增设塔顶稳定索的办法来满足了中央塔柱的刚性要求。稳定拉索斜拉至两边桥塔塔位处,锚固在主梁上。结构立面布置示意如图 2-83 所示。

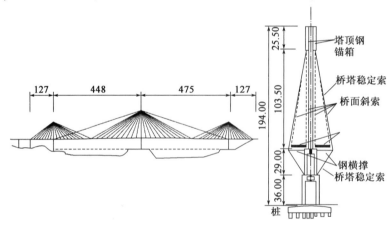

a)示意图

b)桥梁实景

图 2-83 香港汀九桥(尺寸单位:m)

(3)宜昌夷陵长江大桥。

2001 年建成通车的宜昌夷陵长江大桥是一座独具有特色的三塔四跨斜拉桥。该桥位于繁华市区,其跨江主桥为一座三塔、中心索面、预应力混凝土箱形截面展翅梁斜拉桥。大桥桥址处航行水面的有效宽度略小于700m,上下行船舶在此习惯性走行线分道明显。在历年高、中、低不同的水位情况下,中央水面均属航行盲区。在江心设一墩,两侧各以跨径348m的桥孔覆盖整个分道航行水域,是最为合理和经济的选择。通过在初步设计中多种不同布置方案的比选,证实了上述论断。

主桥整长936.43m,总体布置为120.08m+348m+348m+120.35m。根据受力平衡的要求,在位于两岸的边跨内,大体上以40m的间距,各布置有2个单支点辅助性桥墩,全桥立面布置见图2-84。

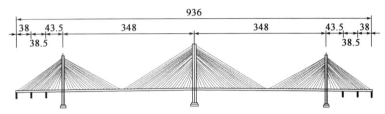

图2-84 宜昌夷陵长江大桥立面布置图(尺寸单位:m)

该桥主塔为钢筋混凝土结构。中塔与两座边塔采取高度不等的错落布置。中塔高出两座边塔约20m,承担着主跨桥长56%的荷载,并与主梁固结,成为对全桥的纵向水平约束和抗扭转的刚性节点。布局上有意地使其承受较大的竖向荷载,使截面尺寸增大而具有较大的约束刚性,从而也使主梁在长大双悬臂施工中具有良好的稳定性。两座边塔因负担较轻而截面尺寸相对柔细,依靠岸跨具有较大的竖向刚度和斜索的后锚作用,从而在整体上保证了全桥的竖向刚度。

三座主塔在造型上基本一致,只是因其受力的作用不同在尺寸上有变化。塔身上段为适应中心索面的格局采用倒置的Y字形构造。塔身下段考虑到顺应水深涨落变化幅度大等流态因素,采用实腹宽肩式梯形墩身。整座主塔形状像一柄竖立的长剑,直插天际。三塔并列江面,是长江三峡而闻名于世的宜昌城的标志性建筑。

(4)马鞍山右汊斜拉桥。

马鞍山右汊主桥采用三塔半漂浮体系斜拉桥,桥跨布置为120m+2×260m+120m,如图2-85所示,桥塔为椭圆拱形混凝土结构,造型新颖;采用预应力混凝土双边箱梁;下部采用哑铃形承台和群桩基础。

图2-85 马鞍山长江大桥(右汊)

(5)浙江嘉绍跨江大桥。

2013年7月建成通车的浙江嘉绍跨江大桥是多塔多跨连续斜拉桥。该桥的主桥由连续的6塔7跨斜拉桥组成,斜拉桥塔采用独柱设计,四个斜拉索面,造型宏伟,如图2-86所示。这种结构造型的桥,在国内是首创。

(6) 郑州黄河公铁两用桥。

郑州黄河公铁两用桥主桥采用六塔单索面部分斜拉—连续钢桁结合梁,桥跨布置为120m + 5×168m + 120m,如图2-87所示。钢桁梁采用无竖杆的三角形桁架,桁高14m,节间距12m。横向布置为三片桁,中桁垂直,边桁倾斜,倾斜角度为14.036。主桁下弦间距为8.5m,桁宽17m,主桁上弦间距为12m,桁宽24m。该桥主要采用减小跨径和增大梁刚度的办法来提高结构整体刚度。

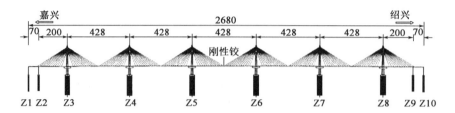

图 2-86 浙江嘉绍大桥(尺寸单位:m)

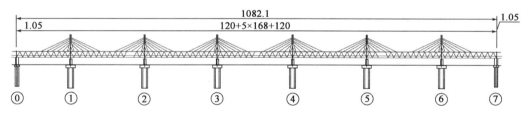

图 2-87 郑州黄河公铁两用桥(尺寸单位:m)

已经建成的多塔多跨斜拉桥还有很多,如世界著名的法国米约高架桥,如图2-88所示,为7塔8跨斜拉桥结构,其桥塔在顺桥向为倒V形,以增大纵向刚度。

图 2-88 法国米约高架桥

湖南洞庭湖大桥主桥跨径布置为 130m+2×310m+130m，是一座预应力混凝土的三塔斜拉桥；湖北武汉的二七长江公路大桥主桥分跨布置为 90m+160m+2×616m+160m+90m，是一座大跨径的三塔钢结构斜拉桥；湖南省赤石大桥则是一座跨径布置为 165m+3×380m+165m 的四塔斜拉桥，结构如图 2-89 所示；贵州平塘大桥是一座主跨 2×550m 的三塔四跨结合梁斜拉桥；南京长江五桥主桥是跨径布置为 80m+218m+2×600m+218m+80m 的单索面三塔斜拉桥方案（图 2-90），该桥的桥塔为钢-混凝土结合桥塔（图 2-91），主梁为超高性能混凝土（UHPC）桥面板的钢-混凝土结合梁，箱形截面（图 2-92）。

图 2-89　湖南赤石大桥

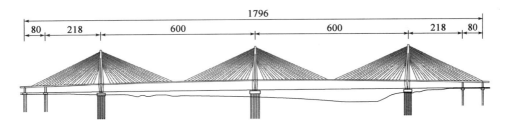

图 2-90　南京长江五桥的立面布置示意图（尺寸单位：m）

 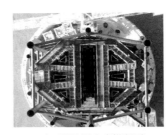 

a) 塔柱　　　　b) 下塔柱组合索塔断面　　c) 中塔柱断面示意

图 2-91　南京长江五桥钢混组合桥塔结构示意图

4）多塔斜拉桥方案及增大结构刚度的措施

图 2-93 是丹麦大贝尔特桥方案比较中吉姆辛（Gimsing）教授曾经研究过的几种多塔多跨式斜拉桥的布置方案。其中的方案 a) 实际上是 2 座双塔三跨式斜拉桥的串联，中间设置一个两座桥共用的刚性边墩，两个中间塔的端锚索下端即锚固在此边墩上；方案 b) 是将两个中间塔的后斜拉索互相交错，使每个中间塔的端锚索锚固在另一中间塔上；方案 c) 是在两个中间塔顶之间增设水平拉索来代替端锚索的作用（控制塔顶水平位移），同时再将 2 个中间塔做成

半刚性结构;方案 d)是将中间塔做成刚性结构;方案 e)是取消所有端锚索,将所有桥塔均做成刚性结构,用以代替端锚索的作用,同时加大两个边跨的跨径。

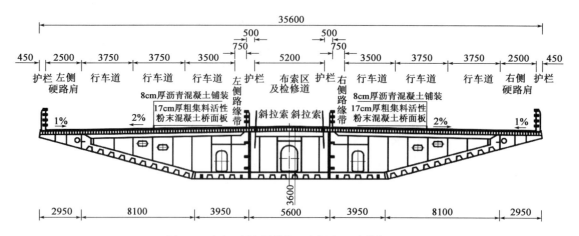

图 2-92　南京五桥主梁横断面示意图(尺寸单位:mm)

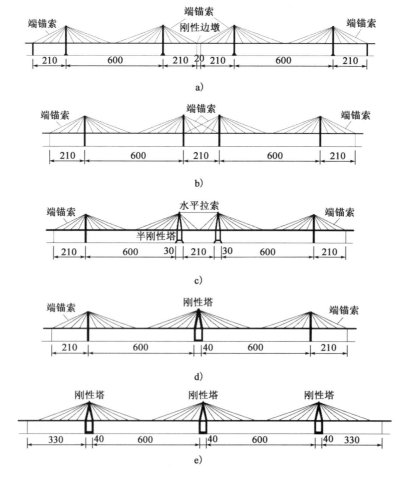

图 2-93　针对丹麦大贝尔特桥吉姆辛教授建议的多塔多跨式斜拉桥方案(尺寸单位:m)

在丹麦大贝尔特桥的多塔多跨式斜拉桥方案中,邓文中教授提出了如图 2-94 所示的提高结构整体刚度的方案。

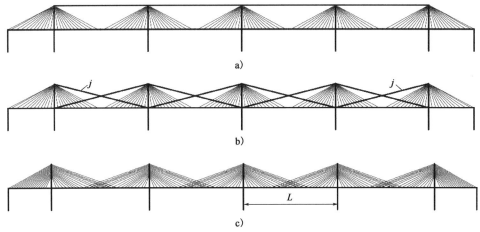

图 2-94　邓文中教授建议的丹麦大贝尔特桥多塔多跨斜拉桥方案

复习思考题

2-1　写出悬索桥的定义。

2-2　简单图示悬索桥的结构,并标明各组成部分名称。

2-3　写出悬索桥的四大组成部分名称。

2-4　写出悬索桥缆索系统的各组成部分名称。

2-5　地锚式悬索桥的主要受力构件是哪几部分?

2-6　自锚式悬索桥的主要受力构件是哪几部分?

2-7　简单描述地锚式悬索桥的主要优点和缺点。

2-8　写出斜拉桥的定义。

2-9　简单图示斜拉桥的结构,并标明各组成部分名称。

2-10　写出斜拉桥的四大组成部分名称。

2-11　斜拉桥的主要受力构件是哪几部分?

2-12　简单地描述斜拉桥结构的优点和缺点。

2-13　比较悬索桥与斜拉桥的相同点和不同点。

2-14　写出斜拉-悬吊组合体系桥的定义。

2-15　简单图示斜拉-悬吊组合体系桥的结构,并标明各组成部分名称。

2-16　写出斜拉-悬吊组合体系桥四大组成部分名称。

2-17　斜拉-悬吊组合体系桥的主要受力构件是哪几部分?

2-18　斜拉-悬吊组合体系桥的缆索布置有哪几种类型?

2-19　什么是修正的迪辛格体系?其特点是什么?

2-20 世界上已经建成的跨径超过 1000m 的斜拉-悬吊组合体系桥是哪一座？跨径是多少？有什么特点？

2-21 斜拉桥与连续梁或连续刚构有哪些形式的组合体系结构？简图示意。

2-22 缆索承重桥梁常见的孔跨布置形式有哪些？简图示意。

2-23 什么位置的墩是缆索承重桥梁的辅助墩？辅助墩的作用是什么？辅助墩的数量是否越多越好？

2-24 什么位置的墩是交界墩？

2-25 哪一根索是斜拉桥的端锚索？其作用是什么？

2-26 地锚式悬索桥可有哪几种孔跨布置形式？

2-27 三跨式悬索桥(斜拉桥)只能布置成对称形式吗？

2-28 独塔斜拉桥或悬索桥只能布置成不对称形式吗？

2-29 悬索桥不可以布置辅助墩吗？

2-30 同样主跨跨径和矢跨比下,单跨悬吊悬索桥比三跨悬吊悬索桥刚度大吗？

2-31 斜拉桥不可布置为双塔单跨形式？

2-32 双塔双跨式悬索桥的加劲梁在桥塔处必须断开吗？

2-33 双塔双跨式悬索桥恒载时在三跨的主缆水平分力是否不相等？

2-34 由于有悬吊跨的作用,双塔双跨式或双塔三跨式悬索桥比双塔单跨悬吊悬索桥具有更大的刚度？

2-35 水域宽广的桥位处,桥跨布置的形式有哪几种？方案选择的主要依据哪些方面？

2-36 共用锚碇两座或多座悬索桥与独立悬索桥有什么优缺点？

2-37 多塔连跨主缆连续悬索桥的主跨结构刚度有何特点？

2-38 列举提高多塔多跨主缆连续悬索桥结构刚度的措施,并简图示意。

2-39 多塔多跨主缆连续悬索桥需要解决哪些方面的主要问题？

2-40 主缆在塔顶鞍座的抗滑问题实际指什么？

2-41 为什么结构恒载重量增加能提高主缆在鞍座内的抗滑稳定性？

2-42 为什么增加中间桥塔刚度,可提高多塔连跨主缆连续悬索桥的整体刚度？

2-43 分析斜拉桥后锚固索(稳定索)的作用。

2-44 列举增加多塔多跨斜拉桥结构整体刚度的措施,简图示意各种方案。

2-45 嘉绍大桥中跨位置设置了什么形式的梁上铰？为什么设置？

2-46 分析邓文中院士的增大多塔斜拉桥方案的有效性。

第3章
缆索承重桥梁总体设计

总体设计是桥梁设计的一个重要环节,对于大跨径缆索承重桥梁而言更是如此。例如大跨径悬索桥主跨的大小、主缆的垂跨比、锚碇和桥塔的位置、桥面布置、结构支承体系等,都将直接影响到大桥的技术难度和经济合理性。

桥梁总体设计的目的:根据桥址处的地形、地质、水文、河势、通航、气象等条件,考虑结构受力的合理性、施工技术难易程度及施工技术水平、桥梁景观、维修养护方便等,确定经济合理、协调美观的桥梁总体布置,实现"安全、耐久、节约、和谐"的目标。

缆索承重桥梁的总体设计与一般桥梁的总体设计类似,需要确定设计标准、设计规范或专用规范、主要技术指标,确定设计指导思想、设计原则、总体布局构思(包括平、纵、横设计,桥梁景观设计,锚碇选型,桥塔选型,缆索系统及加劲梁的选型等)。上一章介绍了缆索承重桥梁的结构体系和总体设计中的分跨布置设计,本章首先介绍缆索承重桥梁总体设计的原则,然后介绍桥型设计时需要考虑的因素,在此基础上,按照悬索桥、斜拉桥和斜拉-悬吊协作体系桥梁的顺序,介绍了三种桥型总体设计时需要涉及的内容,最后介绍了缆索承重桥梁桥面位置的总体设计。

3.1 设计总体原则

缆索承重桥梁设计的原则是:遵循国家法律、法规和现行标准、规范,贯彻"安全、耐久、节约、和谐"的技术方针。"安全"即设计与施工技术要紧密结合,要求分析研究工程施工可行性,要采用先进、成熟、安全的施工技术,通过机械化、工厂化、标准化施工工艺,确保建设过程的安全;"耐久"即注重工程质量,通过科技创新,采用新材料、新设备、新工艺,设计建造安全、牢固耐久的工程;"节约"即在确保结构安全和使用功能的基础上,尽量降低建设周期及运营期的资源与能源的消耗;"和谐"即设计要符合长远规划,适应当地社会环境与人文环境,注重桥梁造型与环境和谐统一,更加合理和有效地利用资源,并尽量使资源能再生或重复利用,实现全寿命周期成本最低。

3.2 桥型选择

近年来,随着交通运输的迅速发展,建造了多座跨越大江大河和海湾的大跨径桥梁,其结构形式主要为悬索桥、斜拉桥、拱桥、桁架桥、梁桥和组合体系桥。大跨径桥梁自重大,如何减轻本身重量,以增大跨越能力,是桥型研究的主要问题。其方向一是采用轻质高强材料;二是使杆件承受直接应力,使截面应力均匀,则材料可充分利用。超大跨径桥梁之所以采用缆索承重结构,主要原因是由于拉索的高强度钢丝极限强度目前可达 2000MPa,承受直接拉应力,充分发挥材料的作用;用拉索为梁提供支撑,使梁的内力在恒载下可尽量调整到合理的最小值,而活载下,承载的梁结构相当于弹性支承连续梁。因为索能调整恒载内力,在活载下能为梁提供弹性支承,因此可建成大跨径桥梁。

3.2.1 桥型选择基本原则

桥型选择的基本原则是安全、适用、经济和美观,其具体要求如下:

(1)桥梁应有足够的强度、稳定性和耐久性,还需解决次要构件对结构功效起影响作用的各细节,并保证在使用期间,对发生的地震和风振具有足够的安全度。

(2)桥梁需与使用任务、性质及将来发展需要相适应,满足桥上行车交通和桥下通航要求。在靠近村镇、城市和其他工程设施的地方,应考虑综合利用的可能性。

(3)桥梁建筑应因地制宜,就地取材。尽量选用国内和当地生产材料,以节省造价。

(4)选择的桥型要能采用先进的施工方法,并考虑施工单位和机械设备的能力。在一般情况下,选择简便、熟悉、可靠的施工方案。如需用新技术,应对其优点和缺点进行比较。设计时注意桥梁的运营与使用情况,并考虑便于养护。

(5)桥梁工程费用,主要由工费、材料费、能源费、机械费等组成。在这些因素发生变化时,应考虑如何能取得最佳的经济效果。

(6)桥梁建筑是艺术与技术的结晶。桥梁设计必须考虑结构本身造型要美观,且需与周边环境相协调。

(7)重视科学研究,对影响工程的关键问题,需在进行分析、计算、模型试验和检验的基础上决定。对于大跨径桥梁,一般需要进行风洞试验、抗震分析等专项研究。

近年来世界各国桥梁建筑有较大发展,尤以我国进步最快。究其原因,有以下几个方面:①设计概念创新,如斜拉桥的广泛修建,正交异性板的应用;②采用新材料,如高强度钢材、高强度混凝土、环氧树脂等;③电子计算机技术的进步,解决了结构上的复杂问题;④施工采用大型机械和新设备,克服了施工的困难;⑤采用施工新方法,如预应力混凝土悬臂法和顶推法,钢桥的栓焊结构;⑥质量控制采用新设备和电子计算机;⑦工业化构件生产,现场预制拼装施工技术,即快速化施工技术的发展。

我国大跨径桥梁建设,自20世纪80年代开始,到90年代进入快速发展时期。截至2019年6月底,我国已建的梁桥、拱桥、斜拉桥和悬索桥的最大跨径分别达到了330m、552m、1088m和1688m。世界跨径前10名的斜拉桥(至2018年底)见表1-4,世界跨径前10名的已建成和在建的悬索桥见表3-1,世界跨径前10名的拱桥(已建成)见表3-2,世界主跨250m以上的梁桥(已建成)见表3-3。

世界跨径前10名的悬索桥　　　　　　　　　　　　　　　　　　　　表3-1

序　号	桥　　名	国　家	建成年份(年)	主跨跨径(m)
1	恰纳卡来1915大桥	土耳其	在建	2023
2	明石海峡大桥	日本	1998	1991
3	南京仙新路长江大桥	中国	在建	1760
4	武汉杨泗港长江大桥	中国	2019	1700
5	虎门二桥坭洲水道桥	中国	2019	1688
6	深中通道伶仃洋桥	中国	在建	1666
7	舟山西堠门大桥	中国	2009	1650
8	大贝尔特桥	丹麦	1998	1624
9	李舜臣大桥	韩国	2012	1545
10	润扬长江公路大桥	中国	2005	1490

世界跨径前10名的拱桥　　　　　　　　　　　　　　　　　　　　表3-2

序　号	桥　　名	国　家	建成年份(年)	主跨跨径(m)
1	重庆朝天门长江大桥	中国	2009	552
2	卢浦大桥	中国	2003	550
3	新河谷(New River Gorge)大桥	美国	1977	518.1
4	贝永(Bayonne)大桥	美国	1931	504
5	悉尼港(Sydney Harbour)大桥	澳大利亚	1932	502.9
6	巫山长江大桥	中国	2005	460
7	巴东支井河大桥	中国	2009	430
8	广州新光大桥	中国	2006	428
9	重庆万州长江大桥	中国	1997	420
10	KRK	克罗地亚	1979	390

世界主跨跨径 250m 以上的梁桥　　　　　　　表 3-3

序　号	桥　　名	国　　家	建成年份(年)	主跨跨径(m)
1	重庆石板坡长江大桥复线桥	中国	2006	330
2	斯托尔马(Stolma Bridge)桥	挪威	1998	302
3	拉脱圣德(Raftsunder Bridge)桥	挪威	1998	298
4	亚松森(Asuncion Bridge)桥	巴拉圭	1979	270
	虎门大桥辅航道桥	中国	1997	
5	苏通长江大桥辅航道桥	中国	2008	268
6	云南元江大桥	中国	2003	265
7	Varrod-2 桥	挪威	1994	260
	盖特威(Gateway)桥	澳大利亚	1985	
	福建宁德下白石大桥	中国	2003	
	重庆鱼洞长江大桥	中国	2008	
8	泸州长江大桥	中国	2000	252
	江安长江大桥	中国	2007	
9	联邦(Confederation)大桥	加拿大	1997	250
	绍特温(Schottwien)大桥	奥地利	1989	
	多托尔(Doutor)大桥	葡萄牙	1991	
	斯凯(Skye)大桥	英国	1995	

3.2.2 各种桥型极限跨径

1)悬索桥

悬索桥被公认为桥梁领域中最优美的桥型。传统的观念,桥梁跨径在 600m 以上,采用悬索桥较为经济合理。自斜拉桥兴起后,跨径在 500~1200m 范围内时,可与悬索桥竞争。跨径为 1200m 以上时,悬索桥应是较经济合理的方案。

悬索桥可能最大跨径决定于 $D_L + L_L$(恒载+活载集度)与大缆重力之比,此值在 1.5~2.0 范围内。如用 1.5,则桥的总重为 $1.5 \times 77.0 \times A = 115.5A(\mathrm{kN/m})$。

$$T = H\sec\theta = \frac{wL^2}{8f}\sec\theta \tag{3-1}$$

式中:A——主缆的面积;
　　　T——主缆最大拉力;
　　　H——索力的水平分量;
　　　w——作用于缆上的分布荷载集度(近似估算时按恒载与活载均布计);
　　　L——主缆的跨径;

θ——主缆上各点切线与水平线的夹角；

f——主缆的矢高。

设垂跨比为 $f/L = 1/10$，$\sec\theta = 1.15$，$T = $ 容许应力 $\times A$，容许应力可取钢丝极限强度的 $1/2.5$。若采用极限强度为 2000MPa 的高强度钢丝，则有：

$$840000A = \frac{115.5AL^2 \times 1.15}{8 \times L/10} \qquad L = 5060\text{m}$$

我国现代悬索桥起步较晚，近年迅速发展。1995 年建成广东汕头海湾大桥，主跨跨径 452m；1996 年和 1997 年，先后建成西陵长江大桥和珠江虎门大桥，主跨 900m 左右，取得了宝贵的经验。江阴长江大桥主跨 1385m，于 1999 年建成，跨径居当时世界第四位；2009 年建成的舟山西堠门大桥主跨 1650m；正在修建的南京仙新路长江大桥和武汉杨四港长江大桥，主跨分别为 1760m 和 1700m。国内这些大跨径悬索桥的建设，使我国悬索桥建造技术进入世界先进行列。目前世界上已建成的最大跨径悬索桥是日本明石海峡大桥，主跨 1991m；正在修建的土耳其恰来卡来 1915 大桥，其主跨跨径已达到了 2023m。

2）斜拉桥

斜拉桥的经济合理跨径，预应力混凝土桥可达 700m，钢梁与混凝土组合式桥可达 1000m。意大利 Messina 桥方案，钢结构斜拉桥方案主跨跨径为 1800m，6 车道与双轨铁道，结构设计上并无困难，但施工风险可能比较大。

斜拉桥较悬索桥经济、刚度大、空气动力性能好，所用钢索约为悬索桥的 40%。加上庞大的锚碇工程，悬索桥总造价一般超过斜拉桥的 20%～30%。

斜拉桥的刚度取决于拉索的倾角和应力。应力小则垂度增大、刚度减小。因此，其值不得小于 500～600N/mm²，由式（3-2）可以说明：

$$E_a = \frac{E_c}{1 + \frac{(\gamma L)^2}{12\sigma^3}E_c} \tag{3-2}$$

式中：E_a——拉索修正弹性模量；

E_c——拉索材料弹性模量；

γ——拉索材料相对密度；

L——拉索水平投影长度；

σ——拉索中应力。

斜拉桥的可能跨径，主要由式（3-2）计算的拉索刚度控制。设试算跨径为 3700m，$L = 1800$m，$E_c = 150000$MPa，$\gamma = 77$kN/m³。安全系数 $= 2.25$，$\sigma = 1500/2.25 = 666.7$(MPa)，代入上式 $E_a = 0.55E_c$，即主跨跨径 3700m，其斜拉索刚度有效值为 55%，可以满足要求。现今世界上最大跨径斜拉桥是 2012 年建成的俄罗斯岛大桥，主跨跨径为 1104m。

3）悬索与斜拉索组合

部分地锚式斜拉桥、悬索与斜拉索组合体系桥，都是缆索承重桥梁中的组合桥型，如图 3-1 所示。组合体系桥梁，与悬索桥比较，钢材用量少，锚碇体积减小，造价节省；与斜拉桥相比，屈曲稳定性好，抗风稳定性高。但斜拉-悬吊组合体系结构，吊拉结合部位竖向刚度变化大，两端边吊索产生巨大交变应力，可能引起疲劳，在应用中需要进一步研究。目前世界上已建成的一座跨径超过 1000m 的斜拉-悬吊组合体系桥是土耳其的博斯普鲁斯三桥，主跨跨径为

1418m,为公铁两用桥,采用这种体系桥梁,可使结构刚度提高。

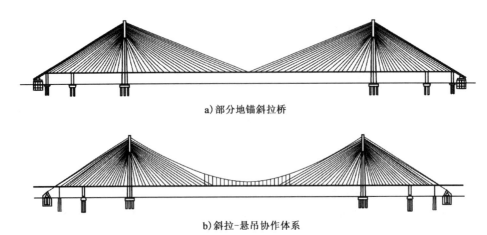

图3-1 组合体系缆索承重桥梁

大型桥梁工程是自然科学、社会科学知识和工程技术综合运用的产物。桥梁设计工程师根据已有水文、地质、环境、交通运输、经济发展、施工技术等资料,设计多种方案,进行反复比较,选出最佳方案。切忌先入为主,或主观主义和命令主义。应坚持设计基本原则,从实际出发,不能盲目追求新奇,崇尚时髦,不顾经济节约。

3.2.3 各种桥型经济性比较

各种桥型的经济性及极限跨径,与其所用材料有关。在肖汝成教授的著作《桥梁结构体系》中,对常规材料各类桥型的适用范围及极限跨径给出了如表3-4所列数值,可供设计参考。

常规材料各种桥型适用范围及其极限跨径　　表3-4

桥　型	经济适用范围(m)	极限跨径(m)
钢筋混凝土板桥	10～20	50
预应力混凝土简支梁桥(石拱桥)	20～50	100
预应力连续梁桥(钢筋混凝土拱桥)	50～150	200
预应力混凝土连续刚架桥(钢管混凝土拱桥)	150～300	400
钢连续梁桥(结合梁桥)	200～300	400
预应力混凝土连续梁桥(钢箱拱桥)	200～500	600
结合梁斜拉桥(钢桁架拱桥)	500～700	800
钢斜拉桥、混合桥面斜拉桥	700～1200	1500
悬索桥、协作体系桥	1000～1500	6000
网索桥	>3000	(由材料强度决定)

另一方面,桥梁的经济性与许多因素有关,同一种桥型,在不同的建桥条件下其经济性差异也比较大。对于悬索桥来说,重力式锚碇一般来说其造价较高,特别是地基条件比较差的地方,修建锚碇结构需要较长的工期和更多的材料投入。《桥梁结构体系》给出了在不同基础条件下不同跨径的桥梁结构造价,如图3-2所示。从图3-2中可见,跨径在200～1100m范围内,

斜拉桥可能在经济性上占有优势；在 1100~2300m 范围内，岸上锚悬索桥在经济上具有竞争性；跨径在 2300m 以上，浅水锚碇的悬索桥经济性占优势。如果是岩石锚悬索桥，则在 900~5000m 跨径范围内，其经济性比较占优势。

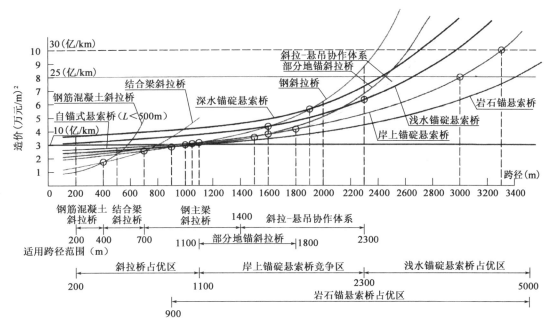

图 3-2　不同跨径下桥型与造价的关系曲线（尺寸单位：m）

桥型的选择需要针对具体的地形进行比较分析。在一些跨越深谷的山区，从跨径来说，可能拱桥或斜拉桥在经济上比较合适，但是考虑到施工安全、边跨合理等因素，有时选择大跨径的悬索桥一跨跨越可能经济性更好。

3.3　悬索桥总体设计

对于悬索桥的总体设计，设计者首先要根据地形、地质、水文、河势、通航及接线等条件限制，合理选择锚碇和桥塔基础的位置，减小基础施工的难度，缩短工期，桥塔与锚碇的基础应置放在可靠的地基上，避开断层和有滑坡或泥石流影响等不利区域，然后再针对选定的桥型进一步确定悬索桥主缆的边跨和中跨跨径比例，垂跨比，以及加劲梁形式、梁高、梁宽尺寸及其支承约束体系，设计桥塔外形、确定桥塔高度和构造等要素；进行景观设计，拟定结构的基本尺寸后，初步分析结构力学特性和结构安全性，最后计算主要工程数量，进行经济、技术等方面的综合比较。

在悬索桥的总体布置中，需要考虑的要点包括以下七个方面：①桥塔、锚碇位置；②边中跨比；③垂跨比；④梁高与梁宽；⑤加劲梁的分跨布置；⑥加劲梁的支承体系；⑦主缆与梁的连接方式。

3.3.1　桥塔、锚碇位置选择

悬索桥的桥址一般选在河流顺畅、两岸边坡稳定且宽度较小的位置。在悬索桥设计中，首先要考虑的是桥塔的设置位置,根据地质条件、水文情况、施工条件、防撞等确定。

桥塔的位置应避开地质条件较差的位置,如断层、岩层倾斜角度大、河床变化频繁、可能冲刷较深的位置,还要避开施工可能造成不利影响的重要构筑物,如防洪堤、重要交通道路、既有重要建筑物等;桥塔如果设置在水中,还需要考虑可能的船撞风险,应计入设置防撞设施所需要的代价,通过综合比较选择桥塔位置。

桥塔位置确定后,再选择锚碇的位置。一般情况下,锚碇位置地基基础条件越好,经济性越好;但是并不是所有桥位锚碇的基础都可以设置在岩石基础上。从经济性出发,可考虑将锚碇基础置于非岩层的地基之上,允许锚碇有一定的水平和竖直变形。悬索桥结构对其水平位移要求较严,对竖向位移(下沉量)可稍加放松。悬索桥是一种柔性体系,可以适应锚碇的适当均匀沉降,例如美国维扎拉诺桥的锚碇就置于砂层上,在施工过程中就允许了比较大的锚碇位移。这种设计对结构受力影响不大,但极大简化了对锚碇地基的处理,节约了建设成本。对于可液化地区或有软弱下卧土层时,桥塔和锚碇基础必须穿越可液化土层或软弱土层。

设计锚碇位置时,应适当兼顾桥塔两侧主缆的切线角,为了便于设计施工,桥塔两侧主缆切线角常取相同值或相近值,从而使整根主缆轴力分布均匀,采用相同的钢丝截面面积,无须加背索。

如果边跨主缆在桥塔处的切线与水平线的夹角相差太大,从经济性角度,设计中可考虑按边中跨主缆用不同大小的截面,一般情况下边跨比中跨需要更多的索股。边跨需要更多的索股时,可将多出的索股锚固在塔顶的主鞍座上,如图3-3所示。由于塔顶主鞍座的空间有限,背索一般不宜超过10根。

a)   b)

图3-3 边跨索股锚固在塔顶索鞍中的形式示意图

3.3.2 主要设计参数的选择

1)边中跨比

这里的边中跨比是指主缆的边孔跨径与主孔跨径的比值,边孔跨径可视为桥塔至锚碇散索鞍(散索套)处的距离。边中跨径比受具体桥位处地形与地质条件的制约,每座桥都不同。如三跨悬索桥的边中跨径比就比单跨悬索桥的大一些,这是为了减小边孔的水中墩或工程量并减小主孔跨径。

从总体受力角度要求边跨与主跨的主缆水平分力在塔顶处互相平衡,这在确定边中跨跨径比后可通过设计边跨主缆矢高来实现。由于主鞍座两侧主缆的切线与水平线夹角可能不相等,当要求主缆水平分力相等时,主缆的张力就不相等。如果边跨与主跨的主缆在塔顶两侧的夹角尽量相近,主鞍座两侧主缆索力接近相等,从而使整根主缆轴力分布均匀,边中跨主缆可采用相同的钢丝截面面积,无须加背索。但在实际设计中往往受锚碇位置及锚固点高程等客观条件限制,很难实现上述需求。世界上已建成的悬索桥实例中,其边中跨比一般为0.25～0.5,边跨与中跨比例主要受具体桥址处的地形、地质条件限制。如果锚碇散索鞍处的高程与桥面相当或更低,太小的边中跨比必然带来主鞍座两侧主缆索力相差太大的问题,这不但需要在边跨增加背索,也可能带来主缆在鞍槽中不能满足抗滑稳定性要求的问题;如果锚碇散索处的高程远高于桥面,采用比较小的边中跨比,也不会引起主鞍座两侧有较大的主缆力差,如湖南湘西矮寨大桥,茶洞侧的主缆边中跨比小于0.1,香丽高速公路的虎跳峡金沙江大桥香格里拉岸,则没有设置边跨,主缆经过复合索鞍(主鞍座与散索鞍组合在一起的鞍座)直接锚固。因此,在总体设计中,要根据地形地貌、地质条件等,合理选择锚碇位置,不必太局限于边中跨比值,这与连续梁、连续刚构桥、斜拉桥等明显不同。

日本针对钢桥塔的研究资料表明(图3-4),在主跨跨径和垂跨比一定的条件下,悬索桥单位桥长所需的钢材重量将随边中跨比的减小而增大,其原因是边中跨比小了后,主缆长度减小了,虽然主缆用钢量有减少,但桥塔、加劲梁的用钢量并没有减少,而相应的桥长减少,因此单位长度的用量增大了,也就是说实际的总用钢量并没有增大。但是对于混凝土桥塔,则单位长度主缆的用钢量增加不明显。

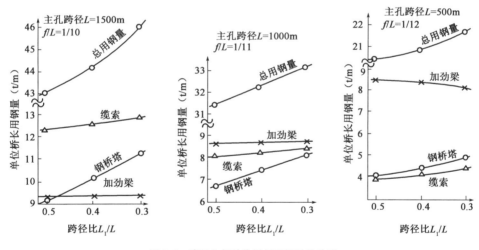

图3-4 跨径比与单位桥长用钢量的关系

边中跨比对于加劲梁的竖向挠度的影响则是,边中跨比越小,挠度越小。其主要原因在于边跨越小,边跨主缆提供给塔顶的纵向刚度越大,由塔顶纵向位移引起的梁的挠度就减小了。但此时边跨主缆拉力加大,主缆截面尺寸受边跨主缆缆力控制,因此,主缆因长度及缆力变化引起主缆用钢量增减的影响还需具体方案具体分析比较。对大多数大跨径悬索桥特别是单跨悬索桥,多采用适当减小边跨主缆跨径、加大主缆截面尺寸的方式来提高结构刚度。图3-5、图3-6是日本的研究资料给出的计算图,图中结果表明,在主跨跨径、垂跨比及恒载皆为定值情况下,减小边中跨比将起到减小最大竖向挠度与梁端最大竖向转角的作用。

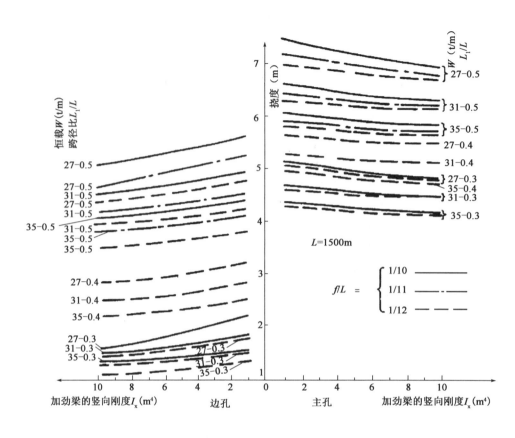

图 3-5 竖向最大挠度与各种参数及比值的关系曲线（由活载及 ±30℃ 的温差产生）

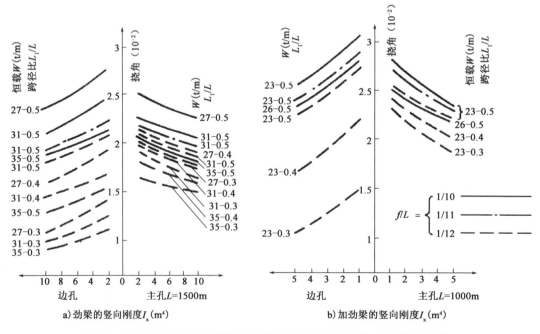

a) 劲梁的竖向刚度 I_x (m⁴)

b) 加劲梁的竖向刚度 I_x (m⁴)

图 3-6 竖向最大转角与各种参数及比值的关系曲线（由活载及 ±30℃ 的温差产生）

上述的分析说明,悬索桥主缆边跨与中跨的跨径比,其变化范围是比较大的,对称布置的悬索桥中,明石海峡大桥的边中跨比为0.51,乔治华盛顿桥为0.17。非对称布置的悬索桥,有时受地形的影响,其差异更大。如前面提到的湖南湘西矮寨大桥、香丽高速公路虎跳峡金沙江大桥等。图3-7为矮寨大桥的结构示意图。

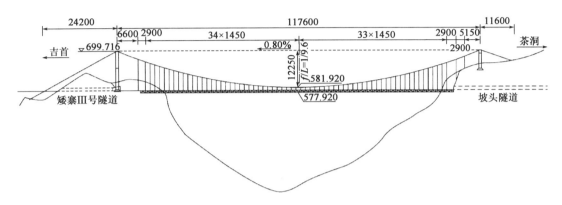

图3-7 湖南湘西矮寨大桥的总体立面布置图(尺寸单位:cm)

2)垂跨比

悬索桥的垂跨比是指主缆在主跨内的垂度和主跨跨径的比值,垂跨比的大小对主缆中的拉力有很大的影响,因此它在较大程度上影响着主缆的用钢量、结构整体刚度、主跨竖向和横向的挠度。图3-8为日本的研究资料所给出的钢塔悬索桥单位桥长用钢量与垂跨比的关系曲线。垂跨比与主缆中的拉力和塔承受的压力成反比。

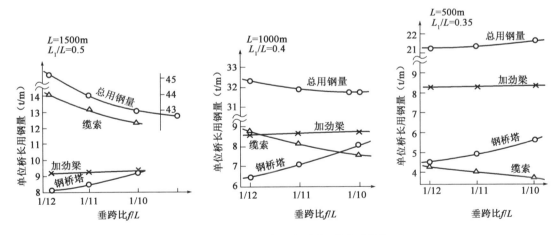

图3-8 单位桥长用钢量与垂跨比的关系曲线

主缆垂跨比考虑经济性及全桥结构刚度的需要,一般宜在1/12~1/8的范围内选择,垂跨比越小,悬索桥的重力刚度加大;对自重比较大的悬索桥,如混凝土桥面的加劲梁,可取较大的垂跨比;对自重比较小的悬索桥,垂跨比宜取偏小一些。近年来的研究表明,悬索桥的竖向挠度受重力刚度和主缆构形双重影响,垂跨比越大,结构构形提供的刚度越大。因此多数情况下,取1/9的垂跨比,既能获得与更小垂跨比相当的刚度,又减小了主缆拉力,经济性更好,且容易满足抗风稳定性要求。

垂跨比对塔的高度也有直接影响,它们成正比关系。对于跨径一定的悬索桥,通过改变垂跨比,设计不同截面的主缆和塔高,得到不同垂跨比下的悬索桥,在设计的桥上作用设计活载,可计算出相同活载下对应于不同垂跨比的加劲梁竖向挠度包络图。图 3-9 为主缆跨径为 485m + 1650m + 485m 单跨悬吊结构在 4 车道活载下的竖向挠度包络图。从图中结果可见,随着垂跨比的减小,上挠的最大挠度值明显减小,但下挠的最大挠度值则变化不太明显。桥塔顶的纵向位移、梁端纵向位移和梁端转角随垂跨比的变化如图 3-10 ~ 图 3-12 所示。在有车的组合风速和无车的最大设计风速下,中跨加劲梁的横向位移随垂跨比的变化曲线如图 3-13 所示。由于垂跨比越大,桥塔越高,因此受风的作用越大,其横向位移相对也要大得多。

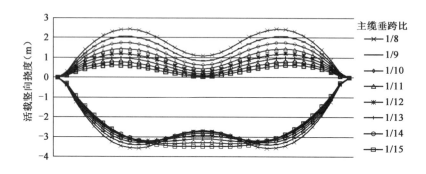

图 3-9 不同垂跨比下加劲梁活载竖向挠度包络图

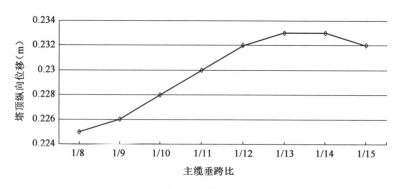

图 3-10 桥塔活载纵向位移比较图

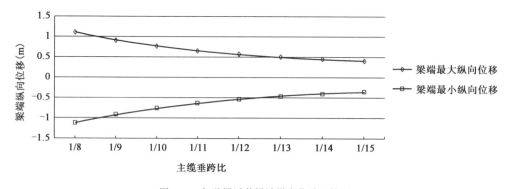

图 3-11 加劲梁活载梁端纵向位移比较图

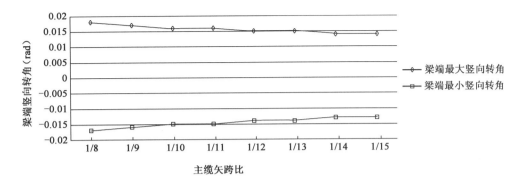

图 3-12　加劲梁活载梁端转角比较图

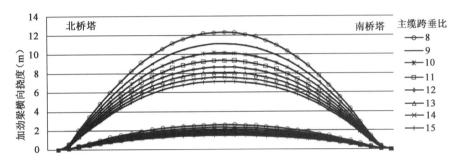

图 3-13　加劲梁横向位移随跨垂比的变化曲线

悬索桥的垂跨比除了对结构整体刚度有影响外，对结构的振动特性也有一定的影响。悬索桥的竖向弯曲固有频率将随垂跨比的加大而减小；悬索桥的扭转固有频率将随垂跨比的增大而增大。图 3-14 为大跨径悬索桥垂跨比与自振特性的关系曲线。图 3-14 的结果说明垂跨比越大，扭弯频率比越大，对抗风稳定性越有利。

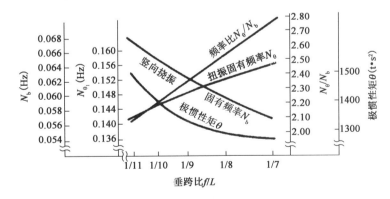

图 3-14　垂跨比与自振特性的关系

3）梁高与梁宽

对大跨径悬索桥而言，加劲梁的高宽尺寸与跨径没有固定的比例关系。设计中主要根据抗风理论分析和风洞试验来验证加劲梁高度和宽度是否具备优良的风动力特性。通常，桁式加劲梁梁高为 4～14m，箱形加劲梁的梁高为 2.5～4.5m，加劲梁的宽度则由车道宽度及桥面构造布置等决定，钢箱加劲梁从两塔柱中间通过桥塔时，要把梁上风嘴部分去掉，梁体每侧与塔柱内侧的净距至少预留0.5m。大跨径悬索桥加劲梁的外形对空气动力参数的影响比较明显,总体设计时应选择透风性较好或流线型的外形,这往往比选择梁高更重要。在桥面宽度确定以后,梁高低一些,优化断面的流线型,有利于风动力稳定;但高度太低(即截面过于扁平)会导致加劲梁的抗扭刚度削弱太多,容易产生涡振和抖振,导致结构疲劳、人感不适及行车不安全等问题,并且梁高过低也不利于梁体内部施工。因此要控制高跨比不能过小。

施工方案的不同可能影响梁高的选择。表3-5列出了国内外部分已建钢箱梁悬索桥的梁高、梁宽及高跨比与宽跨比,部分钢桁架加劲梁的资料见表3-6。在设计中初选加劲梁断面方案后,对于特大桥应做风洞的节段模型试验,修改断面、测定各种参数进行抗风验算和各类风振分析。

部分已建钢箱梁悬索桥的梁高与梁宽 表3-5

桥　　名	位置	完成年份	跨径(m)	梁高	梁宽	高跨比	高宽比
大贝尔特东桥	丹麦	1998	420＋1624＋420	4.0	31.0	1:378	1:7.2
恒比尔桥	英国	1981	530＋1410＋280	4.5	22.0	1:313	1:4.9
江阴长江大桥	中国	1999	336.5＋1385＋309.3	3.0	32.5	1:462	1:10.8
博尔普鲁斯二桥	土耳其	1988	210＋1090＋210	3.0	33.8	1:363	1:11.3
博尔普鲁斯一桥	土耳其	1973	231＋1074＋255	3.0	28.2	1:358	1:9.4
西陵长江大桥	中国	1996	225＋900＋225	3.0	20.5	1:300	1:6.9
塞文桥	英国	1966	304.8＋987.55＋304.8	3.05	22.86	1:324	1:7.5
厦门海沧大桥	中国	1999	230＋648＋230	3.0	35.0	1:216	1:11.7
小贝尔特桥	丹麦	1970	240＋600＋240	3.0	28.1	1:200	1:9.4
大岛大桥	日本	1988	140＋560＋140	2.2	23.7	1:255	1:10.8

部分已建钢桁架悬索桥的加劲梁资料 表3-6

桥　　名	主跨长 $L(m)$	桁高 $H(m)$	桁宽 $B(m)$	H/L	B/L	B/H	单位用钢 (t/m)	用　途	竣工年份
明石海峡大桥	1991	14.0	35.5	1/142	1/56	2.5	28.7	公铁两用	1998
香港青马大桥	1377	7.6	41.0	1/181	1/33.6	5.4	27.8	公铁两用	1998
维拉扎诺桥	1298	7.3	30.6	1/177	1/42	4.2	22.2	双层桥面	1964
金门大桥	1280	7.6	27.4	1/168	1/47	3.6	11.09	单层桥面	1937
麦克纳克桥	1158	11.6	20.7	1/100	1/56	1.8	4.1～6.15	单层桥面	1957
南备赞濑户桥	1100	13.0	30.0	1/85	1/37	2.3	26.33	公铁两用	1988
乔治·华盛顿桥	1067	9.1	32.3	1/117	1/33	3.5	19.85	双层桥面	1931
Sal XII 桥	1013	10.7	21.0	1/95	1/48	2.9	5.59～7.13	公铁两用	1966
福斯公路桥	1006	8.4	23.8	1/120	1/4.4	2.0	11.8	单层桥面	1964
北备赞濑户桥	990	13.0	30.0	1/76	1/33	2.3	26.33	公铁两用	1988
下津井濑户桥	940	13.0	30.0	1/12	1/31	2.3	26.33	公铁两用	1984
大鸣门桥	876	12.5	34.0	1/72	1/31	2.1	—	公铁两用	1985
塔科马新桥	853	10.1	18.3	1/85	1/47	1.8	—	单层桥面	1950
因岛大桥	770	9.0	26.0	1/86	1/30	2.9	10.65	单层桥面	1983

3.3.3 结构体系的选择

与斜拉桥相比,悬索桥加劲梁的分跨形式更灵活,可以布置成单跨、两跨和三跨,甚至多跨,如图 3-15 所示。根据地形条件,边跨为陆地或水深较浅时,修建中小跨径梁式桥可能更经济,同时不同的桥址背景尚需考虑桥梁的整体景观。加劲梁为两跨及以上时,可考虑布置为各跨简支或连续。

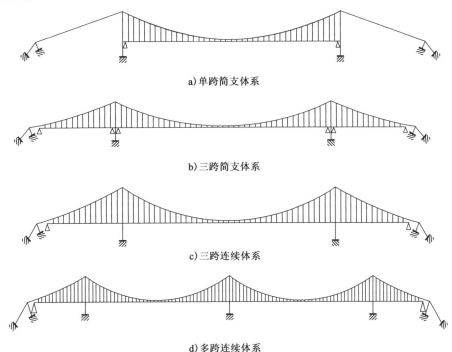

a) 单跨简支体系

b) 三跨简支体系

c) 三跨连续体系

d) 多跨连续体系

图 3-15　悬索桥结构体系

关于加劲梁支承体系的问题,主要是加劲梁在塔墩处是否连续。采用非连续的双铰加劲梁时,梁端的角位移以及跨中挠度(包括竖向和横向)均较大。采用连续加劲梁的首例悬索桥是 1959 年建成的法国坦卡维尔桥($L=608$m)。其后相继采用连续加劲梁的桥梁都是公铁两用桥。连续加劲梁的布置形式能减小桥面的变形,包括支承点的转角、伸缩量和跨中挠度,这对铁路列车运行是比较有利的和必要的。

采用连续加劲梁布置时,无论对横向的挠度、角变还是纵向的伸缩量方面来说,都是非常有利的。但连续加劲梁与非连续的双铰在其他方面相比有以下缺点:①中间支点(主塔处)附近产生较大弯矩。②加劲梁的制造、架设误差以及索塔的不均匀沉降对加劲梁应力的影响较大。设计中可根据加劲梁的具体结构,综合考虑刚度与行车平稳性等要求决定支承形式。

如果将梁进一步延伸,设计成多跨连续的加劲梁体系,可极大地减小梁端的转角,在铁路悬索桥的设计中常采用这种体系。桥塔位置处梁的反弯矩很大,为降低梁的弯矩,可在此位置不设竖向支座或设置位移有限的弹簧支座(正常活载下由比较柔性的弹簧提供支承,位移达到限值后由刚性支座提供支承)。这种体系的悬索桥可称为飘浮体系悬索桥。

3.3.4 吊索索面及间距设计

悬索桥吊索间距的大小直接关系到加劲梁的结构受力,是悬索桥总体设计时需要考虑的

问题之一。吊索的最佳间距因桥梁的规模及架设条件而异,一般从以下几方面综合考虑:

(1)用材的经济性。

主缆索夹、吊索等作为连接主缆和加劲梁的构件,吊索间距越小,数量越多。由于吊索的间距不同,箱梁的横隔板间距和桁架梁的弦杆长度、受风面积、主桁数量也不同,也影响到纵梁的布置。钢箱加劲梁中吊索位置处均应设置横隔板。

通常为了比较其经济性,对不同吊索间距进行试算,比较用钢量。另外,在满足应力条件下,必须同时满足加劲梁挠度的要求及桁架梁抗风稳定性的要求。

(2)架设条件。

索夹与吊索的间距、加劲梁梁段长度(或构件)的设计,一方面需考虑对施工工期的影响,另一方面需要考虑架设设备的运输和吊装能力。

总体设计完成后得到桥型总体布置图,如图3-16所示。

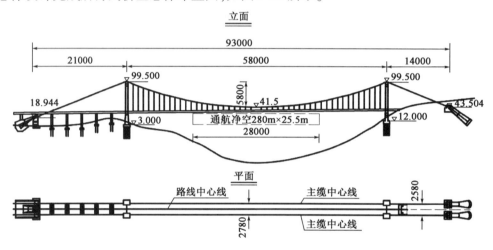

图3-16 桥型总体布置图(尺寸单位:cm;高程单位:m)

3.4 斜拉桥总体设计

斜拉桥的总体设计,包括桥塔位置选择、分跨布置、索面选择、主梁方案、斜拉索立面布置、桥塔选型以及结构体系设计等方面。初步设计时应进行同等深度的多方案比较,以得到最佳设计方案。

3.4.1 桥塔位置设计

斜拉桥主桥桥塔的位置设计与悬索桥桥塔设计相同,需要遵循同样的原则,根据通航、地形、地质条件,确定经济合理的跨径。一般说来,应避开在地质条件较差的地方设置主桥塔,如能避开在通航的水中设置桥塔,可减少水中施工的维护费用,也可避免设置防撞装置。

3.4.2 分跨方案设计

应在全桥经济和施工方便的前提下,结合国内外已建成斜拉桥的实践经验综合分析比较斜拉桥的跨径划分。一般应考虑以下因素：

（1）应尽量选取较短的主跨长度，并优先考虑独塔方案，只有在独塔方案不能满足通航、排洪或流冰等要求时，才考虑双塔方案。这是因为双塔方案的边跨总比引桥昂贵，比路堤更贵，而独塔方案可以缩短主跨长度。

（2）统计资料表明，在双塔三跨斜拉桥方案中，边跨跨径与主跨跨径之比一般为 0.33～0.45。采用钢主梁时，边中跨跨径比宜为 0.33～0.35；采用混凝土主梁时，边中跨跨径比宜为 0.4～0.45。

（3）当采用独塔两跨时，边跨跨径与主跨跨径之比一般为 0.3～1.0；如有引桥，可将引桥与边跨连在一起，使两者长度之和与主跨长度相等。这样，无形中将引桥也归并入斜拉桥式结构，使之成为三跨或多跨连续体系，则在恒载作用下，索塔前后斜拉索就可对称布置，并相互平衡，较易消除塔内徐变的影响。

（4）对于三跨方案，若边跨缩短，靠其自重难以平衡主跨时，则要将两边跨分别与引桥相连成整体，以平衡主跨中的恒载与活载，且这样相连后还有如下优点：不需另加压重就能防止边跨翘起。由于引桥与边跨连续，支点负弯矩将大大减小边跨梁的弯矩变化；便于对称布置斜拉索。引桥与整个正桥连成整体后，可进一步缩短边跨，减小边跨梁内弯矩；大大方便施工。可以同时从桥塔和引桥进行悬臂施工，待从桥塔和从引桥伸出的悬臂段合龙后，主跨成为单悬臂体系，这时再向主跨悬臂拼装或悬臂浇筑，施工更安全。

（5）当边跨离地面不高时，可在边跨内加设若干辅助墩，如图 3-17 所示。斜拉桥是否设辅助墩，应根据边孔高度、通航要求、施工安全、全桥刚度以及经济和使用条件等具体情况而定；在边孔设置辅助墩可以提高斜拉桥的总体刚度，减小边孔主梁的弯矩或桥塔根部弯矩和中跨跨中挠度，从而有效改善结构的受力状态，增加施工期的安全性；活载往往在边跨两端附近区域产生很大的正弯矩，从而导致梁体转动，伸缩缝受损。从受力上讲，设置辅助墩可以提高主跨的刚度，减小拉索的应力变化幅度，缓和端支点负反力。

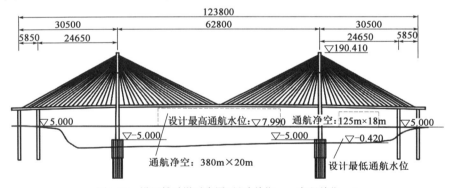

图 3-17 设置辅助墩示意图（尺寸单位：cm；高程单位：m）

通常辅助墩的位置由跨中挠度影响线确定，同时考虑索距及施工要求。大量设计实践证明：边跨设一个辅助墩后，塔顶水平位移、主梁跨中挠度、塔根弯矩和边跨主梁弯矩都大大减小，一般减至原来的 40%～65%；边跨设两个辅助墩，上述的内力和位移虽然继续降低，但变化幅度不大；边跨设三个辅助墩后，上述的内力和位移不再有明显的变化。因此，不论斜拉桥采用何种体系，条件允许时应尽量考虑设置辅助墩。至于辅助墩的个数，应综合结构需要和全桥的整体经济性等因素来决定。一般辅助墩个数不宜超过 2 个。

3.4.3 基本结构体系与设计

斜拉桥的桥塔、主梁和基础之间有不同的支承和约束关系,形成不同的结构体系。按斜拉桥的索、塔、梁、墩之间的关系,可将斜拉桥结构划分为四种基本结构体系:

(1)飘浮体系[图3-18a)]:主梁两端竖向除支承于桥台上之外,中间塔、梁、墩相交位置不设置竖向支撑,在竖直面内完全悬挂在斜拉索上;横向则由于抗风等需要,需要设置中间支承。

(2)半飘浮体系[图3-18b)]:塔墩固结,主梁在塔墩上设置支座,纵向不约束或者弹性约束。对于较小跨径的斜拉桥,也有在塔墩上设置固定支座的情况。

(3)塔梁固结体系[图3-18c)]:塔梁固结,主梁在桥墩上设置支座。该体系在塔柱和主梁的温度内力小,但是总体刚度较差,支座吨位大,支座的养护和更换不方便,因而较少采用。

(4)塔梁墩固结体系[图3-18d)]:塔梁墩固结,在索塔处不需要设置支座,整体刚度大,但是温度内力大。该体系最适用于独塔斜拉桥。当柱墩较高且具有合适的柔度时,大跨径的双塔斜拉桥也能采用塔梁墩固结体系,如主跨550m的福建长门特大桥、主跨350m的广东新造珠江特大桥。多塔斜拉桥的中塔也采用过塔墩梁固结体系,如宜昌夷陵长江大桥。

如图3-18示意了斜拉桥梁、塔和墩之间的约束和支承关系。其中,图3-18a)为塔墩固结、塔梁分离的飘浮体系;图3-18b)为塔墩固结、塔梁分离体系,塔梁之间设置竖向支座的半飘浮体系;图3-18c)为塔墩分离、塔梁固结体系,梁墩间设置竖向支座,图3-19d)为塔墩梁固结体系,即刚构体系。

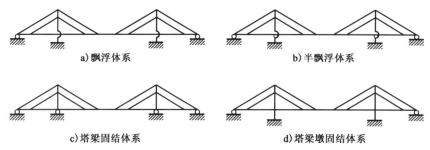

图3-18 斜拉桥梁、塔、墩之间的约束与支承关系

在某些场合下,由于结构受力的需要,或者为增加结构的刚度,特别是减小梁端的转角,还可以进一步将梁体连续延伸,即梁体还与其边跨或主跨以外部分的引桥或其他跨的梁体相连,形成前面介绍的组合体系,如图3-19所示。

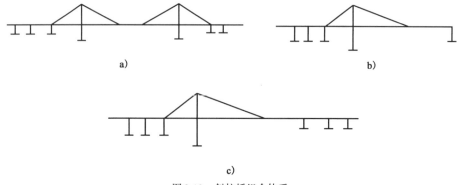

图3-19 斜拉桥组合体系

在上述四种体系中,为了改善体系的受力,结构上还可以采用一些其他的措施,如跨中设铰、中跨设挂孔、边跨设辅助墩等,如图3-20所示。但是斜拉桥的梁体,无论其纵、横、竖三个方向是何种支承体系,就其本身来说一般围绕一个桥塔的梁都是采用连续体系。

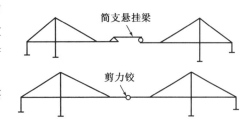

图3-20 中间设挂孔或铰的布置形式

在主跨中央部分插入一小悬挂跨的布置方法在欧美早期的斜拉桥有许多应用,尤其是开启桥。我国上海的泖港桥和四川三台涪江桥(该桥由于斜拉索腐蚀等原因,已拆除)其梁体布置就是在主跨中央部分插入一小悬挂跨,见图3-21。前者在200m的主跨中插入一跨30m的简支悬挂梁,后者则在128m的主跨中插入一跨16m的简支悬挂梁,悬挂梁的长度分别为主跨长度的1/6.7及1/8。插入悬挂结构跨的布置方法,除了能简化结构受力体系和减少结构超静次数,以及能较好地适应2个桥塔的基础发生不均匀沉陷之外,别无其他好处。它破坏了桥梁的整体性,在梁的架设时又要为悬挂跨另用一套架梁方法,不能始终用单一方法架设。因此,现代斜拉桥已很少采用。

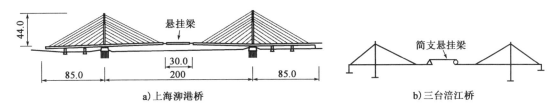

图3-21 插入悬挂梁斜拉桥(尺寸单位:m)

在设计构思阶段宜先考虑连续梁、双索面,对中小跨径宜用独塔体系,对300~400m的跨径也可先考虑独塔体系;在一般情况下用塔墩固结、梁先飘浮后铰支的半飘浮体系(指施工至徐变完成前用飘浮体系、徐变完成后变为半飘浮体系)较好。采用独塔体系,首先混凝土梁不存在梁内徐变的不良后果,只要在端支点处有伸缩缝即可;其次,也不存在双塔相位差的问题,更不必考虑伸缩缝的危害性。至于用飘浮体系来加长自振周期的问题,则需视塔与墩的高度之比而定。

对跨径在400m以上的斜拉桥,则宜先考虑采用双塔体系,根据受力情况应选择合适的边中跨比,边中跨比与斜拉桥的整体刚度、尾索的应力变化幅度有很大的关系。

对跨径在400m以上宜采用双塔体系的斜拉桥,可以根据各种主梁的跨越能力来增加塔的个数而成为多塔体系。选用多塔体系应慎重,简单的原因是多塔多跨式的中间塔顶没有尾索来有效地限制其变位,因而采用多塔体系将使结构的柔性进一步增大,随之而来的是变形过大,整体刚度不能满足要求。为解决此类问题,除增加主梁的刚度外,可将中间塔做成刚性索塔,但工程量将增加很多。

至于用塔梁固结、梁铰支在墩上;塔墩固结、梁漂浮或半漂浮;塔梁墩皆固结之外,还有无其他体系值得参考,可从下列三个方面叙述:

(1)塔梁固结全桥铰支在塔墩上,如法国的Borotoune桥,其每个支座上的反力均达100MN,在非地震区用10只大型橡胶支座支承该桥的独柱塔与大型箱梁是合适的。如在地震设防区,则需有限制纵向位移的措施。

（2）当塔梁固结后再与塔墩刚性固结，则塔墩根部所受的弯矩很大。若能放大墩身截面使其应力降低，则有可能获得满意的结果，不过所付出的代价并不局限于墩身，而要联系到基础，如全部造价较高则可采用其他方案。

当需另找方案时，首先考虑与其以刚克刚，不如尽可能以柔克刚。其具体方法就是用双薄壁墩，允许塔墩在很大的水平力作用下产生变形。分析表明，当水平力很大时，柔性塔墩顶部很大的水平位移会使作用力减小，从而限制了墩底的最大弯矩。至于最大水平位移的允许值，则由两个端支点处的挡块予以控制。此法应用在260m跨径的预应力混凝土连续梁上已获得成功，可推广运用到斜拉桥。

（3）在强地震区，在塔梁固结时可用特种支座支承于墩上。这种支座允许主梁在墩顶有大幅度的浮动，从而对由地壳传上来的地震力有消能作用。但在振幅达到极限允许值时，墩顶与台顶都有限制位移的装置，使得地震过后，上部结构仍能回到原有位置。

上述三种体系比较特殊，并不常用，但在构思阶段不妨扩大思路、广泛比较，从中选择较为合适的体系。随着科技的进步，还可能有新的支承体系出现，故设计者可以不受此限制多作构思，但总要做到切实可行的程度。

3.4.4 平面与横断面布置

1）平面布置

一般情况下斜拉桥均按直线布置，但在山区或有特殊条件限制时也有按曲线布置的。如林同炎教授设计的鲁克丘基（Ruck-A-Chucky）桥（简称RAC桥），如图3-22所示，该桥的斜拉索是锚固在山体上，不需要设置索塔；也有为了配合过桥后的急弯而将主跨的末端做成曲线的。日本的新上平井大桥为了配合两岸路线将正桥做成S形的，并用高低塔来配合，如图3-23所示。这种S形桥在预应力混凝土连续梁上早已用过，但箱梁必须具备很大的抗扭刚度，而在斜拉桥中则可以利用双索面的抗扭功能来减小对主梁的抗扭刚度要求。

S形曲线的反弯点宜放在高低塔斜拉索的交界处，切勿在反弯点处设置直线段和用超高为零的短线段衔接，因这样会使得乘车者感到不适。

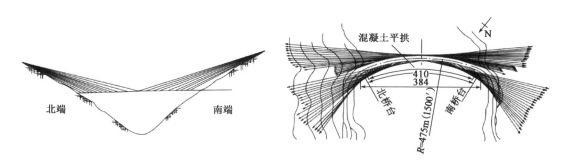

图3-22　RAC曲线斜拉桥（尺寸单位：m）

2）横断面布置

从横断面看主要是塔形，其次是单索面或双索面的问题。首先考虑双索面布置在人行道以外，还是布置在人行道与行车道之间。从抗扭刚度方面来看，索面布置在人行道以外较好，尤其对窄桥更是如此。单对宽桥，特别是采用Π形梁或槽形梁时，首先要注意到横梁的高度与刚度，为此，往往需将双索面布置得较近以减小横梁的跨径。

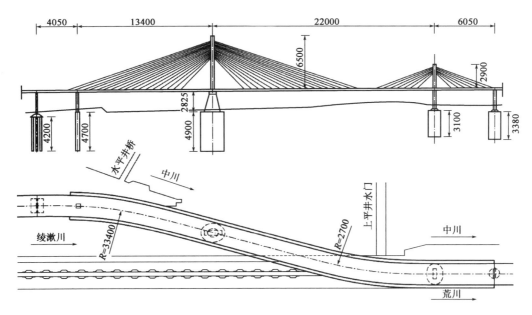

图 3-23　新上平井大桥(尺寸单位:cm)

为了保证安全,应将索面布置在人行道以外,以免汽车撞击拉索。除非在很宽的桥中,在人行道与机动车道间还设置了非机动车道,则可将双索面布置在人行道与非机动车道之间,主要是为了减小横梁跨径,这时最好多设两行防撞栏杆以确保安全。在城市斜拉桥中,当索塔对人行道有干扰时,可将人行道用悬臂梁向塔外挑出,使行人绕过塔柱。

3.4.5　主要设计参数

1) 索塔布置

索塔是表达斜拉桥特色和视觉效果的主要结构物,因而对于索塔的美学设计应予以足够的重视。索塔设计必须适合于拉索的布置,其传力应简单明确,在恒载作用下,索塔应尽可能处于轴心受压状态。斜拉桥的结构特点决定了其跨越能力大,可以有效地减少水中墩及深水基础,对跨越沟谷的旱桥可以减少高墩的数量。

按照建筑造型,桥塔顺桥向的塔形有单柱形、A 形和倒 Y 形,见图 3-24。多数桥塔的轴线顺桥向垂直于地面,少数设计为倾斜的;横桥向的造型则多种多样,桥面以上的形状有单柱形、双柱形、门形、H 形、梯形 A 字形、倒 V 形、倒 Y 形、圆弧形、拱形等各种形式,见图 3-25。将桥面上下结合来看,则有更多的形式,如钻石形、花瓶形等,如图 3-26 所示。

独柱式主塔构造简单,简洁明快;A 字形和倒 Y 形在顺桥向刚度大,有利于承受索塔两侧斜拉索的不平衡拉力,A 字形还可减小主梁在索塔处的负弯矩;在横桥向,单柱或双柱的横向刚度相对较小,A 字形或倒 V 形桥塔则横向刚度大,稳定性更好。

图 3-24　顺桥向的塔型

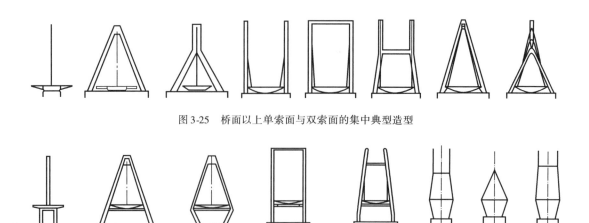

图 3-25　桥面以上单索面与双索面的集中典型造型

图 3-26　桥面上下结合看桥塔横向造型

2）索塔高度

索塔高度一般应从桥面以上计起，也不应包括由于造型或观光等需要而增加的高度。

索塔高度不仅与斜拉桥的主跨跨径有关，还与拉索的索面形式、拉索的索距和拉索的水平倾角有关。在主跨跨径相同的情况下，索塔高度低，拉索的水平倾角就小，则拉索的垂直分力对主梁的支承作用就小，会导致拉索的用钢量增加；反之，索塔越高，拉索的水平倾角越大，拉索对主梁的支承作用就越大，但索塔和拉索的材料用量也增加，而且还会增加施工难度。根据计算分析和对已建斜拉桥设计资料的统计分析，可以用索塔高度 H 与斜拉桥的主跨跨径 L 的比值来表示索塔高度的大致范围。对于双塔三跨式斜拉桥，H/L 值宜取 0.14~0.25，独塔双跨式斜拉桥的 H/L 宜取 0.30~0.45；外索的水平倾角一般不小于 22°。

通常，增加索塔的高度，可以降低斜拉索的用钢量、减小主梁跨中挠度。但在特大跨径斜拉桥中，仅靠增加索塔高度来提高全桥刚度是不经济的，最好是加强端锚索或边跨采用部分地锚的方式，如图 3-1 所示，此时塔高和主跨比值宜选用低值。

3）斜拉索索面与立面的布置

斜拉索是斜拉桥的重要组成部分。斜拉桥的结构刚度和经济合理性，在很大程度上取决于斜拉索的特性。活载下斜拉索是弹性支承，对主梁来说类似弹性支点的作用，其造价占全桥的 25%~30%。所以在设计构思时应作全面的分析和选择。

由于塔、梁、索之间的连接及支承方式的不同，桥面宽度不同，索塔和主梁形式不同，拉索索面在空间可布置成单索面、双索面。双索面又分竖直索面和倾斜索面，横桥向的索面布置形式如图 3-27 所示。

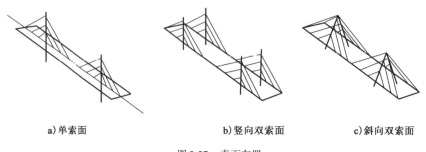

a）单索面　　　　b）竖向双索面　　　　c）斜向双索面

图 3-27　索面布置

从力学角度来看:拉索布置成单索面时,对抗扭几乎不起作用,因而要求主梁应采用抗扭刚度较大的截面。拉索采用双面索时,由于双索面的拉索锚固于主梁上,两个拉索面能加强结构的抗扭刚度,因此主梁截面形式所受限制较少。斜拉索采用斜双索面时,除具有双索面的优点外,由于倾斜索面有效地限制了主梁的横向摆动,因此对桥面梁体抵抗风力扭振特别有利。倾斜的双索面宜选用倒 Y 形、A 字形或倒 V 形等索塔。

在大跨径的各种斜拉桥布置中,由于结构和施工的需要广泛采用双索面,特别是倾斜双索面布置,在特大跨径斜拉桥中更具竞争力。目前世界上多座特大跨径斜拉桥均采用了倾斜双索面形式,取得了良好的使用效果。

斜拉索在立面布置的主要形式有如图 3-28 所示的三种,即放射形、扇形和竖琴形。三种布置形式各有优缺点。

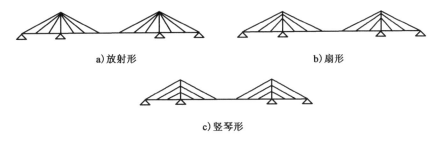

a) 放射形　　　　　　　　b) 扇形

c) 竖琴形

图 3-28　斜拉索立面布置的主要形式

从力学观点来看,以放射形较优,其理由是:①斜拉索与水平面的平均交角较大,斜拉索垂直分力对梁的支承效果较大,而对主梁产生的轴力较小;②塔的弯矩较小,因为斜拉索的水平分力在塔顶基本平衡;③相对其他斜拉索立面布置,塔的高度可以低一些。

从经济看,放射形与竖琴形相比,在经济上以放射形稍有利。

从构造上考虑,放射形的斜索集中汇交于塔顶上,塔顶构造细节较为复杂。反之,竖琴形由于所有斜索的斜角相同,除了斜索两端(梁端与塔端)锚固点的结构细节可以单一化之外,其他锚固点的构造相同,塔上锚固点的间距大,这是一个很大的优点。扇形布置则介于两者之间,它的斜索垂直分力(主梁支承)虽小于放射形,但大于竖琴形,而水平分力(主梁轴力)则相反,即大于放射形但小于竖琴形。除此之外,塔上锚固点的间距也同样介于两者之间。

除了上述区别之外,还有一个重要因素是景观问题。竖琴形布置的斜拉索,不管是单索面或双索面,从不同角度看,都不会出现拉索交叉情况,因此其景观效果优于其他两种方式。

在大跨径斜拉桥中,一般都采用扇形布置,其最大优势就是容易锚固,经济性好。

斜拉桥采用悬臂法架设时,梁上索间距宜取 4~16m。混凝土主梁因其自重较大,索距应取低值,钢梁或组合梁因其自重相对较小,索距宜取较大值。

根据已建斜拉桥的统计资料,无论是双塔三跨式还是独塔两跨式斜拉桥,拉索的最小倾角宜控制在 25°~45°。竖琴形布置拉索最小倾角较多取 26°~30°,放射形和扇形布置拉索最小倾角也应控制在 21°~30°范围内,以 25°最为普遍。

4) 主梁布置

斜拉桥的主梁,不管整个斜拉桥的结构体系和支承方式如何,主梁一般有两种布置形式:连续体系和非连续体系。

(1) 主梁为连续体系。

无论是双塔三跨式或是独塔双跨式,主梁在斜拉桥全长范围内布置成连续体系,这时,斜拉索作为跨内的弹性支承,主梁为连续梁或连续刚构。

为改善结构受力,在布置外边孔时,斜拉桥主梁梁体还可与边跨或引桥的上部结构主梁相连。

(2) 主梁为非连续体系。

在主跨中央部分,带有一个简支挂孔或剪力铰,全桥的主梁布置为非连续体系。带有挂孔的主梁布置形式简化了结构体系,减少了结构的超静定次数。它能较好地适应两个索塔基础不均匀沉降,可以用于地基条件较差的地区。但由于主梁的非连续布置破坏了桥梁的整体性,施工时还需要增加一套架设简支挂梁的设备。

另一种布置形式是用剪力铰取代双塔三跨式斜拉桥中央的简支挂梁,形成非连续主梁体系。剪力铰可以只传递剪力和轴向力,不传递弯矩;也可以只传递剪力和弯矩,不传递轴向力。剪力铰可以缓解温度内力的影响,但也破坏了桥面的连续性和桥梁的整体性。同时,剪力铰的设计、施工和养护都较困难,一般应尽量避免这种布置。

(3) 主梁的形式。

主梁结构形式与主孔跨径、桥梁宽度、索塔形式、索面选择、拉索索距、材料性质等密切相关。

主梁在斜拉桥结构体系中的主要作用有三个方面:一是将恒、活载分散传给拉索,此时梁的刚度越小,则所承担的弯矩越小;二是与拉索及索塔一起成为桥梁的一部分,主梁主要承受拉索水平分力所产生的轴向压力,因而需要主梁有足够的刚度,以防止主梁压屈;三是可以抵抗横向风力荷载和地震荷载,并把这些力传给下部结构。

当拉索索距大时,主梁由弯矩控制设计;但对单索面而言,主梁由扭转控制设计;对双索面的密索体系,主梁应主要考虑轴压力因素以及整个桥的纵向弯曲。另外,还应考虑到在减小活载的情况下,主梁有足够的强度和刚度以便更换拉索。

从材料方面来说,主梁主要有三种形式,即混凝土主梁、钢-混凝土组合梁和钢主梁。主梁形式的选择,主要取决于特定时期,特定地区和特定桥位的有效性、可能性和经济性。

早期大多数斜拉桥都是采用钢结构主梁,双箱或单箱配以正交异性板。后来中小跨径斜拉桥采用混凝土梁,其优点是:

①相对于跨径,主梁可以做得很薄,高跨比的变化为 1/100~1/45。若做成适应空气动力学流线型并采用密索形式,桥面结构还可以做得更轻巧,高跨比甚至能达到 1/400~1/150。

②混凝土桥面质量大并具有良好的减振特性,利于抗风动力振动。

③斜拉索拉力的水平分力在桥面结构内产生压力,而混凝土抗压性能是最好的。箱梁截面如图 3-29 所示。

④从活载与恒载的比例来看,活载较小,所以活载产生的挠度小,因此混凝土斜拉桥适用于铁路桥或大交通量荷载。

⑤由于预应力工艺、预制技术和分段悬臂施工方法的发展,梁部结构和斜拉索的安装是比较容易的。

但是混凝土主梁的重量比钢主梁还是要大得多,所以在跨径 500m 以上,一般不采用混凝土材料作主梁。

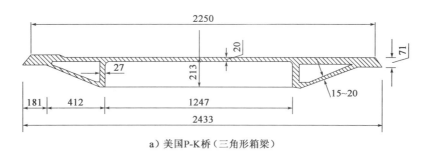

a) 美国P-K桥（三角形箱梁）

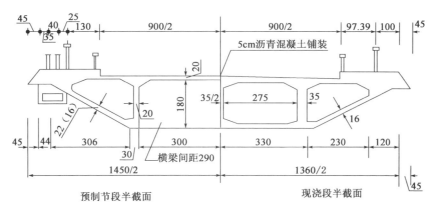

b) 天津永和桥（三角形箱梁）

图 3-29 箱梁截面(尺寸单位:cm)

通过对斜拉桥选用不同材料主梁的经济性研究认为:跨径为 200~400m 时,采用混凝土主梁是最经济的;跨径为 400~500m 时,采用钢-混凝土组合梁最经济;跨径大于 500m 时,宜采用钢主梁。另外,当跨径处于如 400m 和 500m 两个边界区域时,应综合考虑其他因素对两种不同材料主梁做经济比较。

5) 主梁的高度

不论采用何种形式的主梁,绝大多数斜拉桥的主梁梁高沿桥跨是不变的。早期稀索布置的斜拉桥,主梁高度和主跨跨径的比一般在 1/100~1/50 之间。随着斜拉桥拉索从稀索型向多索、密索型发展,主梁的高跨比不断减小。根据世界各国斜拉桥的统计资料分析,密索布置的斜拉桥,其主梁的高跨比一般为 1/150~1/100,较多在 1/100 左右。

对独塔斜拉桥来说,主梁高度与主跨跨径之比一般为 1/70~1/35,对于混凝土单索面结构来说,其主梁高度与主跨跨径之比一般为 1/130~1/85。

对双塔三跨斜拉桥来说,采用混凝土主梁时,主梁高度与主跨跨径之比一般为 1/350~1/100,采用钢-混凝土组合梁时,主梁高度与主跨跨径之比一般为 1/200~1/125。

3.5 斜拉-悬吊组合体系桥梁总体设计

3.5.1 总体布置

斜拉-悬索体系桥是一种缆索承重桥。主缆、吊索、斜拉索为受拉构件,采用高强度钢丝制成,可以发挥高强度钢丝强度高、自重轻的特性;桥塔为受压构件,也可以充分发挥其抗压强度高的特性。由于斜拉、悬吊两种形式的结合使用,具备诸多优点[2]:斜拉、悬吊两部分主梁可采用不同材料,如斜拉部分采用预应力混凝土梁或结合梁,悬吊部分采用钢梁等,可改善结构性能,减少梁、缆、锚碇材料;悬吊部分主梁长度的减少也可以降低主缆索力,减小锚碇施工难度,从而使悬索结构在软土地基上的实施成为可能;斜拉部分采用混凝土梁或叠合梁,重量和刚度加大,还可以提高结构施工和成桥状态的抗风稳定性。

斜拉-悬吊组合体系桥在静力方面有如下特性[2]:

与同等跨径斜拉桥相比,在均布荷载作用下,组合体系桥塔根弯矩比斜拉桥小。原因是组合体系由均布荷载产生的中、边跨不平衡力主要由主缆承担并传递至锚碇,仅有小部分由塔承担,而斜拉桥的中、边跨不平衡力由塔承担。所以,在纵向风荷载作用下组合体系的受力也大大优于斜拉桥。

与同等跨径悬索桥相比,在均布荷载或纵向风荷载作用下,组合体系受力与悬索桥接近。活载作用下,组合体系主梁弯矩最不利值比悬索桥大,但主梁挠度比悬索桥小。

组合体系在动力方面有如下特性[2]:

(1)一阶横弯、一阶竖弯和一阶纵漂振型与悬索桥相仿。

(2)一阶扭转振型与斜拉桥相近,但伴有其他振型的耦合成分。

(3)主梁一阶扭频高于悬索桥,缆、塔、梁共同参振使其颤振临界风速提高。因此,抗风稳定性方面更具优势。

经济性能比较[2]:

组合体系的力学特性在许多方面都优于斜拉桥,与斜拉桥相比,同跨径的组合体系可采用更小尺寸的梁、塔。但是,组合体系增加了主缆与锚碇基础,因此经济性能由跨径大小来确定。一般跨径越大,越能体现组合体系的优越性。

与悬索桥相比,悬索桥锚碇体积大,造价高,有些锚碇需要在水中施工,而采用组合体系,锚碇体积可大幅度地减小,因而可大大降低造价和施工难度。悬索桥加劲梁一般采用钢箱梁,而组合体系的部分主梁可采用预应力混凝土代替钢箱梁,造价和日后养护费用均比使用钢箱梁低。在钢索用量方面,组合体系也比斜拉桥、悬索桥小。因此组合体系桥在大跨径桥梁中经济方面有一定的优越性。

3.5.2 主要参数设计

1)索塔的布置

斜拉-悬吊组合体系桥兼具斜拉桥和悬索桥的结构形式,因此其桥塔的布置与斜拉桥基本一致,可采用各种形式的斜拉桥桥塔。与斜拉桥不同的是需要在塔顶设置主鞍座,因此塔顶部分的设计要借鉴悬索桥的桥塔结构形式。

2)索塔高度

与斜拉桥相比,斜拉-悬吊组合体系桥的桥塔高度要相对低一些,其原则仍然是要保证最长的斜拉索与水平线的夹角不小于22°,由于主跨不需要满跨布置斜拉索,因此桥塔高度与斜拉-悬吊跨径比有关。

目前的研究认为,斜拉-悬吊组合体系桥梁主缆的矢跨比可取 $1/8 \sim 1/5$,因此与悬索桥相比,桥塔高度又比同跨径的悬索桥高,接近主跨跨径的 $1/8 \sim 1/5$。

3) 斜拉索与吊索的布置

斜拉-悬吊组合体系桥梁斜拉索与吊索的布置原则可综合斜拉桥和悬索桥的原则,以选择合适的梁段制作、吊装长度为优先因素进行设计。在斜拉索与吊索相交的区域附件,吊索可与斜拉索重叠,一般重叠的吊索数量单侧不少于3对,可根据计算适当增加。

4) 梁的布置及梁高

斜拉-悬吊组合体系结构一般用于1200m以上的大跨径桥梁,并且多数以铁路或公铁两用桥梁为主,其主梁的布置上应考虑连续体系;对于其梁高来说,同样与跨径的关系不大,钢箱梁结构的梁高一般3~5m,钢桁架结构则根据是否双层桥面有所不同。如果仅单层桥面或者双层公路,多数采用6~10m的梁高能满足刚度和强度要求,如果是公铁两用双层桥面结构,铁路在下层时,受铁路刚度和净空要求,梁高多在12m以上。

大跨径桥梁的合理梁高,还受结构抗风稳定性影响,设计时需要根据抗风稳定性研究专题的结果,进行最终的选择。

3.6 桥面位置布置

与拱桥一样,缆索承载桥的桥面位置相对于主缆可以分为:上承式桥、中承式桥、下承式桥,但缆索承载桥梁以下承式为主。单纯的斜拉桥只有下承式;大跨径悬索桥一般都是下承式;中承式悬索桥很少,一般用作景观桥,如图3-30、图3-31所示;一些小跨的人行桥如泸定桥为上承式,索道桥也是上承式悬索桥,上承式悬索桥如图3-32~图3-34所示。林同炎设计的科罗拉多河桥(Rio Colorado Bridge)是世界第一座上承式预应力混凝土悬索桥。该桥1972年建成,桥梁净跨108m,其吊缆位于桥面下,连续预应力桥面系支承在由立柱组成的排架上,排架弹性支承在刚性吊缆上。

图3-30 中承式悬索桥

图3-31 巴黎人行桥

图 3-32　索道桥

图 3-33　伦敦千禧桥

图 3-34　林同炎设计的哥斯达黎桥

复习思考题

3-1　缆索承重桥梁的设计原则是什么？

3-2　一般情况下，斜拉桥和悬索桥各自的经济适用范围是多少？

3-3　悬索桥的总体布置，包括哪些方面？

3-4 悬索桥塔锚位置的选择要考虑哪些方面?

3-5 悬索桥桥塔两侧主缆的切线角是否必须相等?如果角度相差过大,会出现什么问题?考虑经济性,一般可采用什么方式来减少主缆材料用量?

3-6 悬索桥边中跨比与桥梁整体刚度是什么关系?简单说明其原因。

3-7 悬索桥经济适用的垂跨比范围是多少?垂跨比与结构的整体刚度总体是什么关系?

3-8 简单图示悬索桥主跨的活载挠度包络图。

3-9 垂跨比对结构自振频率的影响总体趋势是什么?

3-10 缆索承重桥梁的梁高与桥梁跨径是什么关系?选择梁高时主要考虑哪些方面?

3-11 缆索承重桥梁的梁宽由哪几部分组成?与一般梁桥相比要多考虑哪些部分?

3-12 两塔悬索桥只能布置成三跨悬吊形式吗?

3-13 比较连续加劲梁与非连续加劲梁悬索桥的优缺点。

3-14 悬索桥的吊索间距完全由桥梁跨径确定吗?

3-15 斜拉桥塔、梁和墩的连接方式主要有哪几种组合形式?

3-16 斜拉桥的边中跨比的常用范围大致是多少?

3-17 为什么钢和混凝土的主梁边中跨比略有差异?

3-18 独塔两跨斜拉桥,边中跨比大致是多少?

3-19 如果斜拉桥中的边跨过短,设计上一般采取哪些措施来保证边中跨平衡?

3-20 斜拉桥中设置辅助墩的作用有哪些?

3-21 如果边跨条件允许,是否有必要在边跨设置更多的辅助墩?

3-22 斜拉桥桥面以上的塔高设计要考虑哪些因素?一般的塔高与跨径是什么关系?

3-23 斜拉索的设计要求主要考虑哪些方面?

3-24 简单图示斜拉索的双斜面布置形式。

3-25 主梁在斜拉桥中的作用体现在哪些方面?

3-26 混凝土梁斜拉桥有哪些方面的优点和缺点?

3-27 解释缆索锚固形式地锚式、自锚式的概念。

3-28 什么情况下斜拉桥可能用到部分地锚式形式?

3-29 在索面布置数量上,缆索承重桥梁可有哪几种形式?

3-30 在空间方向,缆索承重桥梁可有哪几种形式?

3-31 索面数量设计时,需要从哪些方面考虑?

3-32 与双索面和多索面缆索承重桥梁相比,单索面桥的梁截面需要什么刚度更大?

3-33 车道比较多的铁路或公铁两用桥,设置多索面可减小什么构件的尺寸,有什么优势?

3-34 索面在梁上的锚固点可设计在什么位置,各有什么优缺点?

3-35 吊索在索面内的布置形式有哪些?

3-36 在同一索夹位置,是否只能布置一根吊索?

3-37 简述斜吊索的优缺点。工程上为什么斜吊索用得少?

3-38 斜拉索在立面布置的主要形式有哪几种?简图示意,各有什么优缺点?

3-39 简述斜拉桥密索体系的优缺点。

3-40 悬索桥的吊索间距设置要考虑哪些方面的因素？
3-41 按梁对结构整体刚度的贡献，缆索承重桥梁的梁结构可分为哪几类？
3-42 两跨或三跨悬吊的悬索桥加劲梁，必须采用连续梁结构形式吗？
3-43 两跨或三跨悬吊的悬索桥加劲梁，必须在桥塔处设置竖向支座吗？
3-44 围绕一个桥塔，斜拉桥的主梁可以中间插入铰或挂孔？
3-45 斜拉桥塔、墩、梁在竖直方向有哪几种连接方式？各有什么优缺点？
3-46 两塔三跨斜拉桥的中跨跨中，插入挂孔或铰的作用是什么？对结构受力和长期运营各有什么优缺点？
3-47 简述缆索承重桥梁在桥塔处可能的竖向、横向及纵向支承约束体系，说明各优缺点。
3-48 简述桥塔在受力及景观方面的作用。
3-49 桥塔一般由哪几部分组成？各自的功能是什么？
3-50 按建筑材料分，桥塔有哪些类型？
3-51 按纵向相对刚度分，桥塔可分为哪几类？
3-52 如何区分悬索桥的刚性塔与柔性塔？
3-53 桥塔在纵向的建筑造型有哪些类型？各有什么优缺点？
3-54 横向的建筑造型有哪几种主要形式？各有哪些优缺点？
3-55 塔柱的横向连接形式有哪些？各有什么优缺点？
3-56 塔墩之间的支撑方式有哪些？各有什么优缺点？
3-57 双塔三跨斜拉桥，用塔墩梁固结形式有什么优缺点？
3-58 简图示意塔梁固结、梁墩支承的结构支承形式。
3-59 相对于索的位置，缆索承重桥梁的桥面位置可分为哪几种？
3-60 相对于索的位置，斜拉桥是否可做成上承式？若可以，绘出示意图。
3-61 上承式悬索桥有什么优点和缺点？

第4章 计算理论与方法

缆索承重桥梁一般用于大跨径桥梁结构,其计算理论与常规桥梁最大的差异是要考虑结构非线性的影响。结构非线性包括几何非线性、材料非线性和状态非线性(或称为接触非线性),对于设计和正常使用阶段的桥梁,一般考虑结构的几何非线性和状态非线性,也就是一般采用二阶理论对缆索承重桥梁进行分析。

单索结构的计算理论是缆索承重桥梁计算分析的基础,本章首先介绍单索结构计算的一些基础理论,包括单索的线形和索力计算,然后介绍在历史发展过程中出现的缆索承重桥梁的微小变形理论、挠度理论等,在此基础上,介绍目前缆索承重桥梁最精确的分析方法,即有限位移理论及非线性有限元分析方法,最后介绍有关缆索承重桥梁的计算问题。

4.1 单索结构的计算理论

4.1.1 单跨柔性索的理论微分方程

索可以分为柔性索和劲性索。柔性索是指抗弯刚度可忽略不计、只能受拉的构件;劲性索则是指需要考虑抗弯刚度,主要承受拉力的构件。

在推导柔性索的计算理论时,通常采用下列基本假设:
(1)索是理想柔性的,既不能受压,也不能抗弯。

(2)索的材料是线弹性,应力应变符合胡克定律。
(3)索处于小应变状态,横截面积在外荷载作用下的变化对抗拉刚度的影响可忽略不计。

满足上述三条的构件,可以按柔性索进行计算。实际结构中,完全满足上述条件的构件很少。一般来说,如果索的截面尺寸与索长相比十分微小,截面的抗弯刚度可以忽略不计,索材料又基本满足应力应变线弹性关系,则可以简化为柔性索进行计算;如果不满足上述第一条,则应按劲性索计算。除非特别说明,本书所讨论的索均为柔性索。

图 4-1 表示承受两个方向任意分布荷载 $q_x(x)$ 和 $q_y(x)$ 作用的一根索。索的曲线形状可由方程 $y = y(x)$ 代表。由于索是理想柔性的,索的张力 T 只能沿索的切线方向作用。设某点索张力的水平分量为 H,则它的竖直分量为 $V = H \cdot \tan\theta = H\dfrac{\mathrm{d}y}{\mathrm{d}x}$。由该索切出的水平投影长度为 $\mathrm{d}x$ 的任意微分单元及作用的内力和外力如图 4-1 所示。

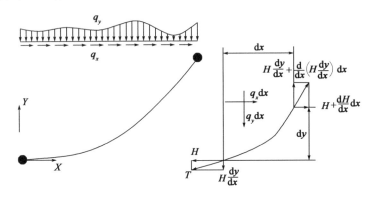

图 4-1 索单元微分图式

根据微分单元的静力平衡条件,有:

$$\sum x = 0 \quad \frac{\mathrm{d}H}{\mathrm{d}x}\mathrm{d}x + q_x\mathrm{d}x = 0$$

$$\frac{\mathrm{d}H}{\mathrm{d}x} + q_x = 0 \tag{4-1}$$

$$\sum y = 0 \quad \frac{\mathrm{d}}{\mathrm{d}x}\left(H\frac{\mathrm{d}y}{\mathrm{d}x}\right)\mathrm{d}x + q_y\mathrm{d}x = 0$$

$$\frac{\mathrm{d}}{\mathrm{d}x}\left(H\frac{\mathrm{d}y}{\mathrm{d}x}\right) + q_y = 0 \tag{4-2}$$

方程(4-1)和方程(4-2)就是单索问题的基本平衡方程。在常见的实际工程问题中,索主要承受竖向荷载作用。当 $q_x = 0$ 时,由方程(4-1)得:

$$H = 常量 \tag{4-3}$$

而方程(4-2)可以写成:

$$H\frac{\mathrm{d}^2 y}{\mathrm{d}x^2} + q_y = 0 \tag{4-4}$$

方程(4-3)的物理意义是:一根索如果不受水平荷载,则张力的水平分量全索长内相等。方程(4-4)的物理意义是:索曲线在某点的二阶导数(当索较平坦时即为其曲率)与作用在该点的竖向荷载集度成正比。应注意的是,在推导上述各方程时,荷载 q_y 和 q_x 的定义是沿跨径单位长度上的荷载,并且与坐标轴一致时为正。

4.1.2 各种荷载下单跨柔性索的线形及内力计算

1) 受分布荷载作用计算

工程索构件一般承受均布荷载,因此对于索均布荷载作用的研究更有实际意义。下面考虑两种受特殊的均布荷载作用的索的情况。

(1) 受沿跨径方向均布竖向荷载的作用。

受沿跨径方向均布荷载作用的索如图 4-2 所示。在这种情形下,$q_y = $ 常量 $= q$,方程(4-4)可写为:

$$\frac{\mathrm{d}^2 y}{\mathrm{d} x^2} = -\frac{q}{H}$$

积分两次:

$$y = -\frac{q}{2H} x^2 + C_1 x + C_2 \tag{a}$$

这是一条抛物线。积分常数可由下述边界条件确定:

$$x = 0 \text{ 时}, y = 0$$
$$x = L \text{ 时}, y = C$$

由此可得 $C_1 = \frac{C}{L} + \frac{qL}{2H}$,$C_2 = 0$,代入上面式(a)并整理得:

$$y = \frac{q}{2H} x(L - x) + \frac{C}{L} x \tag{4-5}$$

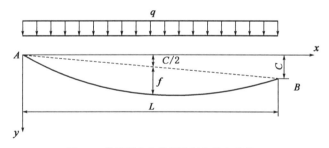

图 4-2　沿跨径方向作用的竖向均布荷载

式(4-5)是一条典型的抛物线。在此抛物线中,索张力的水平分量 H 还是未知的,所以方程(4-5)实际上代表一族抛物线。因为通过 A、B 两点可以有许多不同长度的索,它们在均布荷载 q 作用下形成一族不同垂度抛物线,具有相应的不同的 H 值,所以还须补充一个条件才能完全确定抛物线的形状。如果给定曲线跨中垂度 f,即令:

$$x = \frac{L}{2} \text{ 时}, y = \frac{C}{2} + f$$

将此条件代入式(4-5),即可求出索的水平张力 H:

$$H = \frac{qL^2}{8f} \tag{4-6}$$

代回式(4-5)后,可得:

$$y = \frac{4fx(L - x)}{L^2} + \frac{C}{L} x \tag{4-7}$$

这是由参数 L、C、f 完全确定的一条抛物线,与其相应的水平张力 H 由式(4-6)确定。

根据式(4-7),对每一位置求一阶导数,可以得到缆索的斜率,根据斜率可以求出缆索在该处的切线角 θ。由式(4-6)表明,此种情况下的缆索水平分力全跨各处相等,因此可由下式求出缆索各截面处的张力:

$$T = \frac{H}{\cos\theta}$$

设计检算中关心的是最大张力,因此需要确定最大的切线角的位置及大小。

(2)受沿索长度方向均布荷载的作用。

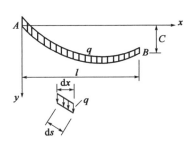

图 4-3 索受沿索长均匀分布的荷载

如图 4-3 所示,如果作用于索上的荷载就是等截面索的自重,这时的荷载是沿索长(而不是沿跨径)的均布荷载,设荷载集度为 q,则:

$$qds = q_y dx$$

因此 $q_y = q\dfrac{ds}{dx} = q\sqrt{1+\left(\dfrac{dy}{dx}\right)^2}$,代入方程(4-4)得:

$$H\frac{d^2y}{dx^2} + q\sqrt{1+\left(\frac{dy}{dx}\right)^2} = 0 \tag{4-8}$$

求解,可得到满足图 4-3 所示边界条件的解为:

$$y = \frac{H}{q}\left[\cosh\alpha - \cosh\left(\frac{2\beta x}{L} - \alpha\right)\right] \tag{4-9}$$

式中:$\alpha = \sinh^{-1}\left[\dfrac{\beta(C/L)}{\sinh\beta}\right] + \beta$,$\beta = \dfrac{qL}{2H}$。

方程(4-9)所代表的曲线是一族悬链线,与抛物线的情形相同,如果给定曲线上任一点的坐标值,整条曲线即可完全确定。

当两支座等高时,$C=0$,则 $\alpha = \beta = \dfrac{qL}{2H}$。

$$y = \frac{H}{q}\left[\cosh\alpha - \cosh\left(\frac{qx}{H} - \alpha\right)\right] \tag{4-10}$$

设跨中垂度为 f,即当 $x = \dfrac{L}{2}$ 时,$y = f$。由式(4-10)可得出 f 与 H 的关系式:

$$f = \frac{H}{q}(\cosh\alpha - 1) \tag{4-11}$$

将抛物线与悬链线作比较,当二者在跨中处的垂度 f 相同时,如图 4-4 所示,两者坐标的最大差值 d 大约在 1/5 跨径处,比较结果见表 4-1。可以看出两条曲线差异相对值极其微小,且索的垂度愈小,差异愈小。由于悬链线计算比较繁复,在实际应用中,对小跨径索,一般均按抛物线计算,即可得到足够精确的结果。但对大跨径索,两者误差的绝

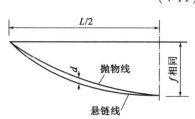

图 4-4 悬链线和抛物线的比较

对值较大,因此在设计计算中,对大中跨径索的空缆形状,一般按悬链线计算,以获得更精确的结果。

悬链线与抛物线的比较　　　　　　　　　　　　　　　表 4-1

f/L	0.05	0.1	0.15	0.2	0.25	0.3	0.35	0.4	0.45	0.5
d/f	0.08%	0.30%	0.65%	1.09%	1.61%	2.18%	2.77%	3.37%	3.97%	4.56%

根据式(4-11)确定出主缆的水平分力 H 后,同样可根据式(4-10)计算出缆索上各点的切线角,然后根据索张力与水平分力的关系,就可以计算出索上各点的索张力 T。

2)受任意分布荷载作用计算

将索的平衡方程与梁的方程作比较。由材料力学知:

$$\frac{\mathrm{d}^2 M}{\mathrm{d} x^2} = -q_y \tag{4-12}$$

索的微分方程(4-4)与梁的方程(4-12)具有完全相同的形式,二者变量(y 与 M)相互对应,仅相差一常数因子 H。因此只要两种情形边界条件也相当,下述对等关系即成立:$Hy(x) = M(x)$,即

$$y(x) = \frac{M(x)}{H} \tag{4-13}$$

考查边界条件,对于两支座等高的索和不等高的索,其边界条件分别为:

两支座等高:$x = 0, y = 0; x = L, y = 0$。两支座不等高:$x = 0, y = 0; x = L, y = C$。

那么与两支座等高有同等边界条件的弯矩图即一般简支梁;与两支座不等高相对应的弯矩图为一般简支梁再在右端作用一集中弯矩,图4-5反映了二者的对应关系。

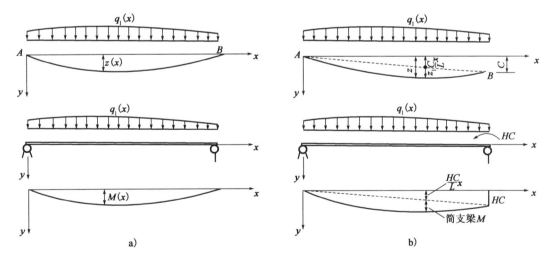

图 4-5　索的平衡曲线与简支梁弯矩图的比较

于是可根据简支梁的弯矩图用式(4-13)求得索曲线的形状。其实,如果将两支点的连线作为索曲线竖向坐标的基线,则索曲线的形状与承受同样荷载的简支梁弯矩图完全相似。

计算出索的线形后,与前面过程相同,可计算出索上各点的索张力,过程不再赘述。

4.1.3 索长计算公式

缆索结构的设计中,索的线形与荷载状态、索力是相对应的。在给定荷载下索的线形确定了,索的一个不变量——索的无应力长度就是确定的。当索上的荷载、温度或者索两端的支座发生变化时,可根据索的不变量建立变形协调方程,与平衡方程一起,构成索的状态变化后的求解方法。

索的无应力长度等于索的形状长度减去对应形状下索的弹性伸长。索的形状长度可以利用高度数学的曲线积分方法计算。对于确定的索,取曲线微分段 ds,根据微段曲线长与坐标微量的关系,有索微分单元的长度为:

$$ds = \sqrt{dx^2 + dy^2} = \sqrt{1 + \left(\frac{dy}{dx}\right)^2}dx \tag{4-14}$$

索的长度可以由上式积分求得:

$$s = \int ds = \int_0^L \sqrt{1 + \left(\frac{dy}{dx}\right)^2}dx \tag{4-15}$$

只要索曲线的形状 $y(x)$ 已知,索的长度就可以按式(4-15)算得。

积分式中的函数 $\sqrt{1 + \left(\frac{dy}{dx}\right)^2}$ 是无理式,积分较复杂,对于悬链线,可以采用电算数值积分法。在一般实际问题中,索的垂度不大,$\left(\frac{dy}{dx}\right)^2$ 与 1 相比是小量,将 $\sqrt{1 + \left(\frac{dy}{dx}\right)^2}$ 按级数展开:

$$\sqrt{1 + \left(\frac{dy}{dx}\right)^2} = 1 + \frac{1}{2}\left(\frac{dy}{dx}\right)^2 - \frac{1}{8}\left(\frac{dy}{dx}\right)^4 + \frac{1}{16}\left(\frac{dy}{dx}\right)^6 - \frac{5}{128}\left(\frac{dy}{dx}\right)^8 + \cdots$$

在实际计算中,根据索的垂度大小,可仅取两项或三项,即可达到必要的精度,这时索长的计算公式可简化成如下近似形式:

$$s = \int_0^L \left[1 + \frac{1}{2}\left(\frac{dy}{dx}\right)^2\right]dx \tag{4-16}$$

或

$$s = \int_0^L \left[1 + \frac{1}{2}\left(\frac{dy}{dx}\right)^2 - \frac{1}{8}\left(\frac{dy}{dx}\right)^4\right]dx \tag{4-17}$$

对于抛物线索,设索曲线的方程式由式(4-7)表示,因而:

$$\frac{dy}{dx} = \frac{4f + C}{L} - \frac{8f}{L^2}x \tag{a}$$

代入式(4-16)或式(4-17),可得索的长度为:

$$s = L\left(1 + \frac{C^2}{2L^2} + \frac{8f^2}{3L^2}\right) \tag{b}$$

或

$$s = L\left(1 + \frac{C^2}{2L^2} - \frac{C^4}{8L^4} + \frac{8f^2}{3L^2} - \frac{32f^4}{5L^4} - \frac{4C^2f^2}{L^4}\right) \tag{c}$$

如果将斜率的表达式(a)代入式(4-15),进行积分,可导得计算抛物线索长度的精确公式如下:

$$s = \frac{L^2}{16f} \left[A\sqrt{1+A^2} - B\sqrt{1+B^2} + \ln(A\sqrt{1+A^2}) - \ln(B\sqrt{1+B^2}) \right] \tag{d}$$

其中 $A = \frac{C+4f}{L}$，$B = \frac{C-4f}{L}$。当两支座等高时，可得：

$$s = \frac{L}{2}\sqrt{1+\frac{16f^2}{L^2}} + \frac{L^2}{8f}\ln\left(\frac{4f}{L} + \sqrt{1+\frac{16f^2}{L^2}}\right) \tag{e}$$

相应的近似公式为：

$$s = L\left(1 + \frac{8}{3}\frac{f^2}{L^2}\right) \tag{f}$$

$$s = L\left(1 + \frac{8}{3}\frac{f^2}{L^2} - \frac{32}{5}\frac{f^4}{L^4}\right) \tag{g}$$

为了估计近似公式的准确度，表 4-2 按式(e)、式(f)、式(g) 分别计算不同垂跨比的索长并作比较，发现：当 $f/L \leqslant 0.1$ 时用式(f)，$f/L \leqslant 0.2$ 时，用式(g)，可达到十分满意的结果。

索长度计算公式的比较 表 4-2

f/L	索长 s					$\Delta = s - L$				
	精确值按式(e)	按式(f)		按式(g)		精确值按式(e)	按式(f)		按式(g)	
		值	误差	值	误差		值	误差	值	误差
0.05	1.00660	1.00671	0.01%	1.00661	0.00%	0.00661	0.00671	1.00%	0.00661	0.00%
0.1	1.02600	1.02671	0.07%	1.02601	0.00%	0.02601	0.02671	2.57%	0.02601	0.00%
0.15	1.05710	1.06001	0.27%	1.05681	-0.03%	0.05711	0.06001	5.08%	0.05681	-0.53%
0.2	1.09850	1.10671	0.75%	1.09641	-0.19%	0.09851	0.10671	8.32%	0.09641	-2.13%
0.25	1.14781	1.16671	1.65%	1.14171	-0.53%	0.14781	0.16671	12.79%	0.14171	-4.13%
0.3	1.20431	1.24001	2.96%	1.18821	-1.34%	0.20431	0.24001	17.47%	0.18821	-7.88%

对式(f) 取微分，可得出索长变化与垂度变化的关系：

$$ds = \frac{16f}{3L}df$$

索长的变化 Δs 可能由各种因素引起，例如索的拉伸变形、索的温度变形、支座的位移或索在支座锚固处的滑移等。由上式可看出，当垂跨比不大时，较小的索长度变化将引起较明显的垂度变化，如当 $f/L = 0.1$ 时，$\Delta f = 1.875\Delta s$。

4.1.4 活载作用下的柔性索线形与内力计算

前述推导是讨论索受荷载作用的构型计算，一般除了已知索的跨径、两端点的竖向坐标差及荷载外，尚需增加一个附加条件才能确定该索的形状，例如已知索上(端点除外)任意一点的竖向坐标或者索长，都可以完全确定索的初始形状。当索的初始形状确定后再次承受荷载时，则不再需要附加条件即能确定最终的形状和内力，这个荷载称为使用荷载。当然，如果索的初始形状求解没有附加条件，即初始形状不确定，而是受使用荷载状态求解具有附加条件，则反过来可以确定索的初始形状。下面讨论活载作用下索的线形与内力的计算方法。

1) 索的变形协调方程

对于索，其受使用荷载作用的问题一般具有这样的形式：设给定索的一种"初始状态"(简称"始态"),在此状态中,索承受的初始荷载 q_0 ,索的初始形状 y_0 ,相应的初始拉力 H_0 均为已知。在此基础上,对索施加使用荷载 Δq ,即索所承受的荷载由 q_0 变到 $q = q_0 + \Delta q$;此时索的内力由 H_0 变到 $H = H_0 + \Delta H$,索产生相应的伸长(或缩短),而索的坐标由 y_0 变到 $y = y_0 + w$ (w 代表索的竖向变位)。即索由初始状态转变为一个新的状态,可称为"最终状态"或"荷载状态"(简称"终态")。索在"终态"时的内力 H 和位置 y 是未知的,需要求解。应指出,由于 $q = q_0 + \Delta q$ 是已知的, y 的形状也就已知。只要知道索曲线某一点的坐标,整条曲线即随之确定。同样,索各点的内力也可以由它们的水平分量 H 唯一地确定。因此,需要求解两个未知数。

索的平衡方程只给出了某一特定"状态"下 q 、y 、H 三者之间的关系,(即平衡关系),而不能考虑"状态"的变化过程。所以仅有平衡方程无法解决上面提出的问题。从数学角度来看,要求解 y (或 w)和 H (或 ΔH)两个未知量,只有一个平衡方程也不够。因此,必须在索由始态过渡到终态的过程中,考察索的变形和位移情况,建立索的变形协调方程。

由图4-6可知,设索由初始态过渡到终态,两端支座产生一定的位移(u_l , w_l)和(u_r , w_r)。同时假定在此过程中温度的变化为 Δt 。

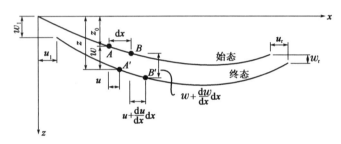

图4-6 索的始态与终态

考察长为 ds_0 的微分单元 AB ,它在变位后移到 $A'B'$ 位置,其长度变为 ds ,由几何关系知:

$$ds_0 = \sqrt{dx^2 + dy^2} = \sqrt{1 + \left(\frac{dy_0}{dx}\right)^2} dx$$

$$ds = \sqrt{(dx + du)^2 + dy^2} = \sqrt{\left(1 + \frac{du}{dx}\right)^2 + \left(\frac{dy}{dx}\right)^2} dx = \sqrt{1 + 2\frac{du}{dx} + \left(\frac{du}{dx}\right)^2 + \left(\frac{dy}{dx}\right)^2} dx$$

于是所考察的微分单元的伸长为:

$$ds - ds_0 = \left[\sqrt{1 + 2\frac{du}{dx} + \left(\frac{dy}{dx}\right)^2} - \sqrt{1 + \left(\frac{dy_0}{dx}\right)^2}\right] dx$$

如前所述,对于小垂度问题,可将上式的根号展开,并保留微量之第一项,于是可得:

$$ds - ds_0 = \left[\frac{du}{dx} + \frac{1}{2}\left(\frac{dy}{dx}\right)^2 - \frac{1}{2}\left(\frac{dy_0}{dx}\right)^2\right] dx$$

整根索之总伸长为:

$$\Delta s = \int_{s_0} (ds - ds_0) = \int \left[\frac{du}{dx} + \frac{1}{2}\left(\frac{dy}{dx}\right)^2 - \frac{1}{2}\left(\frac{dy_0}{dx}\right)^2\right] dx$$

$$= u_r - u_l + \frac{1}{2}\int \left[\left(\frac{dy}{dx}\right)^2 - \left(\frac{dy_0}{dx}\right)^2\right] dx \tag{a}$$

u_r 、u_l 分别代表悬索支点右端和左端的水平位移。如果将 $y = y_0 + w$ 代入上式,可得:

$$\Delta s = u_r - u_l + \int \left[\frac{dy_0}{dx} \cdot \frac{dw}{dx} + \frac{1}{2} \left(\frac{dw}{dx} \right)^2 \right] dx \tag{b}$$

再从物理方面考察，索的伸长系由索内力增量和温度变化引起，即：

$$\Delta s = \int_{s_0} \left(\frac{\Delta T}{EA} + \alpha \Delta t \right) ds_0 = \int \left(\frac{\Delta H}{EA} \cdot \frac{ds_0}{dx} + \alpha \Delta t \right) \frac{ds_0}{dx} \cdot dx$$

$$= \frac{\Delta H}{EA} \int \left(\frac{ds_0}{dx} \right)^2 dx + \alpha \Delta t \int \frac{ds_0}{dx} \cdot dx$$

$$= \frac{\Delta H}{EA} \int \left[1 + \left(\frac{dy_0}{dx} \right)^2 \right] dx + \alpha \Delta t \int \sqrt{1 + \left(\frac{dy_0}{dx} \right)^2} dx \tag{c}$$

由式(a)与式(c)相等，即得变形协调方程：

$$\frac{H - H_0}{EA} \int \left[1 + \left(\frac{dy_0}{dx} \right)^2 \right] dx = u_r - u_l + \frac{1}{2} \int \left[\left(\frac{dy}{dx} \right)^2 - \left(\frac{dy_0}{dx} \right)^2 \right] dx - \alpha \Delta t \int \sqrt{1 + \left(\frac{dy_0}{dx} \right)^2} dx$$

(4-18)

式(4-4)与式(4-18)即索一般问题的基础方程。

2) 受分布荷载作用计算

索平衡方程式(4-4)可与相同跨径的简支梁弯矩相比拟，对其积分，则有：

$$H \frac{dy}{dx} = -\int q_y dx + \frac{HC}{L} \tag{4-19}$$

记 $-\int q_y dx = Q(x)$，即相当于简支梁在 x 处的剪力，那么有：

$$H \frac{dy}{dx} = Q(x) + \frac{HC}{L} \tag{a}$$

在初始荷载下应有：

$$\frac{dy_0}{dx} = \frac{Q_0}{H_0} + \frac{C_0}{L} \tag{b}$$

在变化后荷载下应有：

$$\frac{dy}{dx} = \frac{Q}{H} + \frac{C}{L} \tag{c}$$

将式(b)和式(c)代入式(4-18)，即得关于 H 的三次方程，这个方程是非线性的，其求解常用迭代法。

根据上述过程计算出在活载作用下单索的线形和索张力水平分力 H 后，再根据水平分力与索张力的关系，可计算出索上各点的索张力。设计中关心的是最大张力，该值出现在索的切线角最大的地方，利用索的线形曲线，很容易获得其值。

4.2 悬索桥计算的微小位移理论与挠度理论

4.2.1 悬索桥微小位移理论

Navier 于 1823 在总结前人的研究成果的基础上，发表了无加劲梁的悬索的计算理论，其中涉及抛物线索、等截面悬链线索、均匀应力悬链线索理论及规律,这些理论的计算方法与前面介绍的单索计算理论类似;Rankine 于 1858 年提出了针对有加劲梁的悬索桥的计算理论,该理论第一次提出了主缆和加劲梁如何分担荷载的问题,但该理论在本质上却强调了加劲梁的刚度作用,并且不合理地假定活载所产生的吊索拉力集度等于所有活载除以跨长,这是关于加劲悬索桥分析的第一个理论,它所强调的加劲梁的刚度的作用,在一定时期内影响了悬索桥的设计,并且也是相当长的时期内影响英国悬索桥跨径裹足不前的原因。在 1880 年前后,Levy 等人才应用 Navier 方法分析悬索桥,从而出现了有加劲梁的悬索桥计算理论,后经 Steinman 发展为习用的标准形式(按力法方式求解)。Rankine 的有加劲悬索桥理论和 Steinman 的悬索桥计算理论均属于微小位移理论,这些理论将吊索简化为连续体,认为吊索力沿跨径是连续分布的。过去资料上将这些计算理论称为简约理论,也有资料称其为弹性理论。

使用微小位移理论计算悬索桥时,需要作如下假定:
(1)结构位移和构件变形是微小的,叠加原理适用;
(2)材料应力应变关系是线性的,满足胡克定律;
(3)恒载为均匀分布,且由主缆承受全部恒载,加劲梁在恒载下为无应力状态;
(4)在同一跨内加劲梁为等截面,弯曲刚度 EI 相等,忽略加劲梁的剪切变形;
(5)主缆无弯曲刚度,在恒载作用下主缆线形为抛物线;
(6)活载作用下主缆和加劲梁的几何形状保持不变;
(7)吊索稠密(即连续分布),不计活载作用下吊索的伸长;
(8)不考虑塔顶鞍座处的水平变形的影响。

1)理论推导

在上述假定之下,可推导出微小位移理论下的计算公式。如图 4-7 所示的单跨悬索桥,主跨主缆曲线为二次抛物线方程。

$$y = -\frac{4fx}{L^2}(L - x) \tag{4-20}$$

在活载 $p(x)$ 作用下,假定主缆的水平分力增量为 H_p,各吊索所受的等效拉力增量为 q(视作均布荷载),则在吊索处断开作用在主缆和梁上的均布荷载 q,分别如图 4-7a)和图 4-7b)所示,对于图 4-7a)可得:

$$H_p = \frac{qL^2}{8f} \tag{4-21}$$

故

$$q = \frac{8f}{L^2}H_p \tag{4-22}$$

对加劲梁而言,如图 4-7b)所示,则 q 在加劲梁 x 处引起的弯矩为:

$$M = q \cdot \frac{x}{2}(L - x) = \frac{8f}{L^2}H_p \cdot \frac{x}{2}(L - x) \tag{4-23}$$

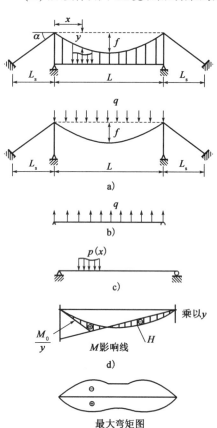

图 4-7 微小位移理论计算图式

将式(4-20)代入式(4-23)得：
$$M = -H_p y \tag{4-24}$$

如图4-7c)所示，设外活载$p(x)$引起的简支加劲梁x截面处的弯矩为M_0，则按叠加原理在加劲梁x处的弯矩为：
$$M_x = M_0 + M = M_0 - H_p y \tag{4-25}$$

由材料力学可知：
$$M_x = -EI\ddot{\eta} \tag{4-26}$$
$$\ddot{M_0} = -p(x) \tag{4-27}$$

把式(4-20)代入式(4-26)中连续两次求导，把式(4-27)代入得：
$$EI\eta^{(4)} - H_p \ddot{y} = p(x) \tag{4-28}$$

式(4-28)即微小位移理论加劲梁的挠度微分方程。

设外活载$p(x)$引起的简支加劲梁截面x处的剪力为Q_0，则按叠加原理在加劲梁在截面x的剪力为：
$$Q_x = Q_0 + \frac{dM}{dx} = Q_0 - H_p \frac{dy}{dx} = Q_0 - H_p \tan\varphi \tag{4-29}$$

任意截面主缆的张力增量为：
$$T_x = \frac{H_p}{\cos\varphi} \tag{4-30}$$

式中：φ——悬索在x处的水平倾角。

式(4-25)、式(4-29)和式(4-30)即微小位移理论计算公式。

2) 求解方法

上两式中均含主缆的水平拉力H_p。为求H_p的影响线，对于单跨刚性悬索桥，取H_p为多余未知力，则：
$$H_p = -\frac{\delta_{HP}}{\delta_{HH}} \tag{4-31}$$

式中，$\delta_{HP}(=\delta_{PH})$为加劲梁上移动的外力$P=1$时在主缆切口处引起的水平位移变化曲线的纵距，等于切口处$H_p=1$引起的加劲梁的挠度曲线的纵距，即由于向上的均布荷载$q = \frac{8f}{L^2}$ [式(4-22)]引起的挠度曲线的纵距，其值为：
$$\delta_{HP} = \frac{8f}{L^2} \cdot \frac{L^3 x}{24EI}\left[1 - 2\left(\frac{x}{L}\right)^2 + \left(\frac{x}{L}\right)^3\right] \tag{4-32}$$

$$\delta_{HH} = \int_0^L \frac{\overline{M}^2}{EI}dx + \int \frac{\overline{T}^2 ds}{E_1 A} \tag{4-33}$$

式中：δ_{HH}——切口处$H_p=1$时在该处产生的水平位移；

$\overline{M}$——$H_p=1$时引起的加劲梁弯矩；

E、I——加劲梁的弹性模量和惯性矩；

$\overline{T}$——$H_p=1$时引起的主缆内力；

E_1、s、A——悬索和锚索的弹性模量、长度和横截面积。

计算中忽略桥塔和吊索的弹性变形的影响。

$$\int_0^L \frac{\overline{M}^2}{EI} dx = \int_0^L \frac{y^2}{EI} dx = \frac{1}{EI}\int_0^L \left[\frac{4fx}{L^2}(L-x)\right]^2 dx = \frac{8}{15}\frac{f^2}{EIL}$$

$$\int \frac{\overline{T}^2 ds}{E_1 A} = \int_0^s \frac{1}{E_1 A} \frac{1}{\cos^2\varphi} ds + \frac{1}{E_1 A} \frac{2}{\cos^2\alpha} \cdot \frac{L_s}{\cos\alpha} = \frac{1}{E_1 A} \cdot \int_0^L \frac{dx}{\cos^2\varphi} + \frac{2L_s}{E_1 A} \frac{1}{\cos^3\alpha}$$

$$= \frac{1}{E_1 A}\left(1 + 8\frac{f^2}{L^2}\right) + \frac{2L_s}{E_1 A \cos^3\alpha} （略去高次项）$$

将 δ_{HP} 及 δ_{HH} 代入式(4-31)，得 H 的影响线方程为：

$$H_p = \frac{x\left[1 - 2\left(\frac{x}{L}\right)^2 + \left(\frac{x}{L}\right)^3\right]}{\frac{8}{5} + \frac{3EI}{E_1 Af}\left(1 + 8\frac{f^2}{L^2} + \frac{2L_s}{L\cos^3\alpha}\right)} \tag{4-34}$$

求出 H_p 的影响线后，利用式(4-25)、式(4-29)可求加劲梁任一截面的弯矩和剪力影响线。图 4-7d)为弯矩影响线，图 4-7e)为最大弯矩图，最大弯矩出现在 1/4 跨径附近。

3) 理论局限性

微小位移理论在 19 世纪末至 20 世纪初曾支配悬索桥的设计，在挠度理论出现以后，它仍未失效，直至今日，跨径小于 200m 的悬索桥设计仍然可以借助于微小位移理论进行计算。按该理论进行设计，计算出的加劲梁弯矩大于实际值，偏于安全，但却严重浪费了材料，因为该理论存在着两个显著的缺陷：

(1) 没有考虑恒载对悬索桥刚度的有益影响(罗勃林在 1855 年修建尼亚加拉河悬索桥时就意识到了)。

(2) 没有考虑结构几何非线性影响。

4.2.2 悬索桥挠度理论

随着悬索桥跨径的增加，加劲梁的刚度相对降低，结构非线性突出。Melen(1888)等人提出了考虑位移影响的非线性膜理论——挠度理论，并被 Moiseiff 成功地应用到曼哈顿桥上，奠定了大跨径悬索桥分析挠度理论的基础。忽略成桥后竖向荷载(活载)引起的主索水平力改变对悬索桥静力响应的影响，Godard 提出了线性挠度理论。

1) 基本假定

挠度理论的基本假定如下：

(1) 材料应力应变关系是线性的，满足胡克定律。

(2) 恒载为均布，吊索稠密，且由主缆承受全部恒载，加劲梁在无活载的状态下为无应力状态。

(3) 在同一跨内加劲梁为等截面，弯曲刚度 EI 相等，忽略加劲梁的剪切变形。

(4) 主缆无弯曲刚度，在恒载作用下主缆线形为抛物线。

(5) 主缆及加劲梁都只有竖直方向的位移。

(6) 吊索稠密(连续分布)，活载作用下不计伸长，忽略由活载产生的倾斜。

(7) 不考虑塔顶鞍座处的水平变形的影响。

与悬索桥微小位移理论相比，不再使用结构位移和构件变形微小的假定，将平衡方程建立在变形后的构形上（即初始的恒载状态加上变形位移后形成的结构形状），叠加原理不再适用；要计及主缆和加劲梁竖向变形对结构平衡的影响。此外的其他假定都相同。

2）理论推导

如图 4-8 所示悬索桥，主跨主缆曲线在恒载作用下为二次抛物线方程、水平分力 H_g 及恒载 g 为：

$$y = -\frac{4fx}{L^2}(L-x) \quad (4-35)$$

$$H_g = \frac{gL^2}{8f} \quad (4-36)$$

$$g = \frac{8f}{L^2}H_g \quad (4-37)$$

在恒载 $g(x)$ 和活载 $p(x)$ 共同作用下，主缆产生挠度 $\eta(x)$ 时，当加劲梁也产生相同的挠度（不计吊索的变形），跨中垂度变化为 Δf，主缆曲线仍然近似假定为抛物线方程，则：

$$y + \eta = -\frac{4(f+\Delta f)x}{L^2}(L-x) \quad (4-38)$$

根据式（4-49）和式（4-52）得：

$$\eta = -\frac{4\Delta f x}{L^2}(L-x) \quad (4-39)$$

假定主缆的水平分力增量为 H_p，各吊索所受的等效拉力增量为 q（视作均布荷载），则在吊索处断开处，主缆和梁上的作用均布荷载，如图 4-8 所示。

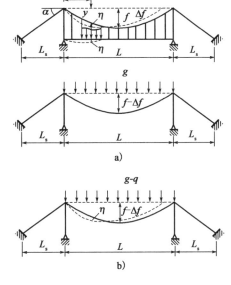

图 4-8 挠度理论计算图

由图 4-8b）可得：

$$H_g + H_p = \frac{(g+q)L^2}{8(f+\Delta f)}$$

$$g + q = \left(\frac{8f}{L^2} + \frac{8\Delta f}{L^2}\right)(H_g + H_p) \quad (4-40)$$

故

$$q = \left(\frac{8f}{L^2} + \frac{8\Delta f}{L^2}\right)(H_g + H_p) - \frac{8f}{L^2}H_g = \left(\frac{8f}{L^2} + \frac{8\Delta f}{L^2}\right)H_p + \frac{8\Delta f}{L^2}H_g \quad (4-41)$$

对加劲梁而言，如图 4-8c）所示，则 q 在加劲梁 x 处的弯矩为：

$$M = q \cdot \frac{x}{2}(L-x) = \left[\left(\frac{8f}{L^2} + \frac{8\Delta f}{L^2}\right)H_p + \frac{8\Delta f}{L^2}H_g\right] \cdot \frac{x}{2}(L-x)$$

$$= H_p \cdot \left(\frac{8f}{L^2} + \frac{8\Delta f}{L^2}\right) \cdot \frac{x}{2}(L-x) + H_g \cdot \frac{8\Delta f}{L^2} \cdot \frac{x}{2}(L-x) \quad (4-42)$$

将式（4-38）和式（4-39）代入式（4-42）得：

$$M = -H_p(y+\eta) - H_g\eta \quad (4-43)$$

如图 4-8d）所示，设外活载 $p(x)$ 引起的简支加劲梁 x 截面处的弯矩为 M_0，则加劲梁截面 x 的弯矩为：

$$M_x = M_0 + M = M_0 - H_p(y + \eta) + H_g \cdot \eta$$
$$= M_0 - H_p y - (H_p + H_q)\eta \tag{4-44}$$

式中：M_0——活载引起的简支加劲梁的弯矩；

H_p、H_g——活载和恒载引起的悬索桥水平拉力。

上式右边第三项反映了挠度 η 产生的附加影响，它降低了弯矩值。大跨径悬索桥的恒载大，故恒载水平拉力 H_q 引起的附加影响就更显著。

由材料力学可知：

$$M_x = -EI\ddot{\eta} \tag{4-45}$$

$$\ddot{M}_0 = -p(x) \tag{4-46}$$

把式(4-45)代入式(4-44)中连续两次求导，把式(4-46)代入得：

$$EI\eta^{(4)} - H_p \ddot{y} - (H_g + H_p)\ddot{\eta} = p(x) \tag{4-47}$$

式(4-47)即挠度理论挠度微分方程。

剪力计算和主缆张力增量计算公式可按式(4-29)和式(4-30)的推导方法推出。

3) 求解方法

由于式(4-47)中 H_p 与 η 均为未知量，而 H_p 是 η 的函数，故该式为非线性微分方程式。求该方程的解，需要再建立一个 H_p 与 η 的关系方程。根据主缆的变形相容条件可推导得：

$$H = \frac{EA}{L_s}\left(\frac{8f}{L^2}\int_0^L \eta \mathrm{d}x - \alpha t L_t\right) \tag{4-48}$$

式中：L_s——$L_s = \int_0^L \frac{\mathrm{d}x}{\cos^3\varphi}$；

L_t——$L_t = \int_0^L \frac{\mathrm{d}x}{\cos^2\varphi}$；

E——主缆弹性模量；

A——主缆面积；

t——温度变化；

α——主缆的线膨胀系数；

其余符号同前。

由于上述方程的非线性性质，叠加原理不再适用。为减少计算工作量，可将方程(4-47)进行线性化处理。研究表明，在最不利荷载条件下，H_p 值的变化，对影响线零点的位置影响不大。因此可先假设 H_p 值，故将 $H_g + H_p = H$ 看作常数。于是，式(4-47)就成为线形方程。由式(4-35)可知 $\frac{\mathrm{d}^2 y}{\mathrm{d}x^2} = -\frac{8f}{L^2}$，式(4-47)可改写成：

$$EI\frac{\mathrm{d}^4\eta}{\mathrm{d}x^4} - H\frac{\mathrm{d}^2\eta}{\mathrm{d}x^2} = p - \frac{8f}{L^2}H_p \tag{4-49}$$

将此线性方程分解为：

$$EI\frac{\mathrm{d}^4\eta_1}{\mathrm{d}x^4} - H\frac{\mathrm{d}^2\eta_1}{\mathrm{d}x^2} = p \tag{4-50}$$

$$EI\frac{\mathrm{d}^4\eta_2}{\mathrm{d}x^4} - H\frac{\mathrm{d}^2\eta_2}{\mathrm{d}x^2} = -\frac{8f}{L^2}H_p \tag{4-51}$$

由上面两式求出 η_1 和 η_2，则原微分方程的解为：

$$\eta = \eta_1 + \eta_2 \tag{4-52}$$

为简化计算工作,可采用"代换梁"法:

$$(EI\eta'')'' = p - 8fH_p/L^2 + H\eta'' \tag{4-53}$$

设有一简支梁,受均布荷载 q 和两端轴向拉力 H,如图 4-9 所示(此梁即称为"代换梁"),则其挠度曲线的微分方程为:

$$EI\frac{d^2y}{dx^2} = -\frac{q}{2}(Lx - x^2) + Hy \tag{4-54}$$

对上式求导两次得:

$$(EIy'')'' = q + Hy'' \tag{4-55}$$

式(4-55)与式(4-53)相似,若令 $q = p - 8fH_p/L^2$,则求得"代换梁"的挠曲变形即加劲梁的挠曲变形。

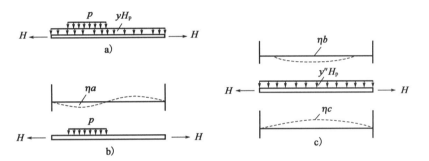

图 4-9 代换梁

如前述,为使微分方程线性化,必须假定 H_p 值,因而将 H 固定。为得到精度较好的 H_p 的近似值,可先假定两个或三个 H 值,再用插入法求解。例如,假定 $H = H_1 = H_q$(悬索恒载水平拉力)和 $H = H_2 = H_q + H_{pmax}$(H_{pmax} 为按弹性理论求得的悬索最大活载拉力),然后算出相应的 H_{p1}、H_{p2} 和 M_{a1}、M_{a2} 等力学量,再用插入法求近似解。如图 4-10 所示,连接 H_{p1}-H_{p2} 和 M_{a1}-M_{a2} 两条直线,从 H_1 点作 45°斜线得 H_p,从 H_p 作垂线得 M_a,该 H_p 和 M_a 即所求的值。

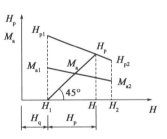

图 4-10 插值求解

4.3 缆索承重桥梁的有限元计算

4.3.1 有限元法简介

作用在桥梁上的荷载有恒载、活载、风荷载、地震力、温度变化等。设计计算时,可以把它们分成三个方向独立的荷载,即竖直面内荷载、横向荷载和扭转荷载。随着有限元理论和计算机技术的发展与应用,使得桥梁结构的计算方法得到了发展,针对这些荷载的分析,目前一般采用有限元法。早期用手算为主的力法、位移法、能量法、传递矩阵法等已基本不直接应用,但其基本概念仍然是结构计算的重要基础。

基于有限元方法或者矩阵位移法的平衡方程如下:

$$K\delta = F \quad (4-56)$$

式中:K——结构的刚度矩阵;
δ——结构的位移矢量;
F——结构的等效荷载矢量。

刚度矩阵 K 与结构材料参数和几何状态有关,F 与结构的外荷载和几何状态有关。如果 K、F 随着结构受力状态变化的影响可以忽略不计,采用结构变形前的材料参数和几何状态,则式(4-56)为线性方程组,求解该式为线性分析,否则为结构非线性分析。

结构分析包含两类基本的非线性问题:材料非线性和几何非线性。如果结构的材料参数随结构受力状态变化而变化,从而影响结构刚度矩阵 K,使式(4-56)成为非线性方程组,用于材料非线性分析;如果是结构受力状态变化,从而引起结构的几何状态变化,并最终导致 K、F 发生变化,使式(4-56)成为非线性方程组,用于几何非线性分析。

结构材料可分为线弹性材料、非线性弹性材料,结构受力较大时,可能使材料部分或者全部达到塑性,则为弹塑性材料或者塑性材料,除结构均为线弹性材料的结构分析是线性分析外,其他均为材料非线性分析。

图 4-11 所示为低碳钢材料的应力应变曲线。oa 段是直线,应力与应变在此段成正比关系,材料符合胡克定律,oa 段称为线性弹性阶段。直线 oa 的斜率 $\tan\alpha = E$ 就是材料的弹性模量,直线部分的最高点对应的应力值记作 σ_p,称为材料的比例极限。曲线超过 a 点,图上 ab 段已不再是直线,说明材料已不符合胡克定律。但在 ab 段内卸载,变形也随之消失,说明 ab 段也发生弹性变形,所以 ab 段称为非线性弹性阶段。b 点所对应的应力值记作 σ_e,称为材料的弹性极限。(弹性极限与比例极限非常接近,工程实际中通常对二者不作严格区分,用比例极限近似地代替弹性极限)。bc 段出现的变形既有弹性变形,也有塑性变形,故 bc 段为弹塑性阶段。cd 段为屈服阶段,de 段为强化阶段,这两个阶段均发生塑性变形,为塑性阶段。

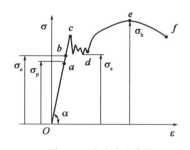

图 4-11 应力应变曲线

固体力学有三组基本方程,即本构方程、几何运动方程及平衡方程。线性理论基于微小变形、弹性本构关系和理想约束三个基本假定,从而使本构方程、几何运动方程和平衡方程成为线性方程。若被研究结构的材料本构方程是非线性的,从而导致基本控制方程的非线性,则称其为材料非线性问题。对于混凝土结构来说,其本构方程是非线性的,混凝土收缩、徐变等也是非线性的。

在桥梁工程中,一般我们研究正常使用状态时,采用线弹性的本构关系,但研究结构的极限承载能力时,必须采用非线性的本构关系进行研究,即要考虑材料进入塑性阶段。对于材料非线性问题,由于本构关系是非线性的,因此其变形具有记忆性,也就是说采用不同的作用过程,最终得到的变形和内力结果是不一样的。所以,对于材料非线性的力学问题,作用结果与作用过程有关。

桥梁结构在经受超载作用时,会出现部分构件应力超过材料弹性极限的现象,材料弹性模量 E 成为应力的函数,导致基本控制方程的非线性,即出现材料非线性问题。虽然通常这种现象是局部区域性的,但局部结构破坏与损伤却由这些区域开始,导致结构失效。研究材料非线性问题,对于分析结构极限承载能力,解决桥梁非线性稳定问题有着十分重要的意义。

缆索承重桥梁的结构分析计算,根据跨径大小的不同,与小变形理论和有限位移理论对应,在采用有限元法计算时,可采用线性有限元法和非线性有限元法进行分析。对于小跨径的缆索承重桥梁来说,可以采用线性有限元法;对于存在主缆的大跨径缆索承重桥梁,如大跨径悬索桥,必须考虑几何非线性的影响,采用非线性有限元法;对于只存在斜拉索的大跨径缆索承重桥梁,如大跨径斜拉桥,可用等效弹性模量进行斜拉索弹性模量修正,考虑其垂度影响,然后采用线性有限元法进行计算。

无论何种桥梁结构,目前最精确的计算方法为基于有限位移理论的非线性有限元法,但对中小跨径的缆索承重桥梁,采用微小变形理论,就能获得令人满意的结果。大量的设计表明,对于跨径 300m 以下的斜拉桥和 200m 以下的悬索桥,采用基于微小变形理论计算的线性有限元法,其计算精度也是可以接受的。

对于缆索承重桥梁结构,其计算分析应包括静力分析和动力分析;对于存在受压构件或者压弯构件的桥梁,还应进行稳定性分析,如斜拉桥,与悬索桥相比,斜拉桥的主梁存在轴向压力,故稳定问题应作为重点进行分析;对于采用杆系模型进行分析的复杂桥梁,不但要进行整体分析,还需要进行局部分析。

国内外有许多用于缆索承重桥梁结构计算分析的软件,如国内的 BNLAS、NACS,国外的 SAP、ANSYS、MIDAS、TDV 等,用于设计计算也比较方便。

4.3.2 大跨径桥梁结构的几何非线性及计算方法

有限位移理论主要是利用非线性矩阵位移法或者非线性有限元法来实现,在大跨径缆索承重桥梁结构分析中应该考虑的几何非线性因素有:

(1)结构大位移。结构变形较大,开始分析结构时用的结构几何坐标与结构变形后的几何坐标不相符,而平衡方程应以变形后的结构坐标来建立,这就产生了非线性。

(2)缆索垂度效应。在有限元法分析中,常常将缆索单元按直杆单元处理,而实际缆索具有垂度,当缆索两端受力时,实际缆索单元的变形将比按直杆计算大,即缆索的实际刚度小于直杆的刚度,且随着拉力的变化垂度也不断变化,从而构件的刚度也是变化的。

(3)初始内力效应。对于受拉构件,其拉力可以增大面外刚度,提高抵抗后续荷载的能力,例如主缆,恒载拉力越大,抵抗活载的能力就越强,这就是悬索桥的几何刚度,也称重力刚度;对于受压构件,压力增加会减少面外刚度,例如斜拉桥主梁的轴力弯曲效应,即 $p\text{-}\delta$ 效应。$p\text{-}\delta$ 效应是指由于构件在轴向压力作用下,自身发生挠曲引起的附加效应,可称之为构件挠曲二阶效应,通常指轴向压力在产生了挠曲变形的构件中引起的附加弯矩,附加弯矩与构件的挠曲形态有关,一般中间大、两端小。

(4)荷载非线性的影响。由于结构大位移,初始状态的外荷载在结构变形后其方向、大小可能发生变化,例如悬索桥塔顶鞍座在施工过程中鞍座与桥塔中心不断发生着偏心变化,主缆的强大压力通过鞍座会对桥塔产生偏心弯矩,这就是 $P\text{-}\Delta$ 效应。$P\text{-}\Delta$ 效应是指由于结构的水平变形而引起的重力附加效应,可称之为重力二阶效应,结构在水平力(风荷载或水平地震力)作用下发生水平变形导致的重力荷载附加效应,结构发生的水平侧移绝对值越大,$P\text{-}\Delta$ 效应越显著,若结构的水平变形过大,可能因重力二阶效应而导致结构失稳。

(5) 单向受力单元的影响。缆索只能受拉,受压时刚度为 0;一些限位挡块只有接触才具有刚度,否则刚度为 0;支于支架上的梁受力变形后可能部分脱离支架,则脱离后刚度为 0。这种非线性的影响在结构施工阶段经常出现。

1) 缆索垂度非线性的模拟

可采用悬链线单元精确模拟缆索垂曲引起的非线性,也可以采用曲线单元、多段直杆单元进行近似模拟,还可以采用等效弹性模量法模拟。此处主要介绍等效弹性模量法,即将缆索的材料弹性模量用一与缆索内力有关的等效弹性模量代替,以此考虑缆索由于垂曲引起的非线性。常用的等效弹性模量 Ernst 公式为:

$$E_i = \frac{E_0}{1 + \dfrac{\gamma^2 L^2 E_0}{12\sigma^3}} = \frac{E_0}{1 + \dfrac{(wL)^2 A}{12 T^3} E_0} \tag{4-57}$$

式中:E_0——直索弹性模量(即材料弹性模量);

γ——钢索重度(包括防腐材料等);

L——索的水平投影长度;

w——索的单位长度自重;

T、A——索张力和索面积。

对于三跨悬索桥,当以吊索间距作为主缆单元的间距时,由于间距很小,其非线性的影响非常小。对于边跨无悬吊的悬索桥,当单元杆件水平投影长度较大时,影响较大。下面给出一算例说明:

某跨径为 288m + 768m + 288m 两铰式悬索桥,吊索间距 24m,主缆面积 $A = 0.3\text{m}^2$,恒载下主缆最小拉力 130720kN,缆索单位长度自重 $w = 30\text{kN/m}$,$E_0 = 1.9 \times 10^8 \text{kN/m}^2$。

$$E_i = \frac{1.9 \times 10^7}{1 + \dfrac{(30 \times 24)^2 \times 0.3}{12 \times 130720^3} \times 1.9 \times 10^8} = 1.8979 \times 10^8 \ (\text{kN/m}^2)$$

$$\frac{E_0 - E_i}{E_0} \times 100\% = 0.11\%$$

当水平投影长度不是 24m,而是 100m 时,$E_i = 1.8643 \times 10^8 \text{kN/m}^2$,$\dfrac{E_0 - E_i}{E_0} \times 100\% = 1.9\%$。

由此可见,在悬索桥中该项的影响较小,原因是:①分段长度小;②缆索内力相当大。

2) 结构大位移引起的非线性

考虑结构大位移引起的几何非线性的方法是将结构内力平衡建立在结构变形之后的模型上,由于结构变形之后的状态是未知的,所以要采用特殊的求解方法获得这个状态,如增量法、迭代法、弧长法等。

3) 初始内力引起的非线性

一般几何非线性分析中的切线刚度矩阵,包括弹性刚度矩阵、几何刚度矩阵和大位移刚度矩阵。因此要建立某应力状态下的切线刚度矩阵,就必须知道无应力状态(初状态),然后以无应力状态作基准,建立某已知应力状态点的切线刚度,以此刚度来建立荷载增量与变形增量的关系式。

另一种办法是以初始状态为零状态,建立外加荷载增量与变形增量的关系式,而恒载初内力引起的非线性按下述方法考虑。

考虑缆索节点,在恒载下处于平衡状态,则有:

$$\left.\begin{array}{l}\sum_{i=1}^{k}(T_{0i}\cos\alpha_{0i}) + P_{0kx} = 0 \\ \sum_{i=1}^{k}(T_{0i}\sin\alpha_{0i}) + P_{0ky} = 0\end{array}\right\} \quad (4\text{-}58)$$

式中:T_{0i}——相交于节点 K 的第 i 根杆对节点 K 的作用力;

α_{0i}——相交于节点 K 的第 i 根杆与 X 轴所成的夹角;

P_{0kx}、P_{0ky}——初始状态时作用于节点 K 的 X 方向及 Y 方向的集中节点力。

设有外荷载及其他影响作用后,结构发生了变形,变形后节点满足新的平衡方程:

$$\left.\begin{array}{l}\sum_{i=1}^{k}T_{i}\cos\alpha_{i} + P_{0kx} + P_{kx} = 0 \\ \sum_{i=1}^{k}T_{i}\sin\alpha_{i} + P_{0ky} + P_{ky} = 0\end{array}\right\} \quad (4\text{-}59)$$

式中:T_i——结构变形后杆轴力;

α_i——结构变形后杆倾角。

根据物理方程,有:

$$L_i - L_{0i} = \frac{T_i - T_{0i}}{EA_i} L_{0i} + \alpha\Delta t\, L_{0i}$$

当以恒载下的平衡状态来分析结构时,迭代得出的杆 i 在外荷载作用下的内力 R 就是 $T_i - T_{0i}$,于是:

$$\frac{EA_i(L_i - L_{0i})}{L_{0i}} - EA_i \cdot \alpha\Delta t\, L_{0i} = T_i - T_{0i} = R$$

$$T_i = R + T_{0i} \quad (4\text{-}60)$$

将式(4-60)代入式(4-59),由于非线性,一般平衡不可能一次达到,于是就出现了不平衡节点荷载,这样经过多次反复才能达到平衡。

4) 荷载非线性的影响

结构所受的荷载包括保守力和非保守力。凡做功与路径有关的力称为非保守力,否则是保守力。常见的摩擦力,物体间相互非弹性碰撞时的冲击力都属于非保守力。非保守力具有沿任意闭合路径做功不等于零的特点。保守力的大小和方向都与位置无关。桥梁结构一般以受保守力为主。

在有限元或者矩阵位移法中,荷载会变换为整体坐标系下的等效节点荷载矢量,从而影响结构的平衡。分析荷载非线性的方法是,等效节点荷载矢量也要根据荷载的保守性采用结构平衡之后的坐标状态进行计算。

5) 单向受力单元

为了考虑单向受力单元,在结构求解时,应将荷载划分为较小的荷载步,在求得每个荷载步的平衡后,还需根据单元的受力判断单元是否参与作用:只拉单元在荷载步受到压力或者只压单元在荷载步受到拉力,则该单元应退出工作。

4.3.3 有限元模型

1)结构离散

(1)离散原则。

对于杆系有限元模型,节点和单元的划分应遵循以下原则:

①在结构的截面、材料、特性等有变化的地方和有杆件交汇处须设节点;

②按照施工过程,在分阶段施工的结构自然分块点应该设置节点;

③对较长的自然分块,应该适当细分;

④在梁两拉索锚固点之间最少需设一节点以获知该处的弯矩和内力;

⑤在设计计算者关心内力和位移所在的截面处,应设置节点;

⑥在结构的定位点应设节点。

(2)节点编号。

如果程序有节点自动生成功能,利用自动生成输入节点号较容易。如果程序同时有节点编号优化功能(如国外的大型软件 SAP、ANSYS 等),则应同时利用该功能来优化节点编号次序。带宽优化可节省大量的计算时间,提高计算效率。如果程序没有节点优化功能,则节点编号应充分考虑单元两端的编号差。根据经验,像斜拉桥这种结构,用"转圈编号"法能得到较好的结果,如图 4-12a)所示;而对于悬索桥,则按从左到右、从上到下的顺序编号能得到较好的结果,如图 4-12b)所示。

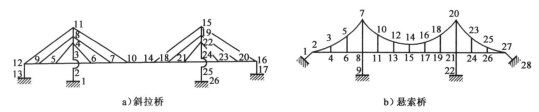

图 4-12 计算模型节点编号方式

(3)边界模拟。

计算模型的边界条件必须正确反映结构的特点,包括:

由于梁单元都是用位于实际结构主轴处的一根杆件(一条线)来表示,因此节点都应当选择在主轴上的相应位置。图 4-13a)中,无论拉索是锚固在梁的顶板 a 处,或是在底板 b 处,节点都应设在拉索轴线与梁轴线相交的 c 处。不管着力点在 a、b,还是 c,索力 F 对梁上任一点 d 的弯矩总是等于 Fe,其中 e 是索力到点 d 的力臂。只有分析局部受力时,拉索锚固点的位置才有重大影响。例如,梁上横隔梁的位置,当拉索锚固在顶板 a 处时,横隔梁宜在 aa' 位置,而锚固在底板 b 处时,横隔梁宜在 bb' 位置,这样才有利于索力的垂直分力快捷传达到主梁全截面;组合梁主要依靠混凝土桥面板承压,拉索锚固在顶板时对水平分力的传递较为有利。

垂直约束或支承应直接设在节点处,因为垂直力无论作用在主梁顶面或底面,都将通过该处节点截面,而水平约束如果不设在主梁轴线上而在主梁顶面、底面或其他位置时,则应在施加力点与节点(代表主梁轴线)间设一刚臂以反映偏心的影响,见图 4-13b)。

索塔与梁交叉处:通常在索塔处都设有横梁,位于主梁之下。因此宜在梁上设节点 a,索塔横梁处设索塔的节点 a',清楚地分开。当为飘浮体系时此两节点互不相关,当为支承体系时两节点之间设连杆,见图 4-13c)。缆与塔的交叉也可以作类似的处理。缆与塔梁、塔的连接也可以为特殊的单元或主从连接节点。

拉索不传递弯矩,两端与梁塔皆为铰接。当程序有索单元时此点由程序本身实现,当无索单元而仍用梁单元时,杆端抗弯刚度应当释放,如图 4-13d1)所示,但不能如图 4-13d2)所示释放整个节点的抗弯刚度。

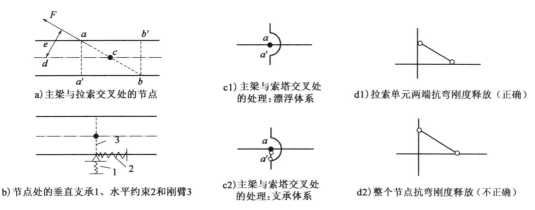

图 4-13 一些边界条件的处理

在节点处如果存在刚性区域,可以用带刚臂的单元模拟,如图 4-14 所示。

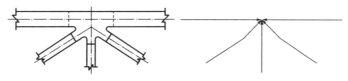

图 4-14 节点刚臂连接

(4) 基础的模拟

沉箱、沉井等重力式基础,一般按固定式基础处理,塔脚嵌固在其上,如图 4-15a)所示,这是完全不计基础的弹性。

使用最多的是桩基础,以往的简化方法是将桩身在地面以下的第一弹性零点作为固定端,视承台以下的基础为嵌固在那里的一根立柱,如图 4-15b)所示。这样做的误差可能很大,因为:①第一弹性零点的位置不是固定的,随水平力和弯矩而变;②该处只是水平位移为零,转角并不为零(嵌固时转角应为零);③模拟立柱本身的刚度也无法确定,一般多是把塔脚直接延伸至弹性零点处,这显然会产生较大误差。

另一种做法如图 4-15c)所示,在桩身上加设若干水平弹簧来反映土壤的抗力,其缺点是:①精度较差,对单排桩墩,研究结果表明,与精确法相比误差最大可达 20%,如需提高精度,必须将弹簧数量充分加密;②当大桥的桩基根数很多,长度又长时,弹簧数量激增,计算甚为繁琐。有时将几根桩合成一根计算,以人为地减少桩数,显然桩基承台的刚度更将失真。

另一种改进的做法是通过精确计算得出承合的柔度 δ_{HH}、δ_{MM}、δ_{VV}(单位力 H、M、V 等于 1 作用在承合底面中心时,承合底面发生的水平位移、转角位移和垂直位移),利用程序提供的支承弹簧单元加设在基底节点上,其各自的刚度即各柔度的倒数,用以代表基础的弹性支承作用。对于基础影响的考虑,也有其他的一些方法,可查阅相关的文献。

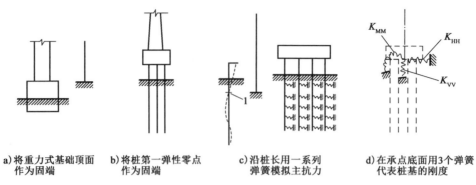

图 4-15 当前桥梁电算对基础处理的几种近似方法
1-桩身弹性零点

2)模型建立

根据设计的需要以及计算机的能力,缆索承重桥梁可选择简化为以下三种模型:平面杆系;空间杆系;杆、板壳、块、梁组合模型。

(1)平面杆系模型。

在概念设计阶段,主要研究结构的设计参数,以求获得理想的结构布置,因此对结构内力精度要求不高,可以采用平面杆系模型。在技术设计阶段,若仅计算恒载、活载作用下总体结构的内力,仍然可选用平面杆系模型,此时活载的空间效应用横向分布系数或偏载系数表达。常见的平面杆系模型见图4-16。其中加劲梁(或者主梁)和索塔用梁单元模拟,吊索或者斜拉索用带刚臂的杆单元或者平面悬链线索单元模拟,主缆用杆单元或平面悬链线索单元来模拟。

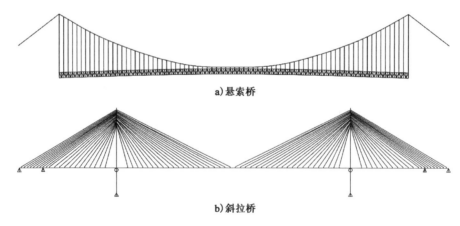

图 4-16 平面杆系模型

(2)空间杆系模型。

要计算在横向风荷载、汽车偏载以及其他空间荷载(风载、地震作用、局部温差等)作用下的静力响应时,一般选用空间杆系模型。选用这种模型要特别注意实际结构与计算模型间的刚度等效性。

①缆索的模拟。

通常采用杆单元或者空间悬链线单元来模拟拉索。当采用杆单元时,由于受索的拉应力和自重垂度的影响,斜拉索表现出非线性刚度特性,这种非线性特性可用 Ernst 提出的等效弹性模量来考虑。

杆单元可选用两节点直线单元或多节点曲线单元形式。当采用两节点直线杆单元时,刚度矩阵与轴向受力杆件相同,而自重垂度的影响由 Ernst 公式计算的等效弹性模量来考虑。如采用三节点曲线杆单元,单元形状为索在自重荷载作用下的非线性变形形状,单元初始应力为成桥时的索应力。

② 索塔的模拟。

索塔可用一系列的三维梁单元表示,其中每根横梁和塔柱可划分为若干个单元,在截面变化处和拉索锚固点为梁单元的自然节点。为较真实地反映主塔振型,塔柱和横梁单元划分不能太粗。当塔臂和横梁很强大时,为考虑剪切变形、各构件转动惯量以及二者连接部位的尺度效应,可在横梁和塔柱连接处引入刚臂单元。

③ 梁的模拟。

根据梁的单元划分形式,有限元空间杆系模型主要有单主梁、双梁式、三梁式三种形式,此外还有其他形式,如组合单元模型。图 4-17 为常用的空间杆系结构模型示意图,图 4-18 为处理局部影响的特殊连接单元。

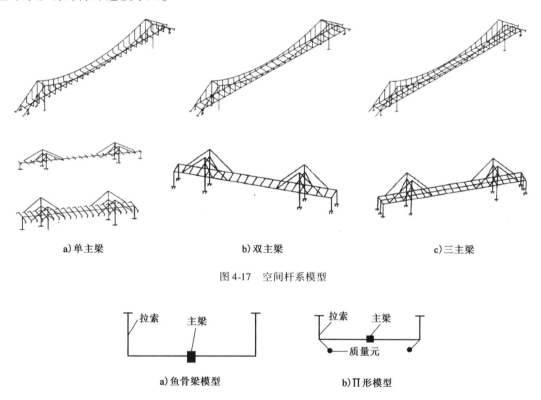

a) 单主梁　　　　　　b) 双主梁　　　　　　c) 三主梁

图 4-17　空间杆系模型

a) 鱼骨梁模型　　　　　　b) Π形模型

图 4-18　单主梁模型梁与拉索的连接

a. 单主梁模型。

根据这种模型对质量系统模拟的不同,又可分为鱼骨梁模型和Π形模型。

鱼骨梁模型(也称脊骨梁)是静动力计算中采用较多的一种模型。它将原梁处理为桥纵轴线位置的单根梁和横鱼骨,主梁、横鱼骨均用三维梁单元模拟。

在密索体系中通常将索锚固点定为梁单元的自然节点，如图4-17a)所示。原主梁的轴向刚度、弯曲刚度、扭转刚度和剪切刚度均集中到主梁上，主梁单元的每个节点通过与主梁纵轴垂直的两根刚度较大的横鱼骨与索单元相连，主梁的质量可根据截面和材料特性采用分布质量的形式；或将其分配到主梁单元的两端节点上，通过引入集中质量矩形式来考虑主梁的扭转惯性。另外，桥面非结构件，如桥面铺装、人行道板以及栏杆等附属物，可通过引入集中质量元来考虑其对桥面平动质量和转动惯量的贡献。

鱼骨梁模型[图4-18a)]比较好地模拟了原桥面主梁的刚度和质量，但不能充分考虑横梁的刚度和主梁的翘曲刚度，而横鱼骨刚度取值不当也会给动力计算带来一些影响。

∏形模型[图4-18b)]在模拟原主梁时，是将原主梁的刚度系统和质量系统分开处理。把原主梁的刚度集中在中间主梁上，中间主梁位于桥面对称平面内的剪切中心处。在桥面两侧引入集中质量元，质量元横桥向距离等于原桥面两片边主梁之间的距离，其竖向位置设在通过截面质心的水平线上，将桥面系质量分配到两侧的质量元上。质量元与主梁单元的连接通过水平和竖向刚臂单元实现，如图4-17b)所示。

与鱼骨梁模型相比，∏形模型由于质量分配到主梁两侧，因而能形成截面的转动惯量 $J = 2Mr^2$，式中 M 为堆聚在每个质量元上的质量，是全截面质量的 $1/2$，r 是质点到原主梁截面剪切中心的距离。由于 M 和 r 均为定值，计算得出的转动惯量将与原主梁截面转动惯量之间存在差异，前者大于后者。为此，可通过调整连接两侧质量元的竖向刚臂的角度，改变质量元与截面剪切中心的距离以实现质量矩的等效。

b. 双主梁模型。

双主梁模型（图4-19）由两片梁组成，中间用横梁联系，主梁间距取两索面的距离，横梁的间距取索距。每片主梁的面积和竖弯惯性矩分别取全断面值的 $1/2$，横向刚度采用挠度相等原理，计算等代主梁刚度。横梁刚度采用实际刚度（包括桥面共同作用的部分），桥面系质量堆聚在两侧主梁和中间横梁上，通过调整它们之间质量分布的比值，使平动质量和转动质量满足全截面的要求。

这种模型的优点是横梁刚度自然，与实际结构比较符合。由于主梁分布在两侧，可提供部分翘曲刚度，而且节点数、杆件数少；缺点是截面的横向刚度失真。这种模型在横向挠曲时相当于一剪切结构，很难保证桥面横向刚度的等效性，从而引起桥面横向变形的失真，因为实际截面（由于有强大的桥面板的联系）基本为弯曲振型，虽然可以用单位力作用下的跨中横向挠度相等原理求得等代梁的横向挠曲惯性矩，但是仅根据跨中一点的挠度作为计算得到的桥面横向挠曲线形状与实际的形状并不相同。

图4-19 双主梁计算模型拉索与梁的连接

c. 三梁式模型。

三主梁模型由在桥轴线上的中梁和位于索面的两片边梁组成，见图4-20。三片主梁之间通过刚性横梁或节点间的主从关系连接。把主梁的面积和横向挠曲惯性矩全部集中于中梁上，把原主梁的竖向挠曲惯性矩分配于三片主梁上，设主梁截面做刚性扭转，截面周边不变形，此时约束扭转刚度将由两个边梁的竖向刚度提供。

质量系统的处理方式有两种：第一种方式是将全部平动质量及质量惯性矩均集中在中梁上，两边梁不提供平动质量和质量惯性矩；第二种方式是将平动质量分配到三片主梁上，质量惯性矩由两边梁提供,三主梁形式可考虑部分翘曲效应。

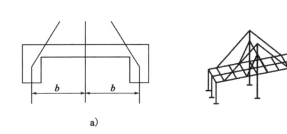

图 4-20 三主梁计算模式拉索与梁的连接

假设原主梁模拟由位于桥轴线处的中主梁(1 号)和位于两侧索面处的边主梁(2 号)组成,三片主梁之间通过刚性横梁或节点间主从关系连接。设中主梁和边主梁具有如下截面特性:

1 号:A_1、M_1、I_1、J_{Y1}、J_{Z1}、j_{d1};

2 号:A_2、M_2、I_2、J_{Y2}、J_{Z2}、j_{d2}。

上述符号含义与全截面特性符号相同。

(a)侧向刚度的等效。

为避免剪切变形的影响,可将全截面面积和侧向刚度都集中在中主梁上,即:

$$A_1 = A, A_2 = 0$$
$$J_{Y1} = J_Y, J_{Y2} = 0$$

(b)竖向刚度的等效。

将全截面竖向刚度分配到三片主梁上,即:

$$J_{Z1} + 2J_{Z2} = J_Z \tag{4-61}$$

(c)翘曲刚度的等效。

如果忽略截面的变形,则翘曲刚度主要由两个边主梁提供,即:

$$J_w = 2J_{Z2} \cdot b^2 \tag{4-62}$$

式中:b——边主梁到桥纵轴线的距离。

将式(4-61)代入式(4-62),得:

$$J_{Z1} = J_Z - J_w/b^2 \tag{4-63}$$

(d)自由扭转刚度的等效。

假定为刚性扭转,则:

$$j_{d1} + 2j_{d2} = J_d \tag{4-64}$$

由于自由扭转刚度比约束扭转刚度小得多,刚度等效可按照截面的真实刚度考虑,注意保持截面的对称性即可。

(e)质量系统的等效。

可将截面总质量和总质量矩集中在中主梁上,两个边主梁不分配质量和质量矩,即:

$$M_1 = M, M_2 = 0$$

也可将截面总质量分配给三个主梁,而质量矩只由两个边主梁提供,即:

$$M_1 + 2M_2 = M, 2M_2 b^2 = I_m$$

d. 组合单元模型。

鱼骨梁、三主梁模式中都要涉及锚固点与梁中心点的刚臂连接问题,这种处理方法会产生比较多的节点和单元。如果将拉索锚固点与梁上节点之间按偏心连接处理,则可以将拉索和刚臂模型化为一个带刚臂的索单元,可减少节点数量和单元数量。在西南交通大学编制的BNLAS(Bridge Nonlinear Analysis System)程序中,采用沈锐利和廖海黎的论文的方法,将两根拉索和刚臂模拟为一个组合单元,即杆面单元,则可以进一步减少节点数和单元数,如图4-21所示。

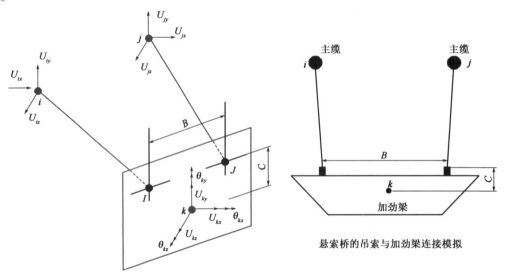

图4-21 用于斜拉桥和悬索桥空间分析的杆面单元

(3)杆、板、壳、梁、实体组合模型。

若要计算全桥构件的应力分布特性,可选用空间杆、板壳、块体和梁单元的组合模型,如图4-22所示。选用这类模型必须特别注意不同单元结合处的节点位移协调性。

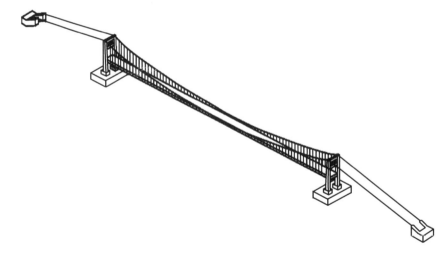

图4-22 杆、板壳、实体组合模型

用杆、板、梁、壳及其组合单元来仿真全桥实际结构可以获得更为精确的结果,但这种方式工作量大,处理混凝土徐变、预应力等方面比较麻烦。事实上,无论采用怎样的计算模型,与实际结构都有一定的差异,因此会带来模型误差。

4.3.4 有限元计算

有限元计算主要有静力分析、动力分析和施工计算。静力分析包括恒载状态的计算、活载作用计算、可变作用计算、偶然作用计算以及荷载组合分析和结构的验算;动力分析,包括抗风抗震分析。

静力分析和动力分析见下节内容,本节仅介绍施工控制相关内容。

1)施工计算

对桥梁结构施工,应选用切实可行、技术先进、经济合理的施工方法,根据施工程序,划分施工阶段。施工各阶段的计算简图应与施工阶段的划分一致。

结构在施工阶段应考虑的荷载为:结构重力、拉索索力、预加应力、混凝土收缩徐变、施工荷载及偶然荷载;应计算内容包括:缆索索力、内力、应力、支座反力、水平位移、竖向位移、转角。

梁应设置安装预拱度。预拱度的设置可用成桥目标线形倒拆计算得到。成桥目标线形应满足业主竣工验收的要求,或者满足相关规范的要求。

进行施工阶段的应力验算时,应满足相关规范的要求。对于现阶段我国的公路桥梁,钢筋混凝土及预应力混凝土构件应符合《公路钢筋混凝土及预应力混凝土桥涵设计规范》(JTG 3362—2018)的有关的规定;缆索应满足《公路悬索桥设计规范》(JTG/T D65-05—2015)的要求;钢构件应符合《公路钢结构桥梁设计规范》(JTG D64—2015)的有关规定。

对下述两个施工阶段应进行抗风验算:

(1)裸塔状态,可按结构受纵向风力作用进行验算。计算荷载为结构重力及施工荷载、作用在施工水位或地面以上沿墩身及索塔高度的风力。

(2)主梁处于最大悬臂状态,可按结构受横向风力作用,并分为两种状态进行验算:

①横向风力的风压值按相关规范计算。在横向风力作用下,按空间结构进行验算。

②主梁受到横向风力作用,在索塔两侧主梁底面产生不同的竖向升举力,可按平面体系对结构进行验算。

2)调整控制

施工应按照设计规定的施工阶段及工作内容施工,不得随意更改。如因实际情况变化,确需变动原设计的施工程序时,应重新计算后方能施工。

应严格控制实际施工时的结构几何尺寸、重度、收缩徐变、弹性模量、预加应力、拉索张拉力,并及时采集各类计算参数,按实际参数进行跟踪计算分析,确定下阶段所需拉索索力和施工节段的立模高程。

结构总体计算时,应设定一个标准温度,施工过程中应考虑由于实际施工温度与标准温度不同对主梁高程和结构内力的影响。

4.4 悬索桥恒载状态设计与计算

4.4.1 合理成桥状态

考虑到悬索桥的构造特点和施工方法,按如下设计,可以认为是较合理的恒载状态。

1）桥塔

大跨径桥梁的桥塔一般很高，悬索桥的桥塔塔顶开始段就承受着巨大的压力，当桥塔具有偏斜时，压力会对桥塔产生 $P\text{-}\Delta$ 效应，并使其产生弯矩。因此，悬索桥桥塔设计的要求状态，一般是保证恒载下塔顶没有偏位，塔底没有弯矩；在施工状态，桥塔应力应不超过给定的允许值，以保证桥塔的安全。

2）吊索

吊索索力反映了加劲梁恒载的分配，吊索设计的合理状态是使吊索索力尽量分布均匀。

3）加劲梁

对于悬索桥加劲梁最理想的内力状态为恒载全由主缆承受，加劲梁在恒载状态下没有弯矩。由于受到施工难度、施工环境、施工方法和施工架设顺序的影响，要达到加劲梁内力理想状态很不容易。通常不得不在下面三种内力状态中选其中之一。

根据加劲梁的施工架设方法，加劲梁成桥基本的恒载内力状态有三种：其一，如图 4-23 和图 4-24 所示的加劲梁的恒载弯矩，以加劲梁上缘受拉为正，即恒载全由主缆承受，加劲梁处于简支状态或者悬臂状态；其二为一期恒载由主缆承担，二期恒载由主缆与加劲梁共同承担，对于单跨简支悬索桥，二期恒载会对加劲梁产生负弯矩，如果二期恒载在恒载中所占的比例很小，选用图 4-24 的加劲梁分段方式还有利于削掉一期恒载的弯矩尖峰，所以这种内力状态未必就比第一种的内力状态差；第三种内力状态为一期、二期恒载均由加劲梁和主缆共同承受，加劲梁和主缆的内力按施工阶段逐步形成。这种内力状态往往是在设计中需要调整结构内力时才采用，如通过张拉吊索等方法调整加劲梁内力。

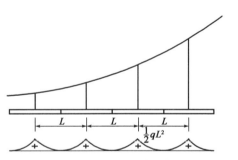

图 4-23 加劲梁悬臂状态

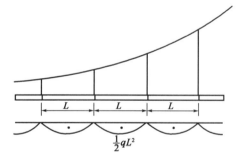

图 4-24 加劲梁简支状态

在悬索桥加劲梁实际架设方法中，与上述内力状态一、二对应的施工方法为铰接法，与内力状态三对应的为加劲梁逐段刚接法或者刚铰混合法。我国的公路桁架梁悬索桥桥设计往往按内力状态一设计；铁路悬索桥二期恒载较重，可按内力状态三设计；钢箱梁悬索桥桥设计通常按内力状态二设计。

4.4.2 线形设计

悬索桥线形设计包括加劲梁线形和主缆线形。要求达到的线形状态如下：主缆的理论顶点和锚固点在设计指定的位置，主跨主缆垂跨比为设计值；加劲梁的桥面线形达到设计曲线（或直线）。加劲梁的线形是由通航净空或者临近的线路确定的，是设计的目标。设计者根据加劲梁的跨中高程和最短吊索长度可以确定主跨主缆的跨中高程，然后，根据选定的主缆垂跨比可以确定出桥塔塔顶的高程。因此，对于主缆，能够直接确定 IP 点（索鞍 IP 点指悬索桥索鞍中主缆中心线的交点位置,为 intersection point 的简写)、锚固点和主跨跨中点的主缆高程,其他位置的高程需要通过计算确定。

4.4.3 主缆成桥计算

实际的主缆曲线线形要根据主缆所受的外荷载通过计算确定。外荷载一旦变化,主缆曲线的线形就发生变化,因此对于实际完成的成桥主缆线形,并不能要求每个索夹的位置坐标都与设计图纸中的主缆曲线相符,但主缆的理论顶点位置及主跨的垂跨比要求可以通过施工控制加以实现。

为了达到设计要求的成桥线形,必须根据质量守恒和无应力尺寸不变原理获取成桥理论线形下构件的几何参数,以此作为施工计算的数据源,因此,需要由设计参数和外荷载确定出成桥主缆的理论线形。

设计者根据线路要求确定了成桥状态主缆的理论顶点、锚固点和主跨的矢跨比(或者跨中点位置与高程)。其中理论顶点和锚固点是给定的,即几何约束边界条件是已知的。由此通过下列条件和实际各分点的外荷载和吊索力可以完全确定出主跨主缆的成桥线形:

(1)主缆各分点的水平位置已知。
(2)主缆通过给定点,即跨中的高程已知。
(3)由于桥塔或者索鞍支承要求的内力状态为在恒载下不产生偏位,所以在各索鞍处的平衡条件为索鞍两侧的主缆沿索鞍支承滑移面的分力相等。当索鞍支承滑移面水平时,例如桥塔塔顶的主索鞍,这个条件蜕变为主缆水平分力相等。

根据 4.1.3 节的理论,由于具有给定的边界几何约束条件、分点几何相容条件和分点力学平衡条件及上述两个已知条件(1)和(2),主跨主缆的线形就完全确定了。

对于边跨,缺少上述(2)条件,但可以通过已计算的邻跨主缆的内力,由条件(3)确定该跨主缆的水平分力。因此,边跨主缆通过邻跨获得了已知水平分力的条件,同样可以完全确定主缆线形。在具体实施计算方法时,主跨主缆线形计算条件完备,可以首先计算出来,然后再计算与主跨相邻的跨,直至边跨、锚跨。最后可计算主缆各索段的无应力长度、伸长量、内力和切线角等。

4.4.4 恒载内力计算

初次恒载吊索力计算可以假定一期恒载和二期恒载全由主缆承担,在此状态下 4.4.3 的方法计算主缆线形,然后建立有限元模型,进行施工阶段仿真计算,其中加劲梁要按实际的施工方法进行分段和吊装;下次计算时利用上次计算输出的恒载吊索力,再次计算主缆线形,进行施工阶段仿真计算;如此建立迭代算法,很快会找到较准确的吊索力。如果加劲梁的恒载内力状态是恒载全由主缆承受,则吊索力是可以直接计算出来的;如果加劲梁的恒载内力状态是一期恒载全由主缆承受,二期恒载由主缆和吊索共同承担,则一期恒载吊索力是可以直接计算出来的,二期恒载吊索力仍需要迭代求解。一般迭代 2~4 次即可完成。最后可以得到恒载吊索力、主缆内力、桥塔内力和加劲梁内力。

4.5 斜拉桥恒载状态设计与计算

斜拉桥是一种高次超静定结构,其计算分析比较复杂。斜拉桥的斜拉索是可张拉结构,因此斜拉桥的计算模式在不同的阶段是不一样的。

建成后的结构,塔、梁和斜拉索构成一整体,是一多次超静定结构,因此在活载作用下各构件的内力按刚度分配。不考虑非线性的影响时,与一般结构的计算相同;如果考虑几何非线性的影响,则要将斜拉索作为索结构,同时考虑恒载内力状态、结构大位移的影响。

斜拉桥的恒载状态计算则不一样。一般的连续梁、连续刚构桥,结构设计和施工顺序(方案)一旦确定,结构恒载内力就是确定的,一般不能通过结构内部的调整来改变结构恒载状态。但对于斜拉桥来说,在恒载状态时,斜拉索可以看成是一种主动受力构件,可以通过设计斜拉索的索力来调整或改变结构的内力状态,也就是说,斜拉桥的恒载内力状态是设计出来的,这与一般结构可按一次落梁法计算恒载内力不同。

既然斜拉索有这样的力学行为,那么就提出了什么是合理的恒载内力状态?是否可以设计成最优的恒载状态等问题。实际上不只是斜拉桥有这样的问题,自锚式悬索桥、斜拉-悬吊组合体系桥以及系杆拱桥等结构,都有如何确定合理或较优内力状态的问题。

4.5.1 结构内力状态优化的概念

斜拉桥成桥恒载内力分布的合理与否是衡量设计优劣的重要标准之一。恒载内力的优化过程实际是斜拉桥的设计过程。对于斜拉桥的恒载内力优化(或称设计),可用下面的简单例子给予说明。

对于图 4-25 所示的简单的索-梁组合一次超静定结构,如果我们按结构力学的方法来计算结构的赘余力,可以计算出中间拉索的轴力为:

$$N = \frac{5q\,l^4/384EI}{l^3/48EI + h/EA} \tag{4-65}$$

取 $EI/l^3 = 1$,$EA/h = 192$,上式变成 $N = ql/2$。

这一状态相当于中间有支点的两跨简支梁的恒载内力状态,这时对应梁弯矩图如图 4-26 所示,最大弯矩值为 $M = ql^2/32$。

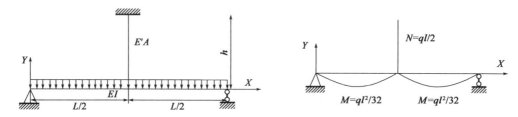

图 4-25 索-梁组合的一次超静定结构　　图 4-26 优化前梁的弯矩图

为了优化梁的受力,可以根据需要拟定一个目标函数。以梁的弯矩平方和为例来加以说明。目标函数为:

$$f = \int_0^l M^2(x)\,\mathrm{d}x \tag{4-66}$$

梁中的弯矩可写为:

$$M = q\frac{lx - x^2}{2} - \frac{Nx}{2} \tag{4-67}$$

将弯矩表达式代入目标函数中,可计算得到使目标函数最小的赘余力为 $N = 5ql/8$。对应的梁的弯矩如图 4-27 所示。

从上面的分析可以看出,通过拉索索力的调整,达到了对主梁弯矩的优化,减小了截面弯矩、改善了主梁的受力,反映了斜拉桥索力优化的基本思想。那么设定不同的目标,可调整出不同的梁的弯矩状态。这就是斜拉桥恒载索力优化计算的出发点,即通过设计恒载索力使斜拉桥受力合理。

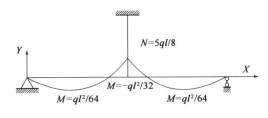

图 4-27 优化后的弯矩图

4.5.2 索力优化的方法

斜拉索索力是可调的,如何确定合理的索力是斜拉桥设计、施工以及营运、养护期中的重要问题。设计过程主要是确定合理的恒载索力,目标是:

(1)主梁各点达到要求的线形高程。
(2)梁、塔、索内力匀称,并有充分的富余量供活载及其他荷载使用。
(3)造价经济。

对于混凝土桥,恒载索力应当指运营后一定时期(一般以 3 年计),徐变和收缩已完成后的索力。钢桥无徐变收缩,成桥状态索力即后期的恒载索力。

斜拉桥设计中常用的索力优化理论比较多,国内外就此问题作了许多研究,发表了多篇论文,主要方法如下:

1)指定状态法

(1)刚性支承连续梁法。

通过电算模型方便地实现刚性支承连续梁状态又有以下诸法:

①刚性支承法。
②刚性索法。
③自动调索法。
④可调刚性塔、索法。

(2)内力平衡法。
(3)零初索力法(或起拱法)。
(4)零支反力法。

2)有约束与无约束优化法

设计上可以要求恒载状态结构的总应变能最小,或者弯矩平方和最小等,最终通过有约束或无约束优化方法来获得斜拉索的成桥索力。这些方法包括:

(1)拉索用量最小法。
(2)结构应变能最小法。

下面分别对其进行介绍。

1)指定状态法

(1)刚性支承连续梁法。

拉索对于主梁是弹性支承,在荷载作用下将发生弹性和非弹性伸长,使主梁出现挠度变形,从而产生弯矩和内力。显而易见,最优的状态是挠度为零的状态,亦即刚性支承的状态,此时,主梁成为一个多跨的刚性支承连续梁,梁中正负弯矩交替变化,内力均匀且较小,如图 4-28

所示。所以,刚性支承连续梁法的计算思路是选择合适的斜拉索张拉力,使结构在成桥时的恒载内力状态与以拉索锚固点为主梁支点的刚性支承连续梁的内力一致。

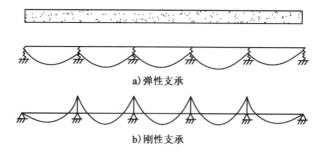

图 4-28　多跨连续梁的弯矩

刚性支承连续梁法思路清楚,计算简便,但全桥合龙后必要时还须进行调索,因为存在以下问题:

a. 只考虑了梁的弯矩和位移而未考虑索塔的内力,往往形成塔根弯矩可能过大,塔顶向一侧水平位移可能偏大,尤其当边、中跨长度相差过大时。

b. 由此确定的索力也可能局部不合理,如靠主塔的第一对索索力很大,而第二对却很小,甚至出现负值。

c. 双塔斜拉桥跨中合龙后形成一个无索区,承受正弯矩和轴间拉力,已完成的"刚性索"对它的内力改善影响甚微。

利用计算程序如何简便地得出刚性支承连续梁状态下的索力又有多种作法,简介如下:

① 刚性支承法。

将主梁模型化为以拉索锚固点和原结构支点为刚性支点的多跨连续梁,计算连续梁各刚性支点的反力,将计算获得的竖向支反力当成是斜拉索张力的竖向分力,利用分力与合力的关系反算出斜拉索的恒载张力。这种方法不能达到塔梁都平衡的状态,将满足梁为刚性支承状态的索力带入整体结构,由于塔的变形,主梁的刚性支承状态不能保持。同时这种算法也不便于直接用程序计算。

② 刚性索法。

将各拉索刚度设置为超大量级数值(例如比实际值大 3 ~ 5 个数量级)形成刚性索,计算恒载下的一次成桥模型计算出索力。然后用该索力设计斜拉索,考虑拉索弹性变形,计算出拉索的无应力长度。此法缺点是塔仍有弯曲变形,使拉索发生刚体位移,主梁各节点仍存在由于塔变形引起的挠度。如果塔的弹性变形过大,梁的挠度仍会很大,需要反复调整才可能接近要求的状态。

③ 自动调索法。

为了克服上述缺点,可采用计算机自动调索法计算,具体如下:

a. 设定任意一组假定索力进行恒载计算,得出主梁和索塔各节点位移 d_i。

b. 算出拉索 j 单位索力时引起 i 节点的位移 δ_{ij}。

c. 令各索为了达到主梁(和塔)节点位移为零须调整的索力为 T,应有:

$$\sum_{i=0,j=0}^{n} \delta_{ij} T_{ij} = -d_i \quad (i = 1,2,3,\cdots,n) \tag{4-68}$$

或者写成矩阵形式:

$$\delta T = -d \tag{4-69}$$

解上述方程,即可得到各索需要调整的索力 T_i,加到原来假定的索力上即可得到要求的索力。

上述方法理论上是可行的,但对于某些结构,可能计算出来的索力是极不合理的,甚至可能是负的,因此实际应用时需要适当调匀索力,也就是不能完全满足刚性支承梁的指定状态。

④刚性索、塔法。

前面提到刚性索法由于拉索上端的塔有位移就使主梁节点也有位移,达不到刚性支承的预期状态。为了真正能达到主梁刚性支承,就须在索采用刚性杆的同时将塔上诸拉索锚固节点作水平和垂直固定(考虑塔承受很大的垂直轴力)。这样,塔身也成了竖向的刚性支承连续柱,受力也得到改善,但是存在两个问题:

一是塔上各节点加水平和竖向刚性支承,使电算过程较为烦琐。

二是主梁以承受垂直于梁身的均布垂直荷载为主,刚性支承会大大改善梁身内力,索塔则以承受拉索施于节点的集中拉力为主,节点刚度过大会吸引过大的拉力,使塔身受力不利。

为了克服上述问题,可不设塔身节点刚性支承而改将塔身刚度也设置为比实际刚度大若干个数量级值,即视为刚性塔来进行计算,这样进行电算较为简便。如果第一次计算结果塔身内力局部不太理想,可改变刚度再次计算,直至达到要求为止。刚度变小的结果可能是主梁节点会出现由于塔身变形引起的挠度,但其数值甚微,不会引起线形外观问题,而梁、塔内力都可达到甚佳状态。

如主梁上某些节点已是固定支承时,也应控制该点拉索上端的塔上节点的水位移为零,以进一步改进塔身的位移和内力。

国内目前一些斜拉桥专用程序就是按此法来求合理恒载索力的。

(2)内力平衡法

内力平衡法是以结构内力为研究对象,按照"内力平衡"的原则得到合理的斜拉索索力。基本原理是设计恰当或合理的斜拉索张拉力,以使结构各控制截面在恒载和活载的共同作用下,上翼缘的最大应力和材料允许应力之比等于下翼缘的最大应力和材料容许应力之比,从而使截面上、下缘材料均被充分利用,截面受力均匀。当截面为同一种材料且上、下对称时,预期的目标恒载弯矩就等于活载最大弯矩和最小弯矩的代数平均值,将活载弯矩包络图的上、下两条包络线的中心线反号作为优化目标恒载弯矩,最终优化结果会形成中心线基本为零的结构恒活载组合弯矩包络图。

对于不同的材料,可采用以下公式计算出恒载斜拉索力。

一个断面的内力由轴向力 N、弯矩 M、剪力 Q 三个部分组成,断面最大应力以最大弯矩及其相应的轴向力所控制。

利用内力平衡法能够求出在恒载和活载作用下加劲梁截面上、下翼缘应力,则在恒载和活载作用下的最大拉应力为(统一规定应力以拉为正、压为负):

$$\sigma_{sl} = -\frac{N}{A} - \frac{M}{W_s} \leqslant \frac{[\sigma_l]}{n} \tag{4-70}$$

$$\sigma_{xl} = -\frac{N}{A} + \frac{M}{W_x} \leqslant \frac{[\sigma_l]}{n} \tag{4-71}$$

恒载和活载作用下的最小压应力为：

$$\sigma_{sa} = -\frac{N}{A} - \frac{M}{W_s} \geq \frac{[\sigma_a]}{n} \quad (4\text{-}72)$$

$$\sigma_{xa} = -\frac{N}{A} + \frac{M}{W_x} \geq \frac{[\sigma_a]}{n} \quad (4\text{-}73)$$

如果用各截面控制弯矩来计算，则应：

$$M \geq \left(-\frac{N}{A} - \frac{[\sigma_1]}{n}\right)W_s = m_{dl2} \text{（上翼缘拉应力）} \quad (4\text{-}74)$$

$$M \leq \left(\frac{N}{A} - \frac{[\sigma_1]}{n}\right)W_x = m_{dl1} \text{（下翼缘拉应力）} \quad (4\text{-}75)$$

$$M \geq \left(\frac{N}{A} - \frac{[\sigma_a]}{n}\right)W_x = m_{da2} \text{（下翼缘压应力）} \quad (4\text{-}76)$$

$$M \leq \left(-\frac{N}{A} - \frac{[\sigma_a]}{n}\right)W_s = m_{da1} \text{（上翼缘压应力）} \quad (4\text{-}77)$$

$$M_{d1} = \min(m_{dl1}, m_{da1}) \text{（控制正弯矩）} \quad (4\text{-}78)$$

$$M_{d2} = \max(m_{dl2}, m_{da2}) \text{（控制负弯矩）} \quad (4\text{-}79)$$

则优化控制条件为：

$$M_{d2} \leq M \leq M_{d1} \quad (4\text{-}80)$$

上述式中：N——恒载和活载引起的主缆水平分力；

M——主梁的弯矩；

A——主梁的面积；

W_s、W_x——上、下翼缘的抗弯截面模量；

σ_{sl}、σ_{xl}——上、下翼缘的最大拉应力；

σ_{sa}、σ_{xa}——上、下翼缘的最大压应力；

$[\sigma_1]$、$[\sigma_a]$——材料的容许拉、压应力；

n——设计系数。

由此判断是否满足上述条件，满足则成立；否则要进行索力 x_i 的调整，求出轴力 N 和弯矩 M，再求出 M_{d1}、M_{d2}，最后与 M 比较，看是否满足条件，由此循环直到满足条件为止。

（3）零初索力法

首先假定斜拉索无初始索力，将梁、塔自重作用于包括斜拉索的结构上，得到结构变形和索内力；然后将得到的索内力换算为索两端固定时等效的温度降低产生的内力，再将换算的等效降温施加于斜拉索，重新计算恒载和索有降温下的结构内力；反复多次计算，使梁的竖向位移接近零状态。

（4）零支反力法

此法在斜拉桥主梁节点下设支座，形成刚性支承连续梁，通过多次反复计算，多次转变索力，直到支座反力接近于零即得恒载合理索力。如图4-29所示为一斜拉桥计算模型，在主梁上的拉索锚固节点处设支座。令拉索索力为 T_i，支

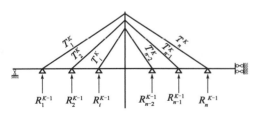

图4-29 零支反力法计算模型

座反力为 R_i ($i=1,2,\cdots,n$),n 为索数。

步骤 1:先令各索初始索力为 0,即 $T_i=0$,用平面杆系程序算出各支座反力 R_{0i}^0,上标 0 表示初始状态;

步骤 2:将支反力通过角度转换,求出相应索力;

步骤 3:将求出的索力通过降温的方式作用于结构,再利用杆系程序计算结构的各点支反力;

步骤 4:将新计算的值换算为各斜拉索力的增量,叠加到上一次的索力上,作为新的索力,重复步骤 3、4,直到各梁上各斜拉索下支点的反力接近于零。

这种方法无须专门的程序,采用常用的杆系程序,经过多次反复,就能得到理想的梁的恒载状态。

前面介绍的指定状态法只能优化梁的受力状态,在有些边中跨比偏离较远的结构中,桥塔的内力状态可能不合理。

2)无约束优化法——能量法

弯曲能量最小法是以结构(塔、梁)弯曲应变能作为目标函数,从能量原理出发,设计合理索力,保证成桥后结构弯曲能量最小。在具体应用中,通过将主梁、主塔和斜拉索的截面积取大值,梁、塔的弯曲刚度保持不变,进行结构计算,所得结构主梁、主塔弯矩都很小。弯矩最小法则是以结构的弯矩平方和为目标函数,其结果与弯曲能量最小法接近。

对恒载作用下的结构内力进行计算分析,最方便直观的方法就是将斜拉索切断,如图 4-30 所示,用力代替,如图 4-31 切断斜拉索用索力代替的基本结所示基本结构。设 $x_i=1$ 作用的时候,产生梁的弯矩为 m_i,恒载作用下基本结构弯矩为 M_p,n 为斜拉索的根数,那么任意截面总弯矩为:

$$M = M_p + \sum_{i=1}^{n} x_i m_i \tag{4-81}$$

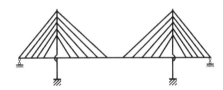
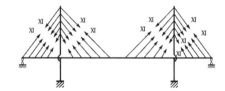

图 4-30 典型的斜拉桥原结构　　4-31 切断斜拉索用索力代替的基本结构

现在我们要建立优化目标函数。通常希望梁和塔在静载作用下弯矩要尽可能小,因此,用结构弯矩产生的余能作为目标优化函数很合适。弯矩的余能为:

$$U = \frac{1}{2}\int \frac{M^2}{EI}\mathrm{d}s \tag{4-82}$$

将弯矩的表达式代入余能表达式(4-82)中有:

$$\begin{aligned}U &= \frac{1}{2}\int \frac{1}{EI}\left(M_p + \sum_{i=1}^{n} x_i m_i\right)^2 \mathrm{d}s \\ &= \frac{1}{2}\int \frac{1}{EI}\left(M_p^2 + \sum_{i=1}^{n}\sum_{j=1}^{n} x_i x_j m_i m_j + 2M_p\sum_{i=1}^{n} x_i m_i\right)\mathrm{d}s\end{aligned} \tag{4-83}$$

令

$$\delta_{ij} = \int \frac{m_i m_j}{EI}\mathrm{d}s \qquad \Delta_{ip} = \int \frac{m_i M_p}{EI}\mathrm{d}s$$

则：

$$U = \frac{1}{2}\left(\int \frac{M_p^2}{EI}ds + \sum_{i=1}^{n}\sum_{j=1}^{n} x_i x_j \delta_{ij} + 2\sum_{i=1}^{n} x_i \Delta_{ip}\right) \quad (4\text{-}84)$$

很明显，弯矩余能与索力有关，要使 U 最小，其必要条件为：

$$\frac{\partial U}{\partial x_i} = 0 \quad \sum_{i=1}^{n} x_j \delta_{ij} + \Delta_{ip} = 0 \quad (i = 1,2,\cdots,n)$$

以上表达式具有 n 个方程，因此能解得恒载作用下的索力而使弯矩能量最小。值得注意的是，余能表达式中的惯性矩 I 可以任意选择，它完全可以是虚构的，例如，梁和塔的 I 取不同比值，或者边跨和中跨的 I 可以有不同的选择，这完全决定于力学的要求。另外，如果直接计算则需专门的程序。作如下处理：

$$\delta_{ij} = \int \frac{m_i m_j}{EI}ds + \int \frac{N_i N_j}{EA}ds \quad \Delta_{ip} = \int \frac{m_i M_p}{EI}ds + \int \frac{N_i N_p}{EA}ds \quad (4\text{-}85)$$

式中：N_i——$x_i = 1$ 时基本结构的轴力；

N_p——静载在基本结构上产生的轴力；

A——结构构件的截面面积。

很明显，当 A 取大值时，δ_{ij}、Δ_{ip} 和基本结构的余能表达式相同，这时，前面的方程就是力法方程。利用这一点，我们可以用位移法编制的程序来进行分析，因此用最小弯曲能量原理确定成桥内力的具体做法可以是：将索、塔和梁的面积取得很大，用平面杆系程序来计算静载内力，此时未计入索的重量，因为静载索力尚未求出，待求出索力后（静载加活载），算出斜拉索面积和斜拉索的分布重量，并再加到优化结构上重新计算静载内力，这时的内力为优化内力（如果计算出的索力有的拉力很小，甚至受压，说明索的布置需要调整，或者由 I 来调整），然后再恢复结构的真实面积，作后续计算。

3）有约束优化法

这类优化方法的典型例子主要有：用索量最小法和最大偏差最小法。用索量最小法以斜拉桥索的用量作为目标函数，以关心截面内力、位移期望值范围作为约束条件。使用这种方法，必须合理确定约束方程，否则容易得出错误结果。

最大偏差最小法将可行域中参量与期望值的偏差作为目标函数，使最大偏差达到最小。这是一个隐约束优化问题，最后归结为一个线性规划问题。这种方法适用于成桥状态和施工中的索力优化。

4.6 可变荷载作用计算及荷载组合

桥梁移动活载属于可变荷载的一种，包括公路活载、铁路活载、人群活载等。桥梁设计中，常用绘制内力影响线的办法，求解桥梁上最不利组合活载在桥梁中所产生的内力。应该注意的是，在求解最大内力时，应对属于同一截面的各条影响线中的任意一条，施加最不利移动活载得到最不利值；其余的影响线，施加相同的移动活载可以计算得到相应值。活载作用计算时必须首先进行影响线计算、活载最不利加载位置计算，然后才能进行活载最不利值计算。下面简要叙述其计算原理。

4.6.1 影响线计算

1) 直接加载法求内力影响线

求算影响线坐标值的方法很多,最简单的方法就是在主梁上逐点施加单位力而获得影响线。设有一单位力,自左至右沿桥面移动。可将各次分别施加在各节点的单位力,与整体结构刚度矩阵 K 和位移列阵 δ' 组成位移方程组,解此方程组,即得结构各节点的位移。将此位移,代入相应杆件的单元刚度矩阵,解之得杆件内力和支点反力的二维数组,该数组的每一行代表着每加一次单位力所得的各项相关数据,则数组的每一列,就是相应位移或所求力的影响线坐标值。

2) 用机动法求内力影响线

在整体结构坐标系中,杆件元杆端力和杆件元坐标系的杆端位移之间的刚度关系由下式表示:

$$F_k = -F = -K'\bar{\delta} = -\begin{bmatrix} K'_{ii} & K'_{ij} \\ K'_{ii} & K_{ij} \end{bmatrix} \quad (4\text{-}86)$$

式中:F_k——杆件元杆端约束反力列阵;

F——节点外力列阵;

K'——刚度矩阵;

$\bar{\delta}$——杆件元坐标系的杆端位移。

从某种意义上来说,用机动法求斜拉桥某个截面内力影响线时,只须在这个截面所求内力方向上施加单位变位。如求 N 时在 X 方向;求 Q 时在 Y 方向;求 M 则施加一单位角位移。斜拉桥由此位移产生的弹性变位曲线,就是所求内力影响线。

其具体步骤如下:

(1) 先由式(4-86)求得杆端约束反力列阵 F_k。

(2) 将 F_k 视作节点外力列阵 F 代入整体结构刚度方程中。

(3) 解所得方程组,求出节点位移 δ',这就是结构各杆件的变位曲线,即影响线。

4.6.2 移动活载最不利加载位置

上面求出的内力影响线坐标值,有正有负,为便于分块,还须找出影响线的坐标零点和正负区间及最不利加载位置。

所谓坐标零点,就是指影响线内两个相邻而又具有相反符号坐标值之间其值为零的那个点,利用该零点可以区分影响线的正负区间。找零点的方法是用内插法。首先将影响线各相邻坐标值依次比较一遍,找到各未知零点的所在区段,然后再按线性关系,求出此零点的确切位置。当对影响线同时进行加载时,在求得第一条影响线的未知零点后,还需用插值法求出其余影响线与此零点相对应的坐标值,以备后续的计算中取用。当影响线由若干段落组成时,首先找出面积最大的一块,再求出该影响线块的顶点位置,此处为该块影响线坐标的最大值。

若是均布活载,将列车主车的最重轴摆该区间位置附近,标准车辆按规定加上去,并在同符号的各块影响线上,加标准列车荷载,不同符号的块不加荷载;若是轮对活载车队,则应按动态规划,寻找最不利加载位置,可查阅相关文献。

4.6.3 移动活载最不利值计算

对于线性计算,若是均布活载,可以直接用集度乘以影响线加载区的面积得到影响值;若是集中活载,可以直接用活载值乘以影响线纵标值得到影响值。当线性计算时,往往在求活载最不利加载位置的同时可以得到影响值,利用最不利加载位置对相应值影响线加载,可以得到相应影响值。

对于非线性计算,由于叠加原理不适用,不能运用集中荷载乘以单位影响线的纵标和均布荷载乘以单位影响线面积的方法来计算活载对截面的影响值。而是应将前述得到的活载最不利加载位置映射到实际结构分析模型上,并在单元上布置活载,按受指定荷载作用的结构进行有限元求解。

4.6.4 其他可变作用计算

除了移动活载外,可变荷载还有:风荷载、雪荷载、温度变化作用等。这些荷载按照相关规范计算加载即可。

4.6.5 偶然作用计算

偶然作用包括地震、船撞作用、车撞作用等。在静力计算中可以按照相关规范计算船撞作用、车撞作用等的拟静力作用,地震作用一般要进行动力分析。

4.6.6 荷载组合

计算出各种作用的效应后,应根据所设计结构采用的规范,进行荷载效应组合。对于考虑几何非线性影响的结构,从理论上说,作用效应的组合应该采用荷载组合后再一起施加到结构上,通过计算分析等到组合作用的效应。但是这样计算比较复杂,所以近似计算时,仍然采用各荷载分别作用,然后直接进行效应组合。

4.7 局 部 分 析

采用杆系结构模型进行整体分析的桥梁,有必要对桥梁结构中的局部特殊部位进行局部应力分析,如拉索锚固区、塔梁固结区、不同材料主梁或桥塔结合区等应力集中现象,以及钢箱梁桥面板的局部受力,必要时可考虑塑性重分布的影响。分析方法是从整体结构中取出需要计算的块件,将整体结构离散断面处的内力、位移作为边界条件,细分结构网格进行二次分析。这种局部分析计算图式必须取足够的计算区域,确保计算分析部位的应力状态不受所取局部分析边界条件的影响。

4.8 抗震抗风分析[*]

对于大跨径桥梁,在风荷载、地震荷载、船撞作用、车撞作用下一般要进行动力分析。动力分析包括计算模型确定、结构自振特性以及外力作用下结构的动力响应计算等部分。

计算模型是影响计算结果是否合理的首要前提,因此需要根据结构形状、外力作用方式、结构振动特性等实际情况进行综合判断、适当选择。结构在地震、风以及行驶车辆等荷载作用下的响应均是动力问题,而结构的自振特性决定了其动力反应的特点。如斜拉桥结构的一阶纵漂、一阶竖弯、一阶侧弯和一阶扭转频率等对其抗震抗风性能具有重要意义。桥梁结构体系的自振特性主要指固有频率、振型、阻尼等,是结构本身的固有属性,取决于结构的组成体系、刚度、质量的分布以及支撑条件等,对于实际工程设计与理论研究都有至关重要的作用。结构自振频率和振型的计算最终可归结为广义特征值问题,即:

$$(K - \omega^2 M)\phi = 0 \tag{4-87}$$

求解上式的常用方法有逆迭代法、行列式搜索法、瑞利-里兹法、广义雅克比法、QR法、Lanczos 法、子空间迭代法等。

由于缆索承重桥结构的空间性和复杂性,在进行动力特性分析时一般需要采用空间有限元模型,至少是空间杆系有限元模型,才能正确反映结构扭转与横向、竖向振动的特性。为获得与真实结构更为接近的动力特性,动力计算模式应着重于结构的刚度、质量分布和边界条件的模拟,使其尽量与实际情况相符。结构的刚度模拟主要指各构件的轴向刚度、弯曲刚度、扭转刚度、剪切刚度,有时也包括翘曲刚度模拟以及各杆件之间的相互连接刚度模拟。质量模拟主要指构件和附属物的平动质量和转动惯量模拟,其中平动质量可采用集中质量或分布质量的形式,而转动惯量通常按实际截面的质量分布情况进行计算再作处理。另外,边界条件的模拟应和结构的支承条件如支座形式、基础形式等相符。它们处理得是否得当,对动力分析至关重要。

从动力特性分析算例来看,对于纵向飘移、侧弯和竖弯模态而言,单主梁模式和三主梁模式的计算结果非常接近,而扭转模态的差别相对较大。用三主梁计算模式得到的一阶扭转频率比单主梁模式要高,差别的大小与跨径、梁截面形式和拉索体系等有关。通常,在地震反应分析中,采用单主梁、双主梁和三主梁模式计算的差别并不大。但对大跨径桥梁抗风分析,由于弯扭频率比是衡量其颤振稳定性的重要参数,而三主梁模式能更好地模拟主梁的扭转特性,因此抗风分析采用三主梁模式更为合适。

4.8.1 缆索承重桥抗震分析

1)桥梁抗震分析基本理论

目前,地震仍无法完全预测。每次较大的地震都会带来巨大的财产损失和严重的人员伤亡。而目前的桥梁结构的抗震计算都是以桥址的地震动为依据,根据桥址场地条件、地质构造、地震的历史资料等来明确地震设计参数。经过近一个世纪的理论研究与工程实践,各国学者对于结构抗震分析理论和方法从简单到复杂不断完善,共经历静力法、反应谱法以及时程分析法三个阶段,其中静力法是最早期采用的抗震计算方法,随后开始广泛采用动力反应谱方法,而近几十年来,动力时程分析方法成了桥梁抗震设计中最重要的方法。

(1)静力法。

早期结构抗震计算采用的是静力理论,最初由日本学者大房森吉在 1899 年提出。静力法是将结构各质点的质量乘以运动加速度得到的最大地震力直接施加在结构上,按静力分析方法求出地震响应的方法。静力法作为桥梁抗震计算方法是最早被采用的,该方法的基本思想是假定整体中的各个部分和基础运动具有大小相等的加速度,将基础运动加速度 $\ddot{a}$ 乘以整体质量 M 得到地震惯性力,其核心是将结构受到的惯性力简化为静力作用在桥梁结构上进行抗震计算分析。

$$F = \ddot{\partial}M \tag{4-88}$$

然而静力理论并没有考虑到地震作用随时间的变化情况及与结构动力特性的相关性,该方法对于刚性建筑物的地震反应计算较为合理。对于悬索桥、斜拉桥这种柔性结构并不能直接采用静力法进行抗震设计计算。

(2)反应谱分析法。

随着地震震害资料深入分析和对地震作用的深入研究,抗震计算的静力理论越来越暴露出它的不合理程度。20 世纪 40 年代,对地震作用提出了反应谱理论,1958 年第一届世界地震工程会议后,这一方法被各国的抗震规范所接受。反应谱分析法是将多自由度体系视为单自由度体系进行组合,通过计算各单自由度体系的最大地震响应,然后采用不同的方法进行组合,得到整体结构的最大地震响应。该方法考虑了地面运动加速度记录特征、结构振动周期以及阻尼比等动力特性,比地震分析方法中最原始的静力法有很大的进步。下面分别以单自由度体系、多自由度体系最大地震力的计算为例介绍反应谱法的基本原理。

反应谱分析法基于以下几点假设:①结构的地震响应是线弹性;②结构在所有支座处的地震动荷载相同;③将结构的最大地震响应为最不利地震响应;④地震动过程是平稳的随机过程。

对于单自由度的振子体系,地震动方程为:

设 $\ddot{x}_g(t)$、$\ddot{x}(t)$ 分别表示地面运动加速度,质点 m 相对地面的运动加速度。则单质点 m 在地震作用下的振动方程为:

$$m\ddot{x}(t) + c\dot{x}(t) + kx(t) = -m\ddot{x}_g(t) \tag{4-89}$$

式中:m、c、k——质量、系统阻尼系数和刚度系数。

从上式可见,单质点弹性体系的振动是在地面运动作用下的强迫振动,强迫力的大小等于地面运动加速度与质点质量的乘积,指向与地面运动加速度方向相反。地面运动加速度可由地震时地面加速度仪记录或人工合成方法得到。

利用阻尼比 $\zeta = c/2m\omega$ 及无阻尼圆频率 $\omega = \sqrt{k/m}$ 的概念,式(4-89)可进一步化为:

$$\ddot{x}(t) + 2\xi\omega\dot{x}(t) + \omega^2 x(t) = -\ddot{x}_g(t) \tag{4-90}$$

设初始条件为 $\dot{x}(0) = x(0) = 0$,则方程式(4-90)的解可以用杜哈梅(Duhamel)积分形式给出:

$$x(t) = -\frac{1}{\omega_D}\int_0^t \ddot{x}_g(\tau) e^{-\xi\omega(t-\tau)} \sin[\omega_D(t-\tau)] d\tau \tag{4-91}$$

其中 $\omega_D = \omega\sqrt{1-\xi^2}$,为有阻尼体系自由振动的圆频率。一般工程结构阻尼比为 0.01 ~ 0.1,忽略其影响,有 $\omega_D \approx \omega$。

将式(4-91)对时间 t 分别求一次和二次导数,可得单自由度质点地震作用下的相对速度和相对加速度反应:

$$\dot{x}(t) = \int_0^t \ddot{x}_g(\tau) e^{-\xi\omega(t-\tau)} \left\{ \frac{\xi\omega}{\omega_D}\sin[\omega_D(t-\tau)] - \cos[\omega_D(t-\tau)] \right\} d\tau \tag{4-92}$$

$$\ddot{x}(t) = \omega_D \int_0^t \ddot{x}_g(\tau) e^{-\xi\omega(t-\tau)} \left\{ \left[1 - \left(\frac{\xi\omega}{\omega_D}\right)^2\right]\sin[\omega_D(t-\tau)] + \frac{2\xi\omega}{\omega_D}\cos[\omega_D(t-\tau)] \right\} d\tau$$

$$\tag{4-93}$$

忽略阻尼影响时,$\xi = 0$,$\omega_D \approx \omega$。以上二式简化为:

$$\dot{x}(t) = \int_0^t \ddot{x}_g(\tau) e^{-\xi\omega(t-\tau)} \cos[\omega_D(t-\tau)] d\tau \tag{4-94}$$

$$\dot{x}(t) = \int_0^t \ddot{x}_g(\tau) e^{-\xi\omega(t-\tau)} \cos[\omega_D(t-\tau)] d\tau \tag{4-95}$$

在地震地面运动激励下,单自由度体系一方面发生随地面的运动,另一方面相对地面产生运动位移、速度和加速度反应,其在绝对运动中的加速度为 $\ddot{x}_g(t) + \ddot{x}(t)$。工程结构抗震设计中,最为关心的是地震作用在结构内引起的效应(内力、变形等)。单自由度系统在地面运动加速度 $\ddot{x}_g(t)$ 的作用下,最大地震荷载为:

$$P = m|\ddot{x}_g(t) + \ddot{x}(t)|_{\max} = m \cdot g \frac{|\ddot{x}_g|_{\max}}{g} \cdot \frac{|\ddot{x}_g + \ddot{x}|_{\max}}{|\ddot{x}_g|_{\max}} \tag{4-96}$$

若定义:

$$K_H = \frac{|\ddot{x}_g|_{\max}}{g} \tag{4-97}$$

$$\beta = \frac{|\ddot{x}_g + \ddot{x}|_{\max}}{|\ddot{x}_g|_{\max}} = \frac{S_a(\xi, T)}{|\ddot{x}_g|_{\max}} \tag{4-98}$$

则式(4-96)可写为:

$$P = K_H \cdot \beta \cdot W \tag{4-99}$$

上述式中:g——重力加速度;

W——体系的总质量;

K_H——水平地震力系数,根据抗震设烈度选用;

β——动力放大系数,根据选定的反应谱曲线及体系的自振周期确定;

$S_a(\xi, T)$——加速度反应谱。

地震中允许结构部分构件进入塑性阶段,此时如果考虑结构的延性耗能作用,在桥梁抗震设计规范中引入综合影响系数 C_z,以反映理论计算与震害现象的差异,则有:

$$P = C_z \cdot k_H \cdot \beta \cdot W \tag{4-100}$$

求得作用在质点上的地震荷载后,就可把这一地震荷载当作静荷载加到结构上,通过计算就可得到单质点体系的地震反应。

对于复杂桥梁结构,一般采用有限元方法将结构离散化,建立桥梁结构力学模型,然后确定各离散单元的力学特性,建立相应的地震运动方程。多质点体系的地震运动方程为:

$$\boldsymbol{M}\ddot{\boldsymbol{x}}(t) + \boldsymbol{C}\dot{\boldsymbol{x}}(t) + \boldsymbol{K}\boldsymbol{x}(t) = -\boldsymbol{M}\boldsymbol{I}\ddot{x}_g(t) \tag{4-101}$$

式中:$\boldsymbol{M}$、$\boldsymbol{C}$、$\boldsymbol{K}$——结构的质量、阻尼和刚度矩阵;

$\ddot{\boldsymbol{x}}(t)$、$\dot{\boldsymbol{x}}(t)$、$\boldsymbol{x}(t)$——结构相对于地面的加速度、速度和位移列向量;

$\boldsymbol{I}$——影响向量,表示结构基础发生单位位移时结构各节点的位移列向量。

为便于反应谱分析,必须用振型分解法对式(4-101)求解,将其变换为 N 个独立的正规坐标方程。为此,将 $\boldsymbol{x}(t)$ 用正规坐标表示,即:

$$\boldsymbol{x}(t) = \sum_{j=1}^{N} \boldsymbol{\Phi}_j Y_j(t) \tag{4-102}$$

式中:$Y_j(t)$、$\boldsymbol{\Phi}_j$——结构的第 j 阶振型的正规坐标和振型向量。

将式(4-102)代入式(4-101),并利用振型的正交条件可得:

$$\ddot{Y}_j(t) + 2\xi_j\omega_j\dot{Y}_j(t) + \omega_j^2 Y_j(t) = -\gamma_j\ddot{x}_g(t) \tag{4-103}$$

式中：ω_j、ξ_j——结构第 j 阶振型的自振圆频率和阻尼比；

γ_j——结构第 j 阶振型的振型参与系数，由式（4-104）计算，

$$\gamma_j = \frac{\boldsymbol{\Phi}_j^T \boldsymbol{M} \boldsymbol{I}}{\boldsymbol{\Phi}_j^T \boldsymbol{M} \boldsymbol{\Phi}_j} \tag{4-104}$$

利用规范给出的反应谱曲线，可以得到作用在结构第 j 阶振型第 i 个质点的水平地震力，例如，利用《公路桥梁抗震设计细则》（JTG/T B02-01—2008）给出的反应谱，有：

$$F_{ji} = S_j \gamma_j \phi_{ji} m_i \tag{4-105}$$

式中：F_{ji}——第 j 阶振型第 i 质点的水平地震力；

S_j——对应于 j 阶振型自振周期的反应谱值，可根据第 j 阶振型自振周期，按规范《公路桥梁抗震设计细则》（JTG/T B02-01—2008）取值；

ϕ_{ji}——结构第 j 阶振型第 i 质点的相对变形；

m_i——第 i 质点的质量。

利用式（4-105）求出各振型的地震反应后，考虑到各振型作为单独振动时的最大反应值并不同时出现，如将各振型求得的最大反应值直接求代数和显然过于保守，因此必须采用合理的组合方法，以得到多质点体系的各项反应值。对此，国内外许多专家学者进行了研究，并提出了种种振型组合方法。其中最简单而又最普遍采用的是平方和平方根法（Square Root of sum of Squares，简称 SRSS）法。该法对于频率分离较好的平面结构具有很好的精度，但是对频率密集的空间结构，由于忽略了各振型间的耦合项，故时常过高或过低地估计结构的反应。1981 年，E. L. Wilson 等人把地面运动视为一宽带、高斯平稳过程，根据随机过程理论导出了线性多自由度体系的振型组合规则完全二次项平方根法（Complete Quadratic Combination，简称 CQC），较好地考虑了频率接近时的振型相关性，克服了 SRSS 法的不足。目前，CQC 法以其严密的理论推导和较好的精度在桥梁结构的反应谱分析中得到越来越多的应用，而且已被世界各国的桥梁抗震设计规范所采用。

一般中小跨径桥梁可采用 SRSS 法，得到单一方向的地震作用效应（内力、位移），即

$$S = \sqrt{\sum S_i^2} \tag{4-106}$$

式中：S——结构的地震作用效应；

S_i——结构第 i 阶振型地震作用产生的作用效应。

当结构两个振动模态的自振周期 T_j 和 T_i（$T_j \leqslant T_i$）接近时，即 T_i 和 T_j 满足式（4-107）时：

$$\rho = \frac{T_j}{T_i} \geqslant \frac{0.1}{0.1 + \xi} \tag{4-107}$$

应采用 CQC 方法进行地震作用效应计算，即：

$$S = \sqrt{\sum_i \sum_j S_i r_{ij} S_j} \tag{4-108}$$

上述式中：ξ——阻尼比；

ρ——周期比；

r_{ij}——相关系数；

S_j——结构第 j 阶振型地震作用效应。

对于大跨径桥梁为振型密集型结构时，振型响应的交叉项因模态密集而不能忽略，此时，振型之间的组合应该采用 CQC 法，而不是 SRSS 法。

综上,采用反应谱分析法计算结构的动力响应包括两个基本步骤:①将桥梁结构运动方程进行振型分解,根据场地或规范反应谱求出各振型反应的最大值;②结构动力反应最大值通过 SRSS 或者 CQC 方法将以上各振型反应最大值进行组合得到。在此过程中应注意的是,分析所考虑自由度数和振动模态数应确保在纵向和横向获得 90%的振型贡献率。

反应谱方法的优点是概念简单、计算工作量小,对于一般桥梁而言,只要计算前几阶振型即可得到满意的结果。因该法将时变动力问题转化为拟静力问题,易于为工程技术人员所接受,所以得到了广泛的应用。但是反应谱法也存在非常明显的缺陷,它忽视了结构本身动力特性对于地震响应的影响,并且只是给出了结构最大的地震响应,而不能给出结构在整个地震时程任一时刻的响应,也不能考虑非线性的因素。如,斜拉桥这样的柔性结构体系其基本振型的周期一般较长,而规范反应谱的长周期段较短,导致反应谱法得到的结构响应有较大的误差。当非线性因素的影响显著时,反应谱法也可能得不到正确的结果,或判断不出结构真正的薄弱部位。因此,反应谱法只能作为一种估算方法,或一种校核手段。

(3)时程分析方法

由于反应谱方法存在诸多局限性,自 20 世纪 60 年代开始,时程分析法被引入大跨径桥梁的地震反应分析中,目前,除对中小跨径桥梁仍采用反应谱方法计算外,对重要、复杂、大跨径的桥梁抗震计算建议采用时程分析法进行分析。

时程分析法是将连续结构离散为多节点、多自由度的体系,并在支点激励下建立结构的运动方程:

$$M\ddot{u} + C\dot{u} + Ku = 0 \quad (4\text{-}109)$$

式中:u——节点位移矢量,为结构非支承节点位移 u_x 加上支承节点位移 u_g。

如采用分块矩阵的形式,式(4-109)可写为:

$$\begin{bmatrix} M_{xx} & M_{xg} \\ M_{gx} & M_{gg} \end{bmatrix} \begin{Bmatrix} \ddot{u}_x \\ \ddot{u}_g \end{Bmatrix} + \begin{bmatrix} C_{xx} & C_{xg} \\ C_{gx} & C_{gg} \end{bmatrix} \begin{Bmatrix} \dot{u}_x \\ \dot{u}_g \end{Bmatrix} + \begin{bmatrix} K_{xx} & K_{xg} \\ K_{gx} & K_{gg} \end{bmatrix} \begin{Bmatrix} u_x \\ u_g \end{Bmatrix} = 0 \quad (4\text{-}110)$$

式中,M、C、K 分别为结构的质量矩阵、阻尼矩阵和刚度矩阵,下标 x 和 g 分别对应于结构的非支承节点自由度与支承节点自由度;M、C、K 的非对角项反映了结构非支承节点自由度与支承节点自由度之间的相互影响。如果单元质量矩阵采用集中质量矩阵,则第一组方程变为:

$$M_{xx}\ddot{u}_x + C_{xx}\dot{u}_x + C_{xg}\dot{u} + K_{xx}u_x + K_{xg}u_g = 0 \quad (4\text{-}111)$$

在结构地震响应分析中,节点位移可分解为两部分,一部分是由结构惯性力引起的结构相对支点的振动位移 u_{vx},另一部分是由于支承点位移在结构中产生的拟静位移 u_{px} 和 u_{pg},下标 v 和 p 分别表示动力位移和拟静力位移,即

$$\begin{Bmatrix} u_x \\ u_g \end{Bmatrix} = \begin{Bmatrix} u_{vx} \\ 0 \end{Bmatrix} + \begin{Bmatrix} u_{px} \\ u_{pg} \end{Bmatrix} \quad (4\text{-}112)$$

则有:

$$M_{xx}\ddot{u}_{vx} + C_{xx}\dot{u}_{vx} + K_{xx}u_{vx} = -M_{xx}\ddot{u}_{px} - C_{xx}\dot{u}_{px} - K_{xx}u_{px} - K_{xg}u_{pg} \quad (4\text{-}113)$$

对斜拉桥而言,阻尼项对上式右端的影响不大,通常可忽略。由拟静位移的定义可知:

$$K_{xx}u_{px} + K_{xg}u_{pg} = 0 \quad (4\text{-}114)$$

因此有:

$$u_{px} = -K_{xx}^{-1}K_{xg}u_{pg} = Ru_{pg} \quad (4\text{-}115)$$

式中：$\boldsymbol{R}$——影响矩阵，$\boldsymbol{R} = -\boldsymbol{K}_{xx}^{-1}\boldsymbol{K}_{xg}$。

忽略右端阻尼项，有：

$$\boldsymbol{M}_{xx}\ddot{\boldsymbol{u}}_{vx} + \boldsymbol{C}_{xx}\dot{\boldsymbol{u}}_{vx} + \boldsymbol{K}_{xx}\boldsymbol{u}_{vx} = -\boldsymbol{M}_{xx}\boldsymbol{R}\ddot{\boldsymbol{u}}_{pg} \qquad (4\text{-}116)$$

上式即为线性结构在地震荷载作用下运动方程的一般形式。

当地震为非一致激励时，$\boldsymbol{u}_{pg}$ 为 $n_g \times 1$ 列向量，$\boldsymbol{u}_{px}$ 为 $n_x \times 1$ 列向量，$\boldsymbol{K}_{xx}$ 为 $n_x \times n_x$ 矩阵，$\boldsymbol{K}_{xg}$ 为 $n_x \times n_g$ 矩阵，故 $\boldsymbol{R}$ 为 $n_x \times n_g$ 矩阵。当地震为一致激励时，因 $\boldsymbol{R}$ 各行元素之和均为 1，即：

$$\sum_{j=1}^{N_g} \boldsymbol{R}(i,j) = 1 \qquad (i = 1 \sim n_x) \qquad (4\text{-}117)$$

由于各支点激励相同，$\boldsymbol{u}_{pg}$ 只采用一个支点激励即可，因而 $\boldsymbol{u}_{pg}$ 简化为 $n_d \times 1$ 的列向量，n_d 为一个节点的自由度数。在空间分析中若不计地震动转动分量的影响，则 $n_d = 3$，此时只变成 $n_x \times n_d$ 矩阵。矩阵各元素也可按下述方法确定：当支点的某一自由度有地震作用时，$\boldsymbol{R}$ 中与该自由度相对应的行和列相交元素取 1，其余元素均为 0。

时程分析法的基本思想是将地震动持续时间 T_d 分为若干个相等的时间步长 Δt，假定在一个时间步长 Δt 内加速度的变化规律以及加速度、速度、位移之间关系，用前一时间步末的结果作为本时间步计算的初始条件，将二阶微分方程化为代数方程进行求解，从而得到地震过程中每一瞬时结构的位移、速度和加速度响应。

就非线性结构而言，当采用瑞利阻尼时，运动方程式(4-110)中的阻尼矩阵和刚度矩阵将与结构的内力、位移和加载历程有关，此时求解这一运动方程有效的方法是增量法。该法也将整个地震动持续时间分为若干步，当时间步长划分得较细时，可大致认为在每一步长内结构的刚度、阻尼变化不大，以前一时间步末的结果作为本时间步计算的初始条件，通过求得本时间步上结构的响应增量，再将本时间步的响应增量与前一步末的响应叠加，从而得到本时间步末结构的响应。

当采用时程分析法对桥梁结构进行地震反应分析时，输入的地震动加速度时程波形对计算结果影响很大，因此需要正确选择。目前主要有三种选择方法，即直接利用强震加速度记录、采用人工合成地震加速度时程以及规范标准化地震加速度时程。考虑到地震加速度振幅、频谱特性和强震持续时间等对结构破坏的重要影响，因此当直接利用地震加速度记录时应依照下述原则：强震加速度记录的最大峰值加速度应符合桥址所在地区的烈度要求，其主要周期应尽量接近桥址场地的卓越周期；至于地震持续时间，原则上应采用持续时间较长的记录。

从地震动的振幅、频谱和持时三要素看，抗震设计的静力理论只考虑了高频振动振幅的最大值，反应谱理论虽考虑了振幅和频谱，但持时则始终未能得到明确反映。时程分析法能得到结构在地震作用下的响应时程，可详细得知结构在整个地震持续时间内每一时刻的位移、速度和加速度反应，可同时反映出地震动的三要素，即振幅、频谱和持续时间对结构响应的影响，可分析出结构在地震作用下弹性和非弹性阶段的内力变化以及构件逐步开裂、损坏直至倒塌的全过程。另外，时程分析法还可精确地考虑地基和结构的相互作用，地震时程相位差以及不同地震时程多分量多点输入、结构的各种复杂非线性因素（包括几何、材料、边界连接条件非线性）以及分块阻尼等问题，因而被认为是大跨径桥梁地震响应分析的有力工具。但时程分析法的结果，依赖于地震输入，如地震输入选择不好会导致结果偏小。目前，关于时程分析的选波原则和选波的条数等问题，国内外都还没有形成统一的认识。因此，时程分析的结果必须与反应谱法相互校核，并且时程分析结果应不小于反应谱法分析结果的 80%。

实际上,当前桥梁工程界,对于大跨径桥梁,常同时采用反应谱法和时程反应分析方法进行抗震分析和计算,一般来说反应谱法应用于考查桥梁在中震时的弹性反应,时程反应分析方法用于考查大震作用下结构的弹塑性反应、抗变形能力和延性。

2)悬索桥抗震计算

(1)进行悬索桥地震作用效应分析时,计算模型应真实模拟桥梁结构的刚度和质量分布及边界条件,并应满足下列要求:

计算模型应根据实际情况考虑相邻引桥对主桥地震作用效应的影响;

桥墩、索塔可采用空间梁单元模拟;桥面系应视截面形式选用合理计算模型;主缆和吊索可采用空间桁架单元;

应考虑永久作用下结构几何刚度、缆索垂度效应等几何非线性影响;

进行非线性时程分析时,应采用能反映支座力学特性的单元模拟;塔柱已进入非线性工作状态时,应选用适当的弹塑性单元模拟;

应考虑桩基-土-结构相互作用对悬索桥地震作用效应的影响;

悬索桥阻尼比不宜大于0.02。

(2)悬索桥地震作用效应分析应采取规定的方法:

地震作用为 E1 时,采用反应谱法或线性时程分析法;地震作用为 E2 时,采用非线性时程分析法。

(3)采用反应谱法计算应满足下列要求:

①采用多振型反应谱法时,应考虑足够的振型阶数。

②振型组合方法采用 SRSS 方法,按式(4-106)确定地震作用效应。

当结构邻近两阶振型的自振周期 T_i 和 T_j 接近时,T_i 和 T_j 之比满足 $\rho_T = \dfrac{T_j}{T_i} \geq \dfrac{0.1}{0.1+\xi}$ 时,应采用 CQC 方法并按式(4-109)计算地震作用效应。

(4)考虑三个正交方向的地震作用时,可分别单独计算顺桥向 x、横桥向 y 和竖桥向 z 的最大效应,计算方向总的设计最大地震作用效应 E 应按下式确定:

$$E = \sqrt{E_x^2 + E_y^2 + E_z^2} \tag{4-118}$$

式中:E_x——x 方向地震作用在计算方向产生的最大效应;

E_y——y 方向地震作用在计算方向产生的最大效应;

E_z——z 方向地震作用在计算方向产生的最大效应。

(5)采用线性和非线性时程分析方法计算时,应至少采用 3 组地震加速度时程,并应满足以下要求:

当采用 3 组地震加速度时程时,最终结果应取各组结果的最大值;当采用 7 组以上地震加速度时程时,最终结果可取结果的平均值;可采用瑞利阻尼,取用两阶反应贡献最大的振型确定瑞利阻尼系数。

(6)E1 地震作用和其他作用组合后,应按现行《公路钢筋混凝土及预应力混凝土桥涵设计规范》(JTG 3362)、《公路钢结构桥梁设计规范》(JTG D64)和《公路桥涵地基与基础设计规范》(JTG 3363)进行索塔、桥墩和基础的强度验算。

(7)E2 地震作用应按下列要求进行抗震验算:E2 地震作用下,地震作用和其他作用组合后,索塔截面和桩基础截面的截面弯矩应小于截面等效抗弯屈服弯矩(考虑轴力)M_y(图 4-32)。

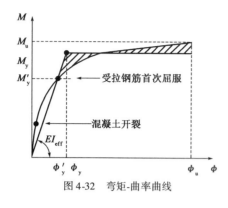

图 4-32 弯矩-曲率曲线

E2 地震作用下,地震作用和其他作用组合后,应按现行《公路桥涵地基与基础设计规范》(JTG 3363)进行单桩承载力验算。

①无液化土层时,单桩的抗压承载能力可提高 100%,单桩的抗拉承载能力可提高 25%。

②有液化土层时,液化土层承载能力、土抗力、内摩擦角和黏聚力等,可据液化抵抗系数 C_e 予以折减,折减系数 α 应按下表采用,液化土层内及以上部分单桩承载力不宜提高。

$$C_e = \frac{N_1}{N_{ct}} \tag{4-119}$$

式中:C_e——液化抵抗系数,见表 4-3;

N_1、N_{ct}——实际标注贯入锤击数和标准贯入锤击数临界值。

土层液化影响折减系数 表 4-3

C_e	$d_s(m)$	α
$C_e \leq 0.6$	$d_s \leq 10$	0
	$10 < d_s \leq 20$	1/3
$0.6 < C_e \leq 0.8$	$d_s \leq 10$	1/3
	$10 < d_s \leq 20$	2/3
$0.8 < C_e \leq 1.0$	$d_s \leq 10$	2/3
	$10 < d_s \leq 20$	1

注:d_s 为标准贯入点深度(m)。

桥墩应按现行《公路工程抗震规范》(JTG B02)和《公路桥梁抗震设计规范》(JTG/T 2231-01)的要求进行塑性变形能力和抗剪验算。支座应按现行《公路工程抗震规范》(JTG B02)和《公路桥梁抗震设计规范》(JTG/T 2231-01)的相关规定进行验算。

加劲梁、主缆、吊索以及索鞍的抗滑性验算应按规范内容进行验算。

3)斜拉桥抗震分析

斜拉桥进入高速发展并得到广泛应用是在 20 世纪 80 年代,由于计算理论及分析方法的成熟、高强度钢丝的诞生、新的施工工艺出现,使得斜拉桥朝着轻型、大跨及主梁形式多样化的方向进行发展。斜拉桥以其优美的造型、超强的跨越能力广泛应用于跨江及跨海大桥中。随着地震反应分析理论及有限元软件的深入,斜拉桥的抗震研究也进入了一个新的高潮。

斜拉桥地震反应相比于中小跨径桥梁有其相应的特点:周期长、高阶振型影响结构的地震反应、阻尼小、非线性因素复杂、地震位移很大、支承连接部位易受到震害等。斜拉桥的抗震性能主要取决于结构体系。在地震作用下,塔、梁固结体系斜拉桥的塔柱内力与所有其他体系相比是最大的,在烈度较高的地区要避免采用。飘浮体系的塔柱内力反应较小,因此在烈度较高的地区应优先考虑,但飘浮体系可能导致过大的位移反应,如梁端位移反应过大,则伸缩缝的设置就比较困难,还可能会引起碰撞。这时,可在塔与梁之间增设弹性约束装置或阻尼约束装置,形成塔、梁弹性约束体系或阻尼约束体系,以有效降低地震位移反应。

目前国内外斜拉桥抗震研究主要集中于:动力特性分析、支承体系对地震反应的影响、行波效应、地震反应中的各种非线性因素、减隔震设计来控制地震下的大位移等。有抗震要求的斜拉桥,其抗震计算应遵照现行《公路工程抗震规范》(JTG B02)有关规定执行。

下面以营口辽河公路大桥为例,采用时程反应分析法对其地震动力分析进行简要介绍。营口辽河公路大桥位于营口市区北部,为 50m + 100m + 370m + 100m + 50m 预应力混凝土斜拉桥,桥面宽 24m。主梁采用 π 形断面,梁高 2.4m,施工最大单悬臂长度为 180m,施工最大双悬臂长度为 97.5m。主塔为钻石形,塔空间双索面,塔高自承台顶以上 138.6m。边墩和辅助墩均采用混凝土双柱墩,基础采用 2.5m 钻孔桩。

(1)建立动力计算模型。

根据国家标准《中国地震动参数区划图》(GB 18306—2015)的中国地震烈度区域划分,营口辽河公路大桥按 7 度设防。桥址南岸和北岸场地分别为 Ⅲ 和 Ⅳ 类场地土,取 100 年超越概率 10% 的概率,地震动参数(PGA = 217.3mm/s²)检验结构物的强度。时程分析方法需要预估桥址处在相应的设计概率水平时会发生多强的地震,地震发生的能量衰减规律、地震发生的持续时间以及场地的加速度时程等场地的地震参数。这些重要的地震动参数可由国家地震动部门提供成现场勘测得到,在对营口辽河公路大桥的地震反应分析过程中,由于缺乏桥址处的地震动参数和未来可能发生的地震时程记录,也无法根据场地的反应谐曲线生成场地的地震动时程记录,分析时采用了实际地震加速度记录 El-Centro 波 NS 分量作为输入的地震记录,地震波加速度峰值取 217.3mm/s²,地震波的输入方式采用一致激振输入。

地震反应时程分析采用通用有限元程序进行。采用三维有限元方法建立桥梁动力计算力学模型,见图 4-33。根据主桥结构总体布置及构造特点,斜拉索按 Ernst 公式考虑了弹性模量的折减;桥塔采用梁单元建模,由于桥塔截面尺寸较大,考虑了剪切变形的影响以及塔柱和横梁交接处刚域的影响。时程分析时将输入地震时程记录作为荷载输入,采用直接积分方法求解强迫振动微分方程,得到结构的位移反应,由此计算出结构的地震内力反应。斜拉桥拉索在自重作用下有一定的垂度,即垂度效应,考虑了垂度效应对结构的影响。

图 4-33 营口辽河公路大桥地震反应时程分析结构离散图

时程分析中阻尼矩阵采用 Rayleigh 阻尼矩阵,$C = \alpha M + \beta K$,式中阻尼因子 α、β 由下式计算可得:

$$\alpha = \frac{2(\xi_1\omega_2 - \xi_2\omega_1)}{\omega_2^2 - \omega_1^2}\omega_1\omega_2 \qquad \beta = \frac{2(\xi_2\omega_2 - \xi_1\omega_1)}{\omega_2^2 - \omega_1^2} \tag{4-120}$$

式中:ω_1、ω_2——一般选取结构振动最显著的两阶振型频率。

垂度效应引起的非线性影响用 Ernst 公式得出的等代弹性模量考虑,即考虑索力对其弹性模量的影响。等代弹性模量的计算公式如下:

$$E = \frac{E_c}{1 + (\gamma L)^2 E_c / 12\sigma^3} \qquad (4\text{-}121)$$

式中：E——等效弹性模量；

E_c——材料弹性模量；

γ——材料密度；

L——斜拉索水平投影长度；

σ——斜拉索初始应力。

(2) 动力特性分析。

结构动力特性分析是进行结构抗震分析的基础，因此在进行营口辽河公路大桥主桥抗震分析之前，有必要弄清其动力特性，表 4-4 列出了全飘浮体系下结构的前 10 阶振型及频率。

自振频率及振型　　　　表 4-4

频 率 阶 次	频率(Hz)		振 型 特 征
	无初始索力和重力	有初始索力和重力	
1	0.0861	0.0864	纵飘
2	0.3228	0.3222	一阶对称竖弯
3	0.4594	0.4592	一阶对称侧弯
4	0.4790	0.4732	一阶反对称竖弯
5	0.5768	0.5901	一阶对称扭转
6	0.6880	0.6965	二阶对称竖弯
7	0.8556	0.8489	一阶反对称扭转
8	0.9237	0.9263	二阶反对称竖弯
9	0.9721	0.9736	主塔反对称侧向弯曲
10	0.9915	0.9904	主塔对称侧向弯曲

(3) 地震反应分析。

①全飘浮体系顺桥向+竖向输入地震波时程分析结果如图 4-34～图 4-37 所示（X 轴为顺桥向，Z 轴为横桥向，Y 轴为竖向，下同）。

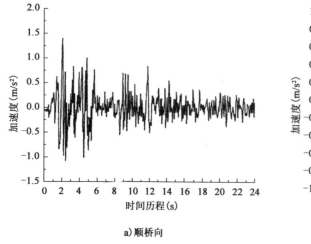

a) 顺桥向

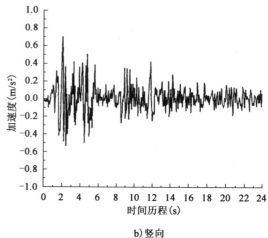

b) 竖向

图 4-34　顺桥向和竖向 EL-Centro 地震波时程曲线

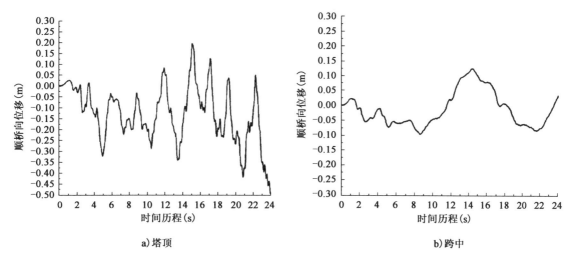

a) 塔顶   b) 跨中

图 4-35 塔顶和跨中顺桥向位移时程曲线

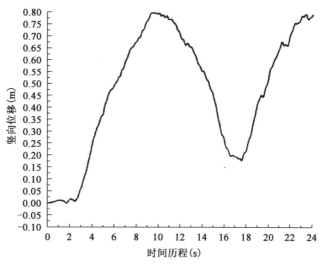

图 4-36 跨中竖向位移时程曲线

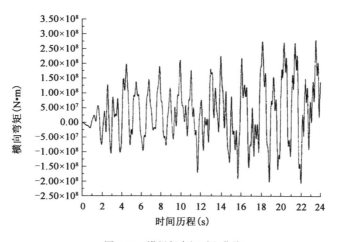

图 4-37 塔根部弯矩时程曲线

② 全飘浮体系横桥向 + 竖向输入地震波时程分析结果如图 4-38 ~ 图 4-40 所示。

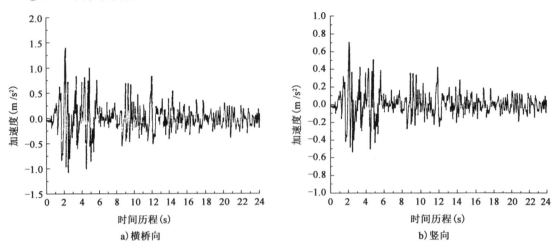

图 4-38　横桥向和竖向 EL-Centro 地震波时程曲线

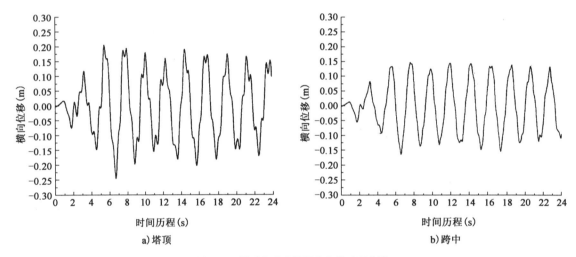

图 4-39　塔顶和跨中横桥向位移时程曲线

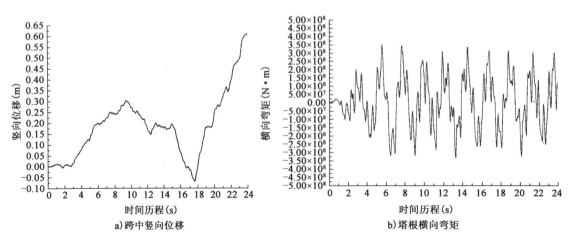

图 4-40　跨中竖向位移、塔根横向弯矩时程曲线

4.8.2 缆索承重桥抗风分析

1) 桥梁结构风致振动概述

风对桥梁结构来说,是一种时间、空间都变化的外作用,它随着流过桥梁结构周围的气流状态而变化,气流状态又随着结构断面形状及风向角度(攻角与水平偏角)而变化。因此,除了风速和风向自身的变化外,桥梁结构的变形、振动又会使风相对于桥梁结构发生速度和作用方向变化,即产生桥梁结构的响应和风作用相互干扰影响的现象,有可能使桥梁结构的变化或振动加剧,导致桥梁作用功能下降,给人带来不适应,甚至造成结构破坏。

风对于桥梁的作用主要分为静力作用与动力作用两类,如图4-41所示。静力作用主要关心桥梁结构在静风力作用下的内力是否超出设计强度以及结构是否会发生静力失稳。静力失稳可以有两种形式:一种是主梁桥面以扭转变形形式失稳,称扭转发散;另一种是由于主梁过大的横向弯曲变形而引起的主梁横向失稳,称横向屈曲。

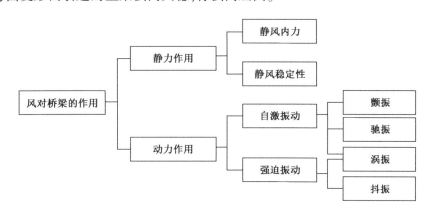

图4-41 风对桥梁结构作用

对于长、大、轻、柔的缆索承重桥梁,风对桥梁的动力作用往往成为设计中的控制性因素。动力作用包含了多种桥梁的风致振动,可以分为自激振动(颤振、驰振等)与强迫振动(抖振、涡振等),其中涡振兼具自激振动和强迫振动的特性。当结构振动较小时,空气力的作用不受结构振动的影响,主要表现为一种强迫力,结构发生强迫振动;当空气力受结构振动影响较大时,振动的桥梁结构反过来影响流场和作用力,形成了风与结构的相互作用,表现为自激力,结构发生自激振动。

颤振和驰振是振动的桥梁或构件通过气流的反馈作用不断吸收能量,是由气动负阻尼和气动负刚度引起的发散性自激失稳振动。多数情况下,颤振的是扭转振幅逐步或突然增大,而驰振是横风向弯曲振幅逐步增大。对于流线型断面(扁平钢箱梁),易发生弯扭耦合颤振;对于非流线型断面(钝体断面),则易发生纯扭转的分离流颤振。驰振发生于气动外形更钝的断面,如矩形的桥塔、桥墩和结冰的输电线等,表现为横风向自由度的大幅度振动。涡振(涡激共振)是由结构两侧交替产生漩涡脱落引起,表现为限幅振动,发生于特定的风速区间。这是斜拉桥主梁和悬索桥加劲梁在低风速下很容易发生的一种风致振动现象。尽管涡振是一种限幅振动,但由于在低风速下就可发生,当振幅较大时会影响结构的强度和疲劳及行车舒适性。另外,涡激振动发生在斜拉桥斜拉索和悬索桥的吊索上也有发生。抖振是由紊流或风速脉动成分引起的强迫振动,由于紊流风场的随机性,抖振属于随机振动范畴。

发散的自激振动会对桥梁的安全性造成潜在威胁,如美国风毁的旧塔科马桥就是发生了分离流扭转颤振。仅发生限幅的强迫振动,也会对桥梁的耐久性造成影响,如吊索涡振引起的疲劳破坏。

桥梁拉索是将主梁结构的重量和所受外载荷传递到主塔塔柱上的重要构件。然而,由于风致振动导致斜拉索破坏的事例层出不穷,关于拉索风致振动类型,一般认为主要有涡激振动、尾流驰振、参数振动、抖振及风雨激振五种。

除成桥状态外,施工状态桥梁的风致响应问题也值得关注。对于大跨径悬索桥,尤其是施工状态时,颤振是主要问题,涡振是次要问题;对于大跨径斜拉桥施工状态抖振是主要问题,斜索的参数共振和风雨激振又是该类型桥梁所特有的振动,而颤振现象并不常见。

2) 风致振动分析方法简介

风对结构的作用是一个复杂的空气动力现象。按通常做法,风荷载被分解为平均风速引起的静风荷载、脉动风引起的抖振力和流固耦合引起的自激力三部分来计算,然后叠加在桥梁结构上。现有的抖振时域分析方法通常采用如此做法,与现行的抗风规范和风振理论保持一致。涡激振动在主梁、拉索和桥塔上等构件上时有发生,涡激力只在发生涡激振动现象时出现,现有的颤抖振分析方法中一般不考虑涡激力。

(1) 静风荷载计算。

在平均风作用下,假定结构保持静止不动,或有轻微振动,但不影响空气的作用力,即只考虑定常的空气作用力,成为风的静力作用。在平均速度为 U 的均匀流场中,主梁单位展长的静风荷载包含三个分量:升力 L、阻力 D 和升力矩 M(图 4-42)。

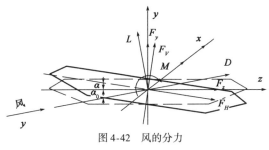

图 4-42 风的分力

三个分力可由下式计算:

$$L_{st} = \frac{1}{2}\rho U_m^2 C_L(\alpha_0)B$$
$$D_{st} = \frac{1}{2}\rho U_m^2 C_D(\alpha_0)B \quad (4\text{-}122)$$
$$M_{st} = \frac{1}{2}\rho U_m^2 C_M(\alpha_0)B^2$$

式中:L_{st}、D_{st}、M_{st}——单位桥长的升力、阻力和力矩;

C_L、C_D、C_M——主梁风轴各方向的阻力、升力和力矩系数,由节段模型风洞试验得到;

α_0——平均风攻角(一般为0);

B——桥面宽度;

U_m——平均风速。

(2) 抖振计算。

桥梁结构的抖振现象可大致分为三类,即结构物自身尾流引起的抖振、其他结构物特征紊流引起的抖振和大气紊流引起的抖振。通常所说的桥梁抖振分析理论主要是对大气中紊流引起的抖振而言的。近40多年来,国内外学者对大气紊流引起的桥梁结构抖振响应进行了大量的研究,概括起来主要有三种:Davenport 抖振理论、Y. K. Lin 随机抖振理论、Scanlan 颤抖振理论。达文波特上(Davenport)于20世纪60年代首次将概率的方法应用到桥梁结构的抖振问题分析中,开辟了桥梁气动弹性研究的新领域,成为至今研究抖振现象的主要方法之一。由于自然风场的非定常性,Davenport在1962年又提出了气动导纳的概念来修正其按准定常气动力模型计算的误差,Davenport的准定常抖振力模型可表示如下(不包括平均静风力):

$$L(t) = \frac{1}{2}\rho U^2 B \left[2C_L(\alpha_0)g\frac{u(t)}{U} + \frac{dC_L}{d\alpha}\bigg|\alpha = \alpha_0 g\frac{\omega(t)}{U} \right]$$

$$D(t) = \frac{1}{2}\rho U^2 B \, C_D(\alpha_0) u(t) \qquad (4\text{-}123)$$

$$M(t) = \frac{1}{2}\rho U^2 B \left[C_M(\alpha_0)g 2\frac{u(t)}{U} + \frac{dC_M}{d\alpha}\bigg|\alpha = \alpha_0 g\frac{\omega(t)}{U} \right]$$

将桥面运动按振型分解,可得到三个方向上第 r 阶振型的广义动力抖振力功率谱。

Davenport为了修正准定常气动力的非定常性,引入了气动导纳函数,为了修正某阶振型空气力的跨向相关性,引入了联合接受函数,但它将自激力仅考虑气动阻尼的影响而忽略了气动刚度的影响和气动耦合效应。对于竖向和侧向运动这样的简化误差不大,但对于扭转及风速较大时的耦合运动,这种简化有很大的局限性。为此,斯坎佗Scanlan于1977年提出了考虑结构自身运动引起的自激力以及自然风产生的抖振外力同时作用下的颤抖振分析理论,特别强调了自激力在抖振中的参与效应。Scanlan根据准定常气动力理论用如下表达式来描述作用在桥梁上的抖振力(含平均风力):

$$\frac{L(t)}{\frac{1}{2}\rho U^2 B} = C_L(\alpha_0)\left[1 + 2\frac{u(x,t)}{U}\right] + \left[\frac{dC_L}{d\alpha}\bigg|\alpha = \alpha_0 + \frac{A}{B}C_D(\alpha_0)\right]\frac{\omega(x,t)}{U}$$

$$\frac{D(t)}{\frac{1}{2}\rho U^2 B} = C_D(\alpha_0)\frac{A}{B}\left[1 + 2\frac{u(x,t)}{U}\right] \qquad (4\text{-}124)$$

$$\frac{M(t)}{1/2\rho U^2 B} = \left[C_M(\alpha_0) + C_D(\alpha_0)\frac{Ar}{B}\right]\left[1 + 2\frac{u(x,t)}{U}\right]\left(\frac{dC_M}{d\alpha}\bigg|\alpha = \alpha_0\right)\frac{\omega(x,t)}{U}$$

Scanlan求解抖振的思路主要还是频域分析,其中自激力处理为气动刚度和气动阻尼,其余计算方法与Davenport相同,都是通过振型分解,求得各阶振型的反应谱,再叠加求得总体的反应谱。Scanlan的抖振分析理论较为全面地考虑了自激力的作用,但未考虑气动导纳函数的影响,其结果通常偏于保守。Davenport和Scanlan分析理论都是将气动力表达为风速、阻力系数或气动导数等参数的组合,这些参数目前都是由风洞试验提供。

Y. K. Lin提出了将自激力统一表示为脉冲响应函数的卷积(Duhamel积分)表达形式,其余求解过程与Scanlan理论相似,但他运用了较多随机振动中的理论,显得有些复杂。且Y. K. Lin主要研究的是临界风速附近紊流响应的随机稳定性问题,对于远离临界风速的抖振响应问题讨论较少,主要通过数学和随机振动理论变换来求解问题,较少从试验角度来考查。

上述做法是先得到三个方向的抖振力功率谱,形成桥梁上各点之间抖振力的互谱密度矩阵,再运用多变量随机过程模拟方法获得抖振力的时程样本,再进行抖振时程分析。这种方法可以称为抖振力谱法。

$$S_M^*(\omega) = \frac{1}{1 + \dfrac{\pi\omega B}{U}} S_M(\omega) \tag{4-125}$$

现将分别定义为等效水平脉动风速谱和等效竖向脉动风速谱。

桥梁抖振响应是一个十分复杂的现象,精确计算抖振响应是很困难的。理论分析和现场实测均表明,桥梁抖振响应中最低几阶振型起主要作用,高阶振型的贡献很小,气动耦合的影响也不明显,因此,对于侧向水平弯曲振型、竖向弯曲振型或以扭转为主的振型等各种情况,可近似地取前几阶对称振型和反对称振型单独估算其抖振响应,然后进行叠加。这种分析法和地震中的反应谱法有类似之处,称为桥梁抖振反应谱的计算方法。《公路桥梁抗风设计规范》(JTG/T 3360-01—2018)采用这种方法,以 Scanlan 的抖振理论为框架,并根据 Davenport 的理论引入气动导纳函数修正抖振力谱,计入了背景响应,可以供工程实例分析和比较。

同时在进行桥梁抖振分析时,平均风引起的流体与结构之间的相互作用力自激力是不容忽视的。由于自激力的存在,结构上附加了气动阻尼和气动刚度,结构的总阻尼特性和振动频率将随之发生变化。随着风速的提高,这种改变也就越显著,直接影响到抖振响应的大小。

(3)颤振计算。

桥梁颤振为桥梁结构在均匀气流中受到空气动力、弹性力和惯性力的耦合作用而发生的大幅度振动,它可能导致桥梁倒塌。发生颤振的必要条件是:桥梁结构上的瞬时流体动力与弹性位移之间有相位差,因而使桥梁结构有可能从气流中吸取能量而扩大振幅。对于一般性的桥梁,可以通过现行《公路桥梁抗风设计规范》(JTG/T 3360-01—2018)采用桥梁颤振稳定性指数来衡量桥梁颤振安全性。指数越大,桥梁结构对抗风的要求就越高,为满足要求就要进行较详细的分析、试验,甚至增设抗风措施。

颤振是流固相互作用下结构的一种发散性自激振动。大跨径桥梁属于轻柔细长结构,风对桥梁结构的作用近似满足片条假定,其颤振性能可以通过节段模型试验来研究。颤振分析方法经历了从简单到复杂、从解析方法到数值计算、从频域到时域的发展过程。分为古典耦合颤振理论、分离流颤振理论、二维颤振分析方法、三维颤振分析方法等。如图4-43所示。

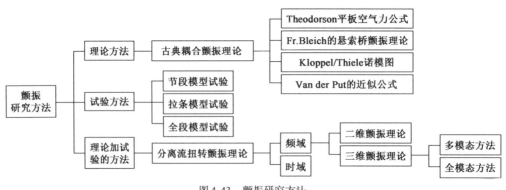

图 4-43 颤振研究方法

(4)驰振计算。

驰振一般发生在正方形、矩形、直角形等复杂不规则的非流线型截面的结构中。驰振产生的机理是由于升力曲线具有负斜率,所以使得空气升力具有负阻尼作用,从而使结构能够源源不断地从外界吸收能量,从而形成类似颤振的发散振动现象。尾流驰振是一定距离内的并列结构或构件在上游结构或构件的尾流诱发下,下游结构或构件产生的一种驰振现象。比如,斜拉桥的并行拉索容易发生尾流驰振。驰振是由负阻尼所引起的发散性弯曲自激振动。这种负阻尼使得振动过程中结构的位移始终与空气力的方向相一致,结构不断从外界吸收能量,从而形成不稳定振动。驰振一般发生在具有棱角的非流线型截面的柔性轻质结构中,目前其控制措施主要是以气动控制为主,通过改变桥梁断面形状达到提高驰振临界风速的目的。

《公路桥梁抗风设计规范》(JTG/T 3360-01—2018)规定:钢主梁、斜拉桥的钢结构桥塔当宽高比 $B/H<4$ 的情况下,应验算它们在自立状态下的驰振稳定性。

(5)风洞试验。

风洞试验是目前研究桥梁抗风问题最有效的方法。在塔科马大桥风毁事故后,华盛顿大学的法夸尔森(Farquharson)教授等针对塔科马桥进行了一系列风洞试验。他先是通过全桥模型试验来观察塔科马旧桥的风致振动情况,并找到了塔科马桥风毁的原因。然后,对计划新建的塔科马桥的抗风问题通过风洞试验进行验证,最终通过风洞试验方法,采取针对性的措施消除了塔科马新桥的这种破坏性振动。

风洞试验在新塔科马大桥上取得的成功给美国带来了大跨径桥梁事业的第二次高潮。1957年,美国建成了跨径为1158m的麦金纳克大桥;1964年,维拉扎诺大桥建成,其跨径达到1298m,甚至超出金门大桥18m。随后,世界各国相继出现通过风洞试验来研究大跨径桥梁的抗风问题。20世纪60年代,英国修建了福斯公路桥(主跨1006m)和塞文桥(主跨998m),这两座悬索桥所采用的加劲梁截面正是通过风洞试验验证后才加以应用的。尽管在斜拉桥的发展史上,西德属于先行者,但起初并没有十分在意斜拉桥的抗风设计,而仅采用 Kloppel 关于颤振临界风速的经验公式来进行验算。直到法国的圣·纳泽尔桥和丹麦的法罗桥相继出现风致振动问题后,风洞试验被认为是进行斜拉桥抗风研究必不可少的工具。

我国风洞试验的发展起步较晚,很长一段时间国内没有专门的用来进行桥梁风致振动研究的风洞实验室,大多数桥梁抗风研究均采用航空领域的风洞实验室来进行相关研究。直到20世纪90年代,我国多所高校先后建造了专门服务于桥梁抗风研究的风洞实验室。经过各校的不懈努力,使得我国的结构抗风研究成为国际风工程协会的重要力量。

3)悬索桥抗风设计要求

(1)抗风计算应符合如下规定:

抗风计算应按照索塔自立状态、加劲梁安装阶段和结构成桥状态三种状态来进行。

抗风计算应包括设计风速,风荷载,动力特性,抗风稳定性,风振响应等计算和验算。结构风致响应应采用模型风洞试验结果或数值计算结果。

抗风稳定性应包括加劲梁或主塔静风稳定性,驰振稳定性和颤振稳定性;风振响应应包括加劲梁或主塔涡振和抖振以及吊索振动等响应。

抗风计算可按表4-5规定选用结构阻尼。

结构阻尼 表4-5

加劲梁类型	阻尼比	对数衰减率
钢箱梁	0.002~0.004	0.013~0.025
钢桁梁	0.003~0.005	0.019~0.031
钢-混凝土组合梁	0.005~0.008	0.031~0.050
钢筋混凝土箱梁	0.010~0.015	0.063~0.094

(2）风荷载包括平均风作用、脉动风背景作用和结构惯性动力作用，其计算应符合下列规定：

平均风作用应按《公路桥梁抗风设计规范》(JTG/T 3360-01—2018)的有关规定计算；脉动风背景作用和结构惯性动力作用应基于模型风洞试验或数值计算结果确定。

(3）索塔自立状态抗风计算应符合下列规定：

应按《公路桥梁抗风设计规范》(JTG/T 3360-01—2018)的有关规定进行驰振稳定性验算；应进行涡激共振振幅计算。

自立状态进行驰振稳定性验算的索塔包括：钢筋混凝土索塔、钢索塔以及钢-混组合索塔。

(4）加劲梁安装阶段抗风计算应满足下列要求：

应按《公路桥梁抗风设计规范》(JTG/T 3360-01—2018)的有关规定进行施工阶段静风稳定性、驰振、颤振稳定性验算。

(5）结构成桥状态抗风计算应满足下列要求：

应按《公路桥梁抗风设计规范》(JTG/T 3360-01—2018)的有关规定进行成桥状态静风稳定性验算、颤振稳定性验算；

必要时加劲梁应采用大比例刚体节段模型风洞试验方法确定涡激共振振幅和相应锁定风速，并应满足行车安全、结构疲劳和使用舒适度等要求；

必要时应采用全桥气弹模型风洞试验方法确定抖振响应，并应满足结构安全和疲劳等规定要求。

4）斜拉桥抗风设计要求

同样作为大跨桥梁结构形式之一，斜拉桥抗风设计与悬索桥设计有很多相似之处。具体可按《公路桥梁抗风设计规范》(JTG/T 3360-01—2018)的有关规定执行，但需特别注意以下要求：

对主跨大于 800m 的斜拉桥，除按照《公路桥梁抗风设计规范》(JTG/T 3360-01—2018)计算静风稳定临界风速外，尚应进行考虑几何非线性及气动力非线性效应的静风稳定性分析，必要时可通过全桥气动弹性模型试验进行检验。

具有以下特征的结构或构件应进行驰振稳定性检验：宽高比小于 4 的钢主梁；钢桥塔；断面驰振力系数小于 0 的钢构件；受积冰或积雪影响的斜拉索和钢主梁。

当斜拉索的中心距介于 2~20 倍直径时，宜进行尾流驰振检验。

成桥状态下的双塔斜拉桥可按对称扭转基频检验颤振稳定性；当结构复杂或扭转振型难以辨识时，宜将通过振型分析确定扭转振型及其频率并进行颤振稳定性的检验。

斜拉桥宜针对最大双悬臂和最大单悬臂等关键施工阶段进行静风稳定性、驰振稳定性与颤振稳定性的检验。

当斜拉桥主跨跨径 L 在 $100m \leq L < 400m$ 范围时，宜利用节段模型风洞试验或虚拟风洞试验进行涡激振动检验；主跨跨径大于 400m 后，应利用节段模型风洞试验或虚拟风洞试验进行涡激振动检验；如果跨径大于 800m，必要时可通过比例不小于 1:30 的节段模型风洞试验进一步检验其涡激振动。

斜拉索应检验参数振动、线性内部共振、涡激共振、风雨激振等风致振动发生的可能性，必要时应采取相应的控制措施。如当斜拉索索端激励为拉索固有频率 2 倍时，应进行斜拉索参数共振响应的检验；当斜拉索索端激励为拉索固有频率接近或一致时，应进行斜拉索线形内部共振响应的检验等。

复习思考题

4-1 什么是柔性索？什么是劲性索？

4-2 柔性索平衡方程建立的基本假定有哪些？

4-3 推导柔性索在竖向与水平分布荷载下的平衡方程。

4-4 讨论柔性索的边界条件。

4-5 如果没有水平方向荷载作用，柔性索的受力有什么特点？

4-6 什么样荷载作用下柔性索的线形为抛物线？什么荷载作用下，柔性索的线形为悬链线？

4-7 单位长度的集度荷载相等，跨径相等，跨中矢高相等，抛物线与悬链线是什么关系？简图示意。

4-8 给出柔性索索力水平分力的计算公式。

4-9 简述荷载沿跨径任意分布时索的线形计算方法。

4-10 已知索上固定点、中间任一点的坐标和对应的索上作用荷载，求索的张力和线形、索长及无应力长度的方法。

4-11 分段悬链线的基本原理是什么？

4-12 对于直吊索，分段悬链线计算的三条迭代计算条件是什么？

4-13 给出索长计算的公式推导。

4-14 给出索长增量与矢高增量的关系式。

4-15 悬索桥主缆设计时，要考虑哪些恒载与活载？

4-16 加劲梁的恒载包括哪些部分？主缆自重按什么面积计算？

4-17 车道折减系数是否大于1？为什么要考虑长度折减系数？

4-18 对于索结构，恒载状态已知，活载作用下的计算如果考虑变形影响，能否靠平衡条件就能计算出恒载与活载共同作用下的内力与变形？如果不能，需要增加什么条件？

4-19 采用微小变形理论，不考虑结构变形影响，活载作用于加劲梁上，活载引起的吊索力沿跨径如何分配？

4-20 与微小变形理论相比，挠度理论平衡方程的建立状态有什么不同？

4-21 写出加劲梁微小变形理论和挠度理论的平衡微分方程，说明两者的差异。

4-22 简述挠度理论的变形相容方程的物理意义。

4-23 有限位移理论考虑的几何非线性因素包括哪几方面？

4-24 垂度效应与斜拉索的索力是什么关系？索力越大，索的等效弹性模量越小吗？

4-25 $P\text{-}\Delta$ 效应和 $P\text{-}\delta$ 效应分别指什么？简图示意说明。

4-26 简述有限元模型的离散原则。

4-27 对于梁、塔构件，建立模型时单元的节点位置可取在构件的任意位置吗？

4-28 支座的约束位置应建立在构件的形心位置吗？

4-29 桥塔底或墩底是否可一律按固结进行分析？

4-30 对于大跨径缆索承重桥梁，其恒载的分析与活载一样，将荷载直接作用在所建立的有限元模型上进行计算即可？

4-31 悬索桥合理成桥状态,对塔、主缆、吊索和梁分别有什么要求?
4-32 如何确定悬索桥主缆的成桥线形?
4-33 斜拉桥的合理成桥状态的基本要求是什么?
4-34 确定斜拉桥主梁的恒载状态有哪几种方法?
4-35 给定简单的斜拉桥结构,确定指定状态的内力。
4-36 列举斜拉桥恒载内力优化的无条件优化方法和有条件优化方法。
4-37 简述零位移法和零支反力法计算斜拉桥恒载内力的思路。
4-38 简述内力平衡法的基本思路。

第5章
缆索系统的构造与设计

悬索桥的主缆、吊索、索夹、主索鞍、散索鞍和主缆锚固连接件等,构成悬索桥的缆索系统,是悬索桥与其他类型桥梁完全不同的部分;斜拉索是斜拉桥的重要承力构件。悬索桥的主缆和吊索,斜拉桥的斜拉索都由高强度钢丝材料构成,都需要设置锚固件,具有较多的共同点。本章将悬索桥的缆索系统和斜拉桥的斜拉索放在一起介绍,详细介绍缆索系统中各构件的性能、受力特点、构造要求、设计和计算要点。

5.1 概 述

缆索承重桥梁主要由缆索系统、锚固系统、桥塔、梁及附属结构五大部分组成。图5-1是典型的缆索承重桥梁的各构件名称及位置示意,下面以斜拉—悬吊组合体系桥为例,说明缆索承重桥梁的结构组成部分。

主缆(cables)是以索塔及支墩为支承,承受拉力,两端锚固并传递拉力于锚碇,通过吊索连接加劲梁的缆索结构。

主塔(towers,main towers,pylon)用于支承缆索并将荷载作用传给主墩或者下部的高耸结构。一般在恒载作用下,桥塔主要以承受压力为主,在活载作用下,需要能承受压力和弯矩,多数情况下为小偏心构件。

主墩(main pier)用以支承塔和梁的荷载,并将荷载通过地基传给基础。大跨径桥梁的塔和墩一般是固结的,也有少数是分离的。

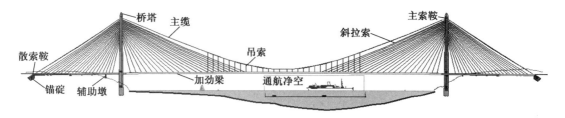

图5-1 斜拉-悬吊组合体系各部分名称及位置

辅助墩(auxiliary pier),又称拉力墩或锚固墩。为了主跨结构刚度不受边跨主梁挠曲的影响,往往在边跨拉索的锚固点设置联杆与下部支墩相连。这样索力的垂直分力所产生的拉力可直接由支墩承受。

过渡墩(pier,transition pier),从主桥到引桥的交界墩。

锚碇(anchorages)是锚固主缆索股,承受缆力,并将缆力传到地基或岩体中的结构。

梁(girders,suspended deck,suspended structures)为缆索承重桥梁的跨越结构,是直接承受汽车荷载、人群荷载并传递给索、桥塔和支墩的梁体结构。

索夹(cable bands)是紧箍主缆并连接主缆与吊索的构件。主缆和吊索的连接一般采用具有一定刚性的索夹把主缆箍紧,使主缆在受拉产生收缩变形时也不致滑动。

索鞍(cable saddles)是支承缆、使缆平顺地改变方向并在主缆锚固以前对各索股进行分散的构件。

吊索(hangers,suspenders)是连接主缆与梁的构件,在活载下为梁提供支承。

斜拉索(stay cables)是连接桥塔与梁的构件,活载下为梁提供弹性支承。

5.2 主缆构造与设计

5.2.1 主缆材料及要求

主缆一般为缆索承重桥梁的主要构件,悬挂于塔顶,端部锚固于两个锚碇,由平行钢丝或钢丝绳组成。主缆还要与其他构件相连,以承受由其他构件传递的荷载。

现代缆索承重桥梁的主缆有钢丝绳主缆和平行钢丝主缆,前者一般用于中、小跨径的缆索承重桥梁,后者主要用于主跨跨径在500m以上的大跨缆索承重桥梁。一般对主缆有以下要求:

(1)单位有效截面面积的拉力强度大;
(2)截面密度大;
(3)结构延伸率大;
(4)弹性模量大;
(5)疲劳强度大,蠕变小;
(6)容易运输,易于架设;
(7)锚固和防锈容易;

(8)价格便宜。

构成钢丝绳及平行钢丝索股的钢丝,由硬钢丝或钢琴丝冷拉制成,并且为了提高拉力强度也采用油淬火的热处理钢丝。除封闭式钢绞线索外,对冷拉钢丝进行熔镀锌,这样可以防腐蚀并提高钢丝的延伸率和韧性。熔镀锌后拉力强度一般约降低10%,但是延伸率比镀锌前增加2~3倍。

1) 钢丝绳

钢丝绳一般分为螺旋型及绳股型。作为缆或者拉索用的钢丝绳须具有下列特性:

(1)不允许使用麻芯绳;

(2)为了消除结构延伸,必须预张拉消除非弹性变形;

(3)要保证钢丝绳的回扭性小;

(4)除了如封闭式钢丝绳种特殊情况外,对钢丝必须施加熔镀锌。

钢丝绳由钢丝捻成股,然后再由股捻成绳。作为主缆的钢丝绳一般都是七股绳。每股的丝数可为7、19、37、61、91和127等,丝捻成股的捻向与由股捻成绳的捻向相反,如图5-2a)所示,捻角在18°左右。钢丝绳的弹性模量低,一般股的弹性模量是丝的0.85,绳的弹性模量又是股的0.85,单位有效截面积的抗拉能力及截面密度均小;且绳在第一次张拉时,永久伸长量显著,下料前应预拉,必须全部预施应力,预应力的荷载应为破断力的1/2,并持续2h。

防止钢丝锈蚀的办法,除了采用熔镀锌的钢丝外,还可以在钢丝绳的空隙中填充红铅油、地沥青,也可在钢丝绳外加一层柔性或刚性索套。闭合型钢丝绳的截面呈梯形、Z形,可使绳面光滑和防水,截面密实,如图5-2b)所示。

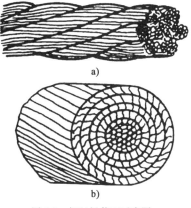

图5-2 钢丝绳截面示意图

总的说来,用钢丝绳制成缆索时,受吊运限制,绳的截面不能太大,而将若干绳扎成缆时,难以实现紧密排列,弹性模量较低,因此这种钢丝绳一般只用于小跨径桥的主缆。

2) 平行钢丝索股

由于大跨径缆索承重桥梁跨径大、内力大,所需的钢丝束数目很多,为了减少主缆直径和提高弹性模量,常采用平行钢丝组成索股,然后由若干索股组成密实的平行钢丝主缆。主缆用镀锌高强钢丝直径宜在5.0~6.5mm范围内选用,钢丝公称抗拉强度不宜小于1670MPa。采用预制平行索股法(PPWS法)架设主缆时,索股中的钢丝数量通常采用91丝、127丝等。主缆索股应尽可能排列成正六边形,若有困难,则可在顶层增加或减少若干根索股。由平行钢丝束组成的主缆,各钢丝平行,因此各钢束受力较为均匀,这种主缆可做成圆形、方形、六边形等形式,通过一定的施工过程,可以保证截面的紧密和截面的形式。

平行钢丝主缆根据架设方法分为空中纺丝法(AS法)和预制平行索股法(PPWS法)。前者是在施工现场通过移动的纺轮在空中编制而成,后者是预先在工厂按规定的根数及长度集束绕卷起来,然后运到工地进行张挂架设。

平行索股主缆具有以下优点:

(1)弹性模量大;

(2) 截面内的应力分布非常均匀;
(3) 单位有效截面积的拉力强度与其他形式相比为最大,疲劳强度也大;
(4) 索夹的设计容易,与此同时主缆的附件也可以小些;
(5) 中跨跨径在 500m 以上时,工费比其他形式便宜。

平行索股主缆也有以下缺点:
(1) 二次弯曲应力稍大;
(2) 主缆的架设工期长;
(3) 因为钢丝的长度有限,采用空中纺线法施工时,必须形成特殊的钢丝接头。

二次弯曲应力稍大是由于主缆的弹性模量 E 较大,根据 $\sigma = E\varepsilon$,则在应变 ε 相同时将产生较大的应力 σ。

对于平行索股主缆,一般是将平行钢丝索股夹紧捆成六角形状,再将主缆截面整形成为圆形后捆扎。PPWS 法施工时应在每根索股上方设置索股基准丝,它用于标定长度。在正六边形顶点设一根着色丝,以检查索股的扭转情况。索股沿长度方向每隔 2~4m 应设置一道定型绑扎带,各索股的定型绑扎带应错开布置。索股截面如图 5-3 所示。

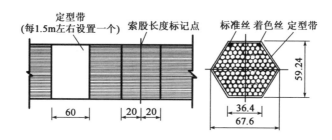

图 5-3 索股截面构造图(尺寸单位:mm)

5.2.2 主缆截面构成

主缆内索股的配置形式一般为正六角形,可分为平顶形、尖顶形或方形三种,如图 5-4 所示。平行索股主缆常采用容易在鞍座内搁置的平顶形状,而在不捆扎的小规模桥梁及用封闭式钢丝绳的缆索承重桥梁中,因要考虑主缆的排水,所以绳股的纵列放置形状为尖顶形状。

平行索股主缆的索股排列成六角形后,在六角形顶点上放置千斤顶,同时配好夹具,便可进行夹紧,夹紧后绳股的变形如图 5-5a) 所示。钢丝绳主缆可以排成其他形状,如图 5-5b)、图 5-5c) 所示。如图 5-6 所示为虎门桥主缆横截面构造。

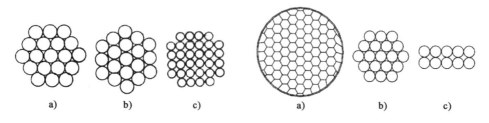

图 5-4 主缆内索股的排列　　　　图 5-5 成形后主缆的形状

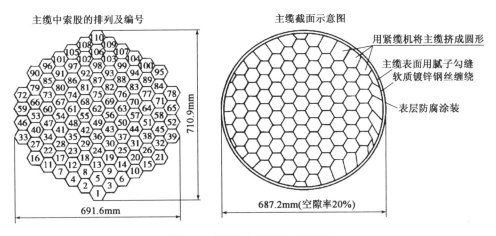

图 5-6 虎门桥主缆横截面构造图

5.2.3 主缆空隙率及截面尺寸计算

在设计索夹时,要考虑主缆截面的空隙率,其值可按表 5-1 取用。其中空隙率 =(主缆截面面积 – 钢丝截面面积)/主缆截面面积。

主缆设计空隙率表(%) 表 5-1

架 设 方 法	一般截面空隙率	索夹内截面空隙率
PPWS 法	18~20	16~18
AS 法	19~22	17~20

5.2.4 主缆截面防腐

1)传统防护系统

传统的主缆防腐方案如图 5-7 所示。为防止外力损伤及锈蚀,主缆挤压成形后,以防锈腻子嵌缝后用镀锌软钢丝密缠包扎,并与外面的涂层构成主缆的防护体系,即"防腐腻子 + 缠绕钢丝 + 外防护涂层"的方法。

2)现代抽湿防护系统

传统防腐技术是对主缆表层进行密封,隔绝内外水汽交换,从而实现延缓腐蚀速度的目的。日本工程师在明石海峡大桥开发出一种 S 形截面的缠绕钢丝代替圆断面的钢丝,如图 5-8 所示,这样可使主缆表面光滑,丝丝相扣,油漆不易开裂,水不能渗入;但 S 形缠丝不能解决施工期间已渗入的水对钢丝的腐蚀作用,为此日本工程师将钢箱梁抽湿的原理应用到主缆防护上,开发了另一种新方法——干空气导入法防腐系统:将除湿机产生的干燥空气用管道输送,通过入口索夹输入主缆,经出口索夹排出主缆,形成了主缆抽湿防护系统。

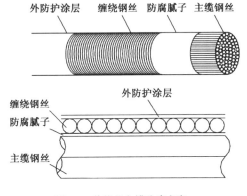

图 5-7 传统的主缆防腐方案

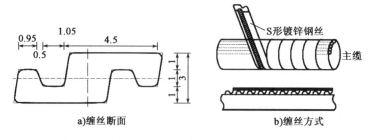

图 5-8 S 形缠丝断面及缠丝方式示意图(尺寸单位:mm)

国内首先在江苏润扬长江公路大桥主缆防护体系采用 S 形缠丝加装送干燥空气除湿系统,可有效地除去主缆空隙中的水分,维持主缆内部空气相对湿度在 40% 以下,从而达到防腐的目的。

S 形钢丝加外涂装的保护层,其气密性比较差,因此近几年开发了外层缠包体系系统,可通过圆形钢丝缠丝加外缠包系统再加抽湿的方式进行主缆防腐保护。由于系统的气密性由外层缠包系统提供,因此内部的缠丝作用主要是保持主缆形状,也可以采用其他方式代替,从而省去缠丝层。

5.2.5 主缆截面验算

1) 设计弹性模量的取值

准确选取主缆的弹性模量,对悬索桥设计至关重要。主缆索股预制和安装、成桥线形控制、内力和变形计算均与弹性模量有直接关系,一般钢丝的弹性模量是 2.0×10^5 MPa,而主缆的弹性模量取值偏小一点,一般取 $1.95 \times 10^5 \sim 1.98 \times 10^5$ MPa。

2) 安全系数的确定

主缆设计时,一般通过安全系数来限定材料允许应力的取值,过去按《公路悬索桥设计规范》(报批稿)设计,要求安全系数不宜小于 2.5。选取适当的值作为主缆的安全系数,既保证结构的安全,又兼顾经济合理,是降低悬索桥材料用量的关键。国内外一些已建悬索桥主缆的安全系数如表 5-2 所示。

已建悬索桥主缆的安全系数　　表 5-2

桥　名	施工方法	抗拉强度(MPa)	容许应力(MPa)	安全系数
维拉扎诺桥	AS	1517	600	2.53
金门大桥	AS	1517	565	2.68
麦金纳克海峡大桥	AS	1550	575	2.69
乔治·华盛顿桥	AS	1517	565	2.68
关门桥	PWS	1600	560	2.86
布朗克斯白石大桥	AS	1600	595	2.69
沃尔特·惠德曼大桥	AS	1580	577	2.74
威廉姆斯堡桥	AS	1400	353	3.97
布鲁克林桥	AS	1125	330	3.41
曼哈顿桥	AS	1520	420	3.60

续上表

桥　　名	施工方法	抗拉强度(MPa)	容许应力(MPa)	安全系数
罗伯特·肯尼迪大桥	AS	1550	578	2.68
塞文桥	AS	1544	709	2.18
博斯普鲁斯海峡大桥	AS	1570	687	2.28
博斯普鲁斯海峡第二大桥	AS	1670	700	2.39
福斯公路桥	AS	1544	618	2.50
新港大桥	PWS	1551	586	2.65
旧金山大桥	AS	1517	565	2.68
明石海峡大桥	PWS	1800	820	2.2
广东虎门大桥	PWS	1600	600	2.67
江阴长江大桥	PWS	1600	623	2.57
厦门海沧大桥	PWS	1600	608	2.63

注：AS-空中纺制法(平行索股缆)，PWS-预制平行索股法。

表5-2表明，早期主缆安全系数用得比较大，英国修建塞文桥时将安全系数降低到2.2左右，日本明石海峡大桥采用1800MPa高强镀锌钢丝，考虑到活载比例不超过总荷载的10%，因此将安全系数降低到2.2。我国设计的悬索桥主缆的安全系数一般都是控制在2.5以上。

目前执行的《公路悬索桥设计规范》(JTG/T D65-05—2015)采用抗拉强度设计值和荷载系数法设计。表5-3为规定的缆索系统钢丝抗拉强度设计值，荷载系数则根据《公路桥涵设计通用规范》(JTG D60—2015)取值。在新的计算方法中，根据恒活载所占比例的不同，用安全系数的方法来评价，其安全系数在2.3~2.5之间。

缆索系统钢丝抗拉强度设计值　　表5-3

抗拉强度标准值f_k(MPa)	抗拉强度设计值f_d(MPa)
1570	850
1670	900
1770	955
1860	1005

注：表列抗拉强度设计值，当用于骑跨式吊索时应乘以折减系数0.63；当用于销接式吊索时应乘以折减系数0.83。

3) 主缆应力验算

利用有限位移非线性结构计算程序，计算得到在控制工况下的主缆最大应力，根据选用的主缆技术参数，按照公式(5-1)计算主缆的安全系数：

$$K_c = \frac{\sigma_b}{\sigma} \tag{5-1}$$

式中：σ_b——主缆钢丝的公称抗拉强度(MPa)；

σ——主缆钢丝的计算应力(MPa)；

K_c——主缆钢丝的安全系数，一般取值为2.2~2.5。

5.3 吊 索

5.3.1 吊索材料及要求

吊索是悬索桥上用来直接传递拉力的构件,一般只在端部与其他构件相连。

对于吊索来说,防止疲劳失效和保证有效的防腐是设计时必须重点考虑的两个方面。对吊索有以下要求:

(1)高度的承载能力;
(2)稳定的高弹性模量;
(3)紧密的横截面;
(4)高疲劳强度;
(5)容易防腐;
(6)容易操纵(搬运、储存等)和安装,价格便宜。

吊索在构造上可分为刚性索和柔性索两大类。早期采用的钢索有:平行钢筋索、卷制钢绞线索、卷制钢丝索、封闭式卷制钢索;目前多采用平行钢丝索、钢丝绳索、钢绞线索和碳纤维拉索。每一根拉索都包括索体和锚具两大部分。索体承受拉力,设置在钢索两端的锚具传递拉力。钢索作为吊索的主体,必须用高强度钢筋、钢丝、钢丝绳、钢绞线或碳纤维制作。

1) 钢丝绳吊索

拉索用钢丝绳与主缆用钢丝绳的技术要求一样,这里不再赘述。钢丝绳吊索主要有封闭式钢丝绳和螺旋形钢丝绳拉索。

(1)封闭式旋扭钢丝绳。

封闭式旋扭钢丝绳(Locked Coil Rope,简称 LCR)的核心部分由多层圆形钢丝组成,在它的外面有若干层梯形钢丝,再外面有若干层 Z 形钢丝。Z 形钢丝彼此侧向紧扣,形成封闭状态。此种拉索的截面紧密,空隙率很小,表面光滑,因此可以在鞍座中承受较高的侧压力且易于涂漆防护,可以用作小跨缆索承重桥梁的主缆。

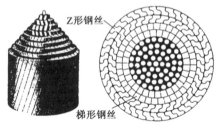

图 5-9 封闭式旋扭钢缆

图 5-9 为其横截面的一个实例。从图中可以看出:相邻各层钢丝的旋扭方向是相反的。由于扭绞的关系,封闭式旋扭钢缆的抗拉强度和弹性模量比平行钢丝索略低些,但截面空隙率一般仅 0.10~0.14。

(2)螺旋形旋扭钢丝绳。

螺旋形钢丝绳(Spiral Rope,简称 SR)由各层圆形镀锌钢丝绕心丝扭转而成。相邻一层的扭转方向相反,用以抵消张拉时的扭矩。图 5-10 为螺旋形拉索绳的横截面实例。螺旋形钢缆绳比较柔软易于架设,但同样由于旋扭的关系,抗拉强度与弹性模量有所降低。此种拉索的截面空隙率较大,一般为 0.23~0.25。

如图 5-11 所示为两种用于吊索的钢丝绳,左边的是股芯式钢丝绳,它是由 7 股 19 丝钢丝束扭绞而成的。右边的是绳芯式钢丝绳,由位于中央的一股钢丝绳做绳芯,外围再用 6 股由 7 丝或 19 丝或 37 丝扭绞组成的钢丝束扭绞而成。

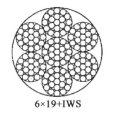
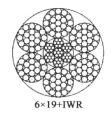

图 5-10 螺旋形钢丝绳的横截面

图 5-11 钢丝绳

国内设计悬索桥时,通常选用优质钢丝绳作为吊索钢丝绳,在优质钢丝绳中没有满足直径要求的规格时,可选用粗直径的钢丝绳。在钢丝绳吊索距离主缆 1.5m 左右的位置,设置夹具将骑跨过主缆的钢丝绳夹紧。

2) 钢丝吊索

(1) 平行钢索股索。

平行钢索股索(Parallel Wire Strand,简称 PWS)是将一定根数的镀锌钢丝平行地捆扎成股,每根钢丝都是顺直而无扭转的,股索的截面为六角形。PWS 索的弹性模量与单根镀锌钢丝相同,可达 196 kN/mm^2。由于平行钢索股索的截面为正六角形,故每股的钢丝根数为:7、19、37、61、91、127、169、217、271;截面空隙率一般为 0.16~0.22。PWS 索有时直接单独用作拉索,但大多数的情况是用其制作缆索,每根缆索由多股 PWS 组成。表 5-4 为一根 PWS 的截面实例。

平行钢索股索(PWS)的截面   表 5-4

截面型号	PWS-19	PWS-37	PWS-61	PWS-91	PWS-127
截面					
钢丝根数	19	37	61	91	127

由于钢丝未经旋扭,平行钢索股索其抗拉强度与弹性模量均无损减,抗疲劳性能也比较好。但缺点是刚度较大,不易弯曲,架设困难,易引起弯曲二次应力,处理较复杂。

(2) 平行钢丝索。

平行钢丝索(Parallel Wire Cable,简称 PWC)是将一束平行的预应力钢丝作为一个整体构件放在聚乙烯套管内并压注水泥浆防腐,其截面如图 5-12a) 所示。平行钢丝索的截面不要求是六角形,因此截面内的钢丝根数可以自由选定。平行钢丝索的各种物理特性与平行钢索股索基本一致。

(3) 扭绞式钢丝索。

WS 索、PWC 索是在 20 世纪 80 年代初期几乎同时开始制造的扭绞式钢丝索(Long Lay Cable),这种钢索的扭角很小(节距很长),可以像一般钢丝绳一样,自由地缠绕在卷筒上,并且保留 PWS 和 PWC 的物理性能。满足在卷筒上缠绕的要求就必须放弃钢丝完全平行而具有一定的扭角。从试验得知,小于扭角 4°的可以使弹性模量和疲劳性能不受损减。这种拉索是新型 PWS(New PWS)或螺旋形 PWC(SPWC)索,其截面见图 5-12b)、c)。新型 PWS 也称半平行钢丝索股(Semi PWS),螺旋形 PWC(Spiral PWC,即 SPWC)也称半平行钢丝索(Semi PWC)。

图 5-12 PWC、NewPWS 及 SPWC 的截面

3)钢绞线拉索

(1)螺旋形钢绞线索。

螺旋形钢绞线索(Spiral Strand Cable,简称 SSC)如图 5-13 所示。一般用 7 根钢绞线(其中一根作芯线)在工厂扭绞而成。

(2)平行钢绞线索。

将 7 丝钢绞线按平行钢索股索中的钢丝排列方法,布置成正六角形截面,即为平行钢绞线索(Parallel Strand Cable,简称 PSC)的截面,如图 5-14 所示。每根拉索的 7 根钢绞线的丝数为 7~127 丝,根据所需设计拉力来决定。平行钢绞线索既可在工厂制造,也可在工地制造。在工地用若干根单独的钢绞线制造成索后插入预制的 PE 管、钢管或 FRP(玻璃纤维加筋塑料)管内,其费用比平行钢丝索股要节省一些,但截面尺寸更大。

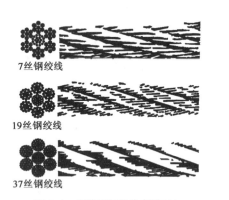

图 5-13 螺旋形钢绞线索(SSC)

图 5-14 平行钢绞线索

4)碳纤维拉索

(1)碳纤维复合材料拉索。

碳纤维复合材料(CFRP)拉索目前还处于试验试用阶段,因具备轻质、高强、耐腐蚀、耐疲劳、热膨胀系数低、成型工艺性好、施工简便等优点,必将得到广泛应用。特别是与传统钢缆相比,CFRP 索具有较高的比强度(抗拉强度与密度之比)、比刚度(弹模与密度之比),以及更好

的抗侵蚀能力和耐疲劳性能,是其能够在未来大跨径缆索承重桥梁中取得优势的关键。

(2)CFRP与钢组合拉索。

将CFRP拉索与传统钢拉索同时应用于缆索承重桥梁中,组合两种材料高强轻质及弹性模量高的优点,既充分发挥CFRP与钢应用于斜拉索的性能优势,又避免其对结构整体刚度产生负面影响,以达到提高斜拉桥整体刚度的设计目的,如图5-15所示。图5-16为CFRP与钢组合拉索斜拉桥。

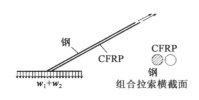

图5-15 CFRP与钢组合拉索　　　　图5-16 CFRP与钢组合拉索斜拉桥

5)其他材料

(1)平行钢筋索。

平行钢筋索属于刚性索,是由若干根高强钢筋平行组成,钢筋的直径为10~16mm,其标准强度不宜低于1470MPa,索中各根钢筋借孔板彼此分隔,所有钢筋全穿在一根粗大的聚乙烯套管内,索力调整完毕后,在套管中注入水泥浆对钢筋进行防护,如图5-17所示,这种钢索配用夹片式群锚。

平行钢筋索必须在现场架设过程中形成,操作过程复杂,而且由于钢筋的出厂长度有限,使用于大跨径斜拉桥时,索中钢筋必定存在接头,从而使疲劳强度受到影响。这种索仅在20世纪80年代以前有采用,之后就很少采用。

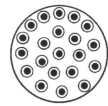

图5-17 平行粗钢筋索

(2)圆钢拉杆。

在一些旧的小吊桥中也有一些直接用高强度圆钢作为拉杆的。高强度钢拉杆的主要部件有:圆杆、调节套筒、护套和接头拉环等。

5.3.2 骑跨式与销铰式吊索构造

吊索与主缆的连接可采用骑跨式(图5-18)或销铰式(图5-19)。主缆直径较小时,为避免吊索过大的弯折应力,宜采用销铰式。

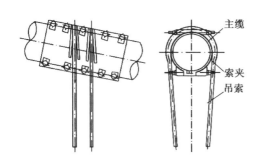
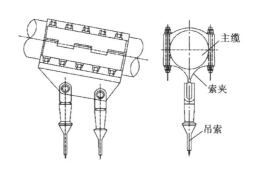

图5-18 骑跨式构造图　　　　图5-19 销铰式构造图

5.3.3 吊索截面尺寸拟定及验算

骑跨式吊索及销铰式吊索的抗拉强度验算应满足以下要求：

(1)高强度钢丝吊索承载力计算应满足公式(5-2)的要求，钢丝绳吊索承载力计算应满足公式(5-3)的要求：

$$\frac{\gamma_0 N_d}{A} \leqslant f_{dd} = \frac{f_k}{\gamma_R} \tag{5-2}$$

$$\gamma_0 N_d \leqslant f'_{dd} = \frac{f'_k}{\gamma_R} \tag{5-3}$$

式中：N_d——轴向拉力设计值；

A——吊索的截面面积；

f_{dd}——高强度钢丝抗拉强度设计值；

f_k——高强度钢丝抗拉强度标准值；

f'_k——钢丝绳最小破断力；

f'_{dd}——钢丝绳最小破断力设计值；

γ_0——结构重要性系数；

γ_R——吊索材料强度分项系数，骑跨式吊索取2.95，销接式吊索取2.2。

(2)大修状况(更换吊索)下，相邻吊索的承载力应满足以下要求：高强度钢丝吊索承载力应满足公式(5-4)的要求，钢丝绳吊索承载力应满足公式(5-5)的要求：

$$\frac{\gamma_0 N_d}{A} \leqslant f_{xd} = \frac{f_k}{\gamma_x} \tag{5-4}$$

$$\gamma_0 N_d \leqslant f'_{xd} = \frac{f'_k}{\gamma_x} \tag{5-5}$$

式中：f_{xd}——大修状况下高强度钢丝抗拉强度设计值；

f'_{xd}——大修状况下钢丝绳最小破断力设计值；

γ_x——大修状况下吊索材料强度分项系数，骑跨式吊索取1.85，销接式吊索取1.33。

(3)施工过程中，吊索的抗拉强度设计值应满足下式的要求：高强度钢丝吊索承载力应满足公式(5-6)的要求，钢丝绳吊索承载力应满足公式(5-7)的要求：

$$\frac{\gamma_0 N_d}{A} \leqslant f_{sd} = \frac{f_k}{\gamma_{sg}} \tag{5-6}$$

$$\gamma_0 N_d \leqslant f'_{sd} = \frac{f'_k}{\gamma_{sg}} \tag{5-7}$$

式中：f_{sd}——施工过程中高强度钢丝抗拉强度设计值；

f'_{sd}——施工过程中钢丝绳最小破断力设计值；

γ_{sg}——施工过程中吊索材料强度分项系数，骑跨式吊索取1.47，销接式吊索取1.1。

5.3.4 吊索防腐

1)早期防腐方法的小结

拉索防护方法可大体归为4类，即涂料保护、卷带保护、套管保护、施加塑料保护层。

对封闭式旋扭钢丝绳来说,由于截面组成紧密,封闭性较好,空隙率最小,可以只对各组成钢丝镀锌防护(镀锌量也较小些,135~150g/m²),并对钢丝绳表面施加涂料。对平行及半平行钢丝索(包括 PWS、PWC、SPWC),由于封闭性较差,空隙率较大,除了每根钢丝镀锌(镀锌量也较大,280~300g/m²)之外,在钢索外部还要用耐候性材料包封。当每道斜索使用单股钢索时可采用卷带或套管保护,如果使用多股钢索时则采用塑料保护层。图 5-20 为套管保护示意,图 5-21 为卷带保护示意,图 5-22 为预制塑料保护节段示意。

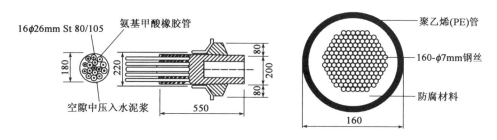

图 5-20 套管保护(尺寸单位:mm)

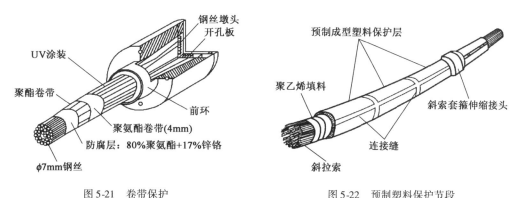

图 5-21 卷带保护　　　　图 5-22 预制塑料保护节段

2) 目前斜拉索的防护方法

斜拉索是缆索承重桥梁的重要构件,因此希望它能和整个结构其他部分同样耐久,并将养护工作量减至最小。为了达到这个目的,必须有 2 道或 3 道的防护工序。采用双层 PE 或其他塑料防护是提高斜拉索耐久性的方法之一。可以相信具有各种色彩的非压浆型斜拉索将是今后的方向,因为斜拉索的制造质量、防护工作以及着色处理均能容易地和严格地在工厂内控制,可以大幅度地缩减工期。目前主要的防护方法是采用热挤压的 PE 防护和 PE 材套管加灌油性材料,如图 5-23 和图 5-24 所示。

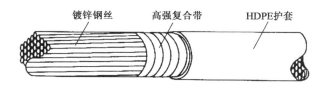

图 5-23 扭绞式平行钢丝索 PE 材防护

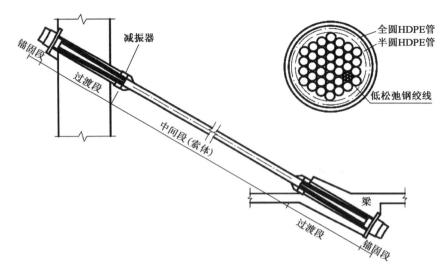

图 5-24 平行钢绞线斜拉索的防护

5.4 斜 拉 索

5.4.1 斜拉索材料及要求

斜拉索一般采用高强度钢筋、钢丝或钢绞线制作。其材料要求与吊索相似,此处不再赘述,斜拉索种类主要有如下几种形式:平行钢筋索;平行钢丝索;钢绞线索;封闭式钢缆。

钢索类型的选择取决于要求的力学特性(弹性模量、极限抗拉强度、耐久性等)以及施工和经济条件(安装、锚具设计等)。

1) 平行钢筋索

平行钢筋索由若干根高强度钢筋平行组成,钢筋直径有 16mm、25mm、32mm、38mm 等多种规格。所有钢筋在金属管道内由聚乙烯定位板固定其位置。索力调整完后,在套管内注入水泥浆对钢筋进行防护,这种索目前已经不采用。

2) 平行钢丝索

纯平行钢丝索是将若干根钢丝平行并拢、扎紧。其外的防腐可采用穿入聚乙烯套管、在张拉结束后注入水泥浆或其他防护材料而成。由于钢丝完全平行,索股不能盘卷,适合于现场制作。

将若干根钢丝平行并拢(钢丝束断面呈正六边形或缺角六边形紧密排列)、经左旋轻度扭绞而成钢绞索,扭绞角2°~4°。钢丝束外面沿索长连续缠绕右旋的细钢丝,也可缠绕纤维增强聚酯带,最外层直接热挤压包裹单层或双层聚乙烯索套作防护,就成为半平行索。这种索挠曲性能好,可以盘绕,具备长途运输条件,适宜在工厂内机械化生产,质量易于保证,因此已取代纯平行钢丝索,是现在斜拉桥用斜拉索的主要形式。

钢丝索配用镦头锚或冷铸锚。目前钢丝索普遍采用 $\phi 7$ 钢丝制作,要求钢丝的标准强度 R_{by} 不低于 1570MPa;最高的钢丝极限强度已超过 2000MPa。

3) 钢绞线索

钢绞线索由多股钢绞线平行或经轻度扭绞组成。平行钢绞线索的防护有三种形式：第一种是将整束钢绞线穿入一根粗的聚乙烯套管，然后压注水泥浆；第二种是将每根钢绞线涂防锈油脂后挤裹聚乙烯护套，再将若干根带有护套的钢绞线穿入大的聚乙烯套管中，并压注水泥浆。第三种是环氧喷涂钢绞线，将每一根钢绞线附着一层环氧树脂保护膜，其外涂防锈油脂后，再将若干根带有环氧树脂保护的钢绞线穿入大的两层聚乙烯防护套管中，集束后轻度扭绞的半平行钢绞线索的防护，采用热挤聚乙烯护套最为方便。平行钢绞线索一般在现场制作，半平行钢绞线索一般在工厂制作好后运至工地。平行钢绞线索配用夹片锚具，先逐根张拉，形成初应力，然后整索张拉至规定应力。半平行钢绞线索也可以配用冷铸镦头锚。

4) 封闭式钢缆

封闭式钢缆是以一根较细的单股钢绞缆为缆芯，逐层绞裹断面为梯形的钢丝，接近外层时，绞裹断面为"Z"形的钢丝，相邻各层的捻向相反，最后得到一根粗大的钢缆。这种钢缆结构紧密，具有最大面积率，水分不易侵入，因此称为封闭式钢缆。封闭式钢缆使用镀锌钢丝，绞制时还可以在钢丝上涂防锈脂，最外层再涂防锈涂料防护。封闭式钢缆配用热铸锚具。封闭式钢缆只能在工厂制作，盘绕后运送至现场。

现代斜拉索(图 5-25)一般外包双层护套，内层为黑色高密度聚乙烯，外层为彩色高密度聚乙烯。双层护套一次成型，斜拉索表面光滑平整。成品索由冷铸锚具、斜拉索等组装而成，各部分均应满足相应的规范及技术要求。

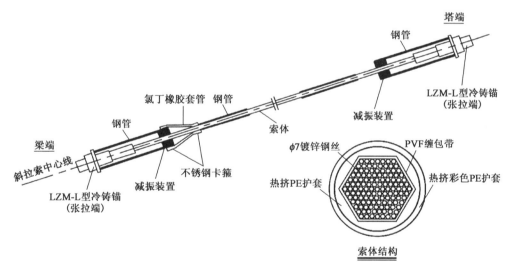

图 5-25　斜拉索构造

5.4.2　斜拉索截面设计及验算

根据《公路斜拉桥设计规范》(JTG/T 3365-01—2020)第 4.3.1 条的规定，斜拉索的应力满足式(5-8)要求，即有 2.5 倍的安全系数。而且规范规定斜拉索锚具的安全系数应高于斜拉索的安全系数。

$$[\sigma] \leq 0.4 f_{pk} \tag{5-8}$$

式中：$[\sigma]$——斜拉索的容许应力；

f_{pk}——斜拉索的抗拉标准强度。

斜拉索选用、斜拉索的类型(钢丝数)及其锚具是在计算出索力后确定的。

5.4.3 斜拉索防腐

斜拉索是斜拉桥的主要受力构件,全部布置在梁体外部,且处于高应力状态,对锈蚀比较敏感,它的防护质量决定了整个桥梁的安全和使用寿命。斜拉桥是按照超静定结构体系设计的,它虽能经受某单根斜拉索的突然损坏,但如果破坏是由于腐蚀引起的,那么锈蚀产生以后,则直接影响了钢丝的疲劳抗力,而拉力的进一步重分配可能引起更多斜拉索的破坏,剩余斜拉索结构的整体性也会被损害,在此情况下,结构有可能渐渐崩溃。为了保证桥梁的安全和斜拉索结构的安全,必须对斜拉索进行防腐保护。斜拉索系统引起的安全事故和经济损失是非常惨重的,因而,斜拉索防护有着十分重要的意义。

斜拉索的预制工序可以大致分为5道:下料、挤塑、制锚、张拉和成盘。其中挤塑是防腐处理的关键工序。挤塑机要提前3~5h开始加温。塑料颗粒要在烘干机内80℃下干燥4h,然后加入挤塑机料斗。两台挤塑机分开启动,要先把机体残留的老化塑料挤出,看到机头出口处的塑料内外壁光滑无气泡密实后才能开启主牵引,正式热挤PE护套。锚头在组装时灌注环氧铁砂,安装好延长筒后灌注环氧胶浆,在安装好挡板并完成养生后,最后还要压铸环氧树脂密封胶。张拉检验结束后,在锚索连接处按图压铸密封胶,缠PE防腐胶带,检查修补损伤的护套,包缠保护斜拉索护套的包带。最后,装卷成盘包装出厂。

在过去,多数斜拉索是安装在管道内,并灌注水泥浆以保护斜拉索钢丝、钢绞线或钢筋免于腐蚀。这种方法的最大的问题是,结硬的水泥浆抗拉强度很低,斜拉索弹性伸长时会开裂。但只要此种裂缝很小且管道紧密,防护仍是有效的。近年来斜拉桥广泛采用了一些更为有效的防护措施。例如,采用钢丝镀锌,将钢丝或钢绞线用塑料材料(油脂、石蜡、弹性环氧产品等)包裹,每根绞线均设置管道等。实际上常采用上述的综合防护措施,且都在工厂进行,既保证质量,又便于安装。

斜拉索防护要点如下:

(1)外包层。

除了封闭式斜拉索外,一般斜拉索均设置外包防护层,可以是钢制或塑料管道、热挤压聚乙烯材料等,这在一定程度上防止了侵蚀性环境的影响。这种措施的有效性主要取决于斜拉索的类型和附加的防护措施,特别是灌入材料和包裹材料。

塑料管道(如聚乙烯材料)具有柔性,易于放置和安装。然而,这种柔性导致沿斜拉索轴线轻微的不平整起伏,影响结构的视觉外观。

(2)镀锌。

钢丝镀锌量取250~330g/m²,形成的防护层厚度为25~45μm。尽管采用镀锌方法会导致材料强度有所降低,但由于其良好的防护效果,采用此法是可靠的。

(3)锚具防护。

管道和锚具之间连接构造必须防止水的流入或汇集,关键部位的防水会布置不同的设施,主要是采用隔断水进入的方式。

(4)事故防护。

斜拉索设计必须考虑对车辆撞击、火灾、爆炸和破坏等事故造成危险的防护,为此应考虑:

①斜拉索下部2m范围内用钢管防护,生根于桥面并与斜拉索管道相接;
②钢管的尺寸(厚度、间距)和锚固区的加强要足以抵抗火灾和破坏的危险;
③加强锚固区以抵抗车辆撞击;
④防护构件的替换不影响斜拉索本身,并尽可能地不影响交通。

5.5 索的锚具

5.5.1 主缆索股的锚固

主缆锚头一般采用热铸锚。热铸锚头由套筒、盖板及其中的铸体组成,索股锚固段钢丝呈放射形散开并固定于套筒中,浇铸锌铜合金后形成整体锚头。如图5-26所示为虎门桥预制索股锚头套筒构造图。

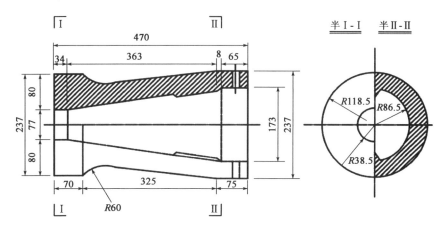

图 5-26　虎门桥主缆锚头套筒构造图(尺寸单位:mm)

5.5.2 斜拉索的锚具

锚具是将斜拉索钢丝拉力传到与之连接的结构上的连接件,主要包括锚杯、铸体或夹片、连接件。根据连接件的不同锚头可以分为承压式和销接式,如图5-27所示的承压式锚头的连接件一般为锚杯;销接式锚头的连接件一般为耳板和销轴,如图5-28所示。斜拉索钢丝的力通过在锚头处传给铸体或夹片,再由铸体或夹片传给锚杯,锚杯再传给连接件,即承压式锚头的锚环或者销接式锚头的耳板和销轴。

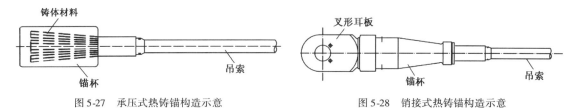

图 5-27　承压式热铸锚构造示意　　　图 5-28　销接式热铸锚构造示意

目前常用的斜拉索锚具有五种:普通热铸锚、HiAm(High Amplitude)冷铸墩头锚、NS热铸锚、DINA 冷铸墩头锚、夹片群锚。前四种锚具都可以事先安装固定在斜拉索上,称为拉锚式锚具。配装夹片群锚的斜拉索,张拉时千斤顶直接拉钢索,张拉结束后锚具才发挥作用,所以夹片群锚又称拉丝式锚具。

1) 普通热铸锚

长期以来,钢缆各种锚头内的填铸材料有铅合金、锡合金和锌合金等。钢缆用锌铜或锌铝合金来锚固可以 100% 发挥钢材的破断强度,但不能充分得到钢材的疲劳强度,原因部分是由于钢丝在锚头内受到填铸合金的热量影响,部分是由于锚头入口处钢丝与锌合金之间发生磨损腐蚀。锚杯密封构造示意见图 5-29。

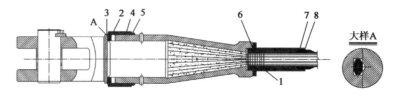

图 5-29 锚杯密封构造示意

1-密封填料;2-防水盖;3-O 形密封圈;4-O 形密封圈;5-吊索处密封压环;6-O 形密封圈;7-密封胶圈;8-锚杯处密封压环

2) 高疲劳强度锚头

如果斜拉索的活载应力幅度很大,采用上述热铸锚疲劳强度将达不到要求。在欧洲和日本已经研究出以下具有高疲劳强度的锚头:

(1) HiAm 冷铸镦头锚。

如图 5-30 所示为 HiAm 冷铸镦头锚锚头的截面图解,冷铸填料一般由环氧树脂、钢丸、矿粉、固化剂和增韧剂等组成,其锚头的受力机理基本上是锚头锥孔内的钢丝与钢丸之间的拱作用;在正常荷载条件下,斜拉索钢丝中的作用应力未传递到承受镦头的隔丝板上。

(2) NS 热铸镦头锚。

该锚头内部由两部分组成:热铸锌铜合金锥体与锚头出口部的环氧树脂。图 5-31 所示为 NS 热铸锚锚头的截面图解。该锚头的机理基本上是一种典型的熔铸锌块锚,它能充分发挥斜拉索的静力强度。位于锚头出口部分的环氧树脂可以防止金属与金属之间的所谓磨损腐蚀,它既能缓和应力集中,又可减小来自熔锌的不利热影响。锚头内的钢丝布置成圆弧形曲度,但它不会产生过大的弯曲应力。

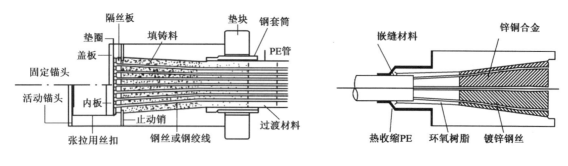

图 5-30 HiAm 冷铸镦头锚　　　　图 5-31 NS 热铸锚头

(3) DINA 冷铸镦头锚。

如图 5-32 所示,DINA 冷铸镦头锚锚头包括钢丝的镦头、钢锚头以及环氧树脂。钢锚头上有许多孔眼供斜拉索的所有钢丝通过。这种锚头所用的镦头是为高疲劳强度而开发的。冷镦头可发挥100%的预应力钢丝的静力强度。镦头的特殊形状结合环氧树脂,可使锚头100%有效地抵抗疲劳。这种锚头的优点之一是,锚头的纵向尺寸较小,可以在塔侧与梁侧的较小空间内安装。

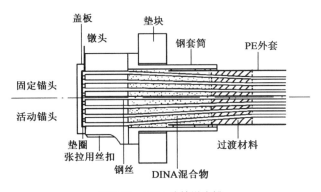

图5-32 DINA冷铸镦头锚

3) 由后张体系演变的拉索锚头

在后张预应力体系中,用夹片群锚锚固钢绞线束是成熟的技术。在有黏结预应力筋中,对锚具的疲劳性能要求较低。而在斜拉桥中,粗大的斜拉索类似一根体外预应力索,在斜拉索上使用夹片群锚时,必须提高锚具的抗疲劳性能。为此用于斜拉索的夹片群锚具备一些特殊的构造。钢绞线索在进入群锚的锚板前必须先要穿过一节钢筒,钢筒的尾端和群锚锚板间有可靠的连接,在斜拉索的索力调整完毕后,向钢筒中注入水泥浆。这样斜拉索的静载由群锚承受,动载则在拉索通过钢筒时得到缓解,从而减轻了群锚的负担。图5-33为采用预应力工艺的夹片式群锚。如图5-34~图5-37所示是其他几种形式的锚头。

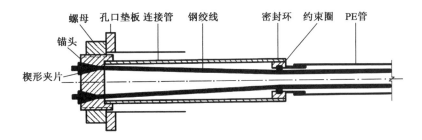

图5-33 夹片式群锚

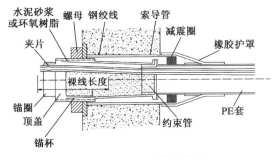

图5-34 Dywidag斜拉索锚头

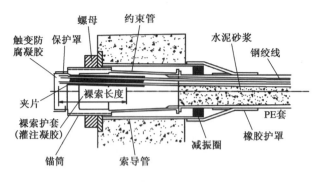

图 5-35 VSL 体系

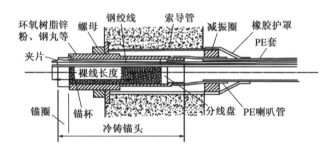

图 5-36 Stronghold 斜拉索锚头

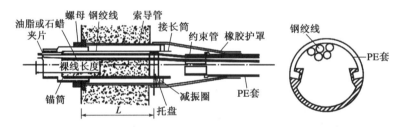

图 5-37 Freyssinet 斜拉索锚头

4) CFRP 拉索锚具

针对 CFRP 拉索的特点,又出现了许多新型锚具。图 5-38 是一种适用于 CFRP 拉索的锚具。该锚具为黏结型锚具,并分别采用了环氧树脂和高性能微膨胀水泥两种灌注材料。筋材外设 PE 护套防护,由于 CFRP 耐腐蚀,PE 护套内无须再灌注任何填充物。

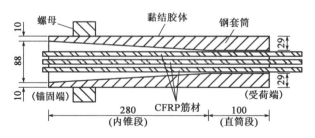

图 5-38 直筒+内锥式锚具构造图(尺寸单位:mm)

5.5.3 锚具的设计与验算

1) 锚杯内钢丝锚固长度计算

锚杯内钢丝锚固长度应满足锚固强度的要求,对于热铸锚可按式(5-9)计算:

$$l_{sae} \geqslant \frac{K\sigma_b}{4v}d_w \tag{5-9}$$

式中:d_w——主缆钢丝直径(mm);

l_{sae}——主缆钢丝在锚杯内的锚固长度(mm);

σ_b——主缆钢丝的公称抗拉强度(MPa);

K——钢丝锚固安全系数,取 $K=2.5$;

v——单根钢丝与合金在单位面积上的附着力,无试验资料时,铸体材料为热铸锚可取 $v=25$MPa;铸体材料为冷铸锚可取 $v=18$MPa。

2) 锚头验算

锚头验算包括支撑面的压应力、铸体材料有效长度内的平均壁厚 t_{sm} 及锚杯环向应力 σ_t。锚杯与铸体材料的相互作用示意如图 5-39 所示。

锚杯的环向应力计算:

$$\sigma_t = \frac{F_t}{l_{sc}t_{sm}} \tag{5-10}$$

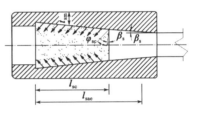

图 5-39 锚杯与铸体材料相互作用示意

式中:l_{sc}——铸体材料的有效长度,$l_{sc}=2l_{sae}/3$(mm);

t_{sm}——铸体材料有效长度内的平均壁厚(mm);

F_t——锚杯环向拉力,可按下式计算,

$$F_t = \frac{N_s}{2\pi \cdot \tan(\varphi_{sc}+\beta_s)} \tag{5-11}$$

其中:N_s——索股拉力(N);

β_s——锚杯内锥面母线与轴线的夹角,$\tan\beta_s = 1/12 \sim 1/8$,铸体材料为热铸材料时,斜度宜取高值,铸体材料为冷铸材料时,斜度宜取低值;

φ_{sc}——锚杯内铸体上压力线与锚杯内锥面母线的夹角,铸体材料为热铸料时可取 $\tan\varphi_{sc}=0.2$,铸体材料为冷铸料时可取 $\tan\varphi_{sc}=0.45$。

3) 锚固系统拉杆强度验算

拉杆安全系数不应小于2.0。拉杆设计计算时,应计入拉杆与索股拉力方向安装偏角产生的附加弯曲应力及拉杆间的拉力误差。

5.6 索　　夹

荷载是通过吊索传到主缆,所以主缆和吊索的连接是关键部位。从已建成的许多长大缆索承重桥梁来看,主缆与吊索的连接形式一般采用刚性索夹箍紧,通过索夹把吊索与主缆连接起来,使主缆在受拉时,产生收缩变形也不致滑动,同时也使主缆保持密实和截面形状,便于防护。

5.6.1 索夹类型

主缆是柔而松的索体,要与刚性的索夹连接,要经过多次紧固后才趋于稳定的连接。对于无吊索的主缆,一般用无吊索索夹将主缆箍紧,使其保持密实和截面形状。故索夹分为有吊索索夹和无吊索索夹,索夹与主缆的相对关系如图 5-40 所示。

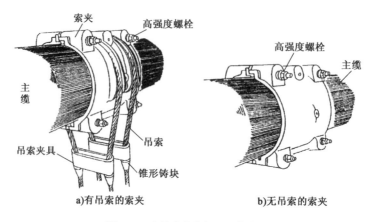

图 5-40 有吊索索夹与无吊索索夹

5.6.2 索夹的构造

索夹的截面形式根据主缆的成形形状确定,常用圆形截面。

对于中小跨径的主缆,由于索股数目不多,不容易形成圆形截面,就将其排成六边形截面,索夹也采用六边形截面,如图 5-41 所示。

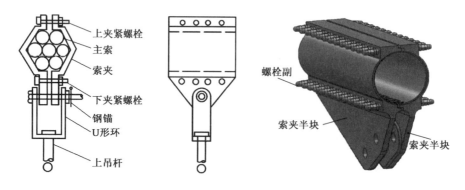

图 5-41 索夹构造图

对于大跨径桥,主缆一般采用圆形截面的平行钢丝组成,索夹也采用圆形截面,由两个半圆组成,通过连接螺栓箍紧主缆。索夹的两个半圆有上下对合式和左右对合式两种形式,一般骑跨式常采用左右半圆,销铰式常采用上下半圆,如图 5-42 和图 5-43 所示。

为保证销铰式连接销接处转动长期有效,销子需设置销套。销套材料要求摩阻小、耐久并有较高的承压强度。

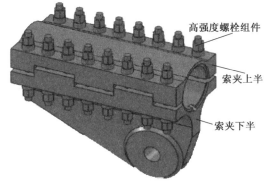

图 5-42 销铰式索夹

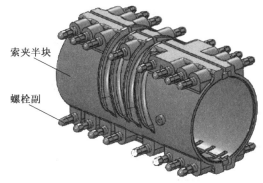

图 5-43 骑跨式索夹

5.6.3 主缆与加劲梁连接的索夹

缆扣是主缆直接与梁连接的构件,该构件不是必须的。由于振动、主缆与加劲梁的纵横向相对位移等因素,吊索不可避免地产生相对于加劲梁的纵向和横向弯折;在吊索锚口处,这种弯折将直接影响到吊索的疲劳特性和使用寿命。为减小这种弯折对短吊索疲劳寿命的影响,有些悬索桥在跨中或者边跨短吊索位置设置缆扣,以约束主缆和加劲梁的纵向水平变位,如图 5-44 所示。有些悬索桥则采用下延吊索长度的方法,也有使用短吊索与一般较长吊索选用不同材料的方法,这些方法的目的之一就是有效地减少吊索(尤其是短吊索)的弯折。采用中央扣和在加劲梁两端设置缓冲梁对减小地震时加劲梁的纵向位移比较有效。

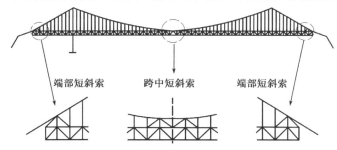

图 5-44 主缆与加劲梁的纵向约束形式

中央扣的构造形式目前主要有两种,一种如贵州坝陵河桥采用的柔性中央扣,如图 5-45 所示;另一种是如润扬长江大桥采用的刚性中央扣,如图 5-46 所示。目前普遍认为,中央扣对改善中小跨径悬索桥(一般指 600m 以下跨径)悬索桥的扭转振动有一定的作用,对大跨径悬索桥,中央扣对振动特性的影响较小。从抗震方面来说,设置中央扣的效果不如设置梁端的阻尼器。

5.6.4 索夹的设计与验算

1)索夹内径

索夹内径计算公式采用式(5-12):

$$d = \sqrt{\frac{4A}{\pi(1-e)}} \tag{5-12}$$

式中：d——索夹内径，或索夹处主缆直径；

A——主缆钢丝净截面面积；

e——主缆在索夹内的设计空隙率。

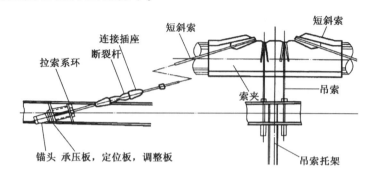

图 5-45 柔性中央扣的结构示意

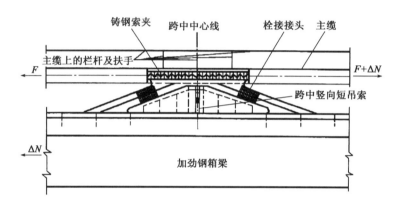

图 5-46 刚性中央扣

2) 索夹螺栓的数目

对于有吊索的索夹，通过验算索夹在主缆上的抗滑安全度，确定索夹上的螺栓数量。抗滑安全系数计算公式见式(5-13)：

$$K_{fc} = \frac{F_{fc}}{N_c} \geqslant 3 \tag{5-13}$$

由此得到索夹螺杆数量的计算公式：

$$n_{cb} \geqslant \frac{3N_h \sin\varphi}{k\mu P_b^c} \tag{5-14}$$

式中：F_{fc}——索夹抗滑摩阻力(N)，$F_{fc} = k\mu P_{tot}$；

N_c——主缆上索夹的下滑力(N)，$N_c = N_h \sin\varphi$；

N_h——吊索拉力(N)；

φ——索夹在主缆上的安装倾角，按同类索夹中的最大值计算；

k——紧固压力分布不均匀系数，取 2.8；

μ——摩擦系数，设计时取 0.15；

P_{tot}——索夹上螺杆总的设计夹紧力(N),

$$P_{tot} = n_{cb} P_b^c \tag{5-15}$$

P_b^c——索夹上单根螺栓设计夹紧力(N),

$$P_b^c = A\sigma_e \tag{5-16}$$

A——螺杆的有效截面面积;
σ_e——螺杆设计拉应力,$\sigma_e = 0.5\sigma_s$(螺杆的安全系数取2.0);
σ_s——螺杆材料的屈服应力;
n_{cb}——索夹上安装的螺杆总根数。

3) 索夹的长度计算

索夹壁厚 t_c 不宜小于35mm,通过验算其强度,确定索夹长度,并应同时满足构造要求。强度验算公式为:

$$\frac{\sigma_{yc}}{\sigma} = K \geqslant 3 \tag{5-17}$$

由此得到索夹长度计算公式:

$$l_c \geqslant \frac{1.5 P_{tot}}{\sigma_{yc} t_c} \tag{5-18}$$

式中:σ_{yc}——索夹材料的屈服强度(MPa);

σ——索夹材料的设计应力,$\sigma = \frac{P_{tot}}{2 t_c l_c}$(MPa);

K——索夹壁厚设计安全系数;
l_c——索夹长度;
t_c——索夹壁厚。

4) 索夹螺杆的螺纹强度计算

应根据单根螺杆的安装夹紧力及相关的标准确定索夹螺杆螺纹副螺距的螺纹,校核螺纹副旋合长度,验算螺纹的抗弯抗剪强度。

在首次安装时,有吊索索夹上单根螺杆安装夹紧力 $P_b = P_b^c/0.7$。无吊索索夹的单根螺杆设计夹紧力宜采用有吊索索夹的单根螺杆设计夹紧力 P_b。

5.7 鞍　　座

鞍座是为主缆提供支撑,并使其线形平顺地改变方向的受力构件。

鞍座布置在主缆几何线形的转折处,例如:主索鞍布置在桥塔塔顶,散索鞍布置在边跨和锚跨之间的散索鞍支墩上,副索鞍(如需要)则布置在边跨的过渡墩上。

5.7.1　主鞍座构造与设计

主索鞍是桥塔顶部支撑主缆的构件,它承受主缆巨大的竖向压力,并将竖向压力均匀地传递到桥塔上;同时也起到使主缆在桥塔顶部改变方向时平缓过渡,减小主缆过塔顶的弯折应力的作用。

1) 主索鞍的分类

按主索鞍的传力途径可分为肋传力结构和外壳传力结构。当桥塔为混凝土结构时,主索鞍宜采用前者(图 5-47);当桥塔为钢结构时,主索鞍宜采用后者(图 5-48)。

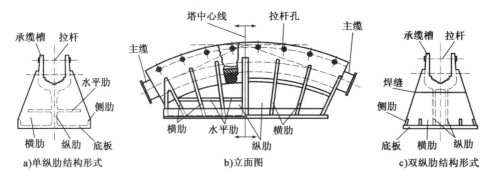

图 5-47 肋传力结构的主索鞍

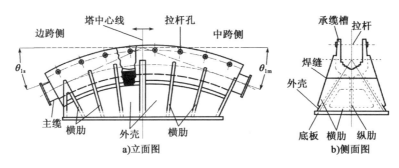

图 5-48 外壳传力结构的主索鞍

鞍座结构按材料及成型方法可分为:全铸式、铸焊结合式、全焊式、组装式。

全铸式鞍座即整个鞍座全部用铸钢浇铸;铸焊结合式鞍座是将鞍座的鞍槽部分用铸钢浇铸,而座体部分用钢板焊接,鞍槽与座体部分的连接也采用焊接;全焊式鞍座则是鞍座的所有部分都采用焊接连接。

组装式鞍座由多组厚钢板通过高强度拉杆连接而成,厚钢板厚度与索股宽度相等,隔板位于两厚钢板之间,横肋与底板及鞍槽壁相焊接,组合前加工各个板件形成索股槽道及槽道的线形,同时精确定位加工全部的销栓孔,最后组装成主索鞍。这种主索鞍结构形式简单,制造方便,避免了周期较长的铸造施工,最大限度减少了焊接施工,但目前只应用于一些小跨径桥梁,如云南 213 国道上的祥云公路澜沧江悬索桥。

2) 主索鞍的设计验算

在塔顶主索鞍的设计中,其所承受的外力情况比较简单,即主缆的压力是作用在鞍座曲面的径向,塔顶的反力是作用在竖向。虽然,在这些外力作用下,鞍座结构本身应力很复杂,但并不必都做详细计算分析,只需参照过去的经验拟定截面尺寸即可。

在维拉扎诺海峡桥塔顶主索鞍设计中,根据主缆弯曲部分钢丝受力情况,规定了鞍座的弯曲半径最小为主缆直径的 10 倍,日本公路桥规范中此值在 8 倍以上;目前设计采用的鞍座弯曲半径多数不小于主缆直径的 8 倍。

5.7.2 散索鞍构造与设计

散索鞍设置于锚碇前端的散索鞍支墩上,将主缆索股锚固面与主索鞍之间的主缆分为锚跨段和边跨段,并将主缆索股在竖直方向和水平方向散开,引入各个锚固点。

1) 散索鞍分类

在散索鞍处有纵向位移,因此散索鞍的底部就需要有一套能纵向移动或摆动的构造。散索鞍可采用滚轴式(图 5-49)、摆轴式(图 5-50)或滑动式。

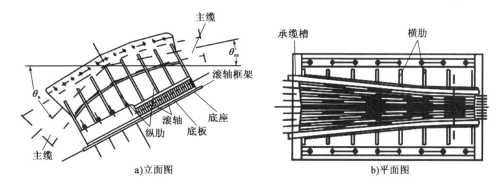

图 5-49 滚轴式散索鞍

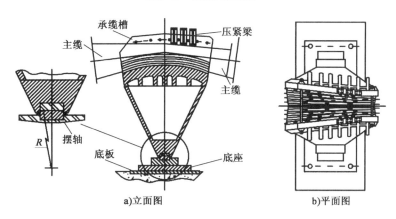

图 5-50 摆轴式散索鞍

对于摆轴式散索鞍,缆力变化时,鞍头纵向摆动,使整个索鞍在弧面钢轴上作相应摆动。由于摆轴式散索鞍具有结构简单、质量较轻等优点,我国修建的大型悬索桥多数都采用了这种形式。滚轴式散索鞍的优点是稳定性好、承载能力强,但结构稍复杂、质量大。

2) 散索鞍的设计验算

为适应成桥后因活载而使主缆拉力变化导致鞍座纵移的需要,散索鞍应设置在辊轴、摇轴或摆柱上。

另外,因散索鞍座要让圆形主缆在这里分散成各单根绳股,并导引至锚碇,所以对散索鞍座结构形状的要求就很复杂。主要有以下三方面:①在主缆的进口处,鞍座应能将主缆圆截面压紧在相适配的圆槽中;②在锚跨一侧竖直方向将主缆各绳股分散开的出口处,鞍座应使具有小偏角的上部绳股在鞍座上的支承短区间,而具有大偏角的底部绳股在鞍座上的支承区间长,也就是说,这些绳股的上端延长线应交汇于同一点,下端指向其锚碇点;③为使鞍座上的绳股压力沿长度方向均匀分布,鞍座索槽在纵向的曲率半径应由大变小。

设计中,为适应绳股在水平向的散开,鞍座在水平向加设鞍盖。但这个鞍盖的设计一定要注意,不能造成绳股损坏。也就是说,盖子不能有将绳股向下紧压的竖向力,在水平向也不能有弯曲。实际中,可根据经验,按绳股的水平曲率半径为竖直曲率半径的3倍以上来拟定散索锚固鞍座的尺寸和形状。

5.7.3 副鞍座及其他形式

副索鞍可以设计成两种形式:一种是鞍座固定于墩架或钢排架的顶部,鞍座与墩架或钢排架顶部不发生相对位移;另一种是鞍座下设有辊轴或摇杆,容许鞍座与墩支架或钢排架顶部作相对移动。

一般说来,主缆在副索鞍处的转折角不大,其对副索鞍的压力也较小,因此副索鞍的设计比塔顶主鞍座的设计容易得多。

5.7.4 散索套

散索套通常设置在主缆边跨段与锚跨段相交的理论散索点上,只具有散索功能,没有转向功能,形状为喇叭形(图5-51)。

主缆索股从喇叭形的小端进入散索套,从大端散出后直接连接锚面上的各个锚固点。

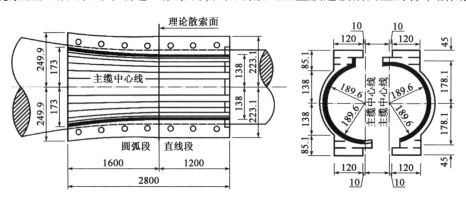

图5-51 散索套构造图(尺寸单位:mm)

5.7.5 鞍座的抗滑验算

鞍座上的索槽应按主缆绳股的排列形状设计,为增加主缆与鞍座间的摩擦力,防止主缆在鞍座内的滑动,在索槽中应设有衬垫。当鞍座两端主缆的拉力差大于主缆与鞍座间的摩擦力时,鞍座内的主缆就会滑动。设计中可按式(5-19)计算滑动安全系数:

$$k = \frac{\mu \alpha_0}{\ln(T_1/T_2)} \tag{5-19}$$

式中:μ——主缆与鞍座间的摩擦系数;
α_0——鞍座的圆弧角;
T_1、T_2——鞍座两端主缆的拉力,$T_1 > T_2$。

对大跨径悬索桥来说,成桥后塔顶主索鞍应该固接在塔顶,所以设计中在其下设置的辊轴或滑板结构在成桥后并不起作用,它们只是在悬索桥的架梁过程中,随着梁跨增长和主缆受力增大,主缆带着塔顶主索鞍向河心侧纵移。此时,为使桥塔中施工应力减小(也就是为使鞍座两边主缆接近平衡),就需要在塔顶主鞍座下设置辊轴(或滑板)及相应的水平千斤顶。这样,在施工过程中,就可以让桥塔主索鞍有控制地相对于塔顶纵向移动。为限制鞍座与桥塔相对运动,还应在底板上增加挡块约束。

5.8 主缆的锚固连接系统

连接主缆索股锚头并将主缆拉力传递给锚块或锚塞体的构造称为主缆锚固系统。锚固系统通常包括锚固构架和锚固连接件两部分,锚固构架设置在锚块混凝土中,锚固连接件则将主缆索股锚头与锚固构架连接起来。锚固系统按锚固方式可分为前锚式和后锚式,按采用的材料可分为钢框架锚固系统和预应力锚固系统。

5.8.1 锚固连接系统类型

根据主缆索股在锚块中的锚固部位和传力机理,可将锚固连接系统分为前锚式和后锚式两大类型,如图5-52所示。前锚式是将索股的锚头在锚块的前面通过连接件锚固于锚固系统上。后锚式是在锚块混凝土内埋设管道,主缆索股从管道通过,在后锚面用锚碇板锚固,主缆索股的拉力通过锚碇板作为支压力直接传递给锚块混凝土。

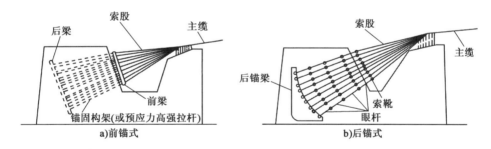

图 5-52 前锚式与后锚式重力锚的示意图

目前前锚式的锚固系统主要有型钢框架锚固系统、预应力锚固系统及圆钢拉杆锚固系统三种基本类型。在基本类型的基础上,还有一些改进的锚固形式。

(1)型钢框架锚固系统。

型钢框架锚固系统[图5-53a)],无论是连接拉杆还是锚固梁,均采用普通材质的型钢,各构件之间的连接采用栓接或焊接。一般锚块后部均设有锚梁,前部一般不设锚梁。

(2)预应力锚固系统。

预应力锚固系统[图5-53b)]的原理是,对一定范围内的混凝土锚块施加预应力,将锚固拉杆一端与主缆索股锚头连接,另一端连接到锚块前表面的连接器上。

(3)改进的钢拉杆锚固系统——剪力健组合式锚固系统。

总体上是以钢拉杆为传力构件,但在钢拉杆靠近锚固梁部分设有剪力键,可将拉杆传递的拉力分散传递到锚固体中,基本结构如图 5-54 所示。南京四桥采用了该种新型组合式的主缆锚固系统。

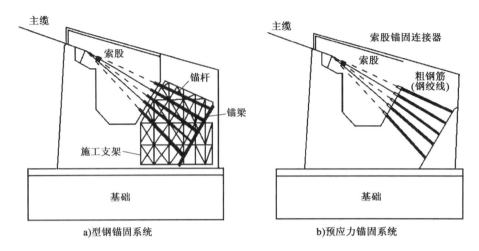

图 5-53　型钢框架锚固系统

（4）带环拉杆锚固系统。

与后锚梁连接的锚杆拉杆可加工成圆钢截面,采用通长和接长两种形式。接长时可采用螺母连接,也可采用如图 5-55 所示的眼杆形式连接。

图 5-54　南京四桥的新型锚固构件

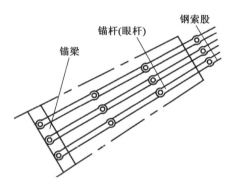

图 5-55　带环拉杆锚固系统

5.8.2　锚固连接系统计算

1）钢框架锚固系统受力计算

（1）锚杆分析。

锚杆的设计荷载除主缆索股拉力外,还存在二次力。引起二次力的主要因素有:首先是设计制造安装时,索股方向和锚杆轴线的偏差。参考实桥经验,结合施工水平,设计时转点(IP 点)处的偏心量取为竖向 25cm,水平向取为 20cm。其次,索股拉力偏差按 5%～10% 考虑。此外还需计入锚杆自重等。

（2）锚梁分析。

锚梁结构分析时,设计荷载取基本设计拉力值,把混凝土和锚梁的关系作为弹性支承上的梁模型进行分析。上翼缘除承受作用到梁上的应力外，还承受由加劲肋板支承的三边固定、一边自由板的局部应力。根据以上两种应力叠加来验算板的强度，并决定其尺寸。

2）预应力锚固系统计算

预应力锚固系统计算主要包括预应力系统和拉杆的静力安全度验算、拉杆的疲劳强度验算、连接器的应力和变形计算、螺母螺纹牙强度计算、锚下应力分析等内容。

(1) 预应力系统安全度验算。

按《公路钢筋混凝土及预应力混凝土桥涵设计规范》(JTG 3362—2018) 计算预应力损失，进而计算预应力施加阶段和使用阶段的锚下有效应力，锚下有效应力与对应索股拉力作用产生的应力之比即锚下应力安全系数，要求大于 1.2。计算索股拉力时应在设计拉力基础上乘以偏载安全系数，一般取 1.1。

同时还要求预应力钢材按极限承载能力计算安全系数，即用预应力钢材的极限强度除以对应的考虑偏载后的索股计算拉力，要求安全系数不小于 2.5。

(2) 拉杆安全度验算。

查《机械设计手册》得拉杆螺纹公称应力截面积，进而计算单根拉杆对应的考虑偏载后的设计索股拉力产生的截面应力，拉杆材料屈服强度除以截面应力即为拉杆的安全系数，要求不小于 2.5。

理论上拉杆为轴向受拉构件，尽管采用球面螺母和垫圈可以在一定程度上调整施工误差，但不可预见因素总是存在的，鉴于拉杆是悬索桥的最关键构件，且对拉力偏心十分敏感，因此在设计时通常保证其理论轴向抗拉安全系数比 2.5 大得多，同时根据桥梁具体情况确定合理的拉力偏心距，进行偏载作用下拉杆截面应力计算，进而计算安全系数，要求该系数不小于 2.5。

(3) 拉杆疲劳验算。

拉杆疲劳安全验算按《机械设计手册》公式进行计算。

(4) 连接器受力计算。

连接器受力比较复杂，除应按常规方法进行控制部位和截面的承压、弯曲、剪切应力的验算外，还应采用三维空间有限元法进行应力、变形计算。连接器的构造尺寸除满足本身的强度和刚度要求外，还需满足拉杆、锚头的构造及锚下混凝土应力的要求。

(5) 螺母螺纹牙强度计算。

按《机械设计手册》公式进行计算。

(6) 锚下应力计算。

根据设计使用条件，对混凝土的锚下应力进行有限元分析，应力结果应满足相应强度等级混凝土的应力要求。

5.9 索与梁的锚固连接

5.9.1 索在钢结构上的锚固

1）散索鞍座加锚固梁

早期采用稀索体系的斜拉桥时，斜拉索的截面比较大，斜拉索整体锚固需要的锚固构件尺

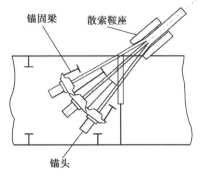

图 5-56 散索鞍座加锚固梁结构

寸过大,因此采用了一种散索鞍座加锚固梁的锚固方式。它的构造特点为斜拉索在散索鞍座上分股,每股用一个锚头锚固在锚固梁上。Oberkassel、Severine、丰里、末广 Suigo、大和川等桥采用这种形式,如图 5-56 所示。

索力以剪力的方式由锚固梁传到主梁腹板,设有纵横向板用以分布索力。这种锚固结构适用于由多股组成的大面积拉索,一般多用于稀索斜拉桥。

2) 锚箱式锚固结构

锚箱式锚固结构形式如图 5-57a)、图 5-57b) 所示,N1、N2 为锚箱顶底板,N3 为承压板,N4、N5 为锚箱加劲板,N6 为箱梁内侧与锚垫板对应位置的加劲板,N7 为箱梁内侧与锚箱腹板左终点对应位置的竖向加劲板。

与拉索相连的锚箱可以直接用焊接或高强度螺栓与梁连接,如图 5-57c) 所示。采用这种形式的桥有六甲、海鸥、柜石岛、岩黑岛、Aratsu、幸魂(Sakitama)等桥;也可以将锚箱做成支架或牛腿结构,应用于双索面拉索,如图 5-57d) 所示。采用这种形式的桥有日本 KNie、Kessock Kohlbrand、Luling 安治川(天保山),横滨海湾 Gassho Chichibu 秩父等桥。

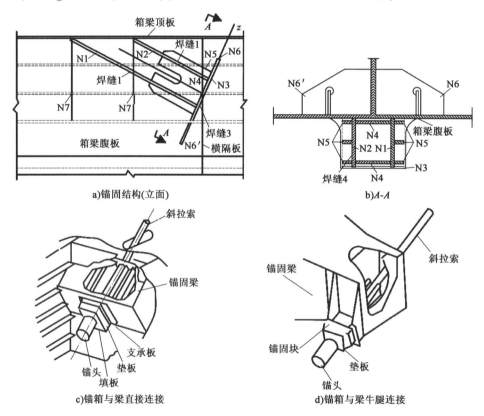

图 5-57 锚箱式锚固结构

锚箱式锚固结构的构造特点如下:
(1) 可采用楔形承压锚垫板适应各斜拉索横向倾角的不同;

(2)斜拉索减振可以使用内置式阻尼器,并能保证阻尼器牢固地连接在梁上,能充分发挥阻尼器的作用;

(3)对结构材质没有特殊要求,一般桥梁用钢即可;

(4)拉索锚头置于风嘴内,景观效果好,但检查维修不便;

(5)拉索在塔端和梁端张拉皆可。

索力由锚头传给锚垫板,再由锚垫板传给锚箱承压板,然后再由锚箱承压板传给锚箱顶、底板,最后传给梁。这种锚固结构适用于由单股或者多股组成的小面积拉索。

对于锚箱直接与梁联结的结构,索力主要以剪力的形式传递到主梁腹板和顶板上,焊缝应采用熔透焊,并保证焊缝的质量;承压板内既有弯曲应力,又有挤压应力,为保证焊缝的质量,承压板的厚度不应太大。利用锚垫板的刚度能直接将索力传递给锚箱的两块顶、底板和加劲板,使承压板的设计要求降低。

对于以支架或牛腿与梁连接的结构,索力与腹板之间的偏心距使腹板受到一个面外的弯矩。考虑风嘴参与受力时,这个弯矩由承压板和桥面板所组成的力偶来分担(多多罗大桥);不考虑风嘴参与受力时,这个弯矩由腹板内侧补强板来承受。

3)锚管式锚固结构

锚管式连接是在主梁或纵梁的腹板上安装一根钢管,斜拉索锚固于钢管内,索力通过钢管传递给主梁或纵梁的腹板,如图 5-58 所示。采用该锚固结构形式的有日本的名港西大桥、生口桥、Inagawa 桥等。其构造特点如下:

(1)可采用楔形承压锚垫板适应各斜拉索横向倾角的不同;

(2)斜拉索减振可以使用内置式阻尼器,并能保证阻尼器牢固地连接在梁上,能充分发挥阻尼器的作用;

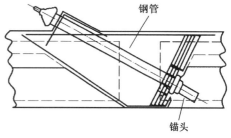

图 5-58 锚管式锚固结构

(3)锚头裸露于梁底,使用过程中日常检修不方便,也不美观;

(4)拉索在锚管出口处容易与管壁相碰;

(5)采用一般桥梁用钢结构的材质即可;

(6)拉索在塔端和梁端张拉皆可。

锚管式锚固结构受力特点如下:

(1)索力通过钢管与腹板之间的焊缝传递给主梁;

(2)索力的水平分力通过锚管、上下盖板和主梁腹板均匀地扩散传递;

(3)索力和腹板没有偏心距,不存在面外弯矩;

(4)拉索作用端钢锚管的应力较大,沿钢锚管的轴线方向逐渐减小;

(5)钢梁腹板和锚管所承受的压应力较大,可通过加大钢管附近主梁腹板和锚管厚度的措施来解决。

索力由锚头传给锚垫板,再由锚垫板传给钢管,然后再由钢管传给梁的腹板。

这种锚固结构适用于单股小面积拉索。

4)销铰式锚固结构

图 5-59 为销铰式锚固结构,圣·纳泽尔、Alex Fraser、诺曼底、桃夭门等大桥采用这种锚固

图 5-59　销铰式锚固结构

结构。其构造特点如下：

(1)螺栓连接式可将耳板设计为楔形以适应各斜拉索横向倾角的不同,而腹板延伸式为适应各斜拉索横向倾角的不同,需要在拉索锚头处采取特殊的措施;

(2)由于拉索离桥面较高,不能保证将阻尼器牢固地连接在主梁上,采用内置式阻尼器抑制拉索振动效果不理想;

(3)在耳板销孔附近有极大的应力集中,需要高强度钢材;

(4)构造简单,便于安装和日常检修,但锚固系统外露不美观;拉索只能在塔端张拉。

销铰式锚固结构索力由拉索传给销轴,再由销轴传给锚固耳板,然后由钢管传给梁的腹板。

螺栓连接式是将索力通过销子以压应力的形式传递给耳板,由高强度螺栓以摩擦力的形式直接传递到梁的腹板;腹板延伸式是将索力直接传递到腹板,传力都非常明确、顺畅、简洁。

由于销轴对孔壁的挤压,在孔壁形成了巨大的局部压力,是结构的薄弱点,对此可采取的措施有：

(1)耳板采用高强度钢材;

(2)加大耳板厚度或销轴直径,以加大承压面积;

(3)在销轴外加一层软套,软套在荷载不大时就可将原来的销轴和耳板的点、线接触变为面接触,降低了耳板孔周的局部应力。

销铰式锚固结构应力分布有如下特点：

(1)耳板销孔前半周的应力最大;

(2)耳板在腹板以上部分远离销孔侧,应力分布较均匀,并有沿斜拉索方向逐渐增大的趋势,耳板在腹板以内部分,应力分布总体呈现从左至右、从下向上逐步增大的趋势;

(3)在材料的弹性范围内,耳板的应力并不随外荷载按比例地增长;

(4)主梁腹板上的应力在耳板周边位置处较大,因此要求钢材具有很高的屈服强度。

这种锚固结构适用于单股小面积拉索。

5)锚拉板式锚固结构

锚拉板连接是将钢板作为锚拉板,锚拉板由上、中、下三部分组成:锚拉板上部开槽,槽口内侧焊于锚管外侧,拉索穿过锚管并用锚具锚固在锚管底部;锚拉板下部直接与主梁上翼板焊接;锚拉板中部除满足安装锚具的空间需要之外,还需连接上、下两部分,如图 5-60 所示。采用这种锚固结构的有青州闽江大桥、湛江海湾大桥、灌河大桥等。

其构造特点如下：

(1)采用楔形承压垫板能适应各斜拉索横向倾角的不同,可以使腹板采用固定倾角,降低了制造难度;

(2)构造简单,便于安装和日常检修,但锚固系统外露不美观;

(3)对结构材质没有特殊要求,一般桥梁用钢即可;

(4)拉索只能在塔端张拉。

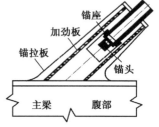

图 5-60　拉板锚固结构

索力由拉索传给锚拉筒,再由锚拉筒传给锚拉板,然后再由锚拉板传给梁。拉板式锚固结构受力特点如下:

(1)通过锚拉筒与拉板间的焊缝将索力传递给锚拉板,再通过拉板与钢梁顶缘的焊缝,将索力传递给钢梁。

(2)拉板与锚拉筒、拉板与主梁顶板间焊缝是受力的关键,但应力集中非常严重,尤其后者受竖向拉应力、纵向剪应力和纵向拉应力的共同作用,应力状态复杂。因此,对焊缝质量应严格要求,需要进行静载和疲劳评定。

(3)为确保索力均匀地传给主梁,与拉板连接区域的主梁上翼板需加厚,拉板和锚拉筒厚度需要加大。

这种锚固结构适用于单股小面积拉索。

由于悬索桥吊索尺寸小,受力比较小,常采用上述的锚箱式锚固、锚管式锚固和销铰式锚固连接。个别桥采用拉杆连接锚固。

5.9.2 索在混凝土结构上的锚固

拉索与混凝土梁锚固一般采用锚固块的方式,常见的锚固块的位置有以下几类:

1)顶板锚固块

顶板锚固块适用于箱内采用加劲斜杆的单索面桥。锚固块以箱梁顶板为基础,向上下两个方向延伸加厚而成。拉索锚头设于顶板之下的箱室内。索的水平分力通过锚固块传递给顶板后再分布到梁体的全截面,垂直分力则由加劲斜杆平衡。因此加劲斜杆内必须设置轴向预应力筋,一直延伸到锚固块的顶面,并在索截面的上方作横向交叉。法国的勃鲁东桥、美国的日照高架桥等单索面斜拉桥皆采用这种锚固形式,如图 5-61 所示。

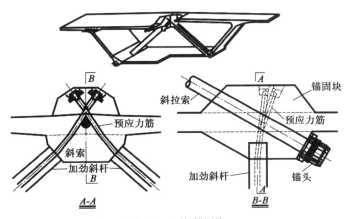

图 5-61 顶板锚固块

2)箱内锚固块

箱内锚固块适用于采用两个分离单箱的双索面桥,同样也适用于带有中间箱室的单索面桥。锚固块位于顶板之下的两个腹板之间,并与顶板及腹板固结在一起。斜拉索的水平分力通过锚固块以轴压的方式传给顶板后再行分布到梁体全截面,垂直分力则通过锚固块左右腹板传递。因此腹板内必须设置竖向预应力筋来加强。采用箱内锚固块形式的双索面桥有上海的泖港桥等,单索面桥有长沙湘江北大桥与珠海琪奥岛大桥等,如图 5-62 所示。

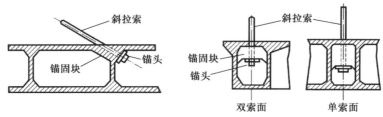

图 5-62 箱内锚固块

3) 隔板锚固

隔板锚固的适用范围与箱内锚固基本相同。为了美观起见,锚头也可以不露在梁底之下,而是埋藏在箱底之下(挖留空槽室)或在隔板挖孔锚固,若是斜拉索则隔板采用斜隔板。斜拉索的水平分力可通过斜隔板四周的顶板、腹板及底板等以轴压形式传递给梁体,垂直分力通过隔板两侧的腹板以剪力形式来传递。因此腹板内也要布置竖向预应力筋来补强。补强的范围至少应能覆盖斜隔板的水平投影长度。如果索力较大时,隔板也可以加强为隔梁(实体的或空心的),并从箱室内以伸缩臂牛腿形式延伸到箱体的两个外侧,索锚固在牛腿梁上。红水河铁路斜拉桥就采用了这种锚固方式,如图 5-63 所示。

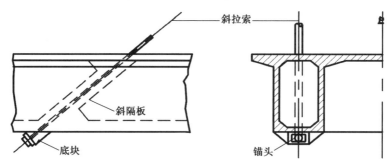

图 5-63 隔板锚固块

4) 梁体两侧设锚固块

由于位置的关系,梁体两侧设锚固块的方式只适用于双索面桥。锚固块一般在风嘴形实体块之下或较厚的斜向边腹板之下。这是混凝土双索面斜拉桥的一种非常普遍的锚固形式,采用桥例不胜枚举。这种锚固形式的斜拉索水平分力可通过风嘴形实体块或厚边腹板来传递,垂直分力则需要在腹板内设置一定数量的竖向预应力筋来承受。梁体两侧设锚固块如图 5-64 所示。

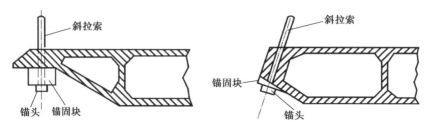

图 5-64 梁体两侧设锚固块

5) 梁底锚固块

梁底锚固块适用于梁截面较小的双主梁或板式梁。锚固块设在梁底的原因是避免削弱原来截面面积已经很小的边主梁截面,且不干扰梁(板)截面内的布筋。梁底锚固块示意如图 5-65 所示。

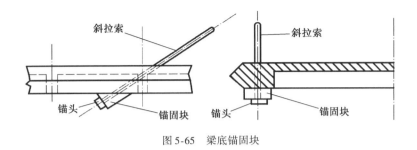

图 5-65 梁底锚固块

5.10 索与塔的锚固连接

桥塔的拉索锚固部分,是将一个拉索的局部集中力安全、均匀地传递到塔柱的重要受力构造。拉索锚固部位的构造与拉索的布置、拉索的根数和形状、塔形和构造及拉索的牵引和张拉等因素有关。以下先介绍拉索在桥塔上的锚固排列,然后分别介绍钢桥塔与混凝土桥塔的斜拉索锚固部位的构造。

拉索在桥塔上同一高程位置一般可能锚固单股(根)、双股、四股或多股钢索。

斜拉索采用单股钢索时,钢索中心线应与塔柱中心线保持一致。因此,斜拉索上端在塔柱锚固部位的前后两侧的斜拉索不能交错布置,否则塔柱将受扭,如图 5-66 所示。

斜拉索采用双股钢索时,两股钢索可以横向左右排列或纵向前后排列。但纵向前后排列不利于斜拉索上端在塔柱上进行交错锚固(情况与单股钢索相同)。横向排列时可调整左右两根钢索的间距,在主跨与边跨间距分别采用 D 值与 d 值,使之在塔柱上可以交错锚固而避免塔柱受扭,如

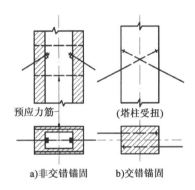

图 5-66 单股索在塔柱中的锚固

图 5-67a)所示;另外一种布置方法是,在主跨与边跨分别采用纵向前后排列与横向左右排列,使纵向前后排列的 2 股钢索能在横向左右排列的 2 股钢索之间通过而达到交错锚固的目的,如图 5-67b)所示。马来西亚的槟榔屿(Penang)桥就是这样布置的;如图 5-67b)所示的两根纵向前后排列的钢索也可以按照如图 5-67c)所示的方式合成一根较粗的股索,同样也可交错锚固。

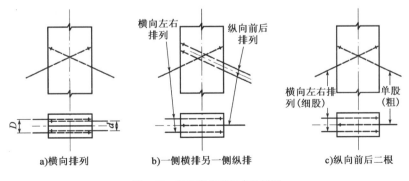

图 5-67 双股索在塔柱中的锚固

斜拉索采用四股钢索时,应兼作纵横向左右前后排列,即分上下2排,每排2股。如需在塔柱上进行交错锚固时,桥塔两侧的斜拉索也要采用不同的横向股距。

斜拉索采用多股钢索时(一般仅出现于稀索),股数一般应取偶数n,纵向前后分列成($n/2$)排,每排左右各2股。中国红水河斜拉桥的每组斜拉索采用6股钢索,前后(上下)3排,每排左右各2股。

对于斜拉索比较多的大跨径斜拉桥,一般将索塔设计为空心的截面,将斜拉索锚固在箱内,这时可利用空心截面的内壁锚固或在内部设置专门的锚固钢梁、钢箱等。

5.10.1 索在钢结构塔上的锚固

拉索与钢塔的锚固可以分为以下4种类型:鞍座型、锚固梁型、支承板型、铰接型。

1)鞍座型锚固结构

图5-68a)为Suigo桥大截面积索(稀索)。该桥为早期斜拉桥,其大截面积索与主缆相似,由若干股钢索组成。因此,索在桥塔中的鞍座上连续通过。鞍座在塔上则用辊轴或铰来支承,或者固定在塔上。

图5-68b)为横滨海湾桥小截面积斜索的鞍座型锚固结构。斜拉索锚头固定在U形鞍座的双壁之间,鞍座则安装在支承梁(构架)上。这种锚固结构非常简单,但必须防止鞍座的倾倒及滑动。日本的六甲大桥等也采用这种形式。

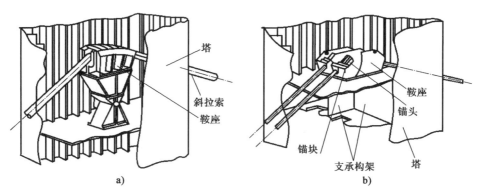

图5-68 鞍座型锚固结构

2)锚固梁型锚固结构

图5-69为日本名港西大桥采用的锚固梁形式。斜拉索的锚头用一个锚固块固定在锚固梁上,锚固梁则安装在桥塔的竖壁之间。虽然这种形式可用于任何大小的斜拉索角度,但必须研究锚固梁与塔柱的加劲肋在位置上是否冲突以及将锚固梁连接(焊接或栓接)在塔柱竖壁上有无问题。

3)支承板型锚固结构

图5-70为日本大阪海鸥桥等采用的支承板型锚固结构。斜拉索的锚头用一个块件固定在支承板上,支承板则安装于塔壁或加劲壁上。索力直接由支承板传给塔壁或加劲壁,但应注意支承板的固定部分有较大的应力集中。

4)铰接型锚固结构

图5-71为瑞典Strömsund桥等采用的铰接型锚固结构。斜索采用外露锚头(open socket)。锚头及铰与塔柱连接。采用这种形式如索力很大,锚头与铰的直径随之加大。

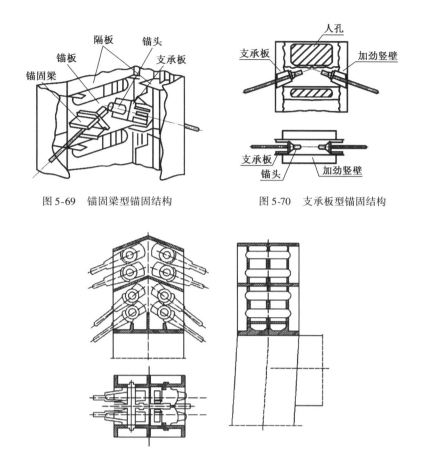

图 5-69　锚固梁型锚固结构　　　　图 5-70　支承板型锚固结构

图 5-71　瑞典 Strömsund 桥的铰接型锚固结构

5.10.2　索在混凝土桥塔上的锚固

1）在实体塔柱上交错锚固

如图 5-72 所示，在塔柱中埋设钢管，斜拉索穿过钢管将锚头锚固在钢管上端的钢支承板上。为了避免塔柱受扭，塔柱两侧的斜拉索应采用横向排列的双股钢索，两侧股距采用能交错的不同值；长沙湘江北大桥采用了这种锚固方式。但也可一侧用横排的双股索，另一侧用纵排的双股索来达到能交错的目的，美国达姆岬（Dames Point）桥是这种做法的桥例之一。另外还可将一侧纵排的两股钢索合成单股粗索，也能解决交错问题。

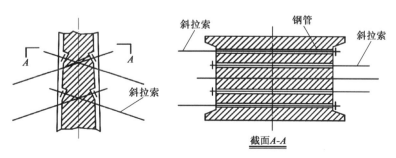

图 5-72　实体塔柱交错锚固

2)采用环向预应力的空心塔柱锚固

如图5-73所示,在塔柱的横壁中埋设钢管,斜拉索通过钢管锚固在柱侧内壁的凸块上。

当斜拉索为单股钢索,且塔柱横向尺寸 B 与索力均较小时,只需在塔柱纵壁内配置预应力筋即可[图5-73b)]。当斜拉索为横排的双股钢索,且塔柱横向尺寸 B 较大时,应配置双向预应力筋[图5-73c)]。当斜拉索为横排的双股钢索,且塔柱横向尺寸与索力均较大时,除配置双向预应力筋之外,还应增设纵向中间隔壁,如图5-73c)和d)所示。

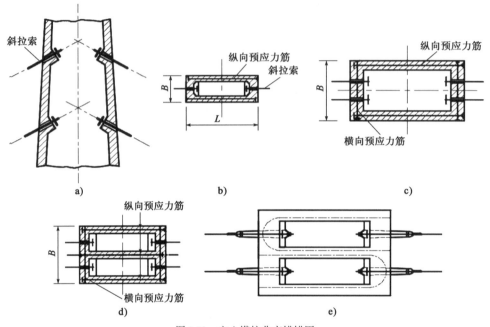

图5-73 空心塔柱非交错锚固

3)采用钢锚梁锚固

将钢锚固梁置于混凝土塔柱横壁内侧的牛腿凸块上,斜拉索通过埋设在横壁中的钢管锚固在钢锚固梁两端的锚块上(图5-74)。

当塔柱两侧的索力及斜索倾角相等时,水平分力由钢梁的轴向受拉及量级较小的两端弯矩来平衡,与塔柱完全无关。垂直分力则由钢锚固梁通过牛腿凸块传给塔柱。

当塔柱两侧的索力或斜索倾角不相等时,水平分力的不平衡值 $\Delta H = H_1 - H_2$ 由挡块传给柱壁,钢锚固梁的受力分析如图5-74右侧所示。最后通过牛腿凸块传给塔柱的垂直反力为 R_1 及 R_2。该图中的 V 与 H 分别为斜索的垂直分力与水平分力。

4)采用钢锚箱来锚固

埋设于塔柱中的钢锚箱可以因桥而异。图5-75为诺曼底桥钢锚箱的锚固示意。该桥桥塔为倒Y形,高约60m的锚固区设在倒Y形上部斜柱相交后的垂直柱段上。每层斜索的钢锚箱高2700mm,整个钢锚箱由各层斜索的钢锚箱上下焊接而成。长方形的钢锚箱被夹在八角形垂直塔柱的两个分肢(由下面的斜柱向上延伸而来)的中央部分。锚箱由焊钉(stud)与混凝土柱身连接,除此之外,还用环形预应力筋将锚箱紧夹在混凝土塔柱的两个分肢之间,每层锚箱的两块纵向钢板上下开挖有长方形的缺口(2700mm高度的挖去共1200mm,留下

1500mm)。在纵向钢板之间的两端焊有横向锚固梁,两侧各两股斜索分别锚固在各自的锚固梁上。两侧斜索的水平分力由纵向钢板的未被开挖部分(1500mm 高)来平衡,垂直分力则在锚箱与混凝土的接触面上以剪力方式传递。

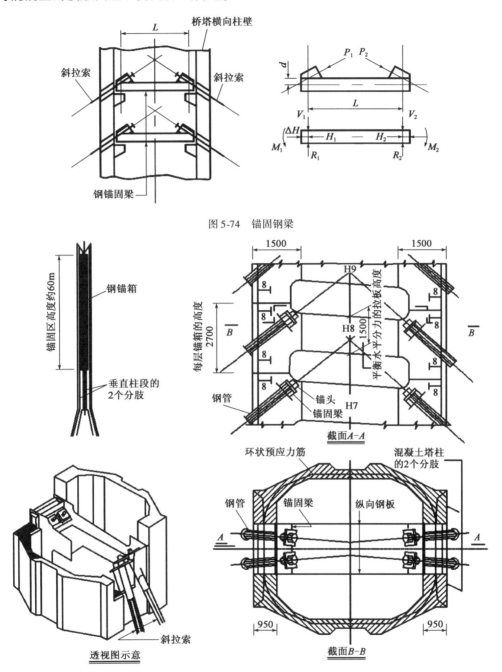

图 5-74 锚固钢梁

图 5-75 诺曼底桥的钢锚箱(尺寸单位:mm)

苏通长江大桥是世界上首座跨径突破 1000m 的斜拉桥,其跨径为 1088m,其混凝土塔高约 300m,横桥向桥塔为倒 Y 字形,斜拉索锚固在上塔柱段内,采用了钢锚箱方式锚固。如图 5-76 所示为塔上钢锚箱结构示意。

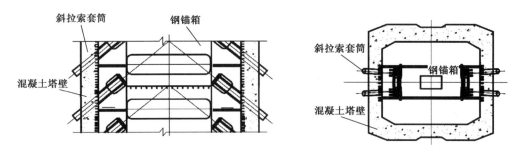

图 5-76　苏通长江大桥塔上斜拉索的锚固示意

复习思考题

5-1　主缆的作用是什么？与哪些构件相连？

5-2　桥塔的作用是什么？恒载下主要承受哪些类型的内力？恒载与活载共同作用下承受哪些类型力？

5-3　辅助墩的作用是什么？设置数量为多少？悬索桥是否一定不能设辅助墩？

5-4　过渡墩是在什么位置？墩顶可能有哪些构件？

5-5　锚碇的作用是什么？有哪些类型的锚碇？

5-6　悬索桥中加劲梁、斜拉桥的主梁的作用是什么？

5-7　悬索桥中索夹的作用是什么？索夹一般与哪些构件连接？

5-8　悬索桥中的鞍座的作用是什么？有哪几类鞍座？其功能差异有哪些？

5-9　吊索和斜拉索的作用各自是什么？

5-10　悬索桥的主缆有哪几种类型？各自的适应范围是什么？

5-11　一般悬索桥对主缆有哪些方面的要求？

5-12　作为缆索承重的拉索，钢丝绳缆应满足哪些条件？

5-13　钢丝绳预张拉的作用是什么？对预张拉有哪些方面的要求？

5-14　预制平行索股一般排列成什么形状？对钢丝数有什么要求？

5-15　AS 法与 PPWS 法分别代表什么含义？

5-16　平行索股主缆具有哪些方面的优点和缺点？

5-17　PPWS 法中索股截面代表长度的钢丝叫什么钢丝？带颜色的钢丝叫什么名称？为什么要设置这两根钢丝？其作用是什么？

5-18　主缆内索股的排列形式有哪几种？简图示意。

5-19　主缆空隙率如何定义？确定空隙率有什么用？

5-20　预制平行索股一般用哪种类型的锚头？其材料配比大致比例是多少？

5-21　锚杯的大致形式是什么？简图示意。

5-22　悬索桥主缆的传统防腐方式是什么？

5-23 抽湿防腐的基本原理是什么？
5-24 对斜拉索和吊索，有哪些方面的要求？
5-25 为什么骑跨式吊索一般采用钢丝绳吊索？
5-26 有哪些类型的斜拉索？
5-27 拉丝式锚具和拉锚式锚具各有什么特点？
5-28 斜拉索中一般用热铸锚还是冷铸锚？为什么？
5-29 斜拉索目前的防腐方式主要有哪些？
5-30 主缆的弹性模量一般高于钢丝吗？
5-31 主缆的安全系数一般在什么范围？
5-32 如果用极限状态法，主缆设计时要考虑哪些系数？
5-33 为什么同样是平行钢丝索股，主缆与吊索的材料系数不同？
5-34 钢丝在锚杯内的锚固长度与哪些因素有关？
5-35 为什么更换吊索或斜拉索时，索的安全系数值要降低？
5-36 根据索夹的作用，一般分为哪几类？各自的功能有什么不同？
5-37 吊索与索夹的连接方式有哪几类？简图示意。
5-38 索夹的常用截面形状是什么？
5-39 索夹的对合形式有哪几种？
5-40 中央扣的作用主要有哪些？有几种类型的中央扣？
5-41 索夹的内径与哪些因素有关？
5-42 如何计算索夹的抗滑安全系数？
5-43 如果索夹通过螺栓作用于主缆圆截面上的径向压力均匀分布，作用于主缆上的径向压力集度和与螺栓力是什么关系？（建立计算公式）
5-44 根据传力途径，主索鞍可分哪几种集中形式？简图示意。
5-45 鞍座按材料和成型方法，可分为哪几种类型？
5-46 为满足散索鞍与主缆连接处的活动要求，散索鞍底的活动方式有哪几种？
5-47 为什么散索鞍底部不能与地面固定？
5-48 散索套与散索鞍功能上有何差异？
5-49 所有悬索桥的边跨处都可以设置散索套吗？
5-50 主鞍座的曲线半径如何选取？需考虑哪些因素？
5-51 主缆在鞍座中的抗滑安全系数如何计算？与哪些因素有关？
5-52 大跨径悬索桥成桥后，主鞍座在塔顶可相对于塔顶纵向活动吗？
5-53 大跨径悬索桥成桥后，如果主鞍座固定在塔顶，主缆又不能在鞍座中滑移，作用于中跨的主缆力如何传递到边跨去？
5-54 施工过程中，主鞍座与塔顶上的底板间是否可以有相对移动？
5-55 什么样的条件下，悬索桥可设置副鞍座？副鞍座与主鞍座、散索鞍各有什么不同？
5-56 悬索桥主缆的锚固形式有哪几种？
5-57 主缆的锚固系统按采用的材料分为哪几种类型？
5-58 主缆的锚固系统按锚固方式可分为哪几类？
5-59 吊索与梁的连接方式有哪几种形式？

5-60 斜拉索与钢梁的锚固方式主要有哪几种?
5-61 斜拉索与混凝土梁的锚固方式有哪几种?
5-62 斜拉索与钢塔的锚固方式有哪几种?
5-63 斜拉索与混凝土塔的锚固方式有哪几种?
5-64 分析塔内钢锚梁的受力特点。
5-65 锚杆的二次应力是如何产生的?
5-66 预应力锚固系统中,锚下压力与索股最大内力应满足什么关系?
5-67 预应力筋的极限承载力与索股的极限承载力是什么关系?

第6章
梁的构造与设计

梁是缆索承重桥梁直接承受或传递桥面车辆、人群等活载的构件,可采用混凝土梁、钢梁、结合梁、混合梁等多种形式。因主缆是悬索桥的主要承重结构,主缆恒载索力与恒载重量成正比,因此随着跨径增大,采用更轻的梁经济性更好。悬索桥的加劲梁一般采用钢结构梁,主要截面形式是桁架梁和钢梁,仅在一些跨径较小的桥中采用混凝土梁;中小跨径斜拉桥的刚度与梁的抗弯刚度关系较大,且钢筋混凝土梁或预应力混凝土梁较经济,因此一般采用混凝土材料的梁结构;大跨径斜拉桥的中跨一般采用钢结构梁或钢-混凝土组合梁,边跨可采用混凝土梁、钢梁或钢-混凝土组合梁。单层桥面的公路桥梁多采用箱梁,双层桥面公路桥、铁路桥或公铁两用桥多采用钢桁架梁。

本章按采用材料分类,介绍了在缆索承重桥梁中采用的混凝土梁、钢结构梁(分钢箱梁和钢桁架)、钢-混凝土组合梁和钢-混凝土混合梁的截面形式、结构组成和受力传力特点,简单介绍了缆索承重桥梁设计计算的内容。

6.1 概　　述

与一般梁式桥的梁高随跨径增大而增大不同,大跨径悬索桥的梁高不随跨径而有太大变化。一般桁式加劲梁梁高可采用 4~14m;箱形加劲梁的梁高一般为 2.5~4.5m。梁高的选择主要和吊索间距、桥梁抗风稳定性相关。另外,施工方案的不同也可能影响梁高的选择。如日本的桁架加劲梁悬索桥的施工一般采用逐段刚结法施工,施工期间结构的内力很大,设计时往往采用比较高的梁高。

根据缆索承重桥梁结构特点,按梁对结构整体刚度的贡献分类,缆索承重桥梁跨越结构有以下四种:无加劲梁、浅加劲梁、加劲梁、主梁。

如果悬索桥的跨越结构只是桥面,不存在具有连续刚度的梁,则为无加劲悬索桥,一般为简易悬索桥;如果悬索桥的跨越结构为具有连续刚度的梁,但梁高和截面刚度(弯曲刚度和扭转刚度)较小,主要起支承和传递桥面荷载的作用,则称为浅加劲梁悬索桥,如塔科马(Tacoma Narrows Bridge)老桥的钢板梁;如果梁的截面刚度(弯曲刚度和扭转刚度)较大,除了起支承和传递荷载的桥面作用外,还具有良好的抗风性能,则称为加劲梁悬索桥。如果梁为结构的主要承载构件,除起支承和传递桥面荷载的作用并具有良好的抗风性能外,对结构的整体刚度还具有较大的贡献,则称为主梁。斜拉桥的梁是主要承载构件,称为主梁。

缆索承重桥梁的梁一般采用连续形式。由于悬索桥的加劲梁不是主要受力构件,主要为桥面传递荷载而存在,理论上可在任意位置断开或者采用铰接或者将梁外伸;实际工程中一般在桥塔处断开、铰接或者连续,或者在端部增加外伸无悬吊跨,即当布置成两跨及以上时,加劲梁可考虑布置为各跨简支或连续。

6.2 混凝土梁

由于混凝土梁较重,尽管下列各种截面形式也可以作为悬索桥的加劲梁截面形式,但是不经济。下列示例截面中,除非特别说明,均为斜拉桥断面。

6.2.1 双索面斜拉桥的混凝土梁

1)实体双主梁

双主梁是比较简单的一种截面形式,主梁较重,刚度较大,适用于小跨斜拉桥,对梁的刚度要求小,仅为传递桥面荷载的悬索桥加劲梁断面应用实例较少。

图 6-1 为采用双主梁截面形式的混凝土斜拉桥的梁体截面。重庆长江二桥的主梁截面,它主梁位置向外侧移动到拉索中线处,便于将拉索直接锚固在主梁中。

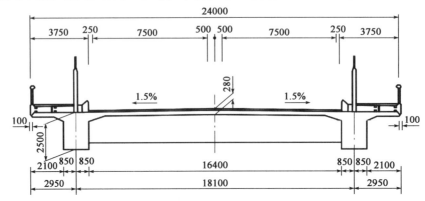

图 6-1 重庆长江二桥的主梁截面(尺寸单位:mm)

美国东亨丁顿桥的梁体截面是采用这种截面形式的第一座桥,采用钢材制作横梁,间距2.74m,钢横梁与桥面混凝土间采用剪力钉,形成结合梁结构。由于横梁的间距小,桥面混凝土板的计算跨径也就比较小,因此板厚较小,仅20.3cm,拉索的纵向间距为13.7m。横梁的间距对桥面板厚度的影响比较大,大的间距需要厚的桥面板,但过小的间距将影响施工,因此后来修建的这类梁的横梁间距一般取5~6m,多数为索间距的一半。

图6-2是荆州长江大桥(斜拉桥)的截面形式,是国内这类双主梁截面的代表。在两根低高度边主梁的截面外侧可带有风嘴尖角,以适应较大跨径桥梁的抗风要求。此外,斜索直接锚固在两根主梁的下面,以免削弱截面比较小的主梁。

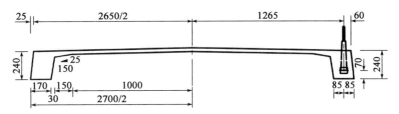

图6-2 荆州长江大桥的主梁截面(尺寸单位:cm)

如图6-3是海口世纪大桥(斜拉桥)的截面形式,该桥主桥为双塔双索面三跨预应力混凝土双主梁斜拉桥,跨径为147m+340m+147m,主梁断面尺寸较小。主梁采用预应力双主梁结构,全桥范围内主梁梁高均为2.098m,主梁宽30.4m,主梁顶板厚22cm,横梁间距为3.6m,厚30cm。

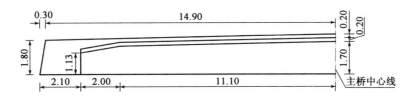

图6-3 海口世纪大桥主桥截面(尺寸单位:m)

2) 板式边主梁

近年来主梁的跨高比逐渐增大,也就是主梁高度相对地一再减小。因此,从一般双主梁或边主梁的截面形式逐渐演变成板式边主梁的截面形式。所谓板式边主梁是指主梁位于两边,且梁高相对于桥宽很小;但两根边主梁之间仍有混凝土桥面板及横梁连接,横梁底与主梁平齐,形成底部挖有一个个空槽的板式梁体。德国Leonhardt教授认为,斜拉桥跨径直到200m左右,薄板截面梁应该是最佳选择。板厚在跨中处取决于横向弯矩,在边缘处取决于索距,近桥塔处为满足轴向压力的要求,可适当增加厚度。当桥宽更大,比如大于20m,具有薄桥面加T形横隔梁的梁板式截面可能更经济。在悬索桥中,此类截面形式也有一些作为加劲梁的工程实例。

图6-4为淮北市长山路斜拉桥,主跨跨径为88m+80m的塔梁固结的独塔双索面斜拉桥,板式边主梁截面由2根边主梁、横梁及桥面板组成,是当今典型的斜拉桥截面构造。本桥为最大限度地降低桥面坡度,在桥梁的横截面上,使边主梁高出中央行车道,从而形成带有错台的板式边主梁面。梁高仅为1.6m。

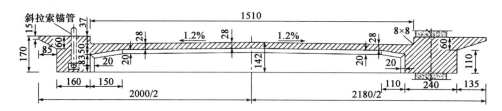

图 6-4　淮北市长山路斜拉桥主梁截面(尺寸单位:cm)

1967年西德曾为丹麦大贝尔特(Great Belt)海峡桥提出了一个预应力混凝土公铁两用桥斜拉桥方案,如图6-5所示。该方案采用连续多跨的密索悬臂刚构体系,斜拉索间距10m,桥面板厚仅66cm。该方案虽未付诸实施,但对薄板式混凝土斜拉桥主梁进行了开创性的工作。采用这样薄的板式结构作为主梁,很自然会被怀疑是否能满足整体与局部稳定性问题。通过试验和计算分析验证,证明其稳定性是不存在问题的。

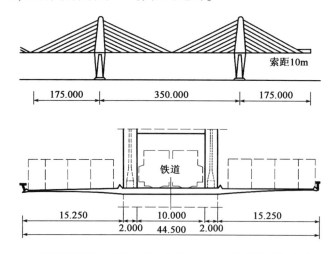

1967年西德设计的丹麦大贝尔特(Great Belt)海峡桥方案(尺寸单位:m)

1983年R·沃尔瑟(R.Walther)教授在充分研究的基础上,首先设计建成了瑞士Dsepoldsau的莱茵河桥,主跨跨径174m,薄板桥面宽14.5m,中线处厚0.55m,边厚0.36m,梁高跨比1/176,结构及主梁截面形式见图6-6。

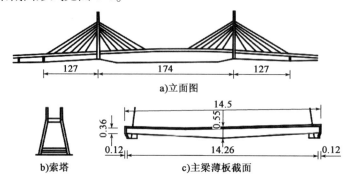

图 6-6　瑞士 Dsepoldsau 的莱茵河斜拉桥(1983,尺寸单位:m)

德国J.Schlasch设计了希腊的Evrspos桥,主跨跨径215m,采用了薄板截面,如图6-7所示。板宽14.5m,两索面间距13.5m,等厚0.45m,主梁高跨比达1/478。

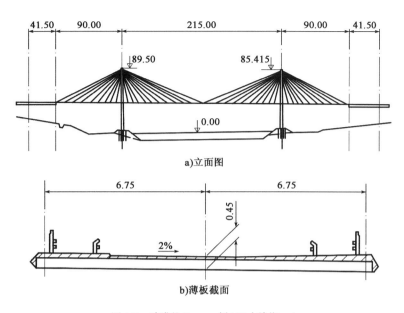

图 6-7　希腊的 Evrspos 桥(尺寸单位:m)

3) 双箱梁

双箱梁可以采用带竖腹板的矩形箱梁截面,也可采用外侧为斜腹板、内侧为竖腹板的倒梯形或三角形箱梁截面。图 6-8 为各类混凝土双箱梁的典型截面。图 6-8a) 为主跨跨径 72m 的浙江上虞章镇桥的矩形双箱梁截面,这类截面在比较早的斜拉桥中有较多的采用,如主跨跨径 200m 的上海港大桥、主跨跨径 128m 的三台涪江大桥等,在大跨径斜拉桥中,这种钝体截面的抗风性能不佳,因此后来采用较少;图 6-8b) 为主跨跨径 220m 的济南黄河大桥的倒梯形双箱梁截面,图 6-8c) 为主跨跨径 299m 的美国 P-K 桥的三角形双箱梁截面。图 6-9 为主跨跨径 260m 的天津永和桥的梁体截面,与图 6-8c) 类似。

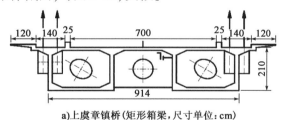

a)上虞章镇桥(矩形箱梁,尺寸单位:cm)

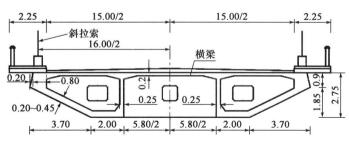

b)济南黄河大桥(倒梯形箱梁,尺寸单位:m)

图　6-8

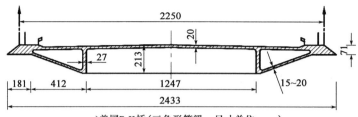

c)美国P-K桥(三角形箱梁,尺寸单位:cm)

图 6-8 混凝土双箱梁截面形式

在混凝土双箱梁截面的发展演化过程中,P-K 桥首次采用三角形双箱梁,在它之后有不少桥仿照采用,并在此基础上,又推出如图 6-9b)所示的梁截面形式。在济南黄河桥之后,蚌埠淮河公路桥及四川桐子林雅砻江桥等相继采用此类截面形式。

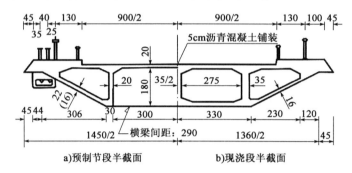

图 6-9 天津永和桥混凝土双箱梁截面形式(尺寸单位:cm)

4)单箱梁

混凝土单室单箱梁截面仅适用于桥面宽度较小的桥梁。许多桥梁,即使桥面宽度不大,但仍采用双室单箱截面,甚至单箱多室截面。

在双箱梁截面的内侧竖腹板之间加上封口的底板即成为三室箱梁截面。双索面混凝土斜拉桥梁用三室箱梁的实例非常之多,因为它可适应较宽的截面。图 6-10 为双索面斜拉桥的几种三室混凝土箱梁截面形式。其中,图 6-10a)为主跨跨径 240m 的四川犍为岷江大桥的斜腹板式三室箱梁截面,图 6-10b)为主跨跨径 176m 的辽宁长兴岛桥的斜底板式三室箱梁截面。

双索面桥与单索面桥的三室箱梁截面应有所不同。采用双索面时应将两个中间竖腹板尽量分开,使中室大于边室,以期取得较大的截面横向惯性矩,而对于单索面应尽量靠拢,以方便将斜拉索锚固在较窄的中室内。

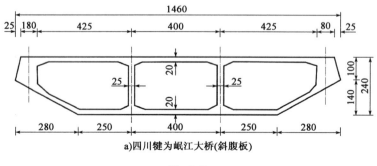

a)四川犍为岷江大桥(斜腹板)

图 6-10

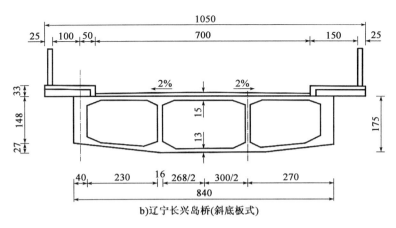

b)辽宁长兴岛桥(斜底板式)

图 6-10　三室箱梁截面(尺寸单位:cm)

挪威的 Skarnsundet 桥建成于 1991 年,主跨跨径 530m,为当前世界上最大跨径的混凝土主梁的斜拉桥,该桥的桥面宽仅需 7.5m(双车道汽车 7m、单侧布置人行道,宽 2.5m),将斜拉索布置在两侧,加上斜梁拉索保护和锚固宽度,全宽为 13.0m,宽跨比 1:40.8,索距 10.5m;梁高 2.15m,梁高与跨径比为 1:246.5。梁的横截面如图 6-11 所示。

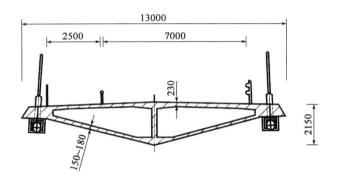

图 6-11　挪威的 Skarnsundet 桥横截面(尺寸单位:mm)

6.2.2　单索面斜拉桥混凝土梁

单索面体系混凝土梁必须采用抗扭刚度较大的箱形截面。

1)单室箱梁

如图 6-12 所示为主跨跨径 320m 法国勃鲁东(Brotonne)桥及主跨跨径 365.8m 的美国日照高架(Sunshine Skyway)桥的单室单箱截面,是单索面混凝土斜拉桥所用的非常典型的一种形式。两桥的箱梁高度分别为 3.8m 与 4.3m,梁宽分别为 19.2m 与 29.0m。箱室内部设置一组人字形加劲斜杆,用以传递单索面的索力。加劲斜杆的设置纵向间距为索间距的一半。桥面中线处分别设 3.2m 与 3.8m 宽的索面保护带,同时兼作上下行车道的分隔带用。两桥均由同一著名公司(Figg and Moiler Eng. inc)设计,成为世界单索面混凝土斜拉桥的标准截面形式之一。墨西哥柯察科尔考斯(Coatzacoalcos)桥的梁体截面也属同一类型。

如果将上述截面中单根的斜撑杆改为通长的斜腹板,则变为形式上相似,但实际为单箱三个三角形内室的截面图 6-13 为独塔 2×190m 跨径的安徽黄山太平湖桥的主梁截面。

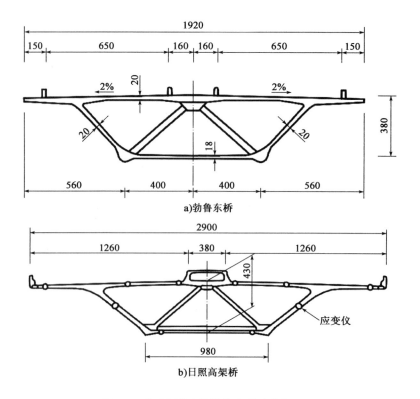

图 6-12 单室混凝土箱梁截面(尺寸单位:cm)

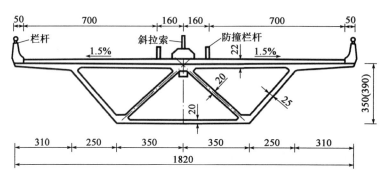

图 6-13 安徽黄山太平湖桥的主梁截面(尺寸单位:cm)

2) 三室箱梁

将截面中的人字斜杆加劲体系改为 2 道竖腹板则变成三室箱梁截面。这种用于单索面桥的三室箱梁截面,其中间箱室一般较小(竖腹板靠近桥轴中线),以便有效地就近利用竖腹板分散单索面的索力。

图 6-14a)为主跨跨径 175m 的广州海印大桥(珠江四桥)的三室箱梁截面,图 6-14b)为主跨跨径 210m 的长沙湘江北大桥的三室箱梁截面。这种截面也已成为单索面混凝土斜拉桥的另一种标准形式,采用这种截面形式时可有较宽的梁体宽度,如湘江北大桥已达 30m,而海印大桥在桥面伸臂板下再增设加劲肋后可达到 35m。

图 6-14c)为主跨跨径 230m 的重庆石门大桥的三室箱梁截面。它的两个边箱室内还设有加劲斜杆,起到双重的加劲作用,但是比较费料。

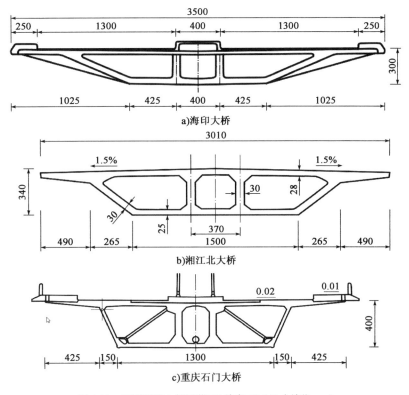

图6-14 三室混凝土箱梁截面(单索面)(尺寸单位:cm)

3）准三角形混凝土三室箱梁

将一般的倒梯形三室箱梁截面稍作改变,即缩减箱底宽度,增加斜腹板的水平投影宽度与桥面板伸臂长度,同时将箱内的2个竖腹板尽可能靠近,这样就形成准三角形的三室箱梁截面。利用2个竖腹板之间的较窄的中间箱室,可以有效地锚固单索面的斜索。

图6-15为主跨跨径320m的珠海市淇澳岛大桥的准三角形三室箱梁截面。此桥宽达33m,梁高3.36m,宽高比接近10,且外轮廓接近三角形,故对抗风非常有利。夷陵长江大桥的梁截面形式与图6-15略有不同,如图6-16所示。

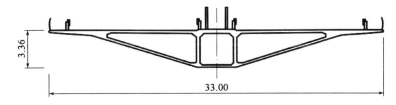

图6-15 珠海淇澳岛大桥的准三角形箱梁截面(尺寸单位:m)

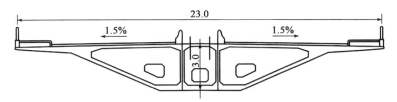

图6-16 夷陵长江大桥的梁截面形式(尺寸单位:m)

4）双箱横联截面

单索面混凝土斜拉桥采用双箱截面的实例甚少。这主要是由于在双箱之间的柔弱区不宜布置斜拉索锚固细节。主跨192m的美国詹姆斯河桥在两个倒梯形箱梁之间用三角形构架作横向连接，成功地在此三角形构架处布置斜拉索锚固点。

图6-17即该桥的梁体截面。除了上述两箱之间的三角形构架之外，在两个箱梁中还增设单向加劲斜杆，借此与三角形构架连接成一个遍及全桥面宽度方向（伸臂板部分除外）的横向主桁架，使索力分布到整个梁体宽度。

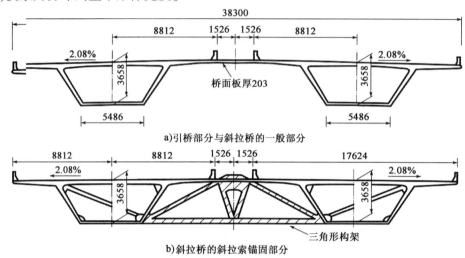

图6-17 詹姆斯河桥的双箱横联截面（尺寸单位：mm）

5）三角形箱梁

图6-18为主跨148m的法国伊泽尔河桥的单索面三角形混凝土双室箱梁截面。单索面每道斜拉索的左右两股钢索在中间竖腹板的两旁通过箱室锚固在箱梁下面。

斜拉索锚固点处设有承载横隔梁，它们将箱梁上的荷载以双向伸臂梁的形式传递到斜拉索上去。三角形承载横隔梁的弯矩分布与梁高变化都是匹配的，所以在力学上也是很合理的。

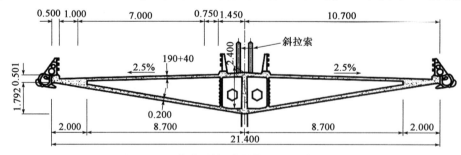

图6-18 三角形混凝土箱梁截面（尺寸单位：m）

6.2.3 悬索桥混凝土加劲梁

悬索桥的混凝土加劲梁是通过吊索悬挂在主缆之上，是一种悬吊结构，它本身并不是主要的承载部分，它的主要作用是通过吊索把荷载传递给主缆，主缆来受大部分荷载，即全部恒载和大部分活载。

悬索桥加劲梁截面要受到正负交变的弯矩作用，因此，配置预应力筋的方式最好是按轴向受压或一个方向的小偏心受压方式。配置了预应力筋的混凝土梁式结构在进行后张拉时,会产生不利的变形。而悬索桥特别是当采用预应力混凝土加劲梁时,主缆能够获得很大的重力刚度,也就是说主缆因承受巨大的恒载而呈现的平衡状态的线形是稳定的,这一线形不因活载而发生较大的变化。把预加力等效为恒载来计算其作用,便可计算出加劲梁在整个体系共同作用下的变形特征,并据此优化设计。

1) 预应力混凝土板梁

预应力混凝土板梁大多数为浅加劲梁,也就是说其弯曲刚度相对于结构整体刚度来说可忽略。

国内贵州贵毕公路主跨为338m的西溪大桥、主跨为278m的落脚河大桥、镇宁至水城公路主跨为283m的阿志河大桥、关兴公路主跨为388m的北盘江大桥均采用预应力混凝土板式边主梁形式,这几座桥为小型悬索桥。其中落脚河、西溪和阿志河桥的加劲梁均采用形状相似的鱼腹式板梁结构,如图6-19、图6-20所示。板梁全宽分别为14.5m和15m,中间厚0.6m,两侧厚0.4m,吊点处向两侧外伸各0.85m,并局部加厚至0.6m。北盘江桥因跨径略大,考虑抗风要求,有意加大板梁的抗扭刚度,将板梁截面设计成小哑铃形。截面全宽14.4m,中间厚0.56m,两侧最薄处0.45m,吊点处厚0.95m。截面尺寸见图6-21。

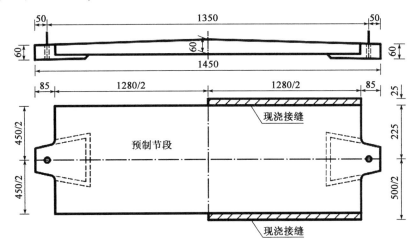

图6-19 落脚河、西溪桥板梁截面(尺寸单位:cm)

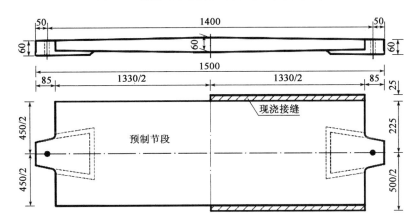

图6-20 阿志河桥板梁截面(尺寸单位:cm)

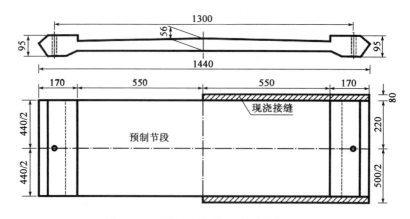

图 6-21 北盘江桥板梁截面(尺寸单位:cm)

2)预应力混凝土箱梁

相对于预应力混凝土板梁,箱梁的截面刚度较大,有较强的抗风能力,跨越能力较板梁而言较大。但由于混凝土的密度较大,悬索桥抵抗自重荷载比重较大,因此在大跨径桥梁中,混凝土箱梁也不常使用。

我国 1995 年 12 月 28 日建成了世界上最大跨径的大型预应力混凝土悬索桥汕头海湾大桥。加劲梁为薄壁单箱三室橄榄形截面,如图 6-22 所示,箱梁中央高 2.20m,两侧高 0.96m。梁顶宽 24.2m,为 2%横坡面。梁底宽 24.72m,呈半径 76.88m 的弧面。两侧面为辐向倾斜,意在有利于导风。在吊索锚固的位置,梁向两侧伸出厚 1.05m 的吊耳。吊耳在平面上为梯形,两侧吊耳通过设立的主横梁的联系而形成主梁在横向的传力系统,在该处的主梁宽为 26.2m。

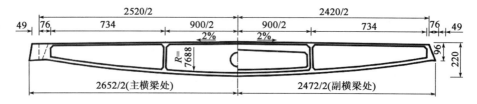

图 6-22 汕头海湾大桥断面(尺寸单位:cm)

加拿大 1964 年 9 月建成的 Hudson Hope 桥,为单跨 207.3m 的混凝土悬索桥。两侧塔中线至主缆锚固端的"边跨"分别为 58.5m 和 63.1m。该桥的混凝土加劲梁高 1.24m,为五室箱,箱总宽 11.3m,其中行车道宽 8.53m。顶板厚 16.5 cm,由横向弯曲决定;底板厚 14 cm;腹板则按施工的需要,定为 20.3cm,如图 6-23 所示。

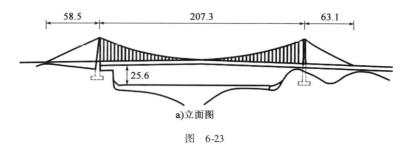

a)立面图

图 6-23

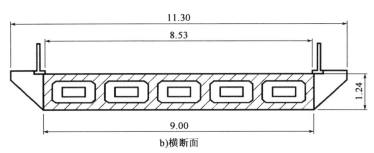

b)横断面

图 6-23 加拿大 Hudson Hope 桥及横截面(尺寸单位:m)

6.3 钢 梁

混凝土材料强度低、重量大一直是制约大跨桥梁发展的重要因素。钢材强度高,工厂化程度高,密度小,2000 年之后,我国大跨径桥梁建设主要采用钢结构梁。

6.3.1 悬索桥的钢结构箱形加劲梁

为考虑抗风稳定性,流线型钢箱梁截面轮廓形式一般采用扁平箱形构造,对两侧腹板倾斜方式和风嘴的构造各不相同,通常按横向坡度要求设置顶板,底板多采用平底构造形式。

采用钢箱梁,桥面为正交异性板,两边设置风嘴,这种梁用得越来越广泛,其优点是整体性好、材料用量比较省,密封的箱梁内部便于采用抽湿机等进行长期防护;带有风嘴的流线型箱梁,使结构整体抗风性能得以大幅度提高,能满足大跨径和特大跨径桥梁的抗风要求。

1)基本组成

流线型钢箱式加劲梁截面基本由四部分组成:上、下翼缘板,腹板及加劲构件。其中上翼缘板又兼作桥面板,为了增加箱式加劲梁的整体性,往往采用正交异性钢桥面板。上翼缘板也称为顶板,下翼缘板也叫作底板。南京四桥钢箱梁横断面如图 6-24 所示。钢箱加劲梁参考板厚如表 6-1 所示。

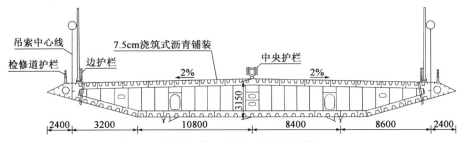

图 6-24 南京长江第四大桥加劲梁(尺寸单位:mm)

钢箱加劲梁参考板厚 表 6-1

构 件	厚度(mm)	构 件	厚度(mm)
顶板	12~16	横隔板	12~16
顶板 U 肋	8	横隔板上加劲肋	10~12
底板	10~16	纵腹板	20~40
底板 U 肋	6	—	—

(1) 翼缘板。

扁平钢箱式加劲梁的翼缘板具有如下作用：在对称竖向荷载作用下，作为加劲梁的上翼缘，承受弯曲力矩；在偏心竖向荷载作用下，作为钢箱梁截面的组成部分，抵抗弯曲和扭转；在横向水平荷载作用下，作为平纵联传递横向水平力。而对于上翼缘板，还作为桥面板，具有将荷载传给腹板的作用。

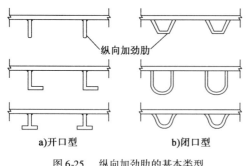

图 6-25 纵向加劲肋的基本类型

(2) 构造形式。

为便于制造及运输，钢箱加劲梁的底板常采用平底式，顶板设置横坡，纵向加劲肋可根据具体施工条件采用开口式或闭口式，如图 6-25 所示，两种形式均较易满足受力要求。开口肋通常采用 L 形或球头扁钢，闭口肋则常采用 U 肋。

(3) 横隔板。

隔板分为中间横隔板和支点横隔板。

①作用。

对桥面板及其纵向加劲肋起分跨和支承作用，并由此将桥面所受竖向力传递给缆索；将箱梁上下翼缘连为整体，提高了顶底板的屈曲稳定性和箱梁抗扭畸变性能，防止过大的局部应力；可兼作工厂制造的内胎模架，便于组拼制造。支点横隔板除了上述作用外，还将承受支座处的局部荷载，起到分散支座反力的作用。形式上横隔板可设计成肋式、空腹桁架式或实腹板式，如图 6-26 所示。

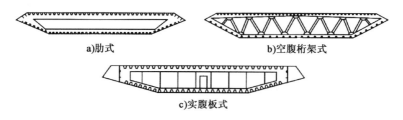

图 6-26 横隔板的基本类型

桁架式横隔板可以减轻梁重、节省钢材，能增大箱内透空率，便于今后维护和抽湿防腐，并为工地焊接提供较好的通风条件。但该种横隔板刚度小，竖向变形大，箱梁整体抗扭性能差，构造比较复杂。实腹式横隔板是目前斜拉桥普遍采用的形式，工艺成熟，构造简单，竖向刚度较大，箱梁的抗扭性能较好，但用钢量大，透空率小，施工和维护条件稍差。

现代悬索桥多用后两种形式的横隔板，但位于吊点处的主横隔板多采用实腹式。通常实腹式横隔板需设置检修过人孔、通风换气孔和各种过桥管线孔。

②横隔板间距。

横隔板顺桥向的布置间距是由桥面板的纵肋跨径要求决定的，主要由轮重荷载作用下桥面板及其纵肋的局部挠曲容许变形控制。间距太小则增加梁重；间距太大则桥面板局部变形大，对铺装不利。

桥面板采用开口肋时，横隔板间距取值为 1.2~2.0m；桥面板采用闭口肋时，横隔板间距取值为 2.0~4.5m。实际间距需根据桥上通行车辆轮重荷载及箱体宽度等具体情况确定。

③横隔板与纵肋之间的连接。

考虑疲劳，纵肋在横隔板处连续穿过，横隔板上开孔及焊接方式如图 6-27 所示。

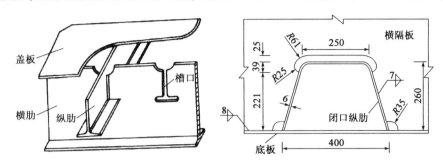

图 6-27 横隔板与开口纵肋间的连接(尺寸单位:mm)

(4)腹板。

根据悬索桥受力特性，作用于桥面的竖向荷载每隔一定距离就通过吊索传递给主缆，因而加劲梁承受的竖向剪力比一般梁式桥要小得多，故加劲梁并不需要有通长的强大腹板来发挥作用。许多已建的扁平箱梁均未设竖直的纵向腹板，仅根据导风要求在箱体两侧设倾斜的风嘴状侧腹板。腹板构造可根据局部稳定要求设置开口式加劲肋。

(5)纵隔板。

纵隔板的设置可以提高主梁的有效宽度，加强整体性。纵隔板形式可以考虑实腹式和桁架式两种类型。

2)截面形式

钢箱梁可采用单箱钢箱梁或分体式钢箱梁。每个箱内又可根据受力需要划分为多个格室。分体式钢箱梁的箱梁之间应设置横向连接梁，横向连接梁可采用箱梁、工字梁等形式。

(1)单箱单室。

为符合桥梁大跨径防风要求，加劲梁采用扁平闭口流线型钢箱梁截面，并且在梁端设计风嘴。重庆鹅公岩大桥和海沧大桥均采用了单箱单室加劲梁截面。

鹅公岩大桥钢箱梁为正交异性板，顶、底板厚分别为 12mm 和 10mm，下腹板厚 10mm。顶板用 6mmU 形肋，底板采用球形扁钢加劲肋。横隔板间距 3.3mm，板厚一般为 8mm，有吊索处为 10mm。钢箱内设人孔和管线孔，箱内抽湿，箱外选用长效高性能防腐涂料。钢箱加劲梁横截面如图 6-28 所示。

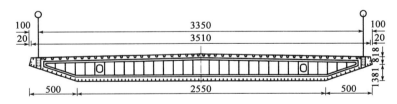

图 6-28 鹅公岩大桥钢箱加劲梁横截面(尺寸单位:cm)

海沧大桥加劲钢箱梁为单箱单室结构，如图 6-29 所示。箱梁桥轴线处梁内净高 3.0m，桥面板为 2% 的双向横坡，梁宽 36.60m。部分梁端上设置两道纵隔板。

(2)单箱双室。

如图 6-30 所示为柳州双拥大桥加劲梁，单主缆斜吊索地锚式悬索桥，加劲梁采用扁平流线型钢箱梁,梁高 3.5m。主桥钢箱梁位于 $R25500$m 的竖曲线上,顶板全宽 38m,设双向 1.5% 的泄水坡,中心高 3.5m,中间设置一道纵隔板,采用单箱双室结构。

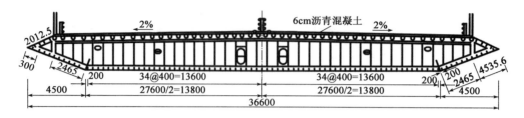

图 6-29 海沧大桥加劲梁横断面(尺寸单位:mm)

图 6-30 双拥大桥加劲梁横断面(尺寸单位:m)

横隔板采用整体式隔板,每隔 2m 设置一道。吊点分为斜吊索吊点、直吊索吊点及临时吊点三类。斜吊索吊点采用整板形式,板厚 60mm,加装两侧补强板共 130mm;直吊索吊点与顶板焊接连接,采用全熔透焊缝,板厚 40mm,加装两侧补强板厚 110mm。

如图 6-31 所示为赣州大桥加劲梁,主桥长 408m,采用单跨悬索桥结构体系。主梁高 3m,全宽 32.4m。每侧设 1m 宽风嘴。全桥共分 43 个梁段,每个标准段长 9.6m,跨中梁段长 7.4m,两个端段长 7.29m。

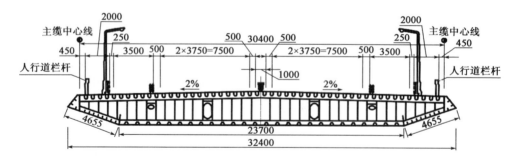

图 6-31 赣州大桥加劲梁横断面图(尺寸单位:mm)

如图 6-32 所示为驸马长江大桥主桥中跨加劲梁,采用流线型扁平钢箱,梁高 3.2m(主梁中心线处)。钢箱梁(含风嘴)全宽 32.0m。桥面设 2% 双向横坡。梁高与跨径比为 1/328,与宽度之比为 1/10。

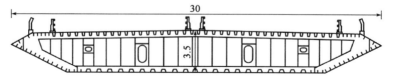

图 6-32 驸马长江大桥加劲梁横断面图(尺寸单位:m)

如图6-33所示为鱼嘴长江大桥钢箱加劲梁,采用正交异性板流线型扁平钢箱梁,梁高3.0m,宽(含风嘴)36.8m;顶板厚14mm,U形加劲肋厚8mm;底板厚10mm,U形加劲肋厚6mm。钢箱梁标准梁段长12m,内设4道实体式横隔板,间距为3.0m。吊索处横隔板厚10mm,其余横隔板厚8mm。结合吊索的设计方案,钢箱梁与吊索的连接采用销接式锚板。全桥梁段划分成27个吊装段,其中标准吊装段为24m,即2个标准梁段焊接而成。

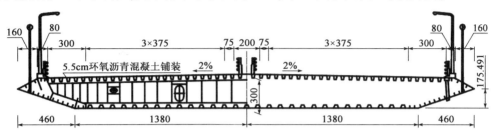

图6-33 鱼嘴长江大桥钢箱加劲梁标准横断面图(尺寸单位:cm)

(3)单箱多室。

如图6-34所示为南宁英华大桥加劲梁,采用单箱四室扁平流线型全焊钢箱梁,梁宽为37.7m,中心高3.5m。全桥钢箱梁共重9488.7t,分51个节段拼装制造。

图6-34 南宁英华大桥加劲梁横断面

6.3.2 悬索桥钢桁架加劲梁

1)基本组成

钢桁架梁结构由主桁、横向联结系、水平联结系、桥面系、桥面、吊索锚座等主要构件组成,见图6-35。钢桁架加劲梁主要构造特点是:由多片钢桁架片组成纵向主要受力结构,各桁架片上下弦杆间设平联,沿顺桥向每隔一定距离设横联,可采用正交异性钢板、混凝土板等作为桥面板,直接支撑在桁架片及横联上。

图6-35 钢桁架基本组成

(1) 主桁。

①作用。

主桁是桁架的主要承载结构,它是由上、下弦杆和腹杆组成,各杆件交汇处用节点板连接形成节点,由于节点的刚性,主桁架受弯时,杆件端部会产生弯矩,由此产生二次应力。

②主桁形式。

常见的主桁结构形式见图6-36。纯三角形桁架各杆件均为主要杆件,构造简单,但是节点较长,使行车道部分和上弦杆用钢量增加,又因桁架内无竖杆,横联和纵联与加劲桁架联结比较复杂。因此,采用加竖杆的桁梁更普遍。

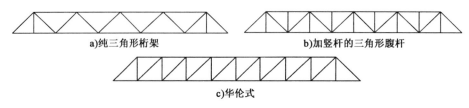

图6-36 常见的主桁结构形式

③杆件截面形式选择。

主桁为主要承载构件,杆件截面一般选择双壁式截面,主要有H形截面和箱形截面。H形截面由两块竖板和一块水平板组合而成,这种截面的特点是:构造简单,加工方便,当压杆采用H形截面时,基本容许应力的折减相当大,因此该种截面适用于内力不太大的杆件和长度不太大的压杆;箱形截面由两块竖板和两个水平板组合而成,为了保证竖板和水平板的局部稳定性,杆件内必须设置横隔板或加劲板,箱形截面在力学性能上优于H形截面,防护面积少,通常用于内力较大和长度较长的压杆及拉-压杆。但是,箱形截面的加工制造比H形截面复杂。

在决定主桁杆件截面尺寸时,必须注意使杆件的长细比符合规范规定,对于主桁杆件截面的高度和宽度,由于节点刚性的影响,随着截面高度的加大,杆件中的次应力加大,所以杆件在平面内的尺寸不宜大于节间长度的1/10或腹杆长度的1/15;考虑到节点板的联结,所有杆件应采用相同宽度。

(2) 横向联结系。

①作用。

为增加桁架的抗扭刚度,以便各片主桁共同受力,需在主桁的竖杆平面设置横向联结系,在吊索处的横向联结系可以帮助主桁承受吊索力。

②形式。

目前悬索桥钢桁架加劲梁常用的横向联结系如图6-37所示。

③杆件截面形式选择。

横向联结系的上弦杆除了承受轴向内力外,还承受由于搁置行车道梁所引起的局部弯矩,所以上弦杆一般采用刚度较大的钢板梁、钢桁梁或钢箱梁。在上下弦杆间设一对或多对斜撑,其数量应综合考虑加劲梁的梁高和间距来确定。为了构造方便,一般将斜杆角度控制在45°左右,当加劲梁横向间距较小时,可采用交叉形或双层交叉形。

(3) 水平联结系。

①作用。

上下平联的作用是在弦杆处将分离的主桁架连成整体,形成空间稳定的受力结构,同时承担主要的水平荷载,如横向风力、车辆摇摆力等。

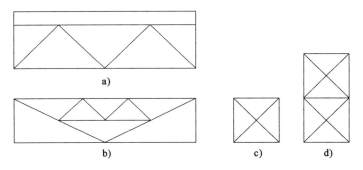

图 6-37　常用的横向联结系图式

②形式。

水平联结系由主桁弦杆及其间水平腹杆组成,水平联结系常用的几种形式如图 6-38 所示。

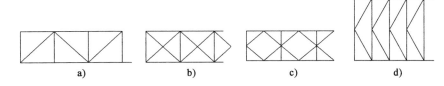

图 6-38　常用的平联形式

三角形腹杆体系的弦杆自由长度大,但构造简单,在横向风力作用下弦杆变形不均匀,弦杆弯曲,一般在小跨径桥中采用;交叉腹杆体系的斜杆自由长度减少,但弦杆自由长度较大,所以适用于单跨悬吊悬索桥的下水平联结系,因为下弦杆主要受拉;菱形腹杆体系的斜杆中点是固结在较刚强的横梁上,斜杆自由长度减小一半,适用于单跨悬吊悬索桥的上水平联结系;K形腹杆体系在竖向荷载作用下,弦杆变形所引起的腹杆的附加应力很小,同时它使弦杆的变形比较均匀,斜杆自由长度也小。这种体系适用于横向间距较大的桥。

(4)桥面结构形式。

采用桁架作为梁,其上不能直接行车或者人,需另外增加桥面结构。桁架桥面系结构是直接承受桥上车轮荷载并将它传递到梁的结构,设计荷载中活载的比例往往大于恒载,容易产生疲劳破坏等。同时,由于桥面铺装或轨道的磨耗和损伤等原因,桥面板特别容易受到冲击作用。桥面的主要结构形式有:混凝土桥面板、结合梁桥面板、正交异性板、板桁组合。

①混凝土桥面板。

钢筋混凝土桥面板,虽然自重较大(通常 $5\sim7kN/m^2$),但是具有经济、整体性好、受力可靠的优势,而且设计与施工简单,是中小跨径公路钢桥中采用最多的桥面形式,适用于节间或横梁间距较小的桁梁。如图 6-39 所示角笼坝大桥标准梁横断面,采用混凝土桥面板,混凝土桥面板直接搁于横梁上的板式支座上。

②结合梁桥面板。

钢板-混凝土组合桥面板是由钢底板和混凝土通过栓钉或开孔钢板连接件等形式的剪力连接件结合而成的新型组合桥面板形式,如图 6-40 所示,桥面与桁架之间可以通过盆式橡胶支座相连。

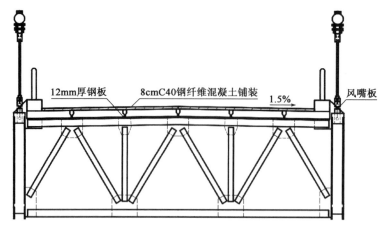

图 6-39 角笼坝大桥标准梁横断面

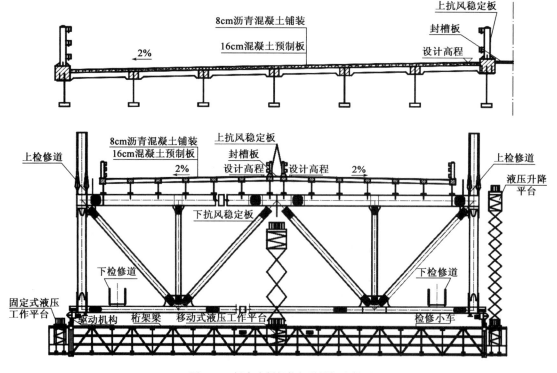

图 6-40 矮寨大桥钢桁加劲梁标准断面

随着桁架节间的逐渐增大,钢筋混凝土桥面板较难满足大跨径桥面板设计要求,而钢板-混凝土组合桥面板具有较大的抗弯刚度和承载能力,且能有效地减轻自重,能适应桁架较大的节间或横梁距离。钢板在桥面板施工中可以起到模板作用,免除模板拆卸和支撑架设工作,极易实现快速施工和安全施工,而且钢板-混凝土组合桥面板可以实现部分预制,施工质量能得到更好的保证。同时,在钢筋混凝土桥面板的翻修、改建和加固工程中,钢板-混凝土组合桥面板具有加快施工进度和减小交通影响的优势。总体而言,钢板-混凝土组合桥面板兼具钢筋混凝土桥面板和钢桥面板的诸多性能优势,在加大桥面板跨径、实现安全施工、快速施工和良好结构性能方面具有显著优势和广阔应用前景。

③正交异性板桥面。

为了进一步减轻自重,增加桥面的跨径,桁架梁的桥面也可以采用正交异性钢桥面板,桥面用钢量有所增加,但可减小主缆断面和锚碇用量。如图6-41所示为坝陵河大桥桁架梁标准断面,以低矮的扁平钢箱梁作桥面,桥面与桁架梁之间采用盆式橡胶支座相连。

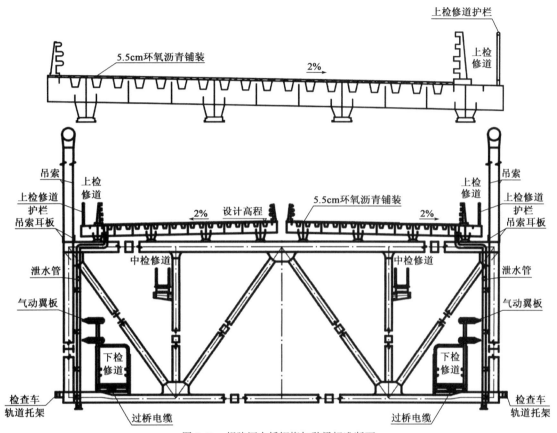

图6-41 坝陵河大桥钢桁加劲梁标准断面

④板桁组合桥面。

上述三种桥面与主桁架之间采用支座相连,设计主桁时只将桥面系作为荷载,桥面系不参与主桁的刚度作用。在板桁组合桥面系中,桥面系不仅作为行车的一部分,还作为主桁架结构的一部分,计算时要考虑板桁共同作用。如图6-42所示是岳阳洞庭湖大桥板桁组合桥面板横断面,如图6-43所示是岳阳洞庭湖大桥桁架梁断面,桥面系采用正交异性桥面,包括桥面板和U形肋、板肋;主桁架的横梁之间的桥面板再设置两道T形横肋;桥面板的中央设置一道工字形纵梁。桥面板和T形横肋与主桁上弦焊接,桥面板作为横梁的顶板,桥面板的U形肋或板肋与主桁横梁焊接。

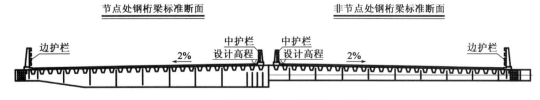

图6-42 岳阳洞庭湖大桥板桁组合桥面板

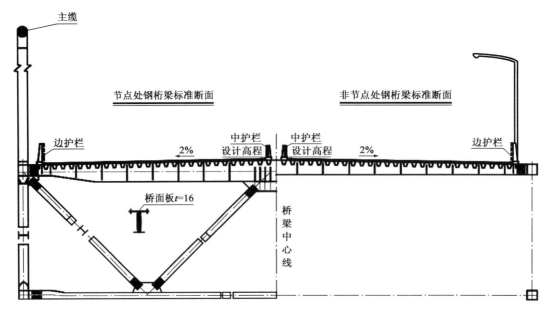

图 6-43　岳阳洞庭湖大桥加劲梁标准断面

(5) 新型整体节点。

桁架各杆件的交汇点称为桁架节点。按节点板的位置分为外贴式节点板与内插式节点板：外贴式节点的杆件全部采用焊接组成，在杆件两侧放节点板，然后用铆钉或高强度螺栓把杆件连接起来，如图 6-44 所示，弦杆可以连续不断地通过节点，这类节点构造简单、拼装方便、应用很广，铁路钢桥的标准设计均采用这种方式；内插式节点是预先在工厂用坡口焊缝和弦杆的腹板焊成整体，在两块节点板之间插入腹杆，并用栓钉将二者连接起来，如图 6-45 所示，节

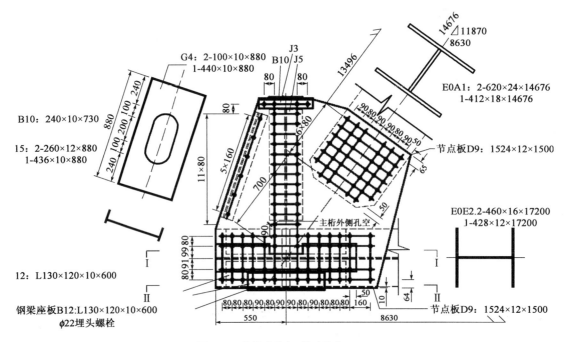

图 6-44　外贴式节点(尺寸单位：mm)

点板起到了弦杆腹板的作用,轴力产生的正应力通过对接焊缝传递。整体节点连接形式用钢量少、制造复杂,适用于大跨径桁梁。对于重型桁架的大节点采用内插式要比外贴式节省钢材,但基于外贴式节点诸多优点,采用外贴式节点更为普遍。

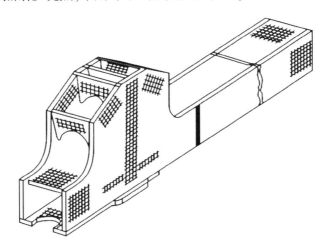

图 6-45　内插式节点示意图

按照连接方式节点板可分为栓接节点和全焊接整体节点,栓接节点一般采用外贴式,用高强螺栓把各杆件联结起来。也有预先在工厂用剖口焊缝把节点板与弦杆的腹板焊成整体,节点板起到弦杆腹板作用,斜杆和另一端弦杆仍采用高强螺栓连接,必要时可设拼接板。

钢桁梁整体节点,即将节点板与一端的弦杆焊接成为一个整体,其主桁节点板成为箱形弦杆的一部分,如图6-46所示。其优点是,通过增加节点板部位的板厚,使钢材截面得到充分利用;整体节点与其他杆件对拼连接方式相比,可减小节点板的尺寸;焊件两端均对拼于主桁厚节点板,减小了杆件的用料长度,便于向钢厂订料和运输。钢桁梁整体节点构造不但可提高钢梁工厂化制作程度,方便工地安装,而且经济效益较好。整体节点与传统的散拼节点相比,在节点外观、节点应力分布、焊接工艺要求、工地拼装工作量等方面,都有其独特的优势。

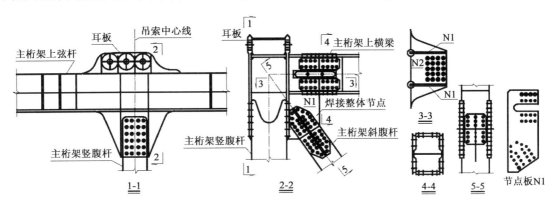

图 6-46　坝陵河大桥主桁架焊接整体节点构造

芜湖长江大桥钢桁梁采用焊接整体节点,一根弦杆两处对接焊,平联节点板和横梁腹板等部件均与主桁节点焊接。整体节点有利于节省材料、减少安装工作量,但对焊接和制造精度要

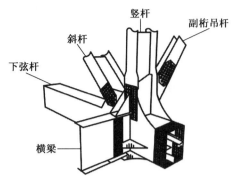

图 6-47　芜湖长江大桥主桁节点透视

求高。主桁节点与副桁吊索、横梁、平联的联结构造透视图见图 6-47。

主桁连接采用 M30 高强度螺栓。在主桁节点处，纵梁间距 4～4.5m。桥面系均采用工形构件，公路横梁高 1460mm，纵梁高 1000mm。铁路横梁高 2161mm，纵梁高 1480mm。下平联结系为交叉形，上弦平面不另设联结系。根据对铁路桁梁桥联结系行为的研究，该桥仅在支点处设置强劲桥门架，不设中间横联。桥面系及联结系构件采用 M24 高强度螺栓连接。

2）桁架梁的优缺点

桁架梁与流线型钢箱梁相比，有如下优点：

（1）钢桁梁特别适用于双层桥面，采用双层桥面布置可增加车道数目，但增加的造价不多，是公铁两用桥的常用断面。

（2）钢桁梁透风性好，不容易发生涡激共振。

（3）钢桁梁的杆件架设比较灵活，可以单根杆件、平面构件架设，也可以空间整体节段架设，且不需要起吊能力很大的机械设备，在钢箱梁节段运输困难的地方具有很大优势。

（4）工厂制造也不需大型起吊设备，对制造、焊接工艺的要求低于钢箱梁。

（5）日常维护少于钢箱梁，钢箱梁需要抽湿养护，需要先进的管理养护水平。

桁架梁与流线型钢箱梁相比，也有如下缺点：

（1）桁梁较高（有时候是构造决定），迎风面积大，所以风致横向变形大，抗颤振能力低于钢箱梁。

（2）需要增加桥面构造，而钢箱梁的上翼缘可以直接作桥面。

（3）节点连接构造复杂。

（4）自重较重，会增加主缆和锚碇的用量，但优化设计后钢梁用量会省一些。

（5）养护以油漆为主，面积较大，没有钢箱梁方便。

上述比较只是概念上的，钢箱梁和钢桁梁各有所长。具体设计时，要认真比较。例如抗颤振能力，并不是越高越好，满足当地的要求就可以了，而且可以采取抗风措施。

3）钢桁梁的截面形式

（1）双层公路桥面。

武汉杨泗港大桥钢桁梁由主桁架、横梁和正交异性桥面板组成，主桁架为带竖腹杆的华伦式桁架结构，桁高 10m，标准节间长 9m，主桁架左、右弦杆中心间距为 28m，横断面如图 6-48 所示。主桁架的上、下弦杆设有整体节点板，斜腹杆和竖腹杆通过整体节点板与上、下弦杆连接。上、下弦杆及斜腹杆均采用箱形截面，竖腹杆采用 H 形截面。

加劲钢桁梁两端在两桥塔立柱上设置竖向支座，在塔柱侧壁设置横向抗风支座，梁端设置纵向液压阻尼器，塔梁之间设置纵向限位支座。

（2）公铁两用双层桥面。

与一般钢桁梁相比，由于活载较大，桁高桁宽及单位长度的用钢量都比较大。

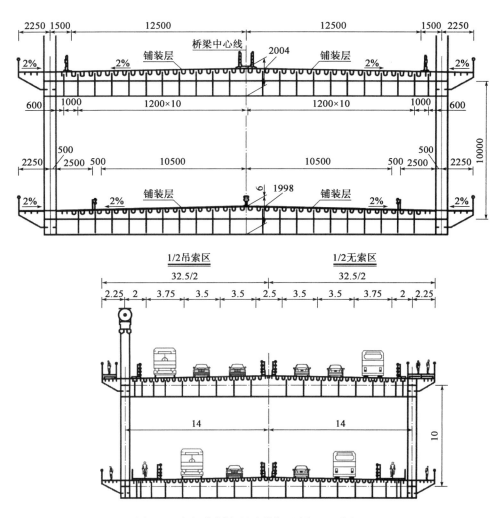

图 6-48 杨泗港大桥(尺寸单位:上图 mm,下图 m)

郭家沱长江大桥为双层桥面布置,上层为 8 车道城市快速路,下层为双线轨道交通,上、下层桥面均为正交异性板钢桥面;主梁桁高 12.5m,节间长度 15m,采用带斜撑的三角形桁架形式,材料为 Q345 钢材。

郭家沱长江大桥主桥上层桥面宽 39m,下层桥面宽 17m,主桁架为三角形桁架,主桁架高 12.7m,标准节间长 15m,2 片主桁中心间距为 17m。上弦杆、下弦杆及斜腹杆均采用箱形截面,斜撑采用 H 形截面。主梁标准横断面见图 6-49。

香港青马大桥为公铁两用双层桥面,两片主桁架的横向中心距为 26m。在两片主桁架外面,沿桥纵向每隔 4.5m 加设一道包括上下桥面系横梁、两侧尖端形导风角与中间两根立柱等构件组成的六边形横向主框架,在导风角部分用 1.5mm 厚的不锈钢板围封,上下横梁上面为正交异性钢桥面板,组成了类似于钢箱梁的封闭形横截面,为了有利于抗风稳定,在整个桥横截面的中央 3.5m 宽部分均以交叉的斜杆代替正交异性板,形成一条纵向的上下透风道,如图 6-50 所示。

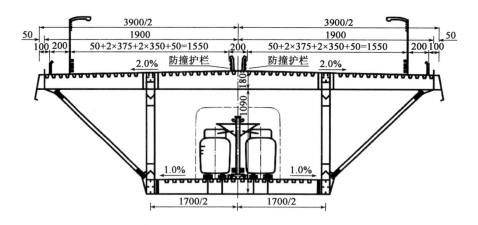

图 6-49　重庆郭家沱长江大桥主梁横断面(尺寸单位:cm)

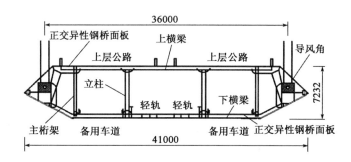

图 6-50　香港青马大桥钢桁梁横截面(尺寸单位:mm)

(3)单层桥面。

单层桥面一般都设置在钢桁梁的上弦位置处。横截面的布置有两种类型:下翼开口型和下翼闭口型。

采用下翼开口型的横截面可以美国金门大桥和英国福斯公路桥为例。悬索桥与斜拉桥所用加劲梁在竖向平面内的主要不同功能是:悬索桥的加劲梁以承受局部挠曲为主,而斜拉桥的主梁则兼受轴力与挠曲。因此悬索桥的钢桁梁只要有足够的竖向刚度,有可能采用下翼开口型的横截面。但从抗风与抗震角度来看,大跨径悬索桥的横向刚度与抗扭刚度仍是非常重要的,因此采用下翼开口型的横截面,其抗风与抗震能力不足。在塔科玛老桥遭受风毁事故后,1954 年经过再度审查,决定将美国金门大桥钢桁梁的下翼缘加固改造成封闭型,在后来发生的几次地震中,金门大桥因此得以免受损坏。

北盘江大桥主梁采用由钢桁架和桥面系组成的钢桁加劲梁。主桁采用带竖杆的华伦式桁架,桁高 5.0m,节间长 3.5m,纵向两片主桁间距与主缆间距相同,为 28m。主桁通过吊索与主缆相连,由于主桁杆件受力较小,弦杆、斜杆和竖杆均采用制造简单、拼装方便的"H"形截面。其加劲梁标准横断面如图 6-51 所示。

6.3.3　钢板加劲梁

开口式钢板梁截面因抗扭刚度小,不利于悬索桥的整体抗风稳定。20 世纪 40 年代,美国塔科马大桥因采用此类截面的加劲梁而风毁,该桥修复时转而采用钢桁加劲梁。此后工程界一直避免将其再应用于悬索桥加劲梁。

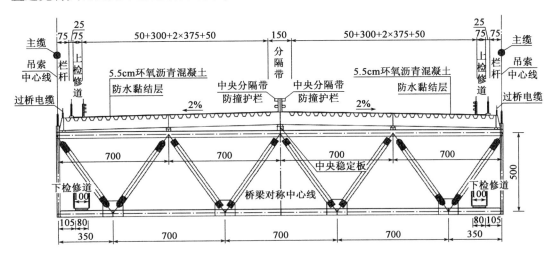

图 6-51 北盘江大桥主桥标准断面图(尺寸单位:cm)

斜拉桥则较多用钢板梁作主梁的结构。

钢板梁具有受力明确、制作简单、运输方便等优点。经济性方面,正交异性钢桥面板既作为加劲梁的上翼缘,又兼当行车道板,有效减轻了主缆、桥塔和锚碇的负担,为大桥设计从总体上节省创造了前提条件。结构受力方面,在认识到悬索桥钢箱加劲梁底板应力总是偏低,底板设计往往由构造控制、材料得不到充分利用的特征后,钢板梁作加劲梁的力学优势进一步显现出来。制造方面,开口截面不需像钢箱梁一样要求保证全断面对接的制造精度,工艺要求因而降低,工装设备也更加简单,钢梁的造价必然随之下降。运输方面,钢板式加劲梁可在工厂制成板件,选用公路或铁路运输到现场后再组拼成节段,运输组拼方式灵活,不受桥址处水上运输条件的限制。钢加劲梁节段吊装上桥后,节段间对接的工作量及材料用量也较小。在适宜的条件下,钢板式加劲梁不失为优良的截面形式,特别是在桥梁抗风研究日益深入,悬索桥工程实践经验逐渐丰富之后,更有条件应用于悬索桥。

如图6-52所示,柳州红光大桥采用钢板式加劲梁,使用净宽要求为26.6m,梁宽除满足桥面布置要求外,兼顾吊索锚箱等构造要求,加劲梁实际梁宽为27.8m。由于该桥活载与恒载的比值较大,梁高不宜过小,取2.2m,以保持合理的加劲梁应力水平。加劲梁高宽比为1/12.6。作为城市桥梁,该桥人行道布置在主梁外侧,不仅有效缩减了锚碇的横向宽度,有利于减少城市拆迁量,还降低了横梁的应力水平,有利于结构受力。同时还在概念上为改善钢板梁的气动外形提供了条件。

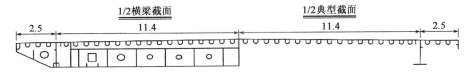

图 6-52 柳州红光大桥加劲梁横断面图(尺寸单位:m)

加劲梁梁高2.2m,桥面顶板宽27.8m,纵梁间距22.8m,横梁间距2.75m。顶板板厚14mm,顶板U形加劲肋高260mm,横向间距615mm,壁厚6mm;纵梁下翼缘板厚28mm,腹板厚

16mm;横梁下翼缘板厚28mm,腹板板厚10mm。

6.3.4 斜拉桥的钢结构箱形主梁

斜拉桥与悬索桥的钢箱梁基本相同,但在以下方面有区别:

(1)腹板。

斜拉桥因为需要锚固斜拉索,外腹板需采用较厚的尺寸,以减小局部应力集中的影响。如苏通长江大桥,外腹板除局部加强处外均采用30mm,加劲肋采用扁钢截面形式,其尺寸为220mm×20mm。

传统的箱梁或板梁腹板是以承受弯矩、剪力为主,而斜拉桥的扁平钢箱梁外腹板是以承受压力为主的构件。另外,加劲肋与传统以受弯剪为主的箱梁(板梁)中加劲肋所起作用亦不相同,后者主要作用是增加板件的稳定性,而前者还要同时承受巨大的轴向压力。

从目前建成或设计中的同类桥梁看,扁平钢箱梁锚固拉索纵腹板的构造形式基本相同,均由于局部应力问题采用较厚腹板,加劲肋大多采用相对腹板较弱的扁钢加劲。

(2)纵隔板。

很多斜拉桥只在局部区域设置或不设置纵隔板,说明纵隔板并不是必须的。从斜拉桥受力来看,纵隔板的作用没有横隔板重要,对其构造要求也没有横隔板严格。但对于较宽的主梁全桥,设置纵隔板对结构受力和加工是必要的。

苏通大桥比选了桁架式和实腹式纵隔板形式,由于横隔板采用了实腹式,为提高箱内的透空率,便于将来维护,并为工地焊接提供良好的通风条件,纵隔板采用桁架式较好。虽然箱梁纵隔板采用实腹式整体性更好,但箱内通风性能太差,且桥面板横向刚度变化较大,对铺装不利。对实腹式纵隔板和桁架式纵隔板的有限元分析结果表明,两种纵隔板均能满足受力要求,苏通大桥最终采用了桁架式纵隔板。

1)双索面箱梁

钢箱梁一般分节段在工厂制造,用驳船运至桥位,现场吊装、焊接成桥。标准梁段及合龙梁段一般采用桥面吊机拼装。如图6-53所示为荆岳长江公路大桥的钢箱梁断面。

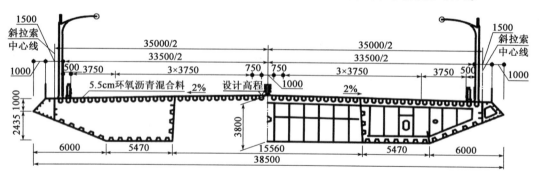

图6-53 荆岳长江公路大桥(尺寸单位:mm)

(1)单箱多室扁平钢箱梁。

在现代斜拉桥中,钢主梁更多地采用整体构造的流线型扁平钢箱梁,这种截面形式最早流行于丹麦和英国。两边的风嘴能降低风压和提高临界风速,箱内设除湿机养护防锈,高效而简便。目前世界各地的大跨斜拉桥多采用此截面形式。

如图6-54所示为南京长江第二大桥两侧带有风嘴的扁平多室钢箱梁。单箱多室流线型扁平钢箱梁由顶板、底板、斜腹板、纵腹板及横隔板等组成。为了提高主梁的抗风性能,增加主梁的景观效果,一般在箱梁外带有三角形风嘴。顶板及斜腹板均为正交异性构件,钢箱梁内设置纵腹板,两条边纵腹板一般设置成板式腹板。双索面斜拉索一般均锚固在边纵腹板上,边纵腹板由于要将斜拉索的锚固力传到横隔板、中纵腹板和整个钢箱梁断面上,一般其板厚较厚。中纵腹板有板式和桁架式两种。对于采用桥面吊机吊装施工的钢箱梁,如果钢箱梁较宽,块件很重,为了减小由于桥面吊机前支点反力引起的桥面板变形,提高梁段间环缝的焊接质量,应设置中纵腹板。同时设置中纵腹板还可以增加钢箱梁的有效计算宽度。横隔板的间距根据第二体系的计算结果及桥面铺装对桥面板的刚度要求设计,间距一般为 3~4mm。横隔板分桁架式和板式两种。板式横隔板又分整体式、对接式、搭接式三种,分别布设在不同的受力部位。在板式横隔板的一定区域内可根据要求设置人孔和电缆孔。

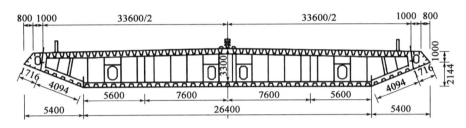

图 6-54 南京长江第二大桥(尺寸单位:mm)

南京长江第三大桥的主梁截面如图 6-55 所示,两侧风嘴形式与南京长江第二大桥略有不同。

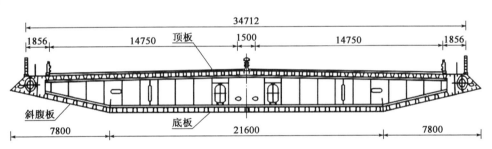

图 6-55 南京长江第三大桥加劲梁(尺寸单位:mm)

图 6-56 为主跨 856m 的法国诺曼底大桥钢箱梁截面。六角形扁平箱梁内部不设腹板,只有密布的横隔板加劲。横隔板的中部开有三角形人孔。箱梁两侧略带倾斜的厚腹板延伸到桥面以上,供斜索锚固用。

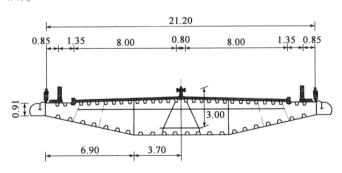

图 6-56 诺曼底大桥钢箱梁部分的梁体截面(尺寸单位:m)

如图6-57所示为主跨890m的日本多多罗大桥的钢箱梁截面。

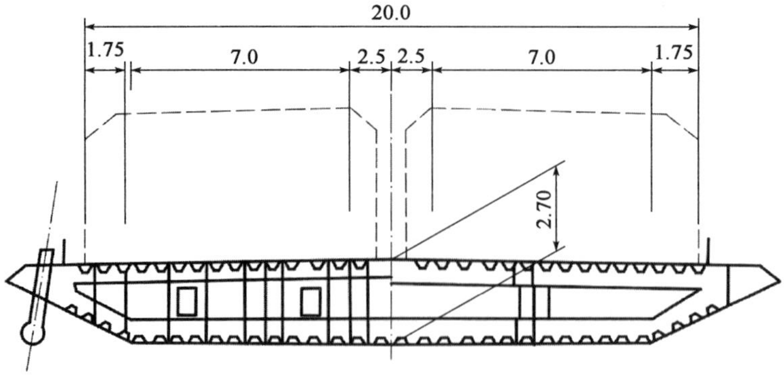

图6-57 多多罗大桥的钢箱梁截面(尺寸单位:m)

(2)双箱双室钢箱梁。

双箱双室钢箱梁断面是由2个分离式的单箱和桥面板组成,2个单箱之间设置横隔板或斜杆式横向连接系。边箱有矩形和倒梯形两种,矩形边箱一般均设置竖腹板,矩形边箱钢梁断面形式的抗风性能较差。由于钢箱梁制造水平的提高,矩形边箱的钢箱梁已很少采用,基本都采用倒梯形作为边主梁。为了提高抗风性能,在边主梁外侧设置流线型的风嘴。边主梁式钢箱梁一般适用于4车道及以下的公路桥梁,对于桥宽较窄的钢箱梁横隔板的应力较低,为了节省钢材用量,可以将横隔板跨中区域的底板取消,即成为边主梁断面(美国的P-K桥断面,其主梁为预应力混凝土结构)。采用此种断面形式,能显著节省钢材而不影响抗风性能。广东礐石大桥的主梁横断面采用了双室双箱,如图6-58所示。

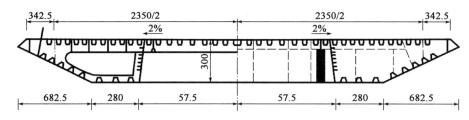

图6-58 广东礐石大桥主梁横断面(尺寸单位:cm)

2)单索面箱梁

由于单索面斜拉桥的斜索对桥梁抗扭不起作用,因此一般都采用抗扭刚度较大的整体构造箱梁(不是分离式的由横梁连接的两个边箱截面)。涪陵乌江二桥为单索面斜拉桥,主梁为等高3.5m的预应力混凝土斜腹板箱形截面梁,为单箱单室大悬臂结构形式,混凝土强度等级为C60。梁顶全宽25.5m(图6-59),设置2%的桥面横坡,箱梁在中心线处梁高3.5m,箱梁翼缘长度为6.5m。

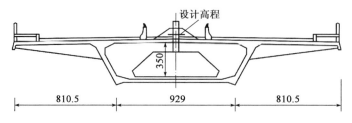

图6-59 涪陵乌江二桥钢箱梁截面(尺寸单位:cm)

钢主梁断面形式应根据桥面布置、断面抗风性能、斜拉索锚固区的布置、总体受力特点、主梁制造及吊装施工工艺等因素选择确定。

3）桥面铺装形式

桥面铺装也称行车道铺装，其功用是保护属于主梁整体部分的行车道板不受车辆轮胎（或履带）的直接磨耗，防止主梁遭受雨水的侵蚀，并能对车辆轮重的集中荷载起一定的分布作用，同时可为车辆提供稳定、平整的行驶路面。

钢桥面铺装一直是我国还没有完全解决的技术难题。目前大跨径钢桥面铺装已形成了"四种铺装材料、三类铺装结构"的格局，即按照沥青混合料类型可分为四类：①热拌沥青混凝土或改性密级配沥青混凝土；②以德国和日本为代表的高温拌和浇筑式沥青混凝土，以英国为代表的沥青玛蹄脂混凝土；③德国和日本等国采用的改性沥青 SMA；④以中国和美国为代表的环氧树脂沥青混凝土。按照沥青混合料铺装结构可分为三类，即同质单层、同质双层及异质双层结构，具体的结构组合形式有：①单层浇筑式沥青混凝土；②上层密级配沥青混凝土＋下层浇筑式沥青混凝土，日本使用的最多；③上层密级配沥青混凝土＋下层改性沥青 SMA，德国和日本均有使用；④上层改性沥青 SMA＋下层浇筑式沥青混凝土，德国使用的较多；⑤上下层分别采用不同粒径规格的改性沥青 SMA；⑥上层环氧沥青混凝土＋下层浇筑式沥青混凝土，是中国新创的铺装形式；⑦双层环氧沥青混凝土。表 6-2 ~ 表 6-4 为马鞍山长江公路大桥的三个铺装方案。

浇筑式沥青混合料 GA10 + 改性沥青 SMA10 铺装结构　　　　表 6-2

铺 装 面 层	高弹改性沥青 SMA10，厚度：35mm
铺装下层	浇筑式沥青混合料 GA10，厚度：33mm；撒布 10 ~ 15mm 预拌碎石
防水黏结层	反应性黏结剂，用量：100 ~ 200g/m²
	甲基丙烯酸树脂膜（两层），总用量：2500 ~ 3500 g/m²
	防腐底漆层，用量：100 ~ 200 g/m²
钢板	喷砂除锈，清洁度：Sa2.5 级；粗糙度：50 ~ 100μm

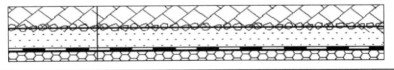

双层环氧沥青混凝土 EA10 铺装结构　　　　表 6-3

铺 装 面 层	环氧沥青混凝土 EA10，厚度：25mm
	环氧黏结剂，用量：0.45L/m²
铺装下层	环氧沥青混凝土 EA10，厚度：30mm
防水层	环氧黏结剂，用量：0.78L/m²
防腐层	环氧富锌漆
钢板	喷砂除锈，清洁度：Sa2.5 级；粗糙度：50 ~ 100μm

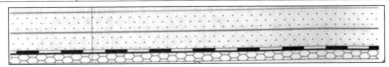

双层改性沥青 SMA10 铺装结构　　　　　　　　　表6-4

铺装面层	高弹改性沥青 SMA10,厚度:35mm
层间黏结层	洒布改性乳化沥青,用量:300~500g/m²
铺装下层	高弹改性沥青 SMA10,厚度:30mm
缓冲层	沥青砂胶,厚度:3~5mm
	涂洒溶剂型黏结剂,用量为 200~400g/m²
防水黏结层	涂刷环氧树脂,400~600g/m²;撒布1.18~2.36mm 碎石,500~800g/m²
	涂刷环氧树脂,200~300g/m²;撒布0.3~0.6mm 碎石,300~400g/m²
防腐层	环氧富锌漆,厚度 50~100μm
钢板	喷砂除锈,清洁度:Sa2.5级;粗糙度:50~100μm

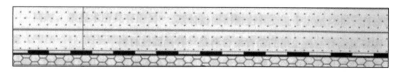

6.3.5　斜拉桥钢桁架主梁

斜拉桥钢桁梁的基本组成与悬索桥基本一致,在此不再一一赘述。斜拉桥采用钢桁梁,多数是由于布置双层桥面的需要,仅少数单层桥面的公路斜拉桥采用了钢桁梁,如山区运输条件受限的大跨径斜拉桥,采用钢桁梁桥更便于梁的杆件运输。

1)设计参数

(1)主梁高度。

绝大部分斜拉桥的主梁高度是不变的,只有极少数几座斜拉桥的主梁在邻近桥塔处是变高度的。

斜拉桥不像梁式桥那样,梁高与主跨径的高跨比变化范围较小,所以即使跨径与荷载条件相同,由于主梁结构形式、断面形式和索距等不同,梁高会有很大的变化。梁高一般与拉索稀密体系有关,稀索体系梁高为跨径的1/70~1/40;密索体系梁高为跨径的1/200~1/70。

(2)主梁宽度。

由要求的车道宽度,加上拉索占用宽度,每索面宽在0.75~1.2m之间。双索面位于桥的两边;单索面位于桥的中轴线。如果桥面上设置有中央分隔带(一般宽2~3m),则可以用以布置拉索,因此可以节省桥宽。如果考虑抗风的要求,主梁宽度与高度之比 $B:h$ 应大于6:1,如为8:1更佳,10:1以上风振一般也没问题。

(3)细部尺寸。

断面高度确定后,可以根据局部荷载(定桥面板、横梁尺寸)、轴向力大小(定主梁断面)和构造要求等初步拟定各部尺寸。

(4)主梁靠塔段无索区长度和跨中无索区长度。

主梁靠塔段无索区每侧可有2~3个索距的长度不设拉索(密索体系),支承体系在索塔处有竖向支承时或塔处设垂直拉索时,这个长度可以大些。跨中无索区长度在密索体系主要是预留的合龙段长度,一般2~5m即可,不宜过大。

2)实例

(1)双层公路桁架。

如图6-60所示为主跨708m的上海闵浦大桥主梁断面,桥梁上层为双向8车道高速公路,下层为双向6车道地方道路。混凝土结构和钢-混凝土叠合结构的自重大,都需要较大的边跨予以平衡,基础规模大。且主梁悬拼施工时需现浇混凝土(或接头),施工速度较慢。因此该桥主跨主梁采用全钢结构。从适应双层桥面的要求出发,主梁结构形式采用钢桁梁。

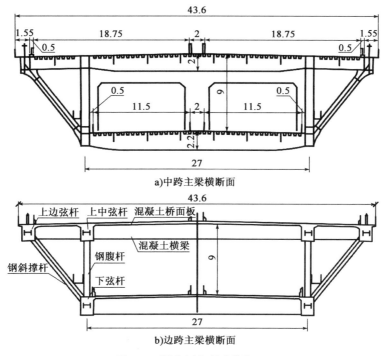

图6-60 闵浦大桥(尺寸单位:m)

中跨主梁采用全焊接板桁结合钢桁梁结构,正交异性桥面板与桁架结合为一整体,共同参与受力。钢桁梁的桁式采用N形桁,桁高9m,节间长15.1m。钢桁梁的横断面为倒梯形,主桁宽27m,上层桥面外边弦间中心距41.5m。上层桥面结构宽43.6m,下层桥面结构宽28m。上、下层桥面相距9m,结构总高11.5m。

边跨采用组合桁架梁结构,N形桁架,桁高9m,节间长度10.5m。倒梯形截面,主桁间距27.0m,上层桥面外边弦间中心距41.5m。上、下层桥面结构宽分别为43.6m、28.6m。

具有双层道路桥面的钢桁梁的截面中,除了用两侧的主桁架来连接上下两层桥面之外,为了争取使下层桥面有更多的行车净空,在上下桥面的主横梁之间不再布置用作横截面连接用的任何斜向或竖向杆件。因此,上下主横梁必须很强大,上下主横梁与两侧的主桁架形成刚性的横向框架。

(2)公铁两用桁架。

芜湖长江大桥是国内首次采用板桁结构建造的一座公铁两用桥梁。正桥主航道采用主跨312m、低塔、斜拉索加劲的连续钢桁梁结构,主桁为N形桁架,公路路面采用预制混凝土桥面板。主桁桁高14m,桁宽12.5m,边跨和中跨宽跨比分别为1/14.4和1/25。主桁采用N形桁架,节间长12m。主桁外设置副桁,斜拉索通过副桁与主桁联结。主桁弦杆最大轴力达

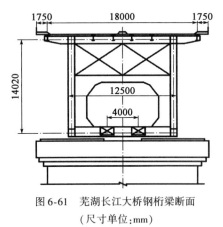

图 6-61 芜湖长江大桥钢桁梁断面
(尺寸单位:mm)

50MN,最大板厚达 50mm。杆件截面依据轴力大小,采用 H 形和带有加劲肋的箱形截面。杆件宽 1100mm,上弦杆高 1460mm,下弦杆高 1660m,腹杆高 700~1100mm。杆件最大长度 15.1m,其钢桁梁横断面如图 6-61 所示。

在铁路或公铁两用斜拉桥中,如桥宽太大,采用传统的两索面桁梁将使横梁的截面尺寸增加很多,这时采用三索面、四索面布置,将桁梁设计为多片主桁结构,是较好的设计选择。武汉天兴洲桥、沪通长江大桥等多座公铁两用斜拉桥都采用了三索面、三主桁架为主梁的斜拉桥结构。

在以钢桁架为主梁的斜拉桥中,采用单索面的斜拉桥比较少,重庆东水门大桥、千厮门大桥是这种结构的代表。

重庆东水门大桥起于南岸区涂山路,跨越长江后经湖广会馆平接渝中区陕西路,主桥为 222.5m + 445m + 190.5m 双塔单索面钢桁梁斜拉桥,钢梁全长 858m,采用上下层布置公轨两用桥梁。下层为双线轨道交通,线间距 6m;上层为双向四车道汽车交通,桥面宽 24~39.2m。钢桁梁采用无竖杆整体节点三角桁架,主桁标准节间长度为 16m,桁宽 15m,上下层桥面系均为正交异性整体钢桥面板。其钢桁梁横断面如图 6-62 所示。作为重庆地标的姐妹桥——千厮门大桥也采用了类似桁架截面。

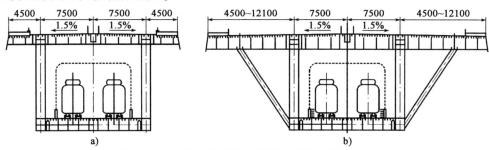

图 6-62 东水门大桥钢桁梁典型横断面(尺寸单位:mm)

如果桥面较宽,且下层通行汽车或者火车,上下层都要求有比较强大的横梁。上横梁如果是公路,其横梁一般采用桁架结构,下层则采用箱形截面横梁。典型横断面形式如图 6-63 所示。主跨 420m,位于日本本州四国联络桥儿岛至坂出线上的岩黑岛与柜石岛桥之间。该公铁两用双层桥的上层桥面通行汽车,下层桥面通行轻载铁道列车(每线 38kN/m)。桁高 13.9m,跨高比为 30。

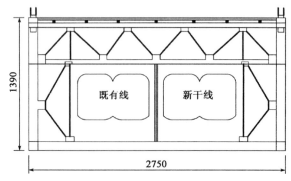

图 6-63 岩黑岛桥主梁断面(尺寸单位:cm)

6.4 组 合 梁

组合梁也称结合梁,是指采用剪力连接件(shear connector)将钢板梁、钢箱梁、钢桁梁等结构构件和钢筋混凝土结合成的一种复合式结构。组合梁中钢板部分由单一的钢板梁扩展到钢箱梁、钢槽形梁和钢桁梁,组合梁的截面形式也由工字形发展到箱形、倒梯形甚至三角形。此外,可根据截面正负弯矩的需要,在上下缘均可设置参与共同工作的钢筋混凝土板,甚至可将预应力混凝土箱梁的腹板采用槽形波纹钢板或桁架式钢腹杆组成复合式组合梁,以进一步减轻桥梁自重。如图6-64 所示为组合梁斜拉桥的典型截面。

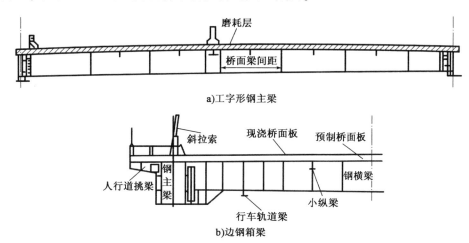

图6-64 组合梁斜拉桥典型截面

在钢主梁和钢横梁上设置传递剪力的连接件,使钢梁与混凝土桥面板共同承受主梁的弯矩,纵横梁上常布置如图6-65 所示的标准式和带孔肋板式的剪力键两种形式。

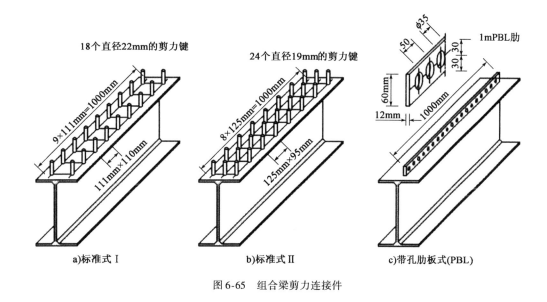

图6-65 组合梁剪力连接件

6.4.1 悬索桥组合梁

武汉鹦鹉洲长江大桥的加劲梁采用组合梁截面。加劲梁由钢梁和混凝土桥面板组成,标准节段长15m,梁高3.0m。1/2加劲梁横断面结构如图6-66所示。钢梁纵向设2片主梁,中心距31.2m,横向每隔3m设置1道横梁。标准节段钢梁上布置10块长15.2m、宽2.5m、厚0.2m的预制混凝土桥面板。主桥加劲梁单个边跨有14个节段,单个中跨有57个节段,2号塔下横梁顶1个节段,全桥共143个节段,最大加劲梁节段吊装质量约为450 t。

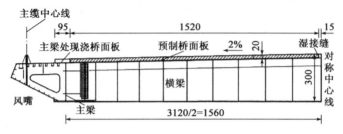

图6-66 鹦鹉洲长江大桥加劲梁(尺寸单位:cm)

如图6-67所示为湖北宜昌至喜长江大桥(曾用名称为庙嘴长江大桥)的加劲梁横截面。该桥加劲梁由钢梁与混凝土桥面板结合而成,混凝土桥面板通过圆柱头剪力钉与钢梁结合共同受力,边缘开有锯齿状剪力槽。加劲梁全宽33.2m,中心线处梁高3.08m,顶面设坡度为2%的双向横坡。钢梁采用Q345qD钢材,分段制造、安装;标准节段长度为16.0m,节段间采用熔透对接焊连接。混凝土桥面板采用C60混凝土,厚度为22cm,横向宽25m。

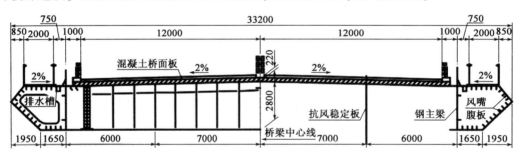

图6-67 至喜长江大桥吊点处横梁截面(尺寸单位:mm)

6.4.2 斜拉桥组合梁

图6-68为主跨602m的上海杨浦大桥的结合梁截面。与南浦大桥不同,该桥的2片主梁由工字形改为箱形。箱形梁的高度为2.7m,箱宽(腹板中线至中线)为1.5m。其他钢横梁等的布置与南浦大桥基本相同。

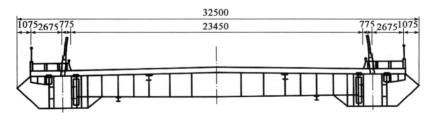

图6-68 上海杨浦大桥的结合梁截面(尺寸单位:mm)

6.5 混 合 梁

混合梁一般由边跨的混凝土梁与主跨的钢梁在纵向加以连接而成,因此各自宜采用合适的截面形式,并应彼此配合以方便纵向连接。边跨混凝土梁可以压重,增加边跨相对刚度,减小中跨相对变形;中跨钢梁可以减小自重,增加承载能力,提高跨越能力。

混合梁设计时应尽量保证外形一致、截面重心高度和位置应基本一致,结合点位置应尽量选择在内力较小的位置。根据两端梁的不同形式,钢和混凝土的连接段采用不同的连接方式。斜拉桥、自锚式悬索桥中采用混合梁的结构比较多。

6.5.1 自锚式悬索桥的混合梁

宁波市甬江庆丰大桥为双塔双索面混合梁自锚式悬索桥,跨径布置为 100m + 280m + 100m。主梁在边跨距离主塔 35m 处是钢箱梁和混凝土箱梁的交界面,在交界面向边跨侧 2.5m 长和向中跨侧 3m 长的部分构成了一段 5.5m 长的钢-混凝土结合段,如图 6-69 所示。

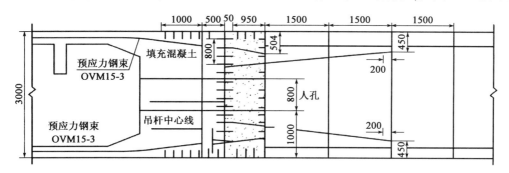

图 6-69 庆丰大桥钢-混凝土结合段结构(尺寸单位:mm)

该钢-混凝土结合段沿纵桥向主要包括三个部分:①交界面向边跨侧 1.5m 长的实体混凝土段(外包混凝土);②交界面向中跨侧 1m 长的实体混凝土 + 钢结构段;③交界面向中跨侧 3m 长的钢结构过渡段。在这三个部分之间布置了横隔板,其中第一部分和第二部分之间的横隔板厚 50mm,第二部分和第三部分间的横隔板厚 12mm。混凝土浇筑在第一部分和第二部分中主梁的全断面上(除了人孔通道部分),钢箱梁的顶板和底板从第三部分延伸到第一部分 1.5m 长的范围,钢箱梁的腹板从第三部分延伸到钢混交界面的范围,箱梁顶板和底板的 U 肋只在第三部分。另外在箱梁内侧的顶板和底板上布置了高度变化的加劲肋。为了把钢结构部分和混凝土紧密地结合起来,在结合段内还布置了剪力钉和纵桥向预应力钢束。其中剪力钉规格为 $\phi 9 \times 140$mm,布置在第一部分和第二部分顶板、底部和横隔板上,剪力钉的间距约为 0.3×0.3m。纵桥向预应力钢束一端锚固在第二部分和第三部分交界的横隔板上,另一端延伸到标准段混凝土箱梁内,其在横桥向布置在混凝土箱梁的顶板、底板和腹板上,间距约为 0.3m。

6.5.2 斜拉桥混合梁

混合梁中的钢梁与混凝土的连接方式大致可分为三种:钢板式、填充混凝土前板式、填充混凝土后板式,如图 6-70 所示。

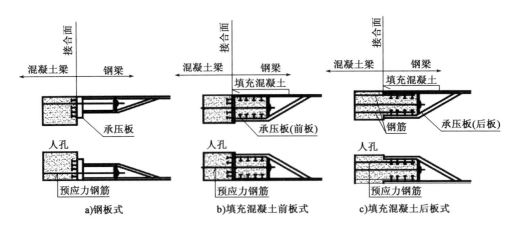

图 6-70 斜拉桥中钢-混凝土混合梁连接段

九江长江公路大桥为双塔双索面大跨径单侧混合梁斜拉桥,结合段采用有格室后承压板式构造,钢与混凝土之间采用开孔板与焊钉连接件混用的连接构造形式,其主梁与边跨混凝土梁横截面如图 6-71、图 6-72 所示。

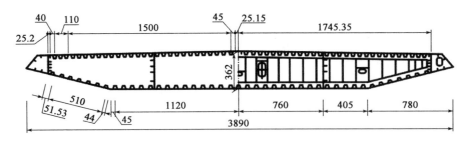

图 6-71 九江长江公路大桥钢梁(尺寸单位:cm)

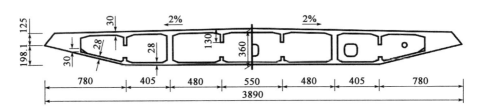

图 6-72 九江长江公路大桥混凝土梁(尺寸单位:cm)

鄂东长江公路大桥主梁采用 P-K 桥断面形式,中跨为钢箱梁,边跨为预应力混凝土箱梁。其钢箱梁和混凝土梁如图 6-73、图 6-74 所示。

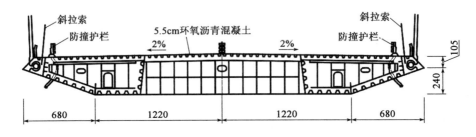

图 6-73 鄂东长江大桥钢梁(尺寸单位:cm)

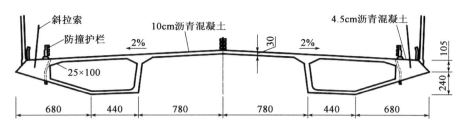

图6-74 鄂东长江大桥混凝土梁(尺寸单位:cm)

6.6 梁结构的设计计算

加劲梁(主梁)静力计算主要内容包括梁第一体系计算(总体计算)和第二体系计算(局部计算),并根据实际情况进行必要的组合。第一体系计算宜采用基于全桥体系的空间杆系方法,采用车道荷载,并考虑多个车道荷载的横向偏载作用。第二体系计算宜采用基于部分梁段的空间杆系单元方法、板壳单元方法、实体单元方法或组合单元方法,采用车辆荷载,并考虑多个车辆荷载的横向偏载作用,车辆的车轮荷载应考虑桥面铺装层的扩散效应,扩散角可取45°,冲击系数应取0.4。

6.6.1 第一体系的计算

第一体系计算包括竖向计算及横向计算或采用总体空间分析计算,分述如下:

1)梁竖向计算分析方法

考虑梁作为悬索桥或斜拉桥的组成部分参与全桥共同承受荷载作用,按闭口薄壁杆件分析计算竖向荷载、横向荷载和温度荷载产生的弯矩、剪力和扭矩作用下的应力。

2)梁横向计算

横向计算按梁在全桥横向总体体系中的受力模式,考虑在横向风力作用下,梁承受的横向弯矩、剪力等。

6.6.2 第二、三体系的计算

缆索承重桥梁中梁的受力特点和传力方式与一般梁式桥有很大的不同。作用于桥面的竖向活载首先借其带纵肋的桥面板抗弯,将竖向力传递给横隔板,再通过两侧有吊索的主横隔板将竖向力传递给吊索或斜拉索。

第二、三体系的计算包括:

(1)第二体系——桥面板体系。

该体系为桥面板、纵肋和横梁组成的正交异性板,承受作用其上的荷载。

(2)第三体系——盖板体系。

支撑在纵肋和横梁上的面板,形成连续各向同性板,承受肋间局部荷载并传给加劲肋。由于其应力较小,且闭口肋间存在薄膜效应,承载力增加较大,这一体系的应力通常可以略去不计,但必须进行板横向应力及板间挠度计算。

6.6.3 局部计算

缆索承重桥梁中梁的局部计算主要是验算桥面板及其纵肋和主横隔板的受力情况,还包括锚箱等局部构件的计算。

6.6.4 动力计算

动力计算主要是结合全桥总体分析进行桥梁抗风、抗震性能计算。

6.6.5 结构验算

梁的验算包括强度验算、疲劳强度验算及稳定性验算。

(1)强度验算采用相应规范要求的方法。在竖向控制组合下,应进行全桥体系和桥面体系组合应力验算及横向控制组合下的应力验算,强度验算遵照我国公路桥规进行,全桥体系与桥面板体系叠加时,应采用相应的组合系数。

(2)加劲梁各部分的疲劳验算应考虑全桥体系和桥面体系的共同作用,验算荷载采用规范确定的疲劳荷载。遵照相应桥梁规范进行疲劳强度验算。

(3)构造尺寸验算可参照有关规定,验算永久荷载和主要活载组合作用下板件、杆件的稳定性。

1)钢箱梁

钢箱梁结构应进行以下计算:

(1)顶板、底板和腹板及其纵肋在整体计算中由梁弯矩、剪力和扭矩产生的应力。

(2)顶板及其纵肋与横隔板在局部计算中的应力。

(3)同一横截面的顶板及其纵肋在整体计算中纵向正应力与在局部计算中纵向正应力的组合。

对钢箱梁板件,应按照整体计算、局部计算及其两者的必要组合验算其稳定性。

正交异性桥面结构应验算如下位置的疲劳应力:

(1)纵向加劲肋与顶板的连接接头。

(2)纵向加劲肋工地连接接头。

(3)纵向加劲肋与横隔板和顶板的连接接头。

(4)纵向加劲肋腹板与横隔板的连接接头。

(5)顶板工地连接接头。

采用《公路钢结构桥梁设计规范》(JTG D64—2015)中的疲劳荷载模型Ⅲ,并根据验算位置考虑纵向和横向的最不利加载位置。

正交异性桥面板纵向加劲肋相对于相邻横隔板的竖向变形小于横隔板间距的1/500,顶板相对于相邻纵向加劲肋腹板的挠度小于纵向加劲肋相邻腹板间距的1/700,顶板局部横向挠曲半径大于20m。

2)钢桁梁

钢桁梁结构应进行以下计算:

(1)主桁架的弦杆和腹杆、主横桁架的横梁和腹杆、平联等杆件在整体计算中由加劲梁弯矩、剪力和扭矩产生的应力。

(2)桥面板与纵梁、横隔梁在局部计算中的应力。

(3)桥面板与钢桁架采用整体式的结合形式时,同一横截面的桥面板在整体计算中纵向正应力和在局部计算中纵向正应力的组合。

钢桁梁杆件应按照整体计算验算其稳定性。

钢桁梁中节点板结构位置如图 6-75 所示,钢桁梁中节点板结构应验算如下位置的疲劳应力:

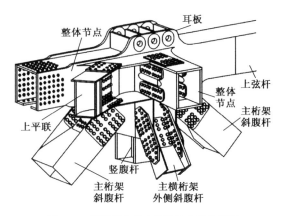

图 6-75　钢桁梁中节点板结构位置示意图

(1)主桁架节点板与主横桁架节点板的连接接头。
(2)主桁架节点板与平联节点板的连接接头。
(3)主桁架节点板与主桁架斜腹杆的连接接头。
(4)主桁架节点板与吊索锚固结构的连接接头。
(5)主横桁架节点板与主横桁架外侧斜腹板的连接接头。
(6)平联节点板与平联杆件的连接接头。

3)组合梁

混凝土梁和钢-混凝土组合梁结构应进行以下计算:

(1)第一体系内力(弯矩、剪力和扭矩)在桥面板、腹板、底板中产生的应力。

(2)桥面板和横梁在局部计算中的应力。

(3)同一横截面的桥面板在第一体系中的纵向正应力和在局部计算中的纵向正应力组合。

(4)组合梁剪力键应按照整体计算、局部计算和两者的必要组合。

钢梁和钢-混凝土组合梁的吊索锚固结构和支座支承结构应验算相关板件的局部稳定。

梁的弹性整体稳定系数不小于 4;考虑初始缺陷、残余应力,按非线性方法计算的极限承载力的安全系数,钢梁不小于 1.75,混凝土梁和钢-混凝土组合梁不小于 2.5。

梁中的锚固结构应验算疲劳应力。

对于梁结构,根据实际需要可进行以下试验:梁吊索(斜拉索)锚固结构和支座支承结构的局部模型静载试验;正交异性板桥面结构和吊索(斜拉索)锚固结构的局部模型疲劳试验,模型宜采用足尺比例。

在计算机技术高度发达的今天,缆索承重桥梁采用空间有限元分析,不仅可得到梁的受力大小,而且可以看出结构中力的传递及分布规律。在设计中可有针对性地进行构造处理。

复习思考题

6-1 实体双主梁的两梁之间靠什么联系？

6-2 实体双主梁中，斜拉索一般锚固在什么位置？

6-3 什么样的梁是板式边主梁？

6-4 与双索面体系结构的梁相比，单索面体系梁有哪些方面的特别要求？

6-5 单索面斜拉桥的斜拉索在梁上一般锚固在什么位置？

6-6 钢箱梁顶板的作用有哪些？底板的作用有哪些？

6-7 顶底板的加劲肋有哪几种形式？一般常用哪种？

6-8 横隔板的作用是什么？缆索承重箱梁中横梁有哪几种形式？各有什么优缺点？

6-9 横隔板（横梁）的间距一般取多少？

6-10 纵梁、纵肋与横隔板（梁）相交时，纵梁或纵肋断开后焊在横隔板上？

6-11 纵隔板或纵梁的作用是什么？悬索桥的加劲梁中一般时候设置纵隔板？

6-12 纵隔板或纵梁有哪几种形式？

6-13 简单图示分体式钢箱梁的结构形式。

6-14 桥面板与主桁架之间的连接方式可有哪几种形式？

6-15 悬索桥加劲梁桁架上的板有哪几种类型？简图示意。

6-16 钢桁架梁整体节点的优点有哪些？

6-17 采用桁架梁作为缆索承重桥梁的主梁或加劲梁，有哪些优点和缺点？

6-18 混合梁指哪类形式的梁？与结合梁有什么区别？

6-19 缆索承重桥梁中竖向荷载作用下的总体计算包括哪些方面？

6-20 主梁或加劲梁的横向计算主要包括哪些外荷载？

第7章
桥塔的构造与设计

缆索承重桥梁中,桥塔是主要的承重结构之一,以承受压力为主,在活载、风荷载、温度、地震等作用下,也会产生纵、横向的弯矩,一般按偏压结构设计;由于缆索承重桥梁的桥塔较高,可变作用下的变形较大,桥塔设计计算中需要考虑压弯共同作用的影响。

缆索承重桥梁的桥塔除作为承重结构提供结构强度、刚度,满足结构使用功能外,还是大跨径桥梁景观的重要元素,桥塔造型将对结构的美学效果起到至关重要的作用,因此其结构形式多种多样。

本章主要内容包括缆索承重桥梁的桥塔结构的组成、截面形式、受力特点和计算与验算,还包括混凝土桥塔、钢结构桥塔和钢-混凝土组合(混合)桥塔的结构设计要点。

7.1 桥塔的功能及分类

组成桥塔的主要构件是塔柱,另外还有塔柱之间的横梁或其他连接构件,如图 7-1 所示。塔柱之间的横梁一般可分为非承重横梁与承重横梁。前者有塔顶横梁与直柱之间的中间横梁;后者有设放主梁支座的受弯横梁、竖塔柱与斜塔柱相交(折角)点处的压杆横梁,以及反向斜塔柱相交点处的拉杆横梁。当然,所有的承重与非承重横梁都必须首先承受自重引起的内力,另外还要作为塔架面内的组成构件参与抵抗风荷载、地震及偏心活载。

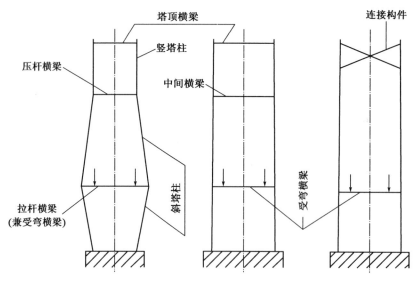

图 7-1 桥塔的构件

7.1.1 桥塔的功能

桥塔是缆索承重桥梁中支撑缆索的结构,既是主要承重结构,也是景观的标志性构件。桥塔具有满足结构受力、景观、自身检查维修以及供参观人员登塔观赏等多方面的功能。

1) 结构受力功能

桥塔应具有足够的抗压、抗弯、抗扭能力,应满足稳定性、结构刚度及具有足够的延性等要求,能承受恒载、风荷载、温度、船撞、地震、施工荷载等各种荷载组合作用。

2) 景观功能

缆索承重桥梁都具有卓越的跨越能力和高耸的桥塔,宏伟壮观,富于冲击力、震撼力和标志效应是这种桥梁桥塔的特点。就视觉印象而言,悬索桥妩媚纤巧,斜拉桥则刚劲有力。

3) 检查维修功能

为使桥塔能承担正常的运营和景观功能,桥塔应设置可供养护人员检查维修用的必要通道(电梯或升降机)、楼梯、栏杆、照明等设施。

4) 其他功能

桥塔设计时应考虑避雷设施以及航空限高标志灯的设置,桥下有通航要求的桥梁还应设置桥塔轮廓(边界)警示灯。

7.1.2 桥塔的分类

桥塔的造型千姿百态,截面形式差异很大,根据不同的标准可以分为以下几类。

1) 按建筑材料分类

桥塔按建筑材料可分为圬工桥塔、钢筋混凝土桥塔、预应力混凝土桥塔、钢桥塔、钢-混凝土混合桥塔、钢-混凝土组合桥塔(如钢管混凝土桥塔等)。在我国,钢桥塔采用较少,大跨径斜拉桥中南京长江第三大桥采用了钢桥塔;日本和欧美修建钢桥塔的桥例相对较多。混凝土桥塔是目前采用最多的,且大多采用现浇方法施工;钢-混凝土混合桥塔和钢-混凝土组合桥塔在少量桥上采用。

2)按纵向相对刚度分类

桥塔按结构在纵向的相对刚度可分为刚性桥塔、柔性桥塔和摆柱式桥塔3种。刚性桥塔是指塔顶水平变位量相对较小的桥塔;柔性桥塔是指塔顶水平变位量相对较大的桥塔;摆柱式桥塔为塔底作成铰接,大大减少了桥塔所受的弯矩。

在现代缆索承重桥梁发展的早期,有些小跨径缆索承重桥中曾使用过摆柱式桥塔,但此种桥塔施工困难,结构复杂,现在已基本不采用,仅在一些景观桥上可见到类似结构。

对于悬索桥,可定量地分为刚性桥塔和柔性桥塔。将主鞍座与塔顶纵向约束,由主缆和桥塔共同提供塔顶的纵向总刚度,如果塔顶的纵向总刚度中由桥塔提供的不到总值的20%,为柔性桥塔;若所占比例达到20%及以上,则为刚性桥塔。对于斜拉桥,通过拉索将桥塔与梁连接到一起,桥塔的纵向刚度是结构整体竖向刚度的重要组成部分,因此,应综合考虑桥塔的纵向刚度和主梁的竖向刚度,以满足受力要求。

对于柔性桥塔的悬索桥,可设计为成桥后将主鞍座固定于塔顶,在使用各阶段主鞍座与塔顶无相对位移。柔性桥塔的塔顶构造简单,维修省事,由桥塔的弹性变形来满足塔顶主缆的纵向线位移要求。长大跨径的两塔悬索桥或主缆连续的多塔悬索桥的边塔,通常采用柔性桥塔,塔顶鞍座固定在桥塔上,桥塔可挠曲,受力常为压弯,或压、弯、扭共同作用,但主要以受压为主,可设计为钢筋混凝土桥塔或预应力混凝土桥塔。

对于小跨径悬索桥,特别是刚性圬工桥塔悬索桥,为减小桥塔的受力,设计时采用在塔顶的鞍座下方设置使鞍座可相对于塔顶纵向移动的装置,如在塔顶设滚轴或摆式支座,使索鞍能够相对于塔顶活动,鞍座底部基本无纵向力传给桥塔(实际可能存在摩擦力等)。

对于多塔式缆索承重桥梁的中间桥塔,设计上需要设置刚性桥塔,这种刚性桥塔的塔顶设计与柔性桥塔一致,塔顶的纵向刚度相当部分由桥塔提供。活载下所受弯矩较大,为满足受力要求,常采用钢桥塔或钢-混凝土混合桥塔。

3)按索面分类

主要有单索面桥塔和双(多)索面桥塔。

4)按建筑造型分类

从顺桥向看,主要有独柱形、A形和倒Y形,多数桥塔的轴线垂直于地面,少数设计为桥塔轴线倾斜。从横桥向看,桥面以上的部分主要有独柱形、双柱形、门形、H形、梯形、A形、倒V形与倒Y形等形式。桥面以下部分的变化也很多,桥面上下两部分相结合,则有更多的形式,如钻石型、花瓶形等。下面将详细介绍悬索桥和斜拉桥桥塔的结构形式。

7.2 悬索桥的桥塔结构形式

7.2.1 塔柱截面

1)混凝土桥塔

混凝土桥塔的塔柱(简称混凝土塔柱)可分为实体塔柱与空心塔柱。无论是实体塔柱或空心塔柱,其截面基本上都采用矩形或近似矩形的形式,并且一般是长边 L 与桥轴线平行,短边 B 与塔轴线垂直。

为了有利于抗风稳定性,增加线条以改善外观,塔柱矩形截面的4个角应作成倒角或圆角。塔柱无论是实体或空心截面,如有必要也可作成非矩形的五角形、六角形或八角形截面。

混凝土塔柱一般做成单室或双室空心截面,截面形式常以矩形为基础,改变四边和修饰四角。常见的有 D 字形截面或削角的矩形截面,直线壁位于靠近桥梁中心线一侧,曲线或削角的壁位于上下游侧,主要是为了提高塔身,特别是裸塔时的抗风稳定性。大连新海湾大桥的桥塔采用 D 字形空心截面。混凝土塔柱的常见截面形式如图 7-2 所示。

图 7-2　混凝土塔柱常见截面形式

悬索桥混凝土塔柱空心塔柱顶段应有足够厚度的实体段,以保证主索鞍下的应力过渡。塔顶面宜设置钢格栅,其尺寸要与主索鞍相匹配,以满足抗剪及局部承压要求。塔柱根部与基础连接处宜设置应力扩散的塔座。空心塔柱与横梁连接处的柱壁宜局部加厚,其厚度应保证横向预应力束布置的需要,并且不影响塔柱内电梯运行所需空间。

2) 钢桥塔

早期钢桥塔采用铆接结构,将钢板与角钢连接成多格室的塔柱(称为钢塔柱),每个基本格室的尺寸较小,施工时很不方便且不安全。

随着栓接及焊接技术的发展,钢塔柱均采用带加劲肋条的大钢板组成大格室截面,总体是十字形或 T 形断面,每个塔柱的格室较大且数量少,围成格室的四周钢板上均带有加劲肋条。图 7-3 为葡萄牙 4 月 25 日桥的钢塔柱截面,图 7-4 则为塞文桥的钢塔柱截面。

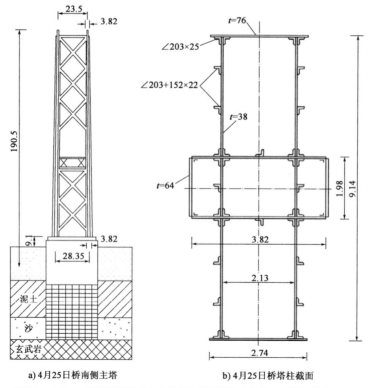

a) 4 月 25 日桥南侧主塔　　　b) 4 月 25 日桥塔柱截面

图 7-3　4 月 25 日桥的钢桥塔立面及塔柱截面(尺寸单位:m;板厚单位:mm)

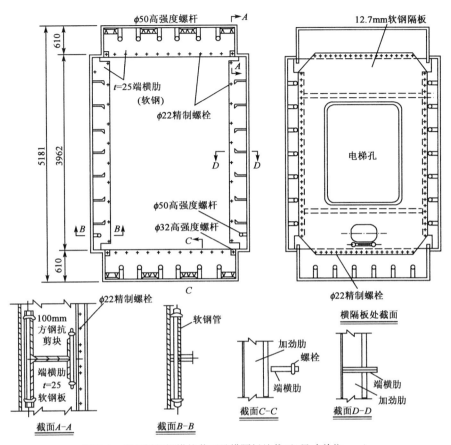

图 7-4　塞文桥的钢塔柱截面及横隔板处截面(尺寸单位:mm)

钢塔柱的施工是分节段施工的,在工地连接,这种连接要求轴线要准确,上、下段连接方向一致,不能错开。

早期美国悬索桥是采用上下接触面通过刨光顶紧,然后用铆钉拼接。焊接技术发展后,则在工地用高强度螺栓或高强度螺杆连接。钢塔柱截面和水平接缝构造的示意如图 7-5 所示。

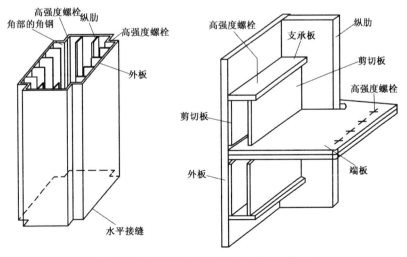

图 7-5　钢塔柱截面和水平接缝构造的示意图

7.2.2 塔柱间横向联系

多数悬索桥采用两根主缆,且将主缆布置在桥面的两侧,因此,在横桥向大多采用双柱的门形结构。为保证双柱在空间荷载下共同受力并满足塔柱的整体稳定性,一般采用横向构件将双柱联系起来。

少数悬索桥采用单根主缆或空间线形主缆(两主缆在桥塔处、锚碇处的横向间距与桥面上吊索的横向间距不一致),这种情况下,桥塔可采用横向独柱塔,也可采用两柱塔,将塔顶处的横向间距收得比较小,横向形成倒 Y 形塔,或其他形式类 A 形塔,横向联系一般也是横梁。

钢桥塔的横向联系形式一般有桁架式、门形(刚构式)以及混合式(桁架和门形的组合),如图 7-6 所示。

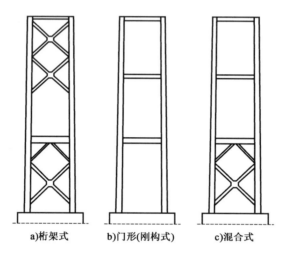

图 7-6 钢桥塔横向联系的 3 种结构形式

桁架式桥塔在两根塔柱之间用斜向杆件连接,也可同时设置水平向的横梁,斜向杆件和横梁可由型钢组合成组合断面,也可采用箱形断面,箱形断面一般由钢板及其加劲肋以及横隔板等焊接或栓接而成;门形桥塔根据受力及景观要求设置两至三道横梁;混合式桥塔一般为桥面以上设置成门形,在桥面以下设置成桁架式。钢桥塔施工速度快、精度高,可回收性好,但运营期间养护工作量大,造价较高。

钢筋混凝土桥塔一般采用门形结构形式,部分桥塔也采用桁架式横向联系;为造型需要,有些桥塔则将横梁设计成拱形、蝴蝶形等其他的形式。

1)门形桥塔

对于悬索桥的桥塔,大多数都采用门形框架,常见的结构形式如图 7-7 所示。门形桥塔用于双索面桥,它可分为竖腿门形与斜腿门形。竖腿门形由双柱形桥塔在塔顶增加一道连接两塔柱的横梁而成。由于有了这根横梁,它可对两柱顶产生的反向水平变位起到一定的约束作用。因此,当桥发生扭曲振动时,它比双柱式桥塔有利。

重庆鹅公岩长江大桥采用的是斜腿门形框架结构,顺桥向为上窄下宽的独柱形,塔顶宽 6m,塔底宽 8m。两塔柱与上、下横梁连接成框架结构。塔柱截面为空心矩形,壁厚除加厚段与实心段外,其余均为 50cm。上、下横梁是横桥向连接两个塔柱的重要构件,对全桥抗风抗震起重要作用,采用预应力混凝土结构。该桥主塔构造示意图见图 7-8。

图 7-7 悬索桥常见的门形桥塔

重庆寸滩大桥桥塔采用钢筋混凝土门形框架结构,两塔柱竖直布置,塔柱采用空心箱形截面,顺桥向尺寸从顶面的 8m 线性变化到塔根的 10m。桥塔设下、中、上 3 道横梁。该桥桥塔示意图见图 7-9。

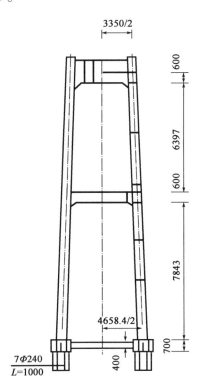
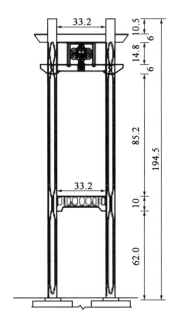

图 7-8 重庆鹅公岩大桥桥塔示意图　　图 7-9 寸滩大桥桥塔示意图
(尺寸单位:cm)　　　　　　　　(尺寸单位:m)

西堰门大桥桥塔为钢筋混凝土门形框架结构。桥塔塔柱横向上端内倾,塔柱外侧线条两次倾斜,使桥面以下塔柱的锥度增大,美学效果更突出。塔柱为钢筋混凝土箱形截面。横梁采用预应力混凝土结构,为箱形断面,北桥塔设置上、中两道横梁;南塔处设有竖向支座,则设有3道横梁。该桥北桥塔立面图见图7-10。

万州长江大桥(二桥)的桥塔,由于桥塔较高,塔柱内倾,为防止塔柱混凝土受弯开裂,塔柱由实心段和空心部分组成,上塔柱设两道横梁,下塔柱设3道横梁。塔柱采用变截面薄壁箱形断面,横桥向宽5.5m,顺桥由5.5m变宽至11.68m,上塔柱壁厚60cm,下塔柱壁厚80cm。塔柱底部与承台连接处局部加大截面尺寸,以利改善其受力状态。该桥桥塔立面图布置如图7-11所示。

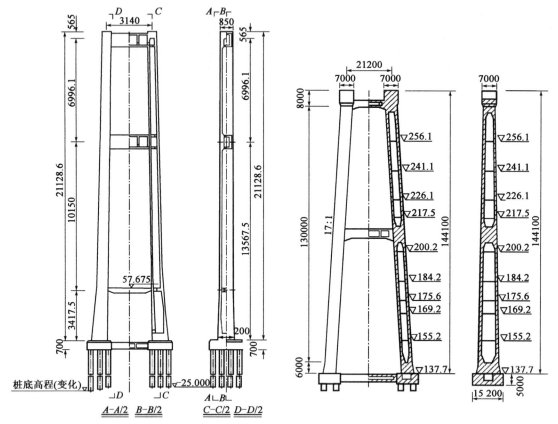

图7-10 西堰门大桥北桥塔立面图(尺寸单位:cm;高程单位:m)

图7-11 万州长江大桥桥塔(尺寸单位:mm;高程单位:m)

2)桁架式与混合式

图7-6a)是钢桥塔中采用桁架式横向联系的结构形式,此类桥塔应用比较普遍。图7-12a)为桥塔中的桁架式横向联系,图7-12b)为混合式横向联系。

3)A形或倒V形桥塔

A形与倒V形桥塔对空间双索面桥与单主缆悬索桥皆适用,A形与倒V形仅相差一根中间横梁,基本特性相同。

柳州市双拥大桥桥塔采用A形钢结构,由塔冠、塔身和承台组成,造型为等腰三角形;到塔顶主索鞍区域,尺寸渐变为7.628m,顺桥向宽度为7m。其桥塔布置如图7-13所示。

a) 桁架式

b) 混合式

图 7-12　悬索桥钢桥塔中的桁架式与混合式横向联系

南宁英华大桥主塔为"羊角编钟"造型,高 100m,主塔沿高度方向划分为 11 个节段,钢塔截面为双曲面弧形结构,单侧塔柱在纵塔向由 2 个 1/4 圆形截面向上逐步合并为 1 个半圆截面,两侧塔柱最终在塔顶合并为一个近似圆,造型独特、优美。该桥主塔结构立面图见图 7-14。

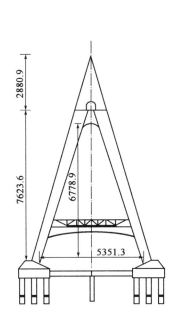

图 7-13　柳州市双拥大桥桥塔
（尺寸单位:cm）

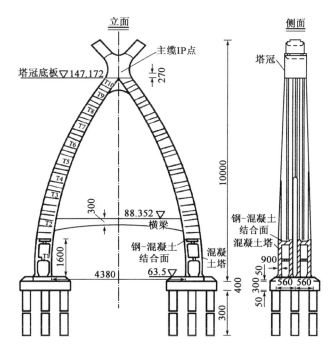

图 7-14　南宁英华大桥主塔立面图(尺寸单位:cm;高程单位:m)

7.3 斜拉桥的桥塔结构形式

斜拉桥桥塔沿顺桥向的布置有独柱式、A 形、倒 Y 形等。独柱式桥塔构造简单;A 形和倒 Y 形在顺桥向刚度大,有利于承受桥塔两侧斜拉索的不平衡拉力。在横桥向的布置方式,可分为独柱形、双柱形、门形或 H 形、A 形、钻石形或倒 Y 形等,由于造型要求,横桥向的桥塔形式非常丰富。

7.3.1 塔柱截面形式

1)混凝土塔柱

斜拉桥混凝土桥塔与悬索桥混凝土桥塔类似,稍有区别的是,从构造上来说,悬索桥的桥塔只需考虑在塔顶上布置主缆的鞍座,而斜拉桥的桥塔必须考虑在塔柱上设有量多且细节复杂的斜拉索的锚固构造,因此,斜拉桥的塔柱截面形式多样。

混凝土塔柱矩形截面形式如图 7-15 所示,也有非矩形截面(图 7-16)。图 7-16 所示的非矩形截面塔柱在斜拉桥中是常见形式。图 7-2 所示的空心截面形式在斜拉桥桥塔中都可以采用。

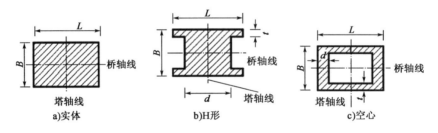

图 7-15 矩形塔柱截面

正如第 3 章介绍的,采用实体塔柱时,斜索在塔柱中要做交错锚固。因此,塔柱上部的斜索锚固区可在塔轴线两侧布置斜索锚头的部位各挖一槽口,使截面成为如图 7-15b)所示的 H 形。实体塔柱一般适用于中小跨径桥,小跨径时可用等截面,中等跨径时可用变截面。一般情况下仅变化长边尺寸 L,短边尺寸 B 不变。

采用空心塔柱时,斜索在塔柱的箱室中锚固,故一般在塔轴线的两侧可以不挖槽口,而是改在箱室内壁增设锚固斜索用的锯齿形凸块,但为了改善外观常在箱形柱体的四周外侧增设一些线条。空心塔柱一般用于较大跨径斜拉桥,常采用变截面,多数情况下只变化长边尺寸 L,如图 7-15c)所示。

图 7-16a)为红水河斜拉桥的实体五角形塔柱截面,塔柱的外侧面带有微小的转折角,使截面变为五角形,对抗风稳定性也有利。在塔轴线的外侧增加景观线条能避免外观呆板平淡。图 7-16b)为丹麦法岛桥(Farø 桥)的桥面以下部分反向斜塔柱的五角形空心截面。图 7-16c)为广州海印大桥实体六角形单柱塔的截面。由于是单柱塔,塔柱的两个外侧均成折角形,成为对称的六角形截面。折角处挖有小圆槽以提供景观线条。在塔柱上部的斜索锚固区挖槽(如图中的虚线所示)以布置斜索的锚头。图 7-16d)为法国布鲁东纳(Brotonne)桥的六角形空心

单柱塔的基本截面。它与海印桥的做法相反,将塔柱的两个外侧保留为单一的平面,但将与塔轴线平行的两个侧面作为折角面,在折角处也挖有弧形槽,斜索从此槽口进入箱室锚固。该桥塔柱下段为双室箱形截面,上段斜索锚固区部分则变为单室箱形截面。图 7-16e)为法国诺曼底(Normandie)大桥倒 Y 形桥塔斜柱部分为五角形空心截面,塔柱外侧为三段折线,对景观与抗风均有利。在倒 Y 形的竖直塔柱部分则变为八角形空心截面,该截面在纵横双向均挖有槽口。

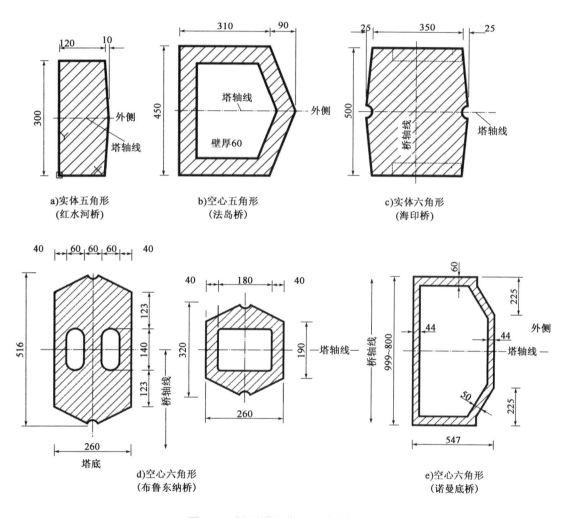

图 7-16 非矩形塔柱截面(尺寸单位:cm)

一般只在箱形空心截面的塔柱中设有水平隔板,但在 H 形实体截面的塔柱中,广东九江桥在每道斜索的锚固点处也增设了水平隔板。设计构思是由塔柱 H 形截面中的腹板部分(2.2m×3.2m)来承受斜索的垂直分力,而水平分力则通过水平隔板传递到 H 形截面的两翼。这样可使 H 形全截面受力。除此之外,在施工时还可利用此隔板作工作平台(其尺寸为每侧 1.8m×1.9m),又可在隔板上留孔设梯贯通塔柱的全高,作为养护设备。

2) 钢塔柱

斜拉桥桥塔采用钢结构的实例以日本最多。大多数钢塔柱的截面做成矩形空心箱式,箱室四周的各主壁板上均布置有竖向加劲肋。箱室内上下相隔一定的距离设有水平横隔板。少数钢塔柱的截面作成 T 形或准十字形的空心箱式。图 7-17 为部分斜拉桥的钢塔柱截面。用 h 表示塔柱的总高度(从承台顶至塔顶),d 表示截面最小横向尺寸或平均尺寸,则国外多座桥 h/d 值的统计资料为:单柱形桥塔的 h/d 值约为 20;其他的双柱形桥塔为 35~45,平均 40,也就是单柱形的 2 倍。

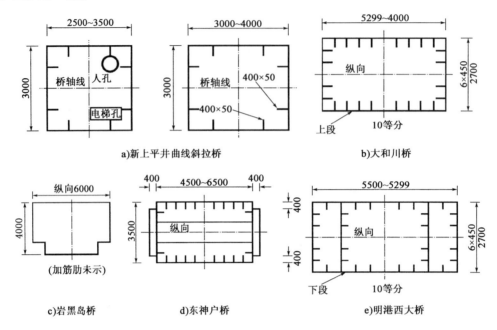

图 7-17 部分钢塔柱截面示意图(尺寸单位:mm)

较高的矩形截面塔柱在遇大风时容易发生驰振,为减小或消除这种现象,可在截面的四角切去一个角,如南京长江三桥和图 7-17c)、d)所示的日本岩黑岛桥和东神户桥。图 7-18a)为某桥塔在非拉索锚固段采用的截面形式;在拉索区锚固段,因需要锚固斜拉索,则采用图 7-18b)的截面形式。

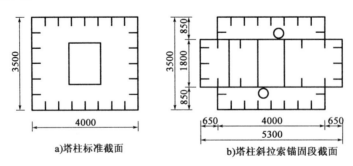

图 7-18 塔身截面形状(尺寸单位:mm)

7.3.2 塔柱横向联系形式

斜拉桥桥塔横桥向结构形式多样。除独柱形不需要横向联系外,其他结构形式的塔柱多数需要横向联系。

1) 独柱形桥塔

独柱形桥塔用于单索面缆索承载桥梁。塔柱可以与梁及墩三者一起固结,我国的石门桥、海印桥与湘江北大桥等斜拉桥都采用这种结合方式;或仅与梁体作固结;或贯通梁体直接固定在塔墩的顶部。

当塔柱仅与梁体作刚性固结时,作用于塔柱的荷载既可通过梁体内的端横梁传向设置在梁体下两侧的2个竖向支座,如图7-19a)所示的日本海鸥桥;也可直接由塔柱本身传递给设置在塔柱正下方的中间竖向支座,如图7-19b)所示的日本大和川桥。前者需要强大的端横梁,采用的桥例较少;后者支座分工明确,采用的桥例较多。塔柱直接利用高强度螺栓或预应力钢筋固定在塔墩顶部的桥例也很多,如日本的荒川桥[图7-19c)]与泰国的湄南河桥等。当采用图7-19b)与图7-19c)两种支承形式时,梁体下的两侧竖向支座仅负责传递来自主梁的反力。

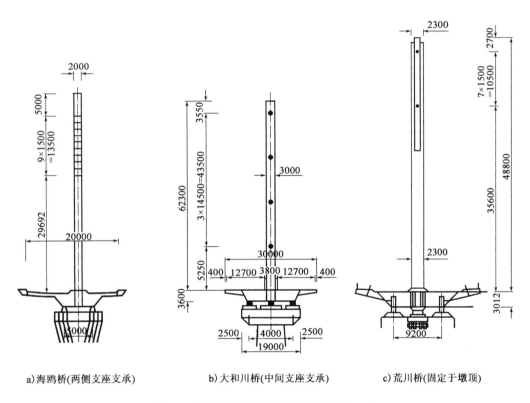

a) 海鸥桥(两侧支座支承)　　b) 大和川桥(中间支座支承)　　c) 荒川桥(固定于墩顶)

图7-19　独柱形桥塔的支承方式(尺寸单位:mm)

当采用分离式双箱梁时,也可做成塔墩固结,塔梁分离形式。

独柱形桥塔的优点为全桥外观简洁,桥塔结构简单,塔墩的宽度可以缩减;缺点为桥面中央分离带所占宽度较大,因而要加大桥面总宽度,有效宽度的比率相应减小。另外,独柱形桥塔的横向刚度与抗扭刚度均较小。钢斜拉桥采用独柱桥塔跨径达450m的泰国湄南河桥、混凝土斜拉桥跨径达366m的美国日照高架桥,其刚度并无问题,采用抗扭刚度大的箱梁截面是其重要措施之一。最早采用独柱形桥塔的是主跨171.9m的德国克尔布兰德(Norderelbe)桥,以后各国大量采用。我国早期的所有单索面斜拉桥都采用独柱形桥塔。

2) 双柱形桥塔

双柱形桥塔用于双索面斜拉桥。采用这种形式的桥塔，由于两根塔柱之间不设任何连接构件，外观也是非常简洁轻巧。双柱形桥塔的下端既可作塔、梁、墩三者固结；也可仅塔与梁作固结；而塔与墩则分离，桥塔的荷载由梁下两侧塔柱正下方的支座承受；或仅将塔与墩作固结，而塔与梁则分离，在梁体下另设支座，见图7-20。其中图7-20a）为西奥多·豪斯大桥（Theodor-Heuss Bridge），采用了塔梁墩固结的形式；图7-20b）为大和大桥，采用了塔梁固结、塔墩分离的形式；图7-20 c）为约翰·奥康奈尔（John O'Connel）纪念桥，采用了塔墩固结、塔梁分离的形式；双柱形桥塔的缺点是对扭曲振动不利。当两根塔柱塔顶纵向水平变位为反向时会增大梁体的扭曲振幅。

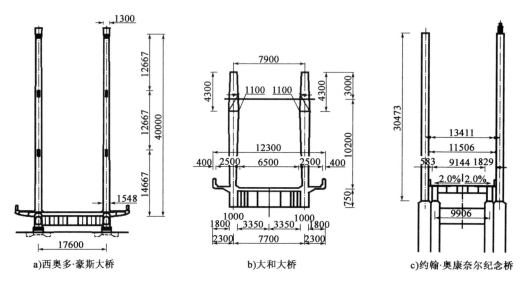

图7-20　双柱形桥塔的支承方式（尺寸单位：mm）

3) 门形桥塔

早期斜拉桥的桥塔结构形式都是仿照悬索桥采用门形，目的是使桥塔有较好的刚度抵抗风力。后来的实践证明由斜索传给主塔的水平风力并不太大，可以采用单根或双根独立的塔柱形式。当塔柱顶部在桥的横向产生移动时，斜拉索的伸长导致索力的增大而迫使塔顶回到原来的位置，因此对塔的稳定起到约束作用。但现代斜拉桥的跨径越来越大，再加上考虑地震等因素，必须重视桥塔的面内刚度。因此，对较大跨径的斜拉桥，特别是从改善扭转振动的角度出发，采用独柱形及双柱形的桥塔时必须非常慎重。双柱形及门形塔架的面内刚度较差，但结构构造简单，施工也比较方便，适用于中小跨径的斜拉桥。有时，当塔柱的横向间距较小（桥较窄）时，双柱形及门形可增设一些横向连接杆来提高其面内刚度，但会影响景观，施工难度亦会加大。

4) H形桥塔

将门形桥塔的顶部横梁向下移到桥面与塔顶高度的中点附近，即变为H形桥塔。H形桥塔同样用于双索面斜拉桥。由于H形桥塔的横梁位置低于门形桥塔，故它对两根塔柱顶部产生的反向水平变位的约束作用介于门形桥塔与双柱形桥塔之间，对梁体扭曲振幅的约束作用也是介于门形桥塔与双柱形桥塔之间。

H形桥塔的景观效果一般比门形桥塔好,因为门形桥塔的柱顶位置被横梁替代,而H形桥塔的柱顶位置明显,可以自由地作为景观标志挺立于全桥之上。

H形桥塔的实例很多,以我国的斜拉桥为例有上海南浦大桥、武汉长江公路大桥、东营黄河大桥、台北重阳大桥、红水河铁路桥等,在国外则有东神户大桥、横滨海湾桥、安拿西斯桥、昆西(Quincy)桥等。

5) 梯形桥塔

在门形桥塔上增设中间横梁,或在H形桥塔的塔顶或其附近增设上横梁则成为梯形桥塔。梯形桥塔的横向(塔架面内)刚度大于门形及H形桥塔,塔柱的横向压屈自由长度也减小。其他力学性能与门形桥塔类似。

我国采用梯形桥塔的实例很多,如天津永和桥、犍为岷江桥、蚌埠淮河桥、济南黄河桥、辽宁长兴岛桥、广东九江桥、三台涪江桥、桐子林雅砻江桥等。其中辽宁长兴岛桥及广东九江桥等的多梯级(横梁)桥塔是比较少见的。国外采用梯形桥塔的实例较少。

6) A形或倒V形桥塔

斜拉桥中,A形与倒V形桥塔对双索面桥与单索面桥皆适用,如图7-21所示。

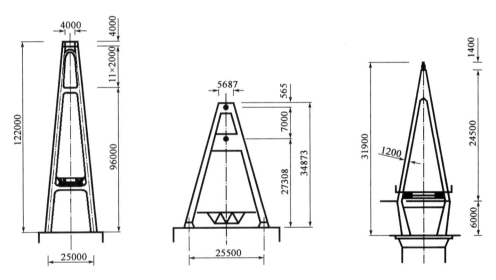

a) 名港西大桥(A形钢塔柱、双索面)　　b) 丰里大桥(A形钢塔柱、单索面)　　c) 三原清河桥(倒V形混凝土塔柱、双索面)

图7-21　A形和倒V形桥塔(尺寸单位:mm)

用于双索面桥时,两个索面在横向带有倾斜。由于两根斜柱在顶部交于一点,故不可能产生如双柱形、门形、H形等桥塔所产生的塔顶反向水平变位,对缓和梁体的扭曲振动与振幅特别有利。用于单索面桥时,仅适应斜索层数较少的斜拉桥,这是因为在塔顶附近可锚固斜索的高度范围较小所致。

7) 倒Y形桥塔

与A形及倒V形桥塔一样,倒Y形桥塔也适用于双索面或单索面斜拉桥。如上所述,A形及倒V形桥塔对单索面桥的不足之处是塔柱上的斜索可锚区范围较小,不能容纳层数较多的斜索。倒Y形桥塔由于具有斜塔柱相交后向上延伸的竖直塔柱段,因此,可以容纳较多的单索面斜索。

倒 Y 形桥塔适用于跨径很大的两种索面的斜拉桥。一般仅利用竖直柱段来锚固斜索,可以布置成每层单股索(只适用于单索面)或双股平列索(双索面或单索面均可)。当用于双索面时斜索成双向倾斜,对抗风与增强全桥的横向刚度特别有利。对大跨径斜拉桥来说,桥宽不随跨径按比例增大,倒 Y 形桥塔横向刚度相对较大,对提高结构稳定性是比较有利的。因此,采用倒 Y 形桥塔的现代大跨径斜拉桥为数甚多。我国的杨浦大桥(双索面)、郧阳汉江大桥(双索面),日本的鹤见桥(单索面)、青森大桥(单索面),法国的诺曼底大桥(双索面)等都是实例。

利用斜拉桥塔柱横向联系的几种基本形状,还可以组合出其他形状,如图 7-22 的南京二桥的桥塔、图 7-23 的青州闽江大桥、图 7-24 的南京三桥等。南京长江二桥的塔柱横桥向在桥面以下向内收,两塔柱在承台上的间距大幅度减小。南京长江三桥则将塔柱设计成单侧曲线形,总体上看塔柱像个人字,取得了较好的美学效果。

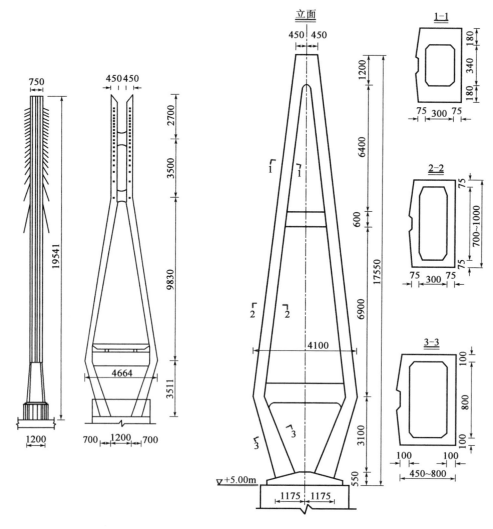

图 7-22 南京二桥的桥塔形式
(尺寸单位:cm)

图 7-23 青州闽江大桥的桥塔形式(尺寸单位:cm)

第7章 › 桥塔的构造与设计

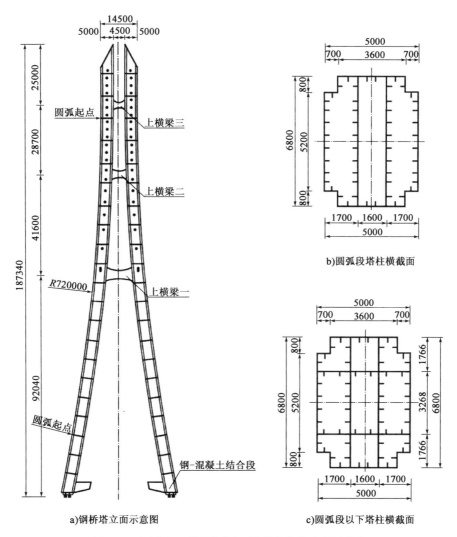

图7-24 南京长江三桥钢桥塔立面和塔柱横截面(尺寸单位:mm)

7.4 桥塔的计算

悬索桥的桥塔可采用二维计算模型分别按顺桥向、横桥向的裸塔和成桥运营两个阶段进行计算分析。顺桥向计算宜计入结构非线性效应的影响。横桥向计算可采用线性分析方法,其计算图式为由塔柱和横梁组成的平面框架。

7.4.1 计算荷载与组合

桥塔结构分析计算,应考虑主要荷载(永久荷载和基本可变荷载)及其他可变荷载(如温度、风荷载等),其中,风荷载对结构尺寸及截面内力的影响最大。

风荷载的具体计算按照《公路桥梁抗风设计规范》(JTG/T 3360-01—2018)执行。一般对于刚性的桥梁,可采用基于阵风风速的阵风荷载作为设计风荷载;大跨柔性桥梁的主梁和桥塔的设计风荷载一般由静力风荷载和动力风荷载两部分组成。静力风荷载是指在设计基准风速下的风荷载,动力风荷载是指由风致振动所产生的结构惯性力。这两部分内力应分别计算,然后相加即得到设计风荷载。

在算出单项荷载后就可根据《公路桥涵设计通用规范》(JTG D60—2015)进行荷载组合。桥塔计算时常用的荷载组合为:

组合Ⅰ = 恒载 + 活载;
组合Ⅱ = 恒载 + 活载 + 温度变化;
组合Ⅲ = 恒载 + 活载 + 温度变化 + 有车纵向风荷载;
组合Ⅳ = 恒载 + 活载 + 温度变化 + 有车横向风荷载;
组合Ⅴ = 恒载 + 温度变化 + 极限横向风荷载。

7.4.2 裸塔状态计算

裸塔状态就是塔身处于施工状态或桥塔施工完成而主缆尚未架设的状态。此时桥塔以竖向放置的悬臂梁方式承受施工荷载和风荷载。若塔身自重不大(如单箱截面钢塔),风荷载产生的弯矩将使塔的迎风侧产生拉力。为承受这一拉力,需在塔的下段设置临时锚系钢梁;从该钢梁向桥墩混凝土内伸下锚螺杆,同时还在桥墩混凝土内设置预应力钢筋,以便能将拉力传递到混凝土深处,凭借混凝土自重来安全地抵抗该项拉力。若塔在底部的纵向尺寸较小,这些传力构造往往不好安排。因此塔底部的纵向尺寸将由这一要求来控制。

对于施工状态所取的风荷载,一般认为施工持续的时间较短,所取的风速可以比其在成桥设计中的风速低,但也有采用较高风速设计的。

1)顺桥向计算

大跨径悬索桥桥塔的顺桥向弯曲刚度对悬索桥在竖向-纵向面内的结构行为影响很小,因此,桥塔的设计可基于全桥分析得到的塔顶竖向力和纵向水平位移作为荷载状态来进行分析。这样就可以针对一个塔柱,使用考虑了几何刚度的平面杆系有限元法,进行桥塔在顺桥向的结构分析,此时将塔顶纵向位移作为支座位移考虑。

在运营阶段,塔顶通过鞍座将主缆相对固定,而主缆的抗拉刚度远远大于塔柱的抗弯刚度,所以计算图式为塔底固结、塔顶为具有可水平位移的铰。先用有限位移理论进行全桥结构静力分析,找出各种荷载组合下作用于塔顶的竖向力和相应的水平位移,然后将桥塔结构单独取出,计算在塔顶竖向力和水平位移下塔柱各截面受到水平风荷载及其他各项荷载时的内力。

塔结构单独计算采用具有弹性铰的平面杆系有限元程序,下面以珠江虎门大桥为例,介绍桥塔的裸塔状态计算。

虎门大桥位于广州东南约42km的珠江出海口附近,是广深珠高速公路网的主要组成部分。该桥总体布置见图7-25,是一座单跨双铰流线型钢箱梁悬索桥,塔身为门形框架结构,由两侧塔柱及其间的3道系梁组成。塔高自基础顶面起算为147.55m,自桥面起算为89.66m。两侧塔柱为钢筋混凝土空心薄壁箱形结构,塔柱顶平面尺寸为5.6m×5.6m。东桥塔采用群桩基础,西桥塔上游为分离式扩大基础,下游为钻孔灌注桩基础。东、西两岸锚碇形式均为重力式锚碇,东锚碇位于岩体破碎的威远山坡上,基础设计为明挖扩大基础。西锚碇位于人工填筑的砂岛上,为地下连续墙基础。

虎门大桥桥址处风荷载大,又必须保证塔柱具有足够的抗弯刚度。因此,塔柱的截面设计受双向控制，设定柱顶 5.6m(顺桥向)×5.6m(横桥向)，柱底 8.5m(顺桥向)×5.6m(横桥向)；两塔柱横向中心间距在塔顶处为 33m，塔底处为 40.6m。图 7-26 为虎门大桥的桥塔结构图。

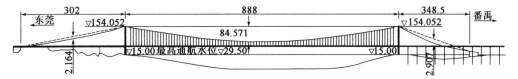

图 7-25　虎门大桥总体布置图(尺寸单位：m；高程单位：m)

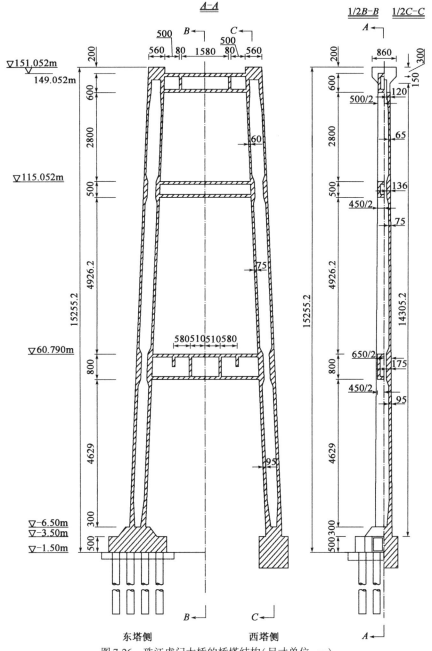

图 7-26　珠江虎门大桥的桥塔结构(尺寸单位：cm)

设计虎门大桥时,将塔柱沿高度共划分 17 个节点(截面),东塔塔柱各截面在各个受力阶段的内力及应力见表 7-1 和表 7-2,表中只列出了具有代表性的 6 个截面的内力及应力。

施工阶段顺桥向东塔塔柱截面的内力与应力 表 7-1

截面号	高程(m)	截面尺寸(m)(顺桥向×横桥向)	壁厚(m)	竖向力(kN)	弯矩(kN·m)	截面应力(MPa)	
						混凝土压应力	钢筋拉应力
3	3.5	8.5×5.6	实心	94912	450970	8.78	188.58
4	13.5	8.08×5.6	0.95	85465	397510	13.09	201.36
7	43.5	7.11×5.6	0.95	68494	249290	10.49	165.21
9	68.171	6.43×5.6	0.75	46534	152050	8.83	125.39
12	101.171	6.10×5.6	0.75	33103	59590	4.66	89.41
14	124.802	5.86×5.6	0.60	18584	18380	2.45	—

运营阶段顺桥向东塔塔柱截面的内力与应力 表 7-2

截面荷载组合	截面号	竖向力(kN)	弯矩(kN·m)	截面混凝土压应力(MPa)	
				最大	最小
组合Ⅰ:塔柱自重,即主引桥恒、活载,温度、基础不均匀沉降	3	229297	134299	6.86	2.82
	4	219850	123563	12.66	6.89
	7	202879	89268	12.40	7.26
	9	171111	71666	13.55	7.98
	12	157680	45311	12.15	8.33
	14	143125	25167	12.83	10.23
组合Ⅱ:塔柱自重,即主引桥恒、活载,运营阶段有活载时风荷载、温度、基础不均匀沉降	3	228639	294037	9.24	0.41
	4	219192	123563	15.69	3.80
	7	202221	89268	13.94	5.65
	9	170453	71666	15.46	5.98
	12	157022	45311	14.53	5.85
	14	142467	25167	14.96	7.99
组合Ⅲ:塔柱自重,即主引桥恒、活载,运营阶段有活载时风荷载、温度、基础不均匀沉降	3	207883	297164	8.85	-0.77
	4	198436	236597	14.35	3.29
	7	181465	74650	10.94	6.64
	9	149697	68360	12.07	6.76
	12	136266	94586	12.84	4.86
	14	127711	73186	13.59	6.02

2)横桥向计算

悬索桥桥塔在横桥向因为基本不受主缆弹性约束的影响,为了设计桥塔的横梁或腹杆,需要分析横桥向荷载作用下的内力,一般使用框架结构分析方法进行计算。实际工程设计中,可根据最不利扭转状态时塔顶纵向位移差来推算上横梁一个方向弯矩,而上横梁另一个方向的弯矩及所有其他腹杆和横梁的设计内力则由横桥向荷载作用下的塔柱内力分析得到,根据此内力可设计桥塔横梁或腹杆截面,并进行配筋和验算。

(1)塔柱所受的作用。

由于施工误差,会发生下列两种作用:①主鞍横向偏离设计位置;②塔柱位于横向支撑系节点之间的区段,其区段中点具有初始弯曲矢度(这与制造或施工质量有关)。另外,横向风力,一方面由主缆通过主鞍传到塔柱顶端,另一方面由加劲梁的平、纵联系传给塔的横梁。同时,还有直接作用于塔柱的荷载。左右塔柱连同横向支撑系,形成门形(刚构式)或桁架式横向结构,以抵抗横向风力。同时,塔柱在横向平面内产生弯矩,将横向弯矩产生的应力与顺桥向弯矩和轴力产生的应力相叠加,即获得塔柱截面总应力。

(2)塔柱的横向联系所受的效应。

大多数横梁的验算由风荷载控制,但位于塔柱上部的横梁,当塔受扭时塔柱上部横梁将承受面外弯矩,其截面验算往往受其控制。

7.4.3 验算

混凝土塔柱及横梁的截面验算应符合现行《公路钢筋混凝土及预应力混凝土桥涵设计规范》(JTG 3362—2018)的规定;钢塔柱及钢横梁的截面验算应符合现行《公路钢结构桥梁设计规范》(JTG D64—2015)的规定。验算时应考虑横、顺桥向的荷载组合效应。

钢桥塔宜采用空间结构图式进行整体分析计算。桥塔应验算结构整体稳定性。弹性屈曲稳定安全系数应不小于4;计入材料非线性影响的弹塑性强度的稳定安全系数,混凝土桥塔不应小于2.5,钢桥塔不宜小于1.75。

7.4.4 基础计算

目前我国悬索桥桥塔大多采用桩基础,也有采用扩大基础,如虎门大桥西塔有一侧为扩大基础。由柱桩组成的群桩基础,群桩承载力等于单桩承载力之和,群桩基础沉降等于单桩沉降,群桩效应可以忽略不计,不需要进行群桩承载力验算。即使由摩擦桩组成的群桩基础,在一定条件下也不需要验算群桩基础的承载力,《公路桥涵地基与基础设计规范》(JTG 3363—2019)规定桩距≥6倍桩径时,只要验算单桩的承载力就可以了。但当不满足规范条件要求时,除了验算单桩的承载力外,还要验算桩底持力层的承载力。对于扩大基础来说,应验算的内容主要有:基础的刚性角、合力偏心距、地基强度、基础稳定性和沉降等。

随着计算机技术的发展和桥梁大型综合程序的开发运用,越来越多的悬索桥桥塔的计算分析采用空间三维仿真分析,尤其适合于桥塔横梁抗扭、鞍底存在局部承压应力扩散问题,因此,采用空间三维仿真分析更为直观和重要。

7.5 混凝土桥塔设计及示例

主塔材料,对于钢斜拉桥可以采用钢材,也可以采用混凝土材料,而对于混凝土斜拉桥,一般均采用混凝土主塔结构。经过工程实例详细分析表明,在目前市场条件下,钢桥塔比混凝土桥塔造价要高。钢筋混凝土甚至预应力混凝土桥塔后期的维修费用低,因此,被广为采用。施工质量要求和受力要求使得钢桥塔断面的外形尺寸不会比混凝土的相应尺寸小很多。

7.5.1 悬索桥混凝土桥塔

混凝土桥塔价格低,刚度大,连续浇筑施工方便,易养护,不需要大型吊装设备。该类型的桥塔目前在国内外应用最为广泛,但从环保方面考虑,其可回收性较差。

1)结构设计

混凝土桥塔一般采用门形框架式,塔柱有以一个斜率向外形成梯形;有在桥面以上塔柱为梯形,桥面以下采用竖直设置;也可以采用向内倾斜形成钻石形桥塔。横梁外观有直线形、圆弧形、折线形等,也有将横梁延伸至塔柱外侧作为装饰。

2)示例

杨泗港大桥的桥塔形式为门形钢筋混凝土塔,中横梁采用预应力混凝土结构,塔身采用的混凝土强度等级为C60。桥塔承台以上塔柱(含塔座)高243.9m,塔柱截面采用带倒角的空心矩形截面。该桥桥塔结构布置如图7-27所示。

四渡河大桥塔柱的形式也为门形,如图7-28所示。由于主桥位于单向纵坡路段,两桥塔上塔柱高度相差较大,主1号(宜昌岸)桥塔塔柱横向倾斜度1:29,主2号(恩施岸)桥塔塔柱横向倾斜度1:22.15。承台以上桥塔高度,主1号(宜昌岸)塔高117.6m,主2号(恩施岸)塔高122.2m,塔柱横桥向宽5.6m,顺桥向宽7.6~10m,塔柱壁厚0.8~1m,考虑到塔柱传力的过渡性,在承台上设3m高的塔座,且下塔柱下端设有3m高的实心段,在与横梁交会处,塔柱壁厚加厚至1m。

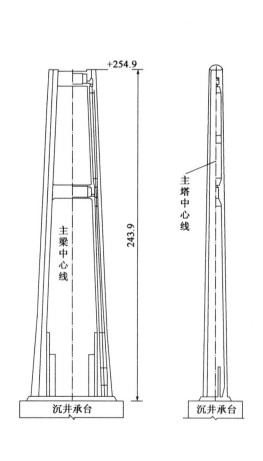

图7-27 杨泗港大桥桥塔(尺寸单位:m;高程单位:m)

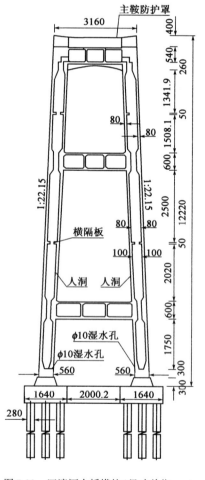

图7-28 四渡河大桥塔柱(尺寸单位:cm)

7.5.2 斜拉桥混凝土桥塔

1)结构设计

根据斜拉桥的主要受力特点,桥塔结构既要承担巨大的轴力,又要承受很大的弯矩。在构造布置上,桥塔上部与斜拉索连接,塔底部与梁或基础连接,因此,桥塔设计的重点除了满足桥梁结构强度、刚度稳定性要求外,还应周详地考虑各连接部位的受力和细部构造。

作用于桥塔上的主要荷载有:桥塔自重、主梁的恒载和活载。由斜拉索传至塔柱的索力垂直分力引起塔柱轴向力,水平分力引起塔柱弯矩和剪力;温度变化、日照影响、支座沉降位移、风荷载、地震作用、混凝土收缩和徐变等都将对塔柱产生轴向力、水平力、扭矩及顺桥向和横桥向弯矩。为此,塔柱在很大轴向压力的情况下,应考虑顺、横桥向双向弯矩的影响,在角点进行相应各类工况条件下的应力叠加。特别在大跨径斜拉桥中,由于塔柱中巨大的轴向力和施工可能产生的累计偏差,以及各类外力作用下塔水平位移而造成的附加弯矩,要对塔进行验算,确保塔的屈曲稳定性。

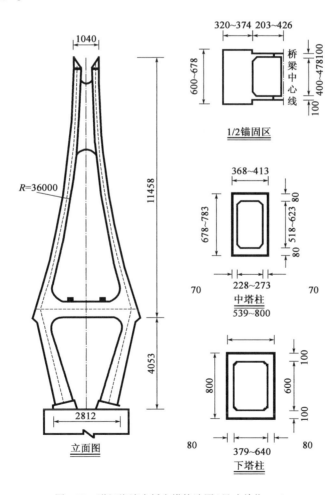

图 7-29 湛江海湾大桥主塔构造图(尺寸单位:cm)

塔柱的内力和变形,通常采用小变形理论分析。一般情况下,对恒载、活载等垂直荷载,将梁、索、塔用平面杆件进行有限元分析。对于风荷载等横向荷载作用,则可将塔作为一个平面框架分析。对于结构动力特性和结构抗风、抗震稳定计算,应通过结构空间有限元法进行专题分析和计算。此外,对于斜拉索锚固区、塔与主梁连接区的结构分析,以及应力集中、局部应力的分析,都可采用有限元分析法计算内力和变形。

2) 示例

湛江海湾大桥主塔(图7-29)顶部两塔柱间连接部设计应遵循与主塔总体构思相一致的原则,即如何更突出曲线形主塔的升腾气势,而不是削弱主塔整体景观效果。通过对弧形板式、双横梁连接式、拓扑的多横梁连接式等多方案比较,以弧形板式景观效果为最优。

湛江海湾大桥主塔采用大半径曲线形钢筋混凝土塔柱,单箱单室截面,C50混凝土,整个主塔由塔座、下塔柱、横梁、中塔柱、锚固区(上塔柱)及塔尖等部分组成。塔底高程+4.5m,塔顶高程+159.61m,桥面以上塔高103m。中、上塔柱呈曲线形,内外曲线均为曲率相同的圆曲线,半径360m,圆心分别位于相应曲线顶端的平面内。这样处理,实现塔柱截面尺寸的逐渐变化,既适应结构内力的需要,又方便施工。曲线形两塔柱在顶端微合,中间以弧形板连接。上、下圆弧均与塔柱内侧曲线相切。塔柱截面外轮廓纵横向尺寸从顶部的6.0m×3.2m逐渐过渡至塔根的8.0m×8.0m,截面壁厚0.7~1.3m。

7.6 钢桥塔设计及示例

钢桥塔具有重量轻、施工速度快、抗震性能好的特点,在近(现)代缆索承重桥梁一百余年的发展中一直处于主流,我国2005年建成的南京长江三桥首次采用了钢桥塔。20世纪90年代钢桥塔建造技术较高的是日本,进入21世纪之后,中国也修建了几座世界级的大跨径钢桥桥塔。现在以中国的几座钢桥塔为例,介绍钢桥塔的一般构造和设计。

7.6.1 悬索桥钢桥塔

1) 泰州长江大桥

三塔悬索桥因为多了一个中塔,总体结构行为与两塔悬索桥有显著差别,主要表现在中塔边界约束、中塔控制性工况和结构体系的不同。分析表明,合理选择中塔结构形式,对于中塔本身受力、桥跨总体刚度,以及主缆与中主鞍座间的抗滑移稳定性具有决定性影响。泰州长江大桥中塔,根据全桥结构刚度和主缆在中主鞍座中的抗滑移安全要求,结合中塔自身受力要求,对中塔进行了广泛的结构选型,最终采用了纵向人字形钢塔。

该桥中塔纵向呈人字形结构,塔柱高191.5m。塔柱纵桥向自上向下分别为:上部直线段、交点附近的曲线过渡段和下部斜腿段。塔柱两条斜腿中心交点以上部分高122.0m,交点以下部分高69.5m。斜腿段倾斜度为1:4,纵向宽度自塔顶的6.6m直线变化到曲线过渡段顶的10.6m,曲线过渡段半径为100m。塔柱纵桥向由10.6m变到15.54m,斜腿段纵向尺寸均为6.0m。桥塔横向为门形框架结构,塔柱横桥向尺寸从塔顶至塔底均为5.0m。塔柱共设置两道横梁。

塔柱断面为单箱多室布置,由四周壁板和两道腹板构成,根据受力要求,在塔顶段与斜腿交叉点以上范围内增加了一块中腹板。为了减小塔柱截面的风阻系数,改善涡振性能,把塔柱外侧角点切去 0.6m×0.6m 的 4 个矩形面积,将截面进行钝化。

塔柱节段划分见图 7-30。塔柱共划分为 13 个节段。除 T0 节段外,其余节段长度为 10.775~20.0m。T1~T3 节段位于斜腿段,T4~T5 节段位于曲线过渡段,其余节段均在直线段上。T4~T5 之间采用焊接接头。最大节段"T4+T5"质量约为 958.6t。塔柱节段连接传力形式,采用高强度螺栓传力与端面金属间接触传力相结合的方法。

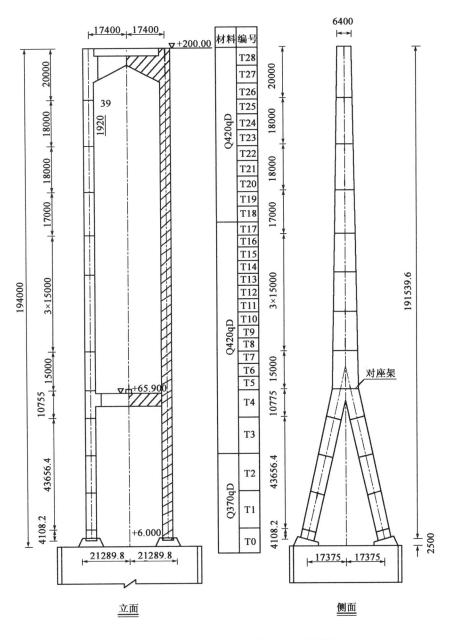

图 7-30 泰州长江大桥中塔(尺寸单位:mm;高程单位:m)

2)马鞍山长江大桥

马鞍山长江大桥主桥采用三塔两跨悬索桥,对称布置结构,主跨跨径为 2×1080 m,主缆跨径为 $(360 + 1080 + 1080 + 360)$ m,垂跨比为 $1/9$。

三塔悬索桥中塔的结构刚度直接参与全桥受力,与全桥的竖向刚度、鞍座的抗滑、加劲梁的受力密切相关。经计算分析表明,随着中塔纵向刚度的增大,主缆抗滑安全系数、加劲梁竖向活载挠度,及塔顶纵向位移均呈递减趋势。当桥塔纵向刚度达到一定程度时,主缆抗滑安全系数和加劲梁最大竖向活载挠度变化均趋于稳定。

马鞍山长江大桥中塔采用钢-混凝土组合桥塔,结构设计为门形结构,由上、下塔柱、塔顶装饰及上、下横梁组成,其中下塔柱为预应力混凝土结构,上塔柱、塔顶装饰及上、下横梁为钢结构。塔高(从塔座顶面算起)为 175.8m。上塔柱高 127.8m(从钢-混凝土结合面至鞍座底),横桥向宽度 6.0m,顺桥向宽度 7.0 ~ 11.0m。塔顶装饰高度 10.5m。塔柱间中心距在塔顶处为 35m、承台顶处为 43.5m,马鞍山长江大桥中塔结构见图 7-31。

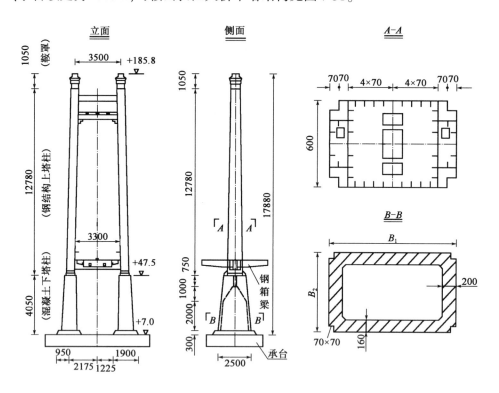

图 7-31 马鞍山长江大桥中塔(尺寸单位:cm;高程单位:m)

3)鹦鹉洲长江大桥

该悬索桥共有 3 个桥塔,分别为南、北塔和中塔,三塔外观造型除中塔纵向外基本一致。中塔全高(从承台顶面至鞍座底)152m,采用钢-混凝土组合结构;南、北塔等高,均为 126.2m(从塔座顶面至鞍座底),采用钢筋混凝土结构。桥塔两塔柱间横向中心间距,塔顶处均为 36.0m,中塔塔底处为 40.0m,边塔塔底为 39.0m。桥塔均由上塔柱、中间塔、下塔柱、上横梁、下横梁和塔顶鞍座防护罩等组成。

该桥中塔示意图如图 7-32 所示,中塔下塔柱横向为门形框架结构,两塔柱间的横向中心距为40.0m。两边的塔柱纵、横向均呈台阶形式,上部纵、横向均为3级递减,顶部最大尺寸为14.8m(横向)×31m(纵向),两横向塔柱由高7m的横梁连接。上塔柱、上横梁均采用钢结构,上塔柱纵向呈人字形结构,高105.7m(从混凝土塔座中心至鞍座底)。上塔柱横向为门形框架结构,两人字形塔柱间的横向中心距在塔顶处为36m,下横梁处40m,坡度为1:53.5。

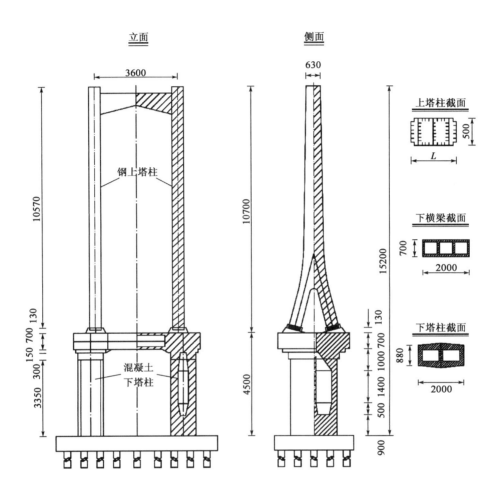

图7-32　鹦鹉洲长江大桥中塔(尺寸单位:cm)

7.6.2　斜拉桥钢桥塔

桥塔采用钢结构的实例以日本最多。国内采用钢桥塔的斜拉桥较少,其中南京三桥桥塔采用"人"字形钢桥塔。港珠澳大桥中的九洲航道特大桥、江海直达船航道桥等斜拉桥也采用了钢桥塔。

一般钢塔柱截面为带加劲肋的空心箱形截面。箱室内垂直方向相隔一定的距离设有水平横隔板。少数钢塔柱的截面做成T形或准十字形的空心箱式。

1)南京长江三桥

南京长江三桥为双塔双索面钢箱梁斜拉桥,主跨648m,其弧线人字形钢塔柱为国内首创。

北主塔高215m，下塔柱采用混凝土结构，其余部分采用钢结构，钢塔柱与下塔柱之间的连接部分为钢-混凝土结合段。南京长江三桥北塔构造如图7-33所示。由于钢塔柱各节段采用高强度螺栓连接，节段间传力方式为金属接触传力，这决定了在桥位进行钢塔柱的架设中不能对其线形进行局部调整。所以，钢-混凝土结合段的安装定位精度直接决定了钢塔柱的成塔线形。

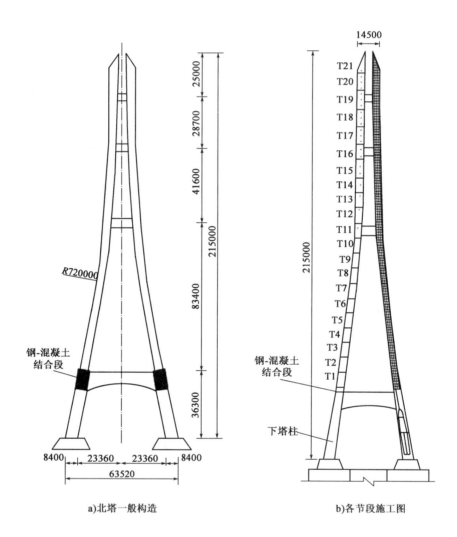

图7-33 南京长江三桥北塔(尺寸单位:mm)

2) 宁波大榭第二跨海大桥

宁波大榭第二跨海大桥8号桥塔采用由纵向双柱构成的塔柱(帆形塔)，如图7-34所示，桥塔总高138.291m，其中桥面以上塔高100.162m。上塔柱(上横梁顶面0.5m以上部分)高55.062m，下塔柱(下横梁顶面3.5m以下)高37.129m，中塔柱高46.10m。桥塔上、中塔柱横向宽4.5m(塔顶装饰段宽为3.784~4.5m)，下塔柱横向宽4.5~10m。桥塔采用钢-混凝土混合结构，上塔柱(包括拉杆)采用钢结构，中塔柱及下塔柱为混凝土结构，钢塔柱与混凝土塔柱间采用钢-混凝土接头连接。

第7章 桥塔的构造与设计

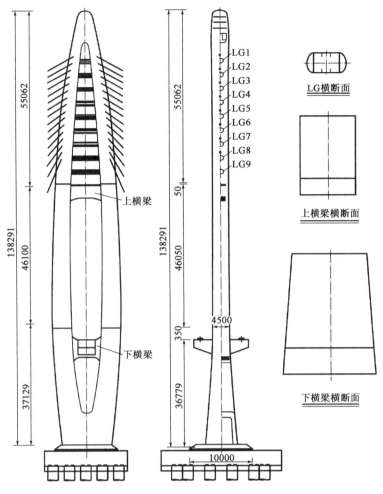

图7-34 宁波大榭第二跨海大桥（尺寸单位：mm）

7.7 组合结构桥塔设计及示例

组合结构能发挥不同材料各自的优良性能，充分利用钢材和混凝土，兼顾造价较低、抗震性能好以及施工方便等优点。第二次世界大战以后，欧洲百废待兴，急需医治战争的创伤，由于钢材短缺，工程师们采用了大量的组合结构修建房屋和桥梁，取得了很好的经济效益。半个多世纪以来，随着理论研究不断深入，应用逐渐广泛，许多国家制定了相应的技术标准，设计和施工都有章可循。我国对组合结构的研究与应用虽然起步较晚，但近年来取得了不少成就，科学研究水平也在不断提高，陆续制定了各类钢-混凝土组合结构的技术标准，并建成了许多工程项目，积累了丰富的经验。组合结构以其优良的结构性能展示了深厚的发展潜力和广阔的应用前景，已经成为和钢结构、混凝土结构、砌体结构、木结构并列的新的结构类型。

斜拉桥和悬索桥的桥塔采用组合结构的相对比较少，图7-35为沈锐利等发明的悬索桥和斜拉桥的组合截面桥塔。

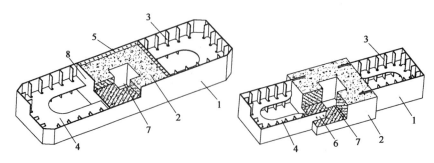

图 7-35 组合截面的桥塔
1-钢箱;2-混凝土;3-加劲肋;4-钢箱腹板;5-剪力钉;6-PBL 剪力键;7-电梯井;8-钢箱内板

目前工程中采用的组合截面桥塔主要有香港昂船洲桥和南京长江五桥所采用的外层钢结构、内层钢筋混凝土的组合桥塔。

位于香港特别行政区的昂船洲大桥,是继苏通长江大桥后第二座跨径超过 1000m 的斜拉桥,大桥主跨达 1018m,独柱形双塔高 298m,桥身采用流线型分体双箱梁结构形式组成,双箱梁间开槽 14.3m。桥塔从塔底至塔高 175m 段为混凝土结构,175~293m 段为钢-混凝土组合结构,其外层表面采用不锈钢材料。再向上 5m 至塔顶为外装玻璃的通透钢结构,用作建筑照明标志,塔内用于储存维护设备。

复习思考题

7-1 桥塔的功能包括哪些方面?

7-2 桥塔为满足受力功能,应具备哪些方面的性能?

7-3 从顺桥向看,桥塔有哪些主要类型?

7-4 从横桥向看,桥塔有哪些主要类型?

7-5 混凝土桥塔的结构形式一般以什么形式为主?

7-6 混凝土桥塔的截面形式一般采用什么形式?

7-7 桥面上如果塔柱中间设置横梁,一般宜放在什么位置?

7-8 桥塔横梁采用混凝土材料,一般是否设置预应力?

7-9 桥塔一般以受压或偏心受压为主,是否需要配置钢筋?如何配置?

7-10 桥面以上,悬索桥的桥塔与斜拉桥的桥塔有什么异同点?

7-11 桥塔设计时一般要考虑哪几种工况?各工况的主要荷载形式分别是什么?

7-12 对于桥塔,设计验算应考虑哪些方面?

第8章
锚碇的构造与设计

锚碇的基本功能就是通过锚固系统将主缆拉力传给锚体,再通过锚体传递给地基基础,从而实现主缆拉力的锚固作用。锚碇在结构上主要分为重力式锚碇(简称重力锚)、隧道式锚碇(简称隧道锚)和岩锚。

当地质条件较好,易于满足成洞条件时,可采用隧道锚。当岩体完整、强度高时,可采用岩锚或带有预应力岩锚+锚塞体的组合式隧道锚。不适合采用隧道锚、岩锚或组合式隧道锚时,可采用重力式锚碇。

8.1 重力式锚碇及基础

重力式锚碇系统为承受由主缆传来的巨大拉力,需提供足够的抵抗力,它主要来自锚体和基础的重力以及土层或岩体的阻力。

总体上讲,锚碇在施工及运营期间的受力特点及相应要求并不完全相同。对重力式锚碇基础,在施工期间主要承受锚碇重力,应保证地基承载力和沉降要求;而在运营期间,除上述荷载外,还将受到主缆传来的拉力,此时需将基础的沉降和水平位移控制在容许范围内,还需重点保证锚碇不会发生水平滑移和倾覆,即应满足稳定性条件。为使锚碇有足够的安全性,通常会尽量将锚碇基础置于基岩或性质良好的土层上。

为满足上述要求,根据地层情况、荷载大小等条件的不同,重力式锚碇的基础形式可选为浅埋扩大式、沉井(沉箱)式、地下连续墙式、桩式等,但总体上锚碇基础的尺寸通常很大,除承受竖向力外,还要承受很大的水平力及弯矩。

8.1.1 浅埋扩大基础锚碇

当基岩或良好土层深度较浅时,可采用浅埋扩大基础,亦称直接基础型。与其他基础形式相比,浅埋扩大基础的结构形式简单,施工方便,是应首先考虑的基础形式。

浅埋扩大基础多置于岩石上,置于土层时通常需对地基进行加固处理。此外,该类基础多在陆地或浅水区,采用明挖施工。图 8-1 所示为浅埋扩大基础的基本形式,为提高基础的稳定性,可将基础的底面作成前高后低的倾斜状,以抵消部分主缆拉力,如丹麦的大贝尔特(Great Belt)桥的锚碇基础底面就设置成与水平面呈 10.4°的倾斜面;还可将锚碇基底作成锯齿状、台阶状等,甚至可以将型钢混凝土桩插入锚碇基础与基岩之间,以加大其基底的水平阻力。锚碇还可设计成连体浅埋扩大式(图 8-2),如江阴长江大桥南锚、虎门大桥东锚、汕头海湾大桥南锚等,此时,基础与锚碇已融为一体。

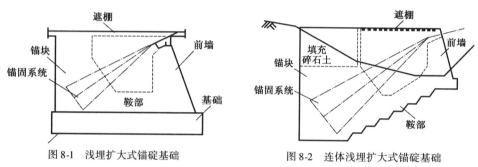

图 8-1 浅埋扩大式锚碇基础　　　　图 8-2 连体浅埋扩大式锚碇基础

图 8-3 为建于 1996 年的厦门海沧大桥东航道大桥锚碇浅埋扩大基础。该桥为特大型三跨连续钢箱梁悬索桥,主跨跨径为 648m,两边跨跨径为 230m,全长 1108m,单根主缆的拉力约为 120MN,在散索点处的入射角为 12.4803°。

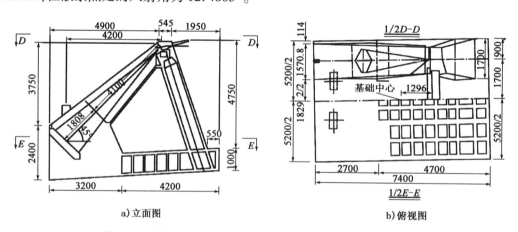

图 8-3 厦门海沧大桥东航道大桥锚碇浅埋扩大基础(尺寸单位:cm)

根据主缆拉力及土层情况,锚碇采用浅埋扩大式基础。以东锚碇为例,选择强风化斜长花岗斑岩为持力层,其基本承载力 σ_0 不小于 500kPa,最终确定出基础的底面尺寸为 79.5m×57m,底面积为 4531.5m²。其中,为提高基础的抗滑能力,基础底面设计成 5.41% 的倒坡;同时,为尽可能减小基底的压应力但同时又能保证基础的抗倾覆稳定性,基础的前端部分设计为箱形,而后部则采用实体形式。

8.1.2 沉井基础锚碇

与地下连续墙基础相比,沉井基础除适用于处在陆地或浅水区外,还可在深水区施工,是锚碇基础的一种重要形式。

沉井基础也有两种形式:①现场就地浇筑下沉的一般沉井;②先在岸边预制好,然后浮运至井位下沉的浮运沉井,也称为设置沉井。前者如我国江阴长江大桥北锚碇基础、南京长江第四大桥北锚碇基础等,后者如日本南、北赞濑户桥南锚碇和中间锚碇,丹麦大贝尔特桥锚碇基础等。

江阴长江大桥为(336.5+1385+309.4)m的单孔简支钢箱悬索桥,其北锚碇所在的地层由淤泥质亚黏土与松散亚砂土、亚砂与亚黏土互层和粉细砂、夹有粉细砂硬塑或半坚硬的粉质黏土层、密实的细砂、含砾中粗砂层等组成的厚度78~86m的覆盖层,下为石灰岩。地下水位在地表下1~2m、20~40m和50m以下,存在两层承压水层,并与长江水相连通。

考虑到锚碇所承受的主缆拉力巨大、基岩上覆盖土层厚、地下水丰富等原因,经综合比较分析,选择长69m、宽51m、高58m的特大沉井作为锚碇基础,如图8-4所示。沉井在平面上分为36个隔舱,竖向分为11节,并在沉井后段隔舱中填砂或水,增加基础的重量,并使其重心后移,以提高基础的稳定性。

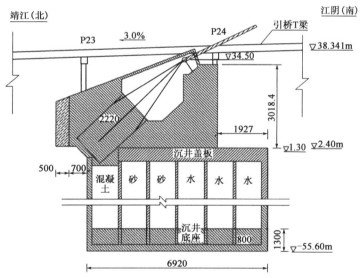

图8-4 江阴长江大桥北锚碇沉井基础(尺寸单位:cm)

8.1.3 地下连续墙基础锚碇

地下连续墙基础先用地下连续墙围成圆形、矩形或葫芦形截面的围护结构,然后用"逆作法"施作内衬,其作用是与连续墙一同承担墙外的土、水压力。挖至设计深度形成基坑,再浇筑底板,然后在其中灌注(填筑)混凝土或砂、水等增加重量,最后浇筑顶板形成基础。

地下连续墙实际只是整个基础的一部分,其主要作用还是体现在围护功能,这与单独、直接承担上部结构荷载的地下连续墙基础是有很大差别的,本质上它应属于深埋扩大基础。

地下连续墙基础的关键在于地下连续墙的施工。作为围护结构,它具有刚度大、埋深大、施工精度高、对地层适应性强等优点。缺点是开挖遇到障碍物时难处理，墙体间的接缝处理不好易成为结构受力、防水的薄弱点，护壁泥浆会影响混凝土质量等。

地下连续墙基础锚碇在国内外悬索桥中有着广泛的应用，如日本明石海峡大桥北锚碇、国内虎门大桥西锚碇、广州珠江黄埔大桥的南汊桥的南北锚碇、武汉阳逻大桥南锚碇等采用了圆形的地下连续墙基础，而润扬长江大桥南汊桥主桥北锚碇则采用了矩形地下连续墙的形式。

武汉阳逻长江大桥主桥为(250+1280+440)m的悬索桥，主缆设计拉力为617900kN。其南锚碇位于长江南岸的Ⅰ级阶地，属长江冲积平原的高河漫滩，地势相对平缓。覆盖层为厚50.4~51.6m的第四系冲积亚黏土、淤泥质亚黏土、亚黏土夹亚砂土、粉砂、细砂、含砾细中砂及圆砾，下伏砾岩、砂岩。强风化砾岩岩性破碎，强度较低；弱风化砾岩完整性较好，饱和单轴抗压强度为12.8~29.4MPa；锚址区水文地质条件差，覆盖层地下水与长江水连通。针对上述特点，其南锚碇采用了圆形地下连续墙基础，以卵石、圆砾层作为基底持力层。如图8-5所示，连续墙外径73m，壁厚1.5m，内衬从上到下采用不同厚度，分别为1.5m、2.0m和2.5m。基坑开挖深度41.5m，底板厚度6m，坑内回填填芯混凝土，最后浇筑6~10m厚的钢筋混凝土顶板形成基础。

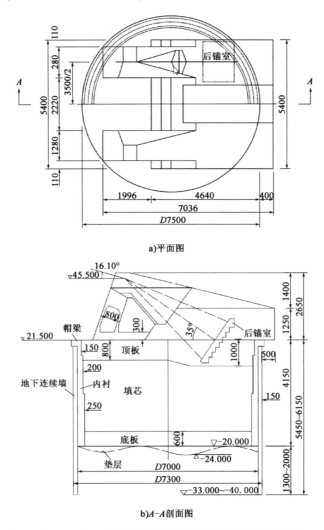

图8-5 武汉阳逻长江大桥南锚碇圆形地下连续墙基础(尺寸单位：cm)

润扬长江大桥南汊桥主桥为(470 + 1490 + 470)m 的悬索桥,其北锚碇地基处为亚黏土、亚黏土夹粉砂、淤泥质亚黏土、粉细砂、砾砂等第四系覆盖层,厚度 47.5~48.5m,下为强风化、弱风化、微风化花岗闪长岩和花岗斑岩,地下水位受长江水位影响明显,枯水期地下水高程 1.5~1.6m,丰水期 3.6~4.1m。经与沉井基础、圆形地下连续墙基础等方案比较后,最终选取了矩形地下连续墙基础方案。

如图 8-6 所示,北锚碇基础基岩埋深约 50m,基坑平面尺寸为 69m×50m,开挖深度达 48m,采用壁厚 1.2m 的地下连续墙和 12 道钢筋混凝土支撑作为围护结构。基础底板浇筑后,基坑内设置的 3 道纵隔板、4 道横隔板将基础分为 20 个隔舱,除 2 个隔舱填混凝土,2 个隔舱灌水外,其余 16 个隔舱均填砂,除可起到调节基础重心的作用外,也节省了混凝土的用量。

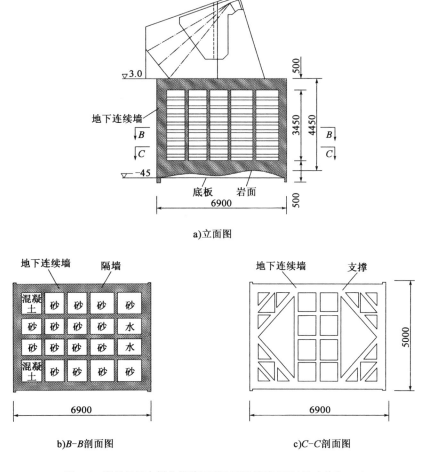

图 8-6 润扬长江大桥北锚碇矩形地下连续墙基础(尺寸单位:cm)

除以地下连续墙作为基坑的支护结构外,还可以采用排桩支护形式,此时,一般要结合其他措施防止水向基坑内渗入,如可在排桩之间的土中钻孔,然后进行高压注浆防渗。也可采用冻结法在基坑周围形成冻结帷幕来阻水,润扬长江大桥的南锚碇就采用了排桩加冻结帷幕的方法,并取得了很好的效果,其排桩围护结构如图 8-7 所示。

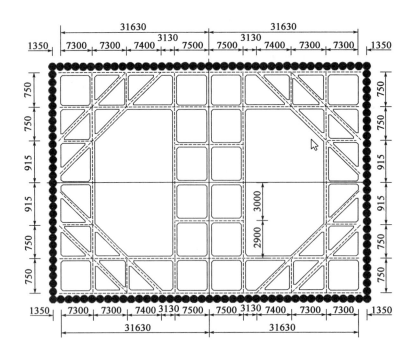

a) 南锚碇基坑围护图

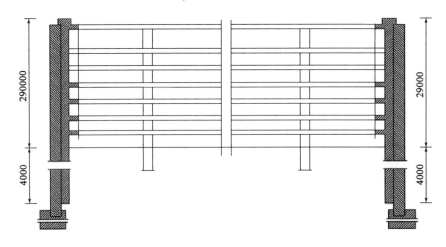

b) 南锚碇基坑围护剖面图

图 8-7　润扬长江大桥南锚碇排桩围护结构(尺寸单位:mm)

8.1.4　其他基础锚碇

除了前述基础外,桩基是锚碇基础很少采用的形式,这主要是因为桩基结构相对较轻,而作用机理比较复杂,设计者对其在运营期间位移能否有效控制并无很大把握。目前,锚碇桩基的应用在国内尚无先例,不过在国外有成功的案例,例如 1997 年建成的美国洛杉矶文森特桥(Vincent Thomas Bridge)悬索桥的锚碇桩基础及 2003 年建成的加利福尼亚新卡圭尼兹大桥(New Carquinez Bridge)的南锚碇桩基础。

新卡圭尼兹大桥位于旧金山海湾,其跨径为(147 + 728 + 181)m,所处的地层上部为厚度

15~24m的软土、松砂,下为基岩。此外,地下水位高,地震时砂土可能会发生液化。该桥的南锚碇采用了桩基形式,如图8-8所示。所采用的桩为直径760mm的现场灌注钢管管桩,共计380根,桩距为桩径的2.63倍,为抵抗缆索的拉力,其中占总数55%的桩为斜桩,斜率达1∶3。

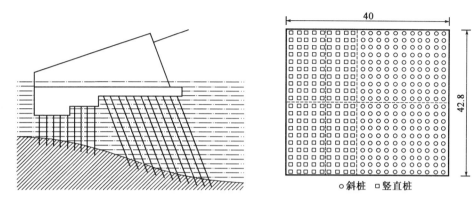

图8-8　新卡圭尼兹大桥南锚碇桩基础(尺寸单位:m)

除上述单独使用的桩基础外,还可将桩与浅埋扩大基础及沉井基础等结合起来,形成复合基础。如葡萄牙的萨拉大桥(也称4月25日大桥)(1966年)的北锚碇就采用了前端12个直径3.7m圆形沉井与后端44根钻孔灌注桩相结合的混合基础方式。

此外,虎门大桥的西锚碇基础在初步设计时也考虑采用前端沉井、后端为桩基的复合型基础。这种"前井后桩"的方案充分考虑了锚碇基础的受力特点,即锚碇施工期间,由沉井和桩共同承担锚体重量;而大桥的运营阶段,在主缆索力作用下,由锚碇重力与基底产生的摩阻力来平衡主缆水平力,此时锚碇重力主要作用于前端沉井上,因此,桩基仅在施工阶段发挥作用,较仅采用沉井基础更节省材料。后经进一步详勘表明,其下部弱风化岩面高差过大,不宜采用沉井方案,最终采用了圆形地下连续墙基础方案。

8.2　重力式锚碇设计及示例

通过设置基础或直接将锚体设置在地基上,完全靠自重或以自重为主来平衡主缆拉力的锚碇称为重力式锚碇(重力锚)。重力式锚碇包括锚体(锚块、鞍部、缆索防护构造、散索鞍支承构造)和基础,如图8-9所示。主缆拉力通过锚固系统传给锚体,再通过锚体经基础或直接传递给地基,通过锚体或基础与地基之间的摩阻力和锚前岩土水平抗力来平衡主缆拉力的水平分力(有些时候将锚前岩土水平抗力作为安全储备)。重力式锚碇适应在各种地质条件下建造,因此,应用最为广泛,国内外大多数悬索桥(如日本明石海峡大桥、香港青马大桥、江阴长江大桥及虎门大桥等)均采用重力式锚碇。

重力锚的主要计算内容包括整体稳定性验算和结构计算两大方面。

1)整体稳定性验算

锚碇整体稳定性验算包括:

(1)基底地基强度验算;

(2)锚碇整体抗滑动稳定性验算;

(3)锚碇整体抗倾覆稳定性验算;
(4)沉降及变位分析。

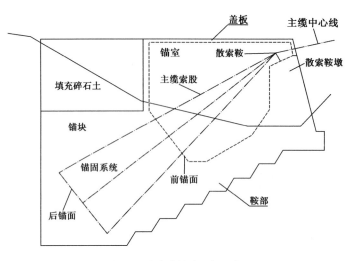

图 8-9 重力式锚碇一般形式

2)结构计算

锚碇结构计算包括:

(1)锚体结构计算,包括锚碇总体应力分析、锚块截面抗剪计算、空腹式锚体框架受力计算和局部应力验算;

(2)锚碇基础结构计算;

(3)锚固系统结构计算,包括静力计算、拉杆组件疲劳验算、连接器受力分析和锚下应力计算。

8.2.1 锚碇整体稳定性验算

1)基底地基强度验算

锚碇基础应分别进行施工阶段和运营阶段的基底应力验算。

在各阶段,锚碇基底应力应小于天然地基或加固后地基的容许承载力。基底应力应尽量均匀,不出现大的突变,也不出现脱空现象。

对于扩大基础和厚度很大的箱形基础,一般按刚性基础力学模型进行地基应力计算,计算公式为

$$\sigma_{\min}^{\max} = \frac{N}{A} \pm \frac{M_x}{W_x} \pm \frac{M_y}{W_y} \leqslant [\sigma] \tag{8-1}$$

式中:M_x、M_y——分别为外力对基底顺桥向中心轴(x 轴)和横桥向中心轴(y 轴)的力矩;

W_x、W_y——分别为基底对 x、y 轴的截面模量。

对于基底持力层以下有软弱下卧层时,还应根据《公路桥涵地基与基础设计规范》(JTG 3363—2019)验算下卧层的承载力。

对于井筒式地下连续墙基础和具有一定柔性的箱形基础,宜按弹性地基梁理论考虑结构与地基共同作用,进行弹性或弹塑性有限元分析。

2）锚碇整体抗滑动稳定性验算

锚碇整体抗滑动稳定性验算一般按刚性基础模型计算，除桩基础和井筒式地下连续墙基础要考虑基础前侧土抗力外，其余基础一般仅考虑基础底面的抗滑。重力锚采用扩大基础，其整体抗滑动稳定安全系数应大于2.0。

基底水平情形[图8-10a)]

$$H_k = CA + \mu N_0 \tag{8-2}$$

$$K_{h_1} = \frac{H_k}{H_0} = \frac{CA + \mu N_0}{H_0 \cos\theta} \tag{8-3}$$

基底倾斜情形[图8-10b)]

$$V = H_0 \sin\theta + N_0 \cos\theta \tag{8-4}$$

$$H = H_0 \cos\theta \tag{8-5}$$

$$H_k = CA + \mu V + N_0 \sin\theta \tag{8-6}$$

$$K_{h_2} = \frac{H_k}{H} = \frac{CA}{H_0 \cos\theta} + \mu\tan\theta + \frac{N_0(\mu + \tan\theta)}{H_0} \tag{8-7}$$

式中：H_k——锚碇基础底面的滑动抵抗力；

H_0——水平合力；

N_0——竖向合力；

V——垂直于基底的合力；

H——平行于基底的合力；

μ——摩擦系数；

C——黏结系数；

A——基础底面面积；

K_{h_1}、K_{h_2}——安全系数；

θ——倒坡倾角。

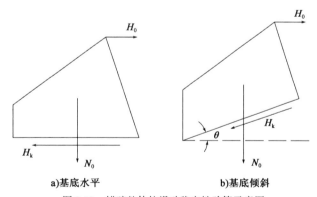

a)基底水平　　　　b)基底倾斜

图8-10　锚碇整体抗滑动稳定性验算示意图

锚碇基础底面的滑动抵抗力通常有以下几部分组成：

(1)基础底面和地基之间的黏结力，为基础底面和地基间的黏结强度与有效承载面积的乘积。黏结力应根据混凝土块的剪切试验、其他试验和施工条件而定。对于为混凝土的基础与土地基之间，通常不考虑该部分力。

(2)基础底面和地基之间的滑动摩阻力，为有效垂直荷载（重力扣除主缆拉力的垂直分力和浮力后)与摩阻系数的乘积。摩阻系数按照规范取值或根据试验、已建桥经验而定。

(3)基础前部岩土抗力,根据周边环境,通常只在良好的嵌固情况下才予以考虑。

3)锚碇整体抗倾覆稳定性验算

锚碇整体抗倾覆稳定性验算一般按刚性基础模型计算,除桩基础和井筒式地下连续墙基础外,其余基础一般仅考虑基础底面的地基反力作用。重力锚采用扩大基础,其整体抗倾覆稳定安全系数应大于2.0。

对于地基为土或风化岩的情况,应保证在最不利的荷载作用下,基底截面偏心距落在截面核心内;对地基为高强度新鲜岩石的情况,应保证相对于基础前趾点抗倾覆力矩大于最不利荷载作用下的倾覆力矩;当地基难以明确区分时,可用两种情况下的计算方法相互校核。

4)沉降及变形

应保证锚碇不能有过大的沉降量,各部分不能存在较大的沉降差。各部位及整体的绝大部分沉降量在施工阶段已完成;成桥后散索鞍散索转点的水平变形$\leqslant 0.0001L$(L为主跨跨径,m),竖向变形$\leqslant 0.0002L$。

设计中应准确计算出锚碇基础和整体的变形量,作为确定散索鞍的预偏量和上部构造设计的依据。

对于沉井、地下连续墙类的重力锚,由于施工过程复杂,结构在不断变化,而且外力状况也在不断变化,设计渗流、蠕变等各种情况,因此,需要针对不同的情况建立不同的模型来计算长期变形。目前主要的模型有:①刚体模型,即认为基础是刚性的,变形主要是发生整体的转动;②弹性地基梁模型,即基础当作地基上的有限长梁处理,利用解析式求解变形;③三维有限元模型。

5)地基土的受力状态分析

应用有限元法,对基础周边岩土体进行力学分析,以了解其应力和变形状态,对其稳定性进行评价。

8.2.2 锚碇结构计算

锚体设计采用梁理论、刚体平衡计算的常规方法及有限元法进行分析。

1)常规计算方法

首先根据锚碇各部分的结构特征、施工工况等,分别采用合适的模型模拟,利用力的平衡原理,进行控制断面的内力和应力验算。外部荷载主要有自重、主缆拉力、地基反力、浮力、水土压力等。对于地基反力,可以将稳定性分析中的计算结果应用到模型上。通常选取计算控制断面进行计算。

2)锚碇总体有限元应力分析

对锚碇总体进行有限元应力分析,了解总体应力分布状态,对正常荷载下产生超过0.3MPa拉应力的混凝土部位进行配筋。

有限元分析的计算精度受输入条件的影响较大(主要是结构的模型化、网格的划分方法等),因此,需要仔细考虑。地基作用可以模拟为地基弹簧支承,也可按照常规方法,将稳定分析中的计算结果直接作用到模型上。

对于计算所得的混凝土产生裂缝处内部主筋可能发生锈蚀的位置、较大局部荷载作用的位置(如散索鞍支墩顶)、锚梁承压面等重要位置,还应与常规计算方法进行比较,并进行必要的钢材补强。

3) 锚块截面验算

必须对锚固系统最底缘的截面进行验算。此外还需对其余可能存在的不利抗剪截面进行验算。截面上作用的主缆拉力 T 完全由验算截面与后锚面所包围的上部锚块的自重来承担。验算公式为

$$\tau = \frac{T_h - W_h}{A} < [\tau] \tag{8-8}$$

式中:τ——斜截面平均剪应力,最大剪应力 $\tau_{max} = K\tau$,对矩形截面 $K = 1.5$;

T_h——缆力沿计算截面方向的水平分力;

W_h——锚块自重沿计算截面方向的水平分力;

A——计算截面面积,顺桥向取截面长度,横桥向宽度通常有两种取法,一是偏安全地取锚固系统最大宽度,另一种是取锚固系统最大宽度加上两侧的襟边宽度,两者差别不大;

$[\tau]$——混凝土容许剪应力。

4) 局部受力计算

对锚体局部如前锚室、支墩、横梁等的各板、墙,以及支墩顶部散索鞍支承面等部位进行受力计算,根据计算结果进行配筋,并检验结构的承载能力、裂缝和变形等。

8.2.3 重力式锚碇示例

江阴长江公路大桥是国家重点建设工程,位于长江三角洲的中部,连接江苏省无锡市和扬州市,主缆跨径布置为(336.5 + 1385 + 309.4)m,单孔简支钢箱加劲梁悬索桥,南北两岸均采用重力式锚碇。南锚碇以原有山体为基础采用重力式嵌岩锚(图8-11);北锚碇采用 69m × 51m × 58m 的大型沉井基础锚碇(图8-4)。

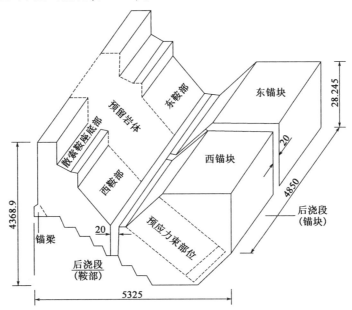

图8-11 江阴长江大桥南锚碇示意图(压重及填充部分未示)(尺寸单位:cm)

南锚碇位于山体上,由于岩性节理发育,采用重力式嵌岩锚,为前锚式。南锚承受悬索桥两根主缆传来的拉力 $6.4 \times 10^5 kN$,然后通过基础再传到地基。锚块与鞍部是锚碇的主体结构,基底做成倾斜的齿坎状,锚块顶部做成盒式结构,其内用 C15 混凝土压重,基坑回填 C20 片石混凝土。锚体混凝土总量达 119000m³,其中,主体部分锚块为 33700m³,鞍部为 10200m³,除了锚块的前后锚面下及散索鞍座下有少量 C40 混凝土外,其余均为 C30 混凝土,边跨每根主缆通过 177 根索股锚头与锚块内的预应力锚固结构体系相连接,锚块内采用进口的 VSL 预应力锚具体系,预埋的 214 根钢管预应力孔道用了约 160t 角钢制成的支架进行定位。

北锚碇处的覆盖层厚达 100m,在地面以下 40m 范围内主要是松散的细砂土和亚黏土逐步到紧密细砂层,地下 40~50m 为硬黏土层,以下为紧密含砾石中粗砂。北锚结构是大桥的关键部位之一,设计中进行了浅埋、中埋扩大基础、群桩基础、地下连续墙基础等多方案比较,最后选用尺寸为 51m×69m 的沉井基础。沉井内分 36 个隔仓,沉井高度 58m,共分 11 节,最下面的一节高 8m,采用带有尖角刃脚的钢壳混凝土,以上 10 节均为高 5m 的钢筋混凝土结构。沉井下沉高程为 -55.6m,顶部高程为 2.4m。为了保证锚体的平衡,在沉井下沉到位后封底,并在沉井前面(靠北塔侧)3 排共 18 个隔仓中注水,第 4 排和第 5 排及第 6 排中间 2 个共 14 个隔仓中填砂,第 6 排其余 4 个隔仓填充片石并注浆。

8.3 隧道式锚碇设计及示例

当锚碇所处地形、地质条件较好时,在山体开挖隧洞,将混凝土锚板或锚块(称锚塞体)置于隧道底部,锚块嵌固在隧洞中与岩体形成整体共同抵抗主缆拉力,即隧道式锚碇(隧道锚),见图 8-12。

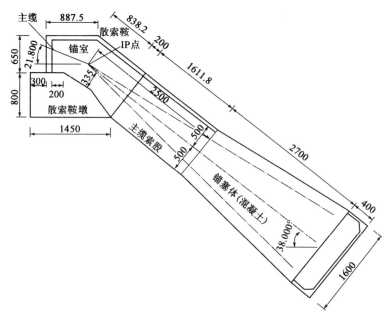

图 8-12 隧道式锚碇(尺寸单位:cm)

锚固系统将拉力传递给锚塞体或锚板,再通过锚塞体与隧道岩体间的黏结力传递给周围围岩,或通过锚板以压力形式直接传递给岩体,从而实现主缆索股的锚固。因此,当锚碇所处的地形、地质等自然条件较好时,隧道式锚碇结构应是首选方案。美国乔治·华盛顿大桥、旧金山—奥克兰海湾大桥、英国的福斯大桥和日本的下津井濑户大桥以及我国的丰都长江大桥均采用了隧道式锚碇。

8.3.1 隧道式锚碇设计计算

隧道式锚碇设计的主要计算内容有：
(1) 整体稳定性验算；
(2) 锚碇-围岩共同作用稳定性分析；
(3) 锚体及锚固系统结构计算。

上述计算内容除作静力计算外,还需结合全桥抗震计算对锚碇整体稳定性及结构关键部位进行验算。

隧道锚锚体及锚固系统结构分析与重力锚基本相同,对所关心的部位和截面进行受力计算,参见8.2.2节内容。隧道式锚碇的抗拔安全系数应不小于2.0。

1) 整体稳定性验算

隧道锚的整体稳定性验算,在地基承载力及抗倾覆方面绝无问题,但应充分论证锚塞体抗拔(抗滑)稳定性。抗拔安全系数可用公式(8-9)计算:

$$K = \frac{\sum G_i \sin\theta + \mu \sum G_i \cos\theta + \sum C_i A_i}{T} \quad (i = 1,2) \quad (8\text{-}9)$$

式中:K——抗滑(拉拔)稳定系数；
G_1——锚塞体自重；
G_2——随锚塞体一起移动的岩体自重；
θ——主缆折射角；
μ——锚塞体混凝土与岩体之间的静摩擦系数；
C_1、C_2——锚塞体底、侧面混凝土与岩体之间的黏聚力；
A_1、A_2——锚塞体底面积、侧面积；
T——设计主缆拉力。

此外应做锚固段筒体抗剪计算,验算岩体剪应力,还可将锚塞体近似作为摩擦型桩或嵌岩型桩做抗拔验算。总之通过多种验算模式以控制锚碇的安全度。

锚碇的变位一般通过三维分析获得,计算表明:在保证围岩不失稳破坏的前提下,锚塞体及散索点的位移相对于设置在劣质地基上的重力锚而言很小,一般可以满足规范要求。

散索鞍支墩下的地基承载力、抗滑动及抗倾覆稳定性应做独立验算。

2) 锚碇-围岩共同作用稳定性分析

上述简化计算不能掌握应力集中状态、极限承载力及破坏机理。因此,需用有限单元法的刚体弹性模型分析或弹塑性模型分析。

数值分析时,利用地质概化模型,将锚体、山体及其之间的胶结面模型化,岩体及胶结面采用弹塑性摩尔-库仑(Mohr-Coulomb)模型,并采用摩尔-库仑破坏准则,锚塞体混凝土采用弹性模型；通过施加设计荷载计算锚体及岩体的应力、位移的大小及分布,获得山体变形稳定性状态;通过施加缆力超载和弱化胶结面的强度参数,研究锚碇的极限承载力或安全系数,以及锚碇的破坏机理和模式。计算内容一般包括:

(1)根据洞口基坑、隧道、锚体等的实际施工步骤,按设计主缆拉力计算山体、基坑边坡、隧洞围岩、锚体各部位的变形及应力,分析山体、基坑边坡、隧洞围岩、结构体等的稳定性及安全度。

(2)在(1)的基础上,在岩体与混凝土基本力学参数不变的前提下,分级强化主缆拉力,计算山体、基坑边坡、隧洞围岩、锚体各部位的变形及应力。

(3)在主缆拉力不变的前提下,分级弱化岩体计算参数,计算山体、基坑边坡、隧洞围岩、锚体各部位的变形及应力。

计算内容(2)的目的是得到荷载的安全度,计算内容(3)的目的是分析在各种自然和人为条件变化导致岩体质量下降的情况下,在主缆拉力作用下锚碇围岩的安全程度。

8.3.2 隧道式锚碇示例

距离黄果树风景区约7km的坝陵河大桥,主桥方案为跨径1088m的双塔单跨钢桁架悬索桥,跨径组成为(268+1088+228)m。大桥东锚碇为重力锚,西岸为隧道锚。

西岸隧道锚分左、右2个,分别由锚塞体、散索鞍支墩、前锚室、后锚室及主缆护室5部分组成,其中,锚塞体靠自重及与周边岩壁的摩阻力来承受主缆索股拉力。锚塞体为"木塞"形,上口小,下口大,锚塞体结构示意如图8-13所示。锚塞体采用C30微膨胀聚丙烯纤维混凝土,混凝土总方量为24178m³,共布置预应力管道240孔。锚塞体轴线水平夹角为45°,轴线长40.0m,前锚面断面尺寸为12.0m×13.5m,顶拱半径6.0m;后锚面断面尺寸为20.5m×24.5m,顶拱半径10.25m。锚塞体左下角有一长×宽×高为40.38m×1.218m×1.918m的通道。

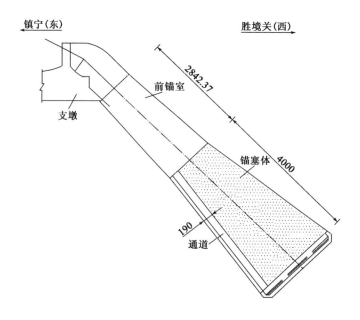

图8-13 锚塞体结构示意图(尺寸单位:cm)

8.4 组合式锚碇设计及示例

岩锚的作用是利用高质量的岩体,将主缆拉力分散在单个岩孔中锚固,取消或减少锚塞体混凝土用量,可节约工程材料。但岩锚受力范围小,应力集中现象严重,对围岩强度要求更高。1997 年建成的瑞典高海岸大桥和 2012 年建成的韩国光阳大桥采用的是典型的岩锚构造,其共同特点是围岩强度和完整性好,完全利用围岩锚固即可满足受力要求。

采用预应力岩锚时,岩锚预应力过大将会使岩体产生不利的变形和附加应力,国内类似工程的相关试验和分析表明,当岩锚初始预应力值大于 0.6 倍岩锚标准抗拉强度时,岩锚与岩体之间将出现较大的相对滑移。因此,基于预应力岩锚的预应力损失和耐久性方面的考虑,岩锚施加的预应力不宜太高。一般不宜超过 0.6 倍的岩锚标准抗拉强度。

将隧道锚与重力式锚碇或岩锚相结合即可形成组合式锚碇。西藏角笼坝大桥两岸锚碇均采用了隧道式锚碇和预应力岩锚相结合的组合式锚碇结构,见图 8-14。该锚碇及锚塞体段为变截面楔形棱体,前端宽 8.0m,高 8.0m,尾端宽 12.0m,高 12.0m。为了受力的合理,主缆由散索鞍处向下倾斜 6°。整个锚碇锚固体系由锚塞体、预应力钢绞线锚杆、锚塞体预应力索、调节拉杆、散索鞍基础组成。为了消除锚塞体前端的应力集中现象,减少锚塞体混凝土的开裂,对锚塞体施加了纵向预应力。预应力体系由 37 束 OVMMD15-13 锚塞体预应力索及其配套锚具组成。锚塞体尾部设置预应力索,以便将主缆拉力传入岩体,增加结构安全度并防止锚塞体混凝土开裂,预应力索长 13m。

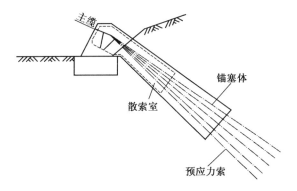

图 8-14 预应力岩锚 + 锚塞体组合式隧道式锚碇

复习思考题

8-1 重力式锚碇主要靠什么力来平衡主缆的水平分力?

8-2 隧道式锚碇主要靠什么力来约束主缆的张力?

8-3 重力式锚碇的基础主要有哪几种形式?

8-4 重力式锚碇的计算包括哪些方面?
8-5 如何计算重力式锚碇的基底强度?
8-6 如何验算重力式锚碇的抗滑稳定性?
8-7 如何验算重力式锚碇的抗倾覆稳定性?
8-8 隧道式锚碇的验算包括哪些方面?
8-9 对锚碇的沉降和变形,有哪些方面的要求?
8-10 对锚碇沉降和变形分析,目前采用哪几类模型?

第9章
缆索承重桥梁施工简介

缆索承重桥梁的施工主要包括:桥塔、加劲梁(主梁)、锚碇、主缆、吊索、斜拉索等的制作和安装。其中,桥塔、加劲梁(主梁)为悬索桥和斜拉桥共有的部分;锚碇、主缆、吊索为悬索桥特有的部分,斜拉索为斜拉桥特有的部分。本章将介绍缆索承重桥梁各部分的施工。

9.1 钢结构桥塔施工

钢结构桥塔(简称钢桥塔)多做成空心桥塔,常在工厂制造,运至工地进行拼装。在钢桥塔不高时,可采用桥塔旁的悬臂吊机进行拼装。对于较高的钢桥塔,需要采取沿桥塔爬高的吊机进行拼装。根据其规模、形状、施工地点的地形条件和经济性,可以采取如下几种方法:浮式吊机施工法、塔式吊机施工法、爬升式吊机施工法。

浮式吊机施工法,是将桥塔施工的部件或桥塔节段由水上浮吊架设施工,其优点是可以大大缩短施工期。根据浮吊的起吊能力和起吊高度,适用于塔高在80m以下中等跨径桥的桥塔施工。

塔式吊机施工法(图9-1),是在桥塔侧旁预先安装塔式吊机,进行桥塔节段的架设施工。由于施工机具和设备与桥塔无关,所以桥塔施工的垂直度容易得到控制。

爬升式吊机施工法,是在桥塔塔柱上安装爬升导轨,爬升式吊机沿此导轨,随桥塔的增高而向上爬升的施工方法。由于施工中吊机的重量和吊机的爬升是靠塔柱支撑的,所以,要严格控制塔柱在施工中的垂直度。采用爬升式吊机施工法进行钢桥塔的施工,一般是先安装爬升式吊机,然后按桥塔底部、塔柱、附属工程顺序施工,如图9-2所示。

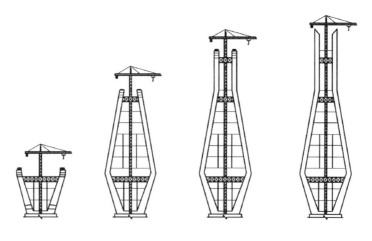

图9-1 塔式吊机施工法

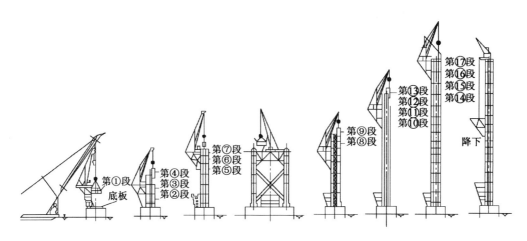

图9-2 爬升式吊机施工法

目前,在长大缆索承重桥的钢桥塔施工中,多采用爬升式吊机施工法。下面就以此法为例介绍钢桥塔的施工。

9.1.1 钢桥塔底部施工

用爬升式吊机施工法进行钢桥塔底部施工的顺序是:

(1)安装吊机锚固底架。吊机锚固底架定位准确与否,对以后钢桥塔施工的精度影响很大,因此,应严格控制安装精度。首先在基础中埋设预埋螺栓,并在灌注基础混凝土时,保证其位置不变。然后用汽车吊或浮吊安装吊机底架和爬升式吊机,位置的调整可采用千斤顶。

(2)控制基顶混凝土的施工精度。基顶混凝土面的施工精度直接影响着桥塔的高程和垂直度,所以应严格控制施工精度。为此,整个基准面范围内的不平整度应控制在2mm以下,而垂直度控制在1mm以内。

(3)安装桥塔底板。在塔柱施工前,先用塔位旁吊机安装塔底板,底板一般厚70~100mm,其位置可用千斤顶调整。

(4)安装爬升式吊机。爬升式吊机由底座和机身两部分组成。钢桥塔施工时先在锚固底架上安装钢桥柱3~4节段,以后就是靠吊机底座沿两根钢塔柱不断爬升进行施工。

9.1.2 钢桥塔塔柱施工

钢桥塔底部施工完成后,就可用爬升式吊机法施工钢桥塔塔柱,施工步骤如下:

(1)第1节段的施工。塔柱第1节段由塔位旁吊机吊至桥塔底板上,用千斤顶调整其安装位置,最后由钢桥塔基础中的预埋螺栓将其与桥塔基础相连。预埋锚固螺栓的施拧顺序按照对称位置、对称向角点进行。

(2)第2节段以后的施工。自第2、3和4节段塔柱的施工都由塔位旁吊机在锚固底架上进行吊装。再后的节段施工,爬升式吊机靠其底座在塔柱上随塔柱的增高而爬升进行。塔柱节段的连接采用高强度螺栓,其施拧也分两次,第一次施拧力为设计轴力的80%,第二次达到设计轴力。节段拼装施工中,对其拼接面的密贴度和塔柱的垂直度都需随时进行严格监测和精确控制。

(3)水平横撑的施工。钢桥塔的水平横撑一般分为左、右和中间2段;施工中首先在塔柱上拼装左、右两段。此时,水平横撑在塔柱上为悬臂梁;其变形受温度影响较大,所以应在温度较高时进行中段的拼接施工。

(4)施工精度的检查。因为钢桥塔施工的精度对今后加劲梁的架设影响很大,所以应随时监测钢桥塔的施工精度。对塔柱连接面的密贴度,用厚度为0.04mm的塞片进行检查。对钢桥塔的高度和垂直度应随时用钢尺和经纬仪进行测量。

9.1.3 钢桥塔附属工程施工

当钢桥塔的主体工程完成后,就要进行塔顶附属工程安装、爬升式吊机的撤除、抗风减振装置的安装,以及钢桥塔油漆和电梯、电路的安装等施工工作。

9.2 钢筋混凝土桥塔施工

钢筋混凝土桥塔一般采用现场浇筑法施工,也可采用预制拼装法施工。桥塔的拼装或现浇均应严格控制桥塔的准确位置,一般除了要严格控制两个方向的轴线位置外,还应按施工进度控制桥塔各点高程,确保桥塔的成桥尺寸准确。

9.2.1 钢筋混凝土桥塔施工

钢筋混凝土桥塔现浇施工常采用滑模法、爬模法、翻模法、提升支架法等方法,对高度较小的桥塔,也可采用搭支架法施工。主要施工机具设备有:塔吊、电梯、钢支架、升降模板系统等。钢筋混凝土桥塔施工的一般工艺流程见图9-3。

1)滑模法

滑模法是利用混凝土随时间硬化的性质,将混凝土浇入模板内,经过一定时间,待混凝土强度达到能自立时,利用油压千斤顶使模板上滑,进行连续混凝土施工。施工关键是控制混凝土的凝结时间。混凝土强度达到5MPa左右时,滑动模板较好。太早则混凝土易粘在模板上,外表不美观;太迟则模板在混凝土面上滑不动。

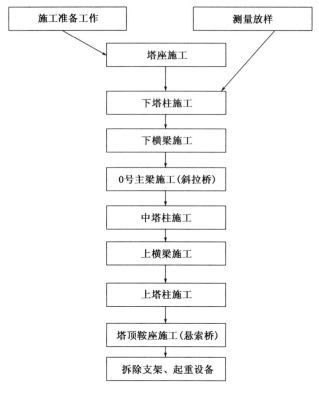

图9-3 钢筋混凝土桥塔施工工艺流程图

滑模施工具有不需每次将模板分拆后再拼装的优点,因此,节省时间和劳力,只需一套模板,节省材料。不足之处为:施工接缝不易处理好;滑模时,若混凝土强度不高,易产生裂缝。

2)翻模法

首先布置塔身施工机具,为满足钢筋混凝土塔身施工的需要,在两塔柱外侧的塔座上安装附着式塔吊和电梯,用于塔身材料、设备和人员的垂直运输。塔身混凝土采用泵送运输,混凝土直接泵送入模。泵管可分别布置在两塔柱内侧,随着浇筑高度增长而接长。泵送混凝土可一次泵送至200m的高度,混凝土强度等级可达C50。当塔柱混凝土施工时,将爬架系统与模板系统相分离,爬架高可约20m,翻模每节段高约5m,通过预留螺栓与塔柱相锚固。对于塔柱内竖向钢筋的绑扎,也可在塔内埋设劲性骨架,钢筋接头可采用焊接接长或冷挤压、钢套筒接长技术。塔柱内混凝土泵送浇筑后,由插入式振捣器振捣密实。每节段混凝土浇筑完成后,应洒水保湿养生。

模板均设计为双面板,即内外均为面板,中间为型钢骨架。模板上下两边安装铰,且各块模板之间铰轴连接,以支撑模板进行翻转作业。施工时,先松开模板间的连接螺栓和下铰轴,安装上铰轴。间隔翻转模板,全部模板翻转到位后,连接上铰轴和模板,完成一节段模板的安装。

翻模法如图9-4所示,成本高,高空作业安全度低,接缝不易处理,一般在大型桥塔施工中很少应用。

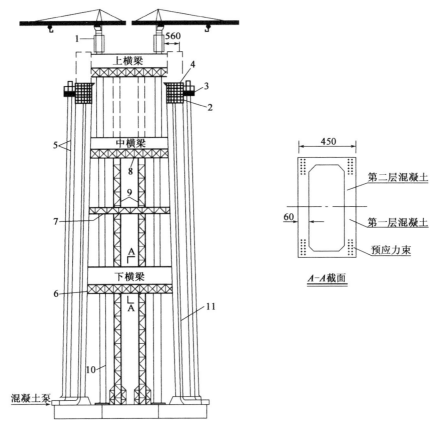

图 9-4 翻模施工布置图(尺寸单位:cm)

1-塔吊;2-钢翻模;3-电梯;4-工作平台;5-张拉平台;6-牛腿;7-抗风横撑;8-施工贝雷架横梁;9-施工贝雷架立柱;10-塔吊柱;11-混凝土输送管

3) 爬模法

爬模系统由模板、爬升架、工作架、附着架组成,如图9-5和图9-6所示。爬模系统通过附着架附在已灌注完毕并具有足够强度的混凝土塔柱节段上,为下一节塔柱灌注提供空中作业面。汕头海湾大桥和西陵长江大桥的钢筋混凝土塔柱均采用爬模法施工。根据桥塔的实际情况,可将爬模的每一爬升高度设定为4.5m左右,按底塔柱→下横梁→中塔柱→中横梁→上塔柱→上横梁的顺序进行施工。当爬模遇横梁时则暂停爬升,待施工完横梁后再继续爬升。其他工艺同上面翻模法要求。施工流程如图9-7所示。

4) 提升支架法

提升支架是由钢筋柱、顶框、中框、底框、顶紧器、提升支架的滑车组成,并通过横、斜撑连接成整体。钢筋柱一般可用3φ32钢筋焊接成三角形组成,每节长约6m。每一塔柱内外侧,一般可各设2根钢筋柱。若塔柱外侧是斜腿时,外侧钢筋柱可用钢轴铰接来接高,使钢筋柱能随塔柱高度的倾斜度自由变化。顶框、中框及底框均用型钢组成,采用滑车组来提升支架。

此法适用于截面尺寸和节段长度相同的桥塔,施工时先分件制作,再拼装成型。利用一角混凝土上的钢骨架或专用立柱,搭设起重横梁,通过横梁上的卷扬机提升模板,再按设计几何尺寸组装。组装时要求与已浇段接头处的混凝土夹紧,防止漏浆,垂直度应满足设计要求,且在施工过程中不发生位移。模板提升如图9-8所示。

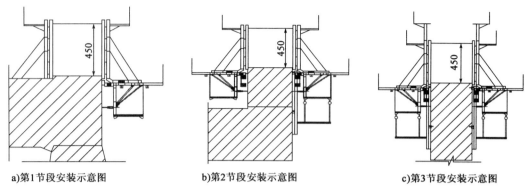

a) 第1节段安装示意图　　b) 第2节段安装示意图　　c) 第3节段安装示意图

图 9-5　爬模安装示意图(尺寸单位:cm)

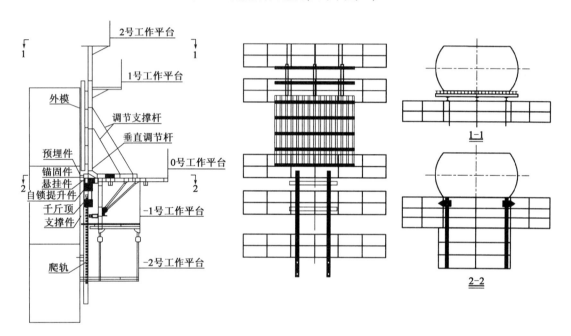

图 9-6　山东滨州黄河斜拉桥的桥塔爬模基本布置

提升支架法虽施工简单,不需大型吊装设备,但不适用于塔柱截面尺寸变化较大(倾斜度较大)的桥塔,且施工缝不易处理好,预埋构件多,难以保证桥塔的外观质量。在现代桥梁施工中,起吊设备越来越先进,对工程质量的要求越来越高,要求内实外美;加之桥塔造型的多样化,提升支架法的应用有一定的局限性。

9.2.2　上、下横梁的施工

一般而言,横梁均应与该段桥塔同时施工,这样,桥塔整体性好,同时,便于支架搭设和横梁预应力施工。钢筋混凝土桥塔的横梁一般采用支架法现浇施工,通常为两次浇筑一次张拉工艺,这样不仅可以保证混凝土外表光滑,且下横梁与相应高度塔柱的连接不会因为浇筑混凝土过程的沉降变化而产生裂缝。支架的材料可采用钢管、万能杆件、贝雷梁、型钢等。根据桥塔的受力特点,横梁一般均是预应力混凝土结构,因此应按相关规范进行施工,如图 9-9 所示。

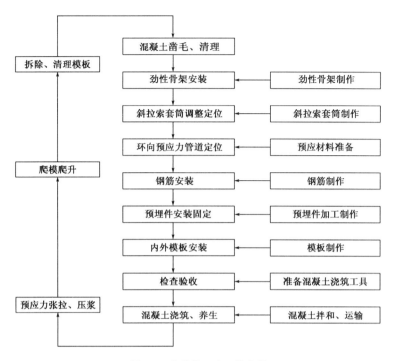

图 9-7 爬模施工法工艺流程

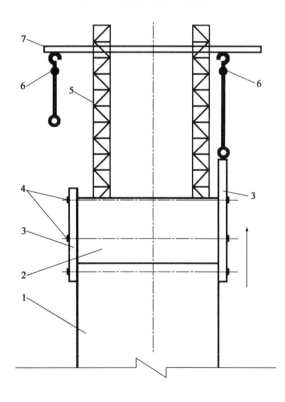

图 9-8 整体模板提升示意图
1-已浇索塔;2-待浇节段;3-模板;4-对拉螺杆;5-劲性骨架;6-提升支架吊具;7-横梁

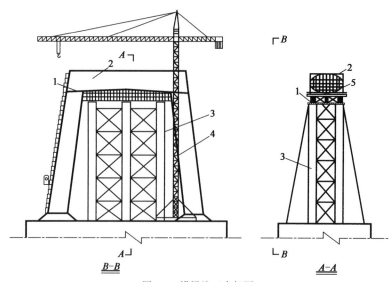

图 9-9 横梁施工支架图
1-支架横梁;2-横梁;3-钢管支架;4-塔吊;5-模板

在高空进行大跨径、大断面现浇高强预应力混凝土梁的施工难度很大,施工过程中要考虑到模板支承系统的连接间隙变形、弹性变形、支承的不均匀沉降变形,混凝土梁、柱与钢支撑之间不同线膨胀系数的影响,日照温差对混凝土、钢的不同时间效应等导致不均匀变形的影响,以及相应的调整措施。混凝土横系梁可根据设计要求、构造特点和施工机具设备能力一次或多次浇筑完成,每次浇筑混凝土的供应量须保证在混凝土初凝前完成浇筑,且须采取措施防止在早期养护期间及每次浇筑过程中由于支架变形而造成的混凝土开裂。

9.3 悬索桥锚碇的施工

9.3.1 重力式锚碇施工

悬索桥重力式锚碇施工特点为:混凝土数量特别大,持续时间长(施工期近一年),经历一年中的最高温季节和最低温季节。施工中尤其要注意降温和抗裂等问题。因此,在施工时采取以下措施:

1) 构造设计上采取防裂措施

(1) 设计合理结构,减少工程量,降低水化热总量。具体措施为:采用深埋式结构,挖空非关键直接受力部分混凝土,利用回填土方压重;在主缆锚固体部分采用 C40 混凝土,其他基础及配重连接部分用 C20 混凝土,减少水泥用量。

(2) 延长锚碇混凝土的评定验收龄期。具体方法是:利用主缆在架设施工期的受力不及最终受力的 30%,允许采用标准养护条件下 60d 龄期的抗压强度作为验收评定。

(3) 增设金属扩张网,改善锚碇大体积混凝土表面受力状况。

2) 合理选材,优化锚碇大体积混凝土的配合比

(1) C20 混凝土采用低热矿渣硅酸盐水泥;

(2)掺粉煤灰,Ⅱ级灰;
(3)掺缓凝型高效减水剂,初凝时间控制在22~28h。

3)大体积混凝土施工温度控制

(1)混凝土分块、分层浇筑,每层厚度为1~3m;
(2)控制混凝土的浇筑温度,经运输、平仓、振捣等过程之后的温度为浇筑温度;
(3)控制各层浇筑间歇期,每层一般不超8d;
(4)通冷却水,冷却水管水平间距为0.9m;
(5)降温速率不超过1.5℃/d。

4)重力式锚碇施工案例

下面介绍日本首都高速公路12号线悬索桥锚碇施工,其锚碇主体由厚5.5m的顶板和高34m的墩身构成。各块分割情况如图9-10所示。

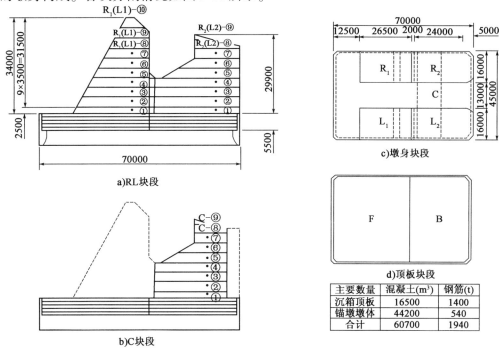

图9-10 锚碇分层情况(尺寸单位:mm)

顶板纵向分成2块,竖向再分成平均高1.1m的5层施工。墩身平面分成5块,每层标准高3.5m,共10层。该大体积混凝土结构在施工时,同时采用管道冷却和预冷法。预冷混凝土灌注量芝浦侧为23000m³,台场侧为18000m³。冷却管长2500m。

为了使锚体本身各块段成为一个整体,水平连接面处须铲除浮浆皮,砂浆打底,垂直接缝处须进行抗剪键接头灌注处理。墩身每一层标准高3.5m,用快速施工法,每一层混凝土须要20d,整个顶板和墩体共用12个月完成。该锚碇主体标准施工顺序如图9-11所示。

(1)模板。

采用滑动模板,因标准层高3.5m,里面用型钢搭成支架,用隔板固定。为了使结构成为一体,每隔1.5m配置高20cm、宽90cm的台形抗剪键。

(2)钢筋。

钢筋主要用在拉应力作用集中部位,面板前下部配置间距150mm的5层钢筋,在墩身鞍座部的纵向、水平向、斜向配置了间距250mm的钢筋2～13层。

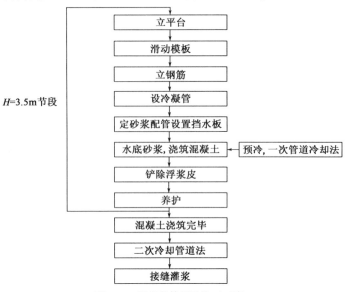

图9-11 锚碇墩体标准施工工序

(3)浇筑混凝土。

混凝土浇筑时,顶板分10次,墩体分47次,合计57次,一次灌注量平均1080m³,最大达到2070m³,用混凝土泵车灌注。而对主缆锚固框架内杆件很密集的部位,或20m以上的墩体处,用10cm管浇筑混凝土。为使水平接缝处一体化,在浇筑后达到适当强度时,用高压冲洗机清除表面的浮浆,然后,用10cm深的清水蓄水养生。在下一层混凝土浇筑前在上面敷盖15cm的水泥砂浆。

(4)预冷方法。

预冷方法是利用冷却拌和水、加入小块碎冰、液化气体等降温。研究表明混凝土的冷却降温范围至少在20℃以上,这时就不能使用冷水或碎冰等,而要使用冷却能力较大的液化氮。

采用液化氮冷却又分为直接喷入混凝土搅拌罐内和冷却集料两种方法。但是,该工程一次浇筑混凝土量竟达1500～2000m³,用以往的方法不能达到降温效果,所以采用了冷却库存集料的预冷法。

(5)冷却混凝土。

冷却混凝土的制造,包括冷却集料的制造、冷却集料的储藏以及冷却混凝土出厂3个阶段。冷却集料的制造设备设在混凝土工厂旁边,冷却集料库存用的筒仓以及大型钢筋混凝土自动拌和机采用混凝土工厂的原有设备。具体步骤如下:

①冷却集料的制造。用专用设备冷却砂石,计量过的集料放入砂石冷却器内,在里面一边搅拌一边喷入液化氮冷却,一个循环的冷却量可达1.3～1.4t,所需时间约60s。

为了不影响混凝土工厂正常生产,这些工作全在夜间进行,一天最大冷却量约700t。

②冷却集料的储藏。冷却了的集料用翻斗车以及传送带搬运,分粗集料和细集料冷藏在储仓里。从冷却集料的制造能力看,一次浇筑混凝土最多3800t,而储仓内需存放供4～5d的冷却集料。

③冷却混凝土出厂。冷却了的混凝土出厂时,都是从储仓里取出的冷却集料,用大型混凝

土自动拌和机搅拌。该工程,除了采用的是冷料之外,其余和普通钢筋混凝土的生产一样,不影响生产效率。最大生产量可达 200m³/h。

需要注意的是在以往采用的液化氮预冷中,设定拌和温度时,液化氮的喷入量或集料的冷却温度的调整都与实际时间相对应。在这座桥中,采用库存冷却集料的预冷法,在假定集料冷却温度时,必须推断冷却集料在搬运、储藏时的温度上升量,以及浇筑当天水泥、水的温度。图 9-12 为冷却集料温度的设定程序。

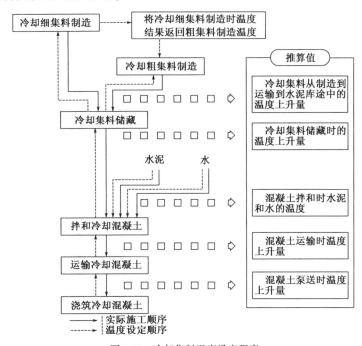

图 9-12 冷却集料温度设定程序

在推断各作业阶段冷却集料的温度上升量及冷却混凝土的温度上升量时,由于各块段混凝土的冷却程度及受外界气温影响不同,有必要收集施工数据。在本桥施工中做了验证试验,在把握各系统温度变化的同时,重新分析各块段浇筑完以后的温度上升量推定值,并反馈到下一次的冷却计划中去。

冷却混凝土搅拌温度的设定值。在台场侧按照设计温度 ±3℃ 设定,芝浦侧较小为 ±2℃。这是因为台场侧的工厂,在场内搬运冷却集料时使用的是翻斗车;而芝浦侧,全部都采用传送带搬运,冷却了的集料和外界大气接触机会少,所以集料温度变化小。

(6)管道冷却。

在顶板及锚碇各节段中,实行管道冷却的过程有以下几项:

①一次冷却。在混凝土浇筑的同时开始通水,降低混凝土的峰值温度,持续冷却到浇筑后的 2~5d。

②二次冷却。为使锚碇各浇筑块的施工接缝整体化,采用了接缝灌浆。墩身浇筑完以后,使整个墩体降至最终稳定温度(东京地区年平均温度 ±15℃),并在其收缩时,为开缝的接缝灌浆。

③中间冷却。锚碇体积大,内部处于蓄热状态,随着外部气温的下降,内部和外部会形成明显的温差,内、外温差或节段间温差越大,内部约束应力越大。以测得的数据为依据,采用合适的中间冷却温度,调节沿厚度方向的温度梯度。

管道冷却法以二次冷却和中间冷却为主,而一次冷却因效果不佳,仅作为辅助性措施考虑,如图9-13所示。

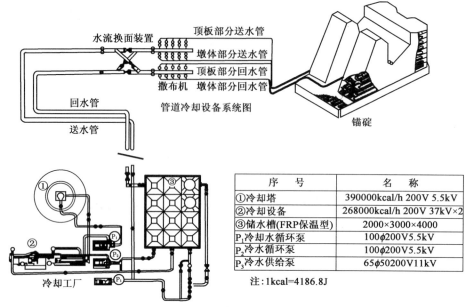

图9-13 管道冷却设备

在锚碇主体中,每隔1.5m安装冷却管2节,每个循环系统管长200~300m。

冷却塔中的水暂存在箱内,按水温15℃输送给墩体各处。冷却管的配列为并列式,为了使冷却的温度均衡,使送出去的水和返回的水之间的温差最多在6~7℃。利用转换设备,每天更换一次送水方向,力求均匀的冷却效果。

(7)接缝灌浆。

利用导管冷却法完成二次冷却后,将伸缩缝分为12个区域进行灌浆。二次冷却完以后,伸缩缝开裂度为0.18~2.62mm。开裂度在0.5mm以上,用普通水泥灌浆;在0.5mm以下,则使用超微粒子水泥灌浆。

在灌浆时要防止水泥浆压力引起墩体变位及通过伸缩缝的钢筋产生过大的拉应力。在浇筑墩体时埋入伸缩缝测量计和钢筋计,每隔1min监测一次,实行施工管理。在垂直接缝的预制板的侧面安装上泥浆阀门和水泥浆的配管(无缝钢管)。

本锚碇的持力层为泥岩层,像这样将悬索桥的锚碇基础设在软岩的情况较少,所以,设计中做了基础长期变形的详细计算和分析。

9.3.2 隧道式锚碇施工

隧道式锚碇施工主要包括隧洞开挖与出渣、洞身围岩支护、锚固系统安装及锚塞体混凝土浇筑,以及设计要求的特殊施工,如围岩压浆、防排水工程等。

具体的施工流程为:隧洞口基坑开挖与边坡支护→主体隧洞开挖→安装锚杆、挂钢筋网、喷射一期支护混凝土→锚室二期衬砌施工→安装锚塞体劲性钢支架→安装锚固系统预应力管道、钢筋等→分层、分块浇筑锚塞体混凝土,进行温度控制→散索鞍支墩施工→对洞周岩体压浆处理封闭裂缝→锚固系统预应力施工→索股安装及锚固→前锚室施工→洞口基坑回填→主缆护室施工→附属工程施工。

隧道式锚碇的施工中还应注意以下几方面问题：

（1）洞室的开挖。隧道锚的洞室不同于隧道工程，或隧道辅助坑道斜井。其主要特点是洞内坡度陡，洞内截面变化频繁，空间小。因此，洞室开挖应采取措施减少对岩体的扰动和保护岩层的完整性。出渣运输系统必须适应洞内大坡道及频繁变坡，减少工序的干扰。在锚室通道和引道的衬砌施工时必须保证提供稳定干燥的施工和运营环境，锚室内应保证锚碇围岩接触带的抗剪强度和粗糙度，从而保证洞内锚体混凝土填充的紧密性。

（2）锚塞体混凝土必须与岩体结合良好，宜采用微膨胀混凝土，防止混凝土收缩与拱顶基岩分离。

（3）拉杆就位。拉杆是长大构件，洞内场地狭窄、坡陡、作业条件差、自重大，还要考虑在陡坡上拉杆支架如何固定，如何放样安装，如何保证施工精度。钢拉杆的准确就位，关系到索股的均匀受力。应先在洞内设置锚杆以保证拉杆支架位置准确，其次要采取措施保证在锚塞体混凝土浇筑时拉杆的位置不发生变化。

1）洞室开挖与衬砌

隧道锚的隧洞开挖一般采用新奥法原理，信息化组织施工。新奥法施工的核心是充分利用围岩自身的强度和支护共同抵抗围岩压力，尽量减少围岩扰动，及时进行喷锚初期支护，及时量测，反馈信息，并使断面及早封闭。尽量采用少扰动围岩的开挖方法，可采用全断面法或台阶法或分部开挖法。开挖时可根据岩层的风化情况和强度分别采用机械、小爆破、人工等开挖方式。采用光面爆破时，提高钻眼精度、控制药量。应及时支护并及早形成封闭，以避免支护时间过长后，围岩松弛丧失自身强度。洞室结构如图9-14所示。

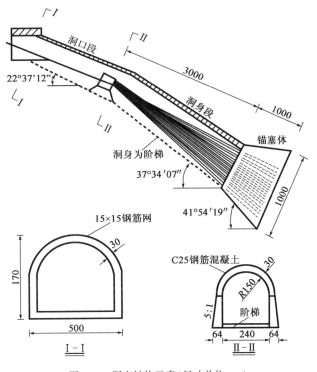

图9-14 洞室结构示意（尺寸单位：cm）

2)锚塞体混凝土施工

分块、竖向分层浇筑锚塞体混凝土,同时安装锚固系统定位支架。在锚塞体混凝土强度达到设计要求强度后,施工锚固预应力系统,安装索股锚固构件。

锚塞体同样属大体积混凝土,须确保混凝土表面不开裂及混凝土连续浇筑:

(1)多台强制式拌和机采用泵送混凝土结合梭槽的方式浇筑,确保混凝土浇筑的连续性。施工中对输送混凝土泵管严格布设,保证泵送混凝土正常施工。

(2)优选配合比,解决水化热问题。施工中掺入粉煤灰取代部分水泥,增加混凝土和易性,同时掺入缓凝减水剂,延长混凝土水化终凝时间,以推迟混凝土早期水化峰值出现。并掺微膨胀剂,以减小混凝土硬化收缩使其不与拱顶基岩分离,保证锚塞体整体性。

(3)混凝土浇筑完毕24h后拆模,以草袋覆盖于混凝土表面,保持草袋湿润,防止混凝土开裂。

9.4 悬索桥主缆系统施工

主缆是悬索桥施工中最具特色的部分。在锚碇和桥塔建成后,便可进行主缆的安装。主缆的施工流程为:架设先导索→架设曳拉索及猫道→架设主缆→主缆成形→主缆防护。

主缆架设的方法有空中编缆法和预制平行索股法,本节将重点进行介绍。

9.4.1 先导索的架设

先导索是主缆架设施工中最先拉过江河(或海湾)的一根钢丝绳索,也是第一道难关。一般架设先导索有如下4种方法。

(1)海底曳拉法。较早时期的先导索架设办法是将先导索从一岸塔底临时锚固;然后将装有先导索索盘的船只驶往彼塔,并随时将先导索放入水底;然后封闭航道,用两端塔顶的提升设备将先导索提升至塔顶,置入导轮组中,并引至两端锚碇后,再将先导索的一端引入卷扬机筒上,另一端与曳拉索(主或副牵引索或无端牵引绳)相连,接着开动卷扬机,通过先导索将曳拉索牵引过河。此时,若采用往复式曳拉系统,则(主或副)曳拉索与等候在此的(副或主)牵引索通过曳拉器相连;若采用环状无端牵引绳系统,则将牵引绳的两端绕过卷扬机,同时与先导索相连,并将其曳拉过河,然后将两端连接形成环套的无端牵引绳。

(2)浮子法。如图9-15a)所示,将准备渡江(或海)的先导索每隔一定距离装上一个浮子,使先导索由浮子承载而不下沉水中;然后由曳船将先导索的一端从始发墩旁浮拖至目的墩旁,再由目的墩的塔顶垂挂下来的拉索直接拉到塔顶。此法在潮流速度缓慢、且无突出岩礁等障碍物时,是较为可靠的。日本的关门桥和因岛桥均采用此法。

(3)自由悬挂法。当桥位处水流较急时,采用浮子法会使水面上拖运的先导索流散得较远,同时先导索所受水流冲击力也大,故先导索所需截面也大。另外,当桥位附近有岩礁时,先导索流散越远,它被挂阻于岩礁的可能性也越大,此时就可用自由悬挂法。如图9-15b)自由悬挂法。自由悬挂法是在桥台锚碇附近设置可连续发送先导索的装置,从此装置引拉出的先导索经过塔顶后其前端固定在曳船上,随着曳船横越水面,可使连续发送出来的先导索不沉落到水中,并始终保持悬挂状态完成先导索的渡架。为提高安全度,有时还用重锤来作平衡重,以调整先导索在引拉过程中的拉力。

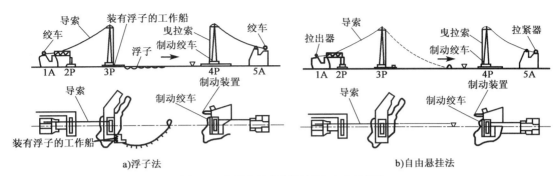

图 9-15 架设先导索的浮子法和自由悬挂法

（4）直升机牵引法。明石海峡大桥采用直升机空中牵引架设先导索的方法获得成功。此法回避了通航及潮流条件的限制，由直升机直接从空中放索架设，先导索垂度最低点始终满足桥下通航净空。西堠门大桥等也采用了直升机架设法。

无论是采用浮子法还是采用自由悬挂法，通常悬索桥两侧主缆的两根导索都用同法渡架。但当渡架作业较为困难时，也可只渡架一根导索；而另一根导索可直接在第一根完成后设法在高空横渡。

在国内的悬索桥施工中，跨江跨海的悬索桥大多以采用传统方法为主。对于山区的悬索桥，则因地制宜，根据地形、地理情况，采用了一些新方法。如湖北的四渡河大桥采用了制导的火箭牵引，贵州坝陵河大桥和湖南湘西的矮寨大桥采用了遥控飞艇牵引架设，也有采用无人机架设的。

9.4.2 架设牵引系统和猫道

当先导索架设完毕后，就可由它来架设牵引系统。牵引系统是架于两个锚碇之间，并跨越索塔用于空中曳拉的牵引设备，主要承担猫道架设、主缆架设以及部分牵引吊运工作，是悬索桥上部结构施工的重要设备和基础工序。

牵引系统的常用形式有循环式和往复式两种形式。

1）循环式牵引系统

循环式牵引系统是把牵引系统的两端连接起来，形成环状闭合索，通过驱动设备和支承滚轮作循环运动。这种方式可以高速连续作业，但是由于牵引索是靠驱动装置滚筒以摩擦方式驱动，难以抵抗大的拉力，适用于 AS 法主缆架设和跨径较小的 PS 法索股架设，如图 9-16 所示。

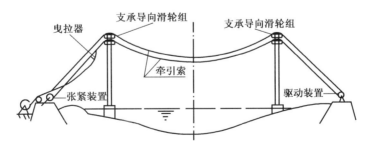

图 9-16 循环式牵引系统示意图

2）往复式牵引系统

往复式牵引系统的牵引索两端分别卷入主副卷扬机，一端用于卷绳进行牵引，另一端用于放绳,两台驱动装置联动,使牵引索作往复运动。由于往复式牵引系统是把钢丝绳直接卷在卷扬机上,容易实现较大牵引力,因此,适合跨径大的悬索桥,如图9-17所示。

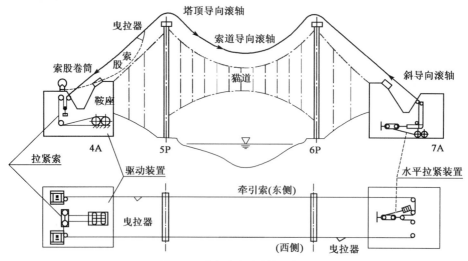

图9-17 往复式牵引系统示意图

3) 架设猫道

牵引系统架设完毕后,首先要架设的就是猫道。猫道是为悬索桥施工架设的空中工作走道,它是主缆架设必不可少的临时设施。每座悬索桥的施工一般设有两条猫道,分别满足两侧主缆施工所需。

(1) 猫道的构造与布置。猫道由承重索、面层结构(包括栏杆立柱及扶手索等)、横向天桥及抗风索等组成。猫道承重索是猫道的承重构件,悬索桥的两侧猫道各有若干根猫道承重索。猫道面层结构可以吊挂于猫道承重索之下,如旧金山—奥克兰海湾桥;也可固结在猫道承重索之上,如关门桥及大鸣门桥等。

设计猫道空间位置时,应使猫道面层与主缆之间的净空均匀一致。主缆中心与猫道面层的位置关系根据主缆截面尺寸及主缆紧缆机和缠绕机的尺寸等来决定,如图9-18所示。日本关门桥和大鸣门桥的猫道宽均为4m,主缆中心距猫道面的高度分别为1.3m及1.5m。考虑作业方便,关门桥主缆中心线与猫道中线有0.5m的偏心,但后来发现还不如没有偏心的好,故以后的桥都采用无偏心布置。

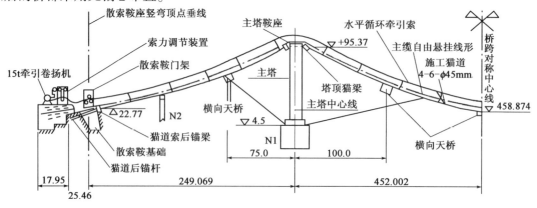

图9-18 猫道截面与布置(尺寸单位:m;高程单位:m)

（2）猫道面层结构。当每个猫道的若干根猫道承重索由曳拉索牵引架设好之后，即可铺设猫道面层及架设横向天桥。横向天桥是沟通两个猫道之间的空中工作走道，它除满足工作所需之外，还有增加猫道横向稳定的作用。

猫道面层结构包括横梁及面层铺料；面层铺料早期采用木板材，后来为了防火、减轻重量和阻风以及施工方便和经济等原因，一般均改用在焊接钢丝网上再加铺合成纤维网或钢丝网布。焊接钢丝网钉在横木梁上，有足够的支承强度，但其孔眼尺寸对工作走道面来说过于粗大，故在它上面用小孔眼的网材覆盖以提供良好的走道面，并可防止小工具的掉落。

猫道面层结构一般先将横木和面材预制成可折叠并能卷起的节段，然后由塔顶吊机将其吊到塔顶后，沿着猫道索逐节滑下。在下滑过程中，各节之间进行逐节连接，待全部铺到最后位置时，再将横木固定在猫道索上。然后再在横木端部装上栏杆立柱，并在立柱上安装扶手索及栏杆横索等。为了架设主缆工作的需要，沿猫道相隔一定距离还设置有门式框架，在猫道面上还铺设有各种管路和照明系统。连接两侧猫道的横向天桥也可和面层结构一起铺设。

（3）抗风索的布置。设置抗风索的目的是提高猫道的抗风稳定性，同时还可调整猫道的曲线形状。猫道的抗风体系除抗风索外，还包括连接猫道索与抗风索的垂直吊索或斜吊索。

为了减小猫道承重索的荷载，同时，在某些通航的水域由于净空等限制不能布置抗风索，近期的发展趋势是在保证猫道抗风稳定性的条件下，不设抗风索。国内从宜昌长江大桥起，不再设置猫道抗风索。

9.4.3 主缆架设——空中编缆法

在猫道架设全部完成后，就可在猫道上开始架设主缆。主缆的架设方法目前有两种：一种为空中编缆法（Air Spinning，简称 AS 法）；另一种为预制平行索股法（Prefabricated Strand，简称 PS 法；也称 PPWS 法，Prefabricated Parallel Wire Strand 之意）。AS 法是以钢丝为单元，先在空中编成索股，然后再由若干索股组成主缆；PS 法则是用工厂预制成的索股在空中组成主缆。两种方法的比较见表 9-1。

AS 法和 PS 法的比较　　　　表 9-1

对 比 项	AS 法	PS 法
制作、运输	不用预先制作索股，直接在桥上架设；不需重型吊装、运输设备	需预先在工厂制作索股，然后在桥上架设主缆；需要重型吊装和运输设备
架设	费时、费工，受风的影响大	省时、省工，受风的影响小
索股锚固面的面积	一根索股钢丝数量多，所以索股数量少，所需锚固面小	受运输、架设制约，一根索股钢丝数量不能太多，所以索股数量多，所需锚固面大

用 AS 法架设主缆之前，先要在猫道上编制组成主缆的钢丝索股。然后，再将若干根钢丝索股捆紧扎成主缆。AS 法的工作原理和送丝工艺如图 9-19 和图 9-20 所示。

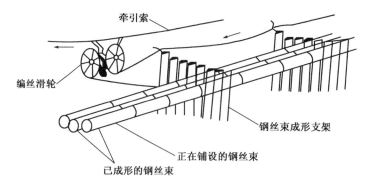

图 9-19 AS 法工作原理示意图

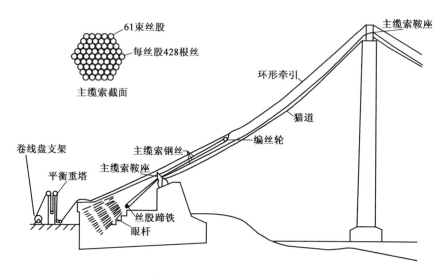

图 9-20 AS 法送丝工艺示意图

1) 编制钢丝索股

编制钢丝索股的施工步骤如下：

将出厂的成卷钢丝用钢丝连接器接长后，卷入专用卷筒运至悬索桥一端锚碇旁。利用无端头的环形曳拉索来将接长的钢丝引拉到猫道上。引拉的方法是将 2 个编丝轮分别连在环形曳拉索的两个分支上。当曳拉索受动力机驱动引拉做环状运动时，2 个编丝轮一来一往地走动。编丝轮上带有绕挂钢丝的槽口，将置于桥两端的接长钢丝从卷筒中拉出，并绕挂在编丝轮的槽口内。此时，先将钢丝端头临时固定，然后由曳拉索带动一个编丝轮从桥的一头走到另一头，此编丝轮即在猫道上拉铺有 2 根钢丝。与此同时，另一编丝轮从另一头走到此一头，它也带来 2 根钢丝，故共拉铺有 4 根钢丝。如果每个编丝轮改单槽为双槽时，每走动一次拉铺的钢丝根数也加倍。当钢丝根数够组成一股钢丝索股时，即可捆紧成股，当索股数达到一根主缆设计数量时，即可捆紧成主缆。

维拉扎诺桥 428 丝的主缆索股，直径为 11.4cm，在鞍座内编缆，六角形的底层和以后各层都是水平的。编缆前，先放一根基准钢丝来定第一批索股的正确高程。维拉扎诺桥主缆编制中，编织 4 束索股的操作称之为"一组"，除第 37 号索股是作为一个单独组来编制的外，其他索股完成"一组"需要编丝轮走行 214 个来回。

在编丝过程中,还应注意将每根放好的钢丝的垂度按规定值调整,使所有的钢丝受到相等的拉力和具有规定的高程和线形。为此,沿猫道上不同点设有隔离器,并在鞍座处设有临时栅柱。在编丝轮经过一个隔离器位置之后,不动的底层钢丝(称为"死"钢丝)被安放在隔离器中合适的索股间隔内,而上层的"活"钢丝是放在一些自由转动的滚轮上。

一旦编丝轮走出一个特定的跨间,就调整"死"钢丝,有一个人在跨中向前方主塔发信号;若是在边跨,则向前方锚碇发信号,并用一电动牵引机收紧松弛部分。为减少单根钢丝的振动和保持它们在正确的索股内,编丝中部分索股用16号铁丝间隔绑扎,当完成一组时,为了抖开将临时绑扎除掉。在边跨,钢丝从鞍座至鞍座是不受约束的;但在主跨,由于跨径大,即使在和风下钢丝也要移动,所以在1/4点处酌情松动绑扎。然后,对索股钢丝进行"梳理",以确保每根钢丝具有规定的垂度和线形。为此,有时还要将低垂的钢丝截短。而对过高的钢丝则用拼接一段钢丝来加长。另外,在梨形蹄铁处或鞍座附近有工厂接头的钢丝,应拼接一段钢丝把接头移出这些地方。若编丝中,因编丝轮的拖拉或其他原因使钢丝折断,则应将钢丝端部削平,并使用锐利的板牙攻丝适当长度,并在丝扣上涂以红丹。

最后,通过观察伸在连接套筒外的丝扣确认接头已被可靠地锁定。在抖开或裁切完成之后,用小型的手动液压千斤顶将一组中每束索股挤压成圆形,并用临时的薄钢带每3m进行一次捆扎。

2) 调整索股

上面介绍了主缆编制中的调丝工作,调丝的目的是使在同一索股之内的各丝长度相等,调丝的准则就是,不让各丝的矢度差别太大。一般先作主跨矢度校正,而后作边跨矢度校正。挤压成形捆扎后,抓紧时间完成调股。

主缆截面内,各索股所处位置的高低不同,并且从散索鞍到前锚面各索股的几何长度也不一样,所以各索股应长度不同。而索股制造误差是不可避免的,为保证各索股的长度符合设计要求,在梨形蹄铁处设置可调整销接,以便调整索股长度。调股过程如下:用千斤顶在塔顶主鞍座处将索股顶高少许,使它处于自由悬挂状态,并借助梨形蹄铁处千斤顶来调节索股的矢度。在矢度调好后,立即用垫片将梨形蹄铁内的空隙垫紧,随后让索股落位,千斤顶退油。

为了保证施工精度,调丝和调股都要在夜晚、温度均匀时进行。在索股调整后,将主缆绑扎成六角形模式,并将已完成的缆索用粗钢丝绳和棘轮紧线器或紧线夹固定在猫道上。

按照以上过程完成所有索股的编制和调整过程,即完成了主缆的架设过程。

9.4.4 主缆架设——预制平行索股法

预制平行索股法,就是在工厂或桥址旁的预制场事先将钢丝预制成平行索股,然后利用曳拉设施将其通过猫道曳拉架设。其主要工序为:索股牵引架设→垂度测调→锚跨拉力调整。其与AS法比较,由于每次牵拉上猫道的是索股而不是单根钢丝,故重量要大数倍,所需牵引能力也要大得多,一般采用全液压无级调速卷扬机;牵引方式有门架支承的曳拉器法、架空索道和轨道小车法3种。

不管采用哪种方式牵引,都必须在猫道上设导向滚轮,以支撑索股并使其顺利前行。每根索股牵引完成后,即将其从滚轮上移入鞍座,然后调整主跨及边跨的垂度,调整应在夜间温度稳定时进行。对中上层索股,为观察其索股垂度,需将其位置稍微抬高,调好后再落下。

我国所建的大跨径悬索桥,到2018年底为止,都是采用的预制平行索股法架设。以下从索股制造、架设施工、线形调整与控制等方面,对该方法进行详细介绍。

1) 平行索股的预造

索股预造前对原材料(高强度钢丝、锚杯和合金填料、定型带等)按设计的各项技术指标进行检验,保证材料和构件是合格品。

根据各桥的具体情况,制定严格的生产工艺流程,并在生产过程中严格执行。图9-21为一般索股预造的生产工艺流程。

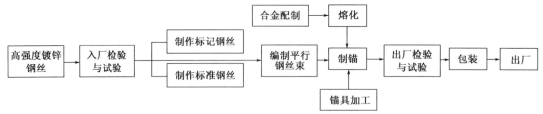

图 9-21 主缆索股预制生产工艺流程

(1) 标记丝制作。

为了在架设主缆时检测平行钢丝束的扭曲,在平行钢丝束六角形截面的一顶点设置一根着过色的醒目的标记钢丝(采用涂漆工艺)。标记钢丝的制作长度须与生产束股时钢丝的倍尺相匹配。

(2) 标准丝制作。

为了控制平行钢丝束的长度精度,在平行钢丝束六角形截面的另一顶点设置一根标准钢丝,一般要求标准钢丝长度精度不低于1/15000。

标准钢丝的制作方法有两种:一是基线测长法;二是直流脉冲磁信号测长法。磁信号测长法测长精度较基线测长法低,但基线测长法占地大、人员多。在我国制作的平行索股中,为了保证标准钢丝的制作精度,都是采用基线测长法或分段基线测长法制作。

在正式制作标准钢丝之前,需要根据将要制作的主缆索股的总长度、中点位置、索鞍点位置及设计要求的相应的标记点位置,对整条基线进行重新标定,每个标记桩与大地相连,认为大地的位置不受温度的影响。在标定的过程中,要严格控制起点与终点的位置标定。

基线测长法的显著特点是:测长钢丝必须在直线状态下进行,为此,需要经过反复的工艺试验,确定在钢丝的两端施以合适的力保证钢丝平直。

由于设计提供的标准钢丝长度是零应力下、标准温度下的长度,而制作标准钢丝时是在受力状态下进行,故需要有一个换算关系。在换算过程中,要用到钢丝膨胀系数和钢丝直径,钢丝弹性模量的定值尤为关键,故在制作标准钢丝之前,有必要对所用钢丝进行取样重做弹模测试,作为测长修正的依据。

为使每个标记点醒目而又可靠,在涂以颜色标记的同时,在标记点位置粘纸。同时,标准钢丝具体制作长度必须与生产索股时钢丝的倍尺相匹配。

由于受场地的限制,一般的工厂对主缆用标准钢丝不可能一次拉直测长,需要经过多次测长才能完成整根标准钢丝的测长工作,但标准钢丝的长度精度必须完全控制在1/15000以内。

(3) 平行钢丝束制作。

① 工艺流程:放线→分丝→聚合→整形→矫直→绕包→颜色标记→牵引→成盘。

根据主缆索股的高强度镀锌钢丝组成数,在钢丝放线区须放置相应数量的放线盘,当相同倍尺、相同旋向的成圈钢丝(包括标记钢丝、标准钢丝)放入放线盘后,调节每圈钢丝的张力。放线钢丝张力是影响束股长度精度的因素之一,调节过大,将使牵引力增大,调节过小,将影响束股中钢丝与钢丝间的长度精度,因此,每盘钢丝的张力要基本一致。然后,把所有钢丝穿入分丝板进行分丝、就位。图9-22是工厂放线和分丝的实例。

通过六角形聚并模使钢丝成束,由于钢丝本身有一定的弯曲和扭转,出聚并模的钢丝束不是很正规的正六角形,需要调整与矫直。

图9-22 主缆索股制作中的放线和分丝

②绕包:绕包间距为1.5m,层数为4~6层。绕包带须具有良好的抗拉强度、延伸率及伸率恢复率,保证索股在缠绕上盘、运输及施工过程中,包带不断裂损坏,索股展开后能保持六角形形状,而且绕包带不应对镀锌钢丝表面有腐蚀作用。为减少主缆成形后的空隙率,每根平行钢丝束的绕包位置沿长度方向位置交错。

③颜色标记:沿平行钢丝束长度方向,根据标准丝上的记号作出明显的标记。

在整个制束过程中,牵引是保证索股长度精度的关键。生产厂家一般采用一套机械自动装置作牵引,在保证束股长度精度的同时,还解决了其与成盘之间速度同步的问题及绕包时束股扭转的问题。通过以上的工艺及工艺设备,保证主缆索股的长度精度达到1/1000。

(4)制锚。

主缆索股是通过热铸锚工艺使平行钢丝束与锚具相固结,其原理是依靠锌铜合金对钢丝的黏结力以及热铸料锥体嵌入锚杯的共同作用达到锚固效果的。合金成分的配比、钢丝表面的处理、合金浇铸时的温度及速度、合金的冷却方式与速度都会影响合金对钢丝的黏结力,因此,在制作时须严格按工艺规程操作。具体要点是:

①锚杯内腔用清洗液清洗干净,并灌水测量体积;

②用配制的清洗溶液去除钢丝表面的杂质和油污;

③钢丝穿入锚杯并固定,按工艺卡控制伸入锚杯的钢丝长度;

④锚杯与钢丝束用夹具垂直固定,并用角尺校正,钢丝束的轴线与锚杯的前表面成直角,公差应小于0.5°;

⑤锚杯预热至(175±25)℃,并用温度控制仪进行控制;

⑥合金在一个有温控仪控制的容器中加热,灌入温度为(480±10)℃,并为连续浇铸,注入合金的数量不少于理论数量的92%;

⑦冷却:通过空气和水来冷却,先进行空气冷却至170℃,然后进行水冷却;

⑧反顶:进行反顶压检验。

主缆索股热铸锚的锚固力由锌铜合金的致密性和黏结力来决定,而考核锌铜合金致密性的一项重要指标是合金铸入率。通过锚杯腔体注水法测定考核每个锚具的合金铸入率。在制作时,先将被测锚杯的小端用密封板封死,立起锚杯使大端向上,将专门制作的与钢丝头结构、尺寸、埋入长度完全一样的模拟钢丝头置入锚杯内,用量杯灌水测量出锚杯的内腔体积,乘以锌铜合金的重度即为合金理论铸入重量,再称量合金浇包在铸入锚杯前后的重量差,即为合金的实际铸入量,两者的比值为锚具的合金铸入率。

为保证主缆索股质量及验证主缆索股生产工艺的稳定性,在生产过程中须做3根短索股的静载破断试验,根据索股的极限强度确定试验拉力。试验索股的有效长度不小于3m。

2)索股的牵引与控制

预制平行索股法架设的主缆,其施工架设作业工序如图9-23所示。

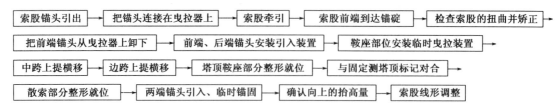

图9-23 预制主缆索股架设的作业程序

(1)索股牵引系统。

根据锚头承载装置的不同,索股的牵引系统可分为3种:门架式牵引系统、轨道小车牵引系统和架空索道牵引系统。

①门架式牵引系统。

如图9-24所示,该系统除猫道滚筒外还需在猫道上设置若干猫道门架(一般间距40m左右),并在猫道门架、塔顶门架、锚碇门架上安装相应的门架导轮组,牵引索上固结有曳拉器,通过牵引索带动曳拉器穿过这些导轮作往复运动。索股前端锚头与曳拉器相连,使得索股前端约30m长的索股在空中运行,其余部分则支承在猫道滚筒上运行。这种索股曳拉系统源于空中编缆法(AS法),后来通过改进应用于平行索股架设。该系统具有技术要求高、系统结构复杂、自动化程度高、加工构件多、造价昂贵等特点。我国的虎门大桥、厦门海沧桥等施工中都采用了此种牵引法。

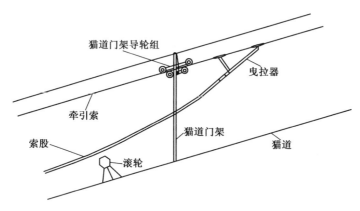

图9-24 门架式牵引系统示意图

②轨道小车牵引系统。

如图9-25所示,轨道小车牵引系统是针对架设预制平行索股而设计的,它的牵引索运行于猫道滚筒上,小车运行于铺在猫道滚筒两边的轨道上,索股前端锚头置于小车上,小车与牵引索固结,通过卷扬机牵引,使牵引索带着小车在轨道上作往复运动。这种系统自丹麦首次采用以后,得到了进一步完善和发展,轨道由初期的木质轨道发展为采用钢丝绳作为小车运行轨道,大大提高了系统运行的可靠度,但该系统仍存在系统要求高、加工构件偏多等缺点。

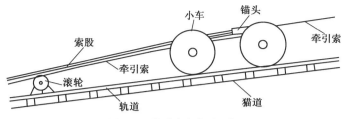

图 9-25　轨道小车牵引系统

③架空索道牵引系统。

架空索道牵引系统与架空索道运输方式相同,承重绳载着运输小车将索股前端锚头吊起一定的高度(图 9-26)。牵引索与索股前端锚头相连并运行于猫道滚筒上。

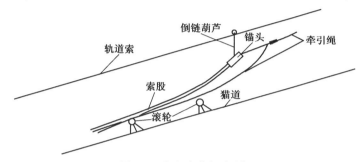

图 9-26　架空索道牵引系统

从上面的简单介绍看,门架式牵引系统结构较复杂,加工难度大,造价较高,但工艺较成熟;轨道小车牵引系统架设 PS 索股时对猫道刚度要求较高,增加了猫道的造价,且施工实例不多;架空索道牵引系统结构简单,安装方便,造价较低。这 3 种牵引系统各有优缺点,可根据猫道系统和索股锚固系统的具体情况选用。

(2)索股牵引实例。

虎门大桥采用门架式牵引方式,而江阴长江大桥采用架空索道牵引方式。以下以这两座桥为例,介绍索股的牵引过程。

①虎门大桥主缆的索股牵引采用门架式索引方式,该桥的牵引过程如下:

(a)将预制索股按牵引编号从索盘架经威远桥由小车拉至东锚碇桥台处就位,等待牵引。(b)把待牵引的索股锚头由起重机吊起,与曳拉器连接。并检查曳拉器的倾斜状况,如有必要,可用平衡重进行调整。(c)把锚头连接于曳拉器上以后,把索股向西锚碇方向牵引,见图 9-27。

图 9-27　索股牵引示意图

牵引过程中,索盘架上要施加反拉力,在牵引最初的数根索股时,把牵引速度控制在 10m/min 以内,以便进行以下各部位的调整:猫道滚筒,猫道门架上的滑轮组,副牵引卷扬机、主牵引卷扬机,索盘架,牵引索的脱索,曳拉器的连接部位。

两卷扬机的牵引速率一般情况下为 20~25m/min。最大的牵引速率为 30m/min。牵引第一根索股及曳拉器通过塔顶时,牵引速率为 5m/min,过猫道门架的速率为 12~15m/min。在改变速率时,主、副卷扬机速率应同时设定。慢速变快速或快速变慢速宜分级加减,不可跳越过大,以 2m/min 分级为妥。

在索股牵引过程中,必须监视以下情况:

(a)索股从索盘架引出时,索股的形状、扭转弯折、松散程度;(b)绑扎带是否被切断;(c)监视索股中红色标志丝,检查索股是否发生扭转,如果有发生,采用钳夹工具校扭;(d)检查索股经过猫道滚筒时是否走位;(e)曳拉器经过散索鞍、主索鞍、猫道门架导轮组时的情况。

②江阴长江大桥主缆索股的牵引采用架空索道牵引方式。

江阴长江大桥索股的牵引方向由北(靖江)向南(江阴)。牵引开始前,将索盘吊上放索架,连接好放索架与制动装置。引出一定长度的索股,将前锚头装入承载架,利用北锚碇后部斜面中央的转臂吊机配合一套 3t 短距牵引系统,使前锚头通过锚跨到达散索鞍后部,用设于该处钢结构下方的辅助设施牵引锚头通过散索鞍。将锚头承载架与 7.5t 主牵引系统连接,通过 2 台 7.5t 卷扬机的协作,经过在北塔顶、南塔顶、南散索鞍 3 次锚头重量的转移,前锚头到达南锚碇后墙,完成一根索股的牵引。

在牵引过程中,应特别注意:派遣专门人员跟踪前锚头,不断调节倒链葫芦长度,防止锚头承载架碰坏滚轮;放索架附近,保持一定数量的工人用木槌或橡皮锤敲打索股,使被搞乱的钢丝尽量重新归位以便以后的整形;当发现有绑扎带断裂时,应安排工人及时用绑扎带重新临时绑扎,避免因索股散丝和在牵引过程中钢丝挂住滚轮被拉断;在塔顶,因为装着锚头的承载架在设于主鞍外侧的导轨上滑过,需要有工人在此配合,保持承载架的平衡。

在猫道上,每隔约 60m 布置了一个主缆成形夹,如图 9-28 所示。其底部的形状与主缆断面相同均为六角形,在索股牵引完成并入鞍后置于成形夹内,一定编号的索股被固定在成形夹上以保证索股按照六角形排列。索股牵引时,将成形夹上方的联系梁与成形夹用束紧钢丝绳箍紧在猫道上以增加猫道刚度;调索时,放松束紧钢丝绳使索股处于自由状态便于调索。

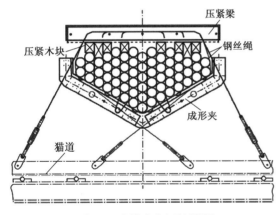

图 9-28 主缆成形夹及压紧梁

(3)索股牵引中问题的处理。

在索股牵引过程中,通常会出现扭转,松弛,钢丝的交叉、弯折、散丝,及绑扎带断裂等问题,如不及时处理,将严重影响主缆架设质量和进度。

索股的扭转实际上主要由两个因素造成:一是制索的原因,高强度钢丝本身在无应力状态下不可能保持直线线形,制索时需要施加一定的张力并用绑扎带绑扎才能形成预制平行索股,上盘时也要求有一定的扭转;二是施工时,猫道不可避免地会倾斜,索股在牵引过程中偏离滚轮中心线,受到滚轮斜面的单边侧向约束引起扭转。减小滚轮宽度,将滚轮的侧壁做陡,可以减少扭转的发生。多数情况下,索股的扭转不可避免,关键是当扭转发生后,如何才能易于发现和纠扭;长大跨径悬索桥主缆索股架设的施工面很长,尽管每根索股均有着色丝用于检查扭转情况,但在扭转情况比较复杂时,检查和纠扭仍然是一个比较困难的工作。为了改善索股的扭转情况,在索股架设期间,每座桥都会研究一些有效措施来控制索股的扭转。

绑扎带的断裂,钢丝的交叉、弯折、散丝等主要是由索盘上的内层索股的松弛引起的。内层索股的松弛有两种情况:一是上盘时,索盘内母卷绕好的索股向收紧方向滑动,导致索股绑扎带损伤甚至割断;放索时,索盘内的索股向松开方向滑动导致索股松弛,钢丝和绑扎带也受到损伤。究其原因,是因为上盘力小,面索盘上索股层数太多,索股自重使索盘上方索股过于紧密,而下方则较松散。当索股被放出一定的长度后,索盘上外层索股对内层索股的约束减小,内层索股会慢慢松弛。二是施工中当牵引卷扬机停止工作时,索盘由于惯性的作用还会继续转动,而此时已放出索股的移动速度由于没有牵引力的作用会小于索盘转动的线速度,这样每次牵引的暂时停止均会造成盘上内层索股的松弛,随着牵引的进行,松弛的累积值越来越大。随着时间的推移,松弛引起索股的下垂越来越大,如不及时处理,下垂的索股会打到放索架的钢构件上而损伤索股。这种现象一般发生在索股的末段,即锚头附近。因此每隔一段时间就必须停止牵引将松弛的部分收紧。江阴长江大桥主缆架设初期采用的方法是将后锚头拆下,用手拉葫芦将索股收紧之后,再将锚头重新装上并调整平衡重的位置。这一操作既费时,又费力,一次需1h左右的时间。后对此操作进行了改进,增加了索股锚头"紧索器"。拆除后锚头的原来固定装置,用该装置挂住后锚头并用螺栓固定在索盘上,需要收紧索股时,只要将固定螺栓松掉,使"紧索器"与索盘脱开,通过反向转动"紧索器"使锚头随之一起运动,从而将松弛的索股收紧。此方法不需要拆、装锚头,也无须调整平衡重,因而,大大简化了操作,节省了时间。

(4)索股提升、横移和入鞍。

①索股提升和横移。牵引结束后,索股是位于猫道一侧的滚轮上,需要将索股从滚轮上提起并移至正确的位置。该操作一般是通过设于塔顶及锚上的曳拉装置或钢索张拉千斤顶来完成的。例如,江阴长江大桥的索股提升过程如下:

a. 主鞍两侧,散索鞍之前各30m的地方,将索股局部整圆安装握索器。

b. 将握索器连接到张拉千斤顶上,张拉使索股脱离滚轮。操作中应注意的是,由于索股位于猫道一侧的滚轮上,而千斤顶位于猫道中心线上,所以索股不是被垂直提升的。为避免倾斜上升的索股碰坏滚轮以及离开滚轮后由于自身重力作用引起的晃荡危及施工安全,提升时应用系在猫道扶手索上的手拉绳予以侧向限制。

c. 继续张拉,直到索股在每一跨的跨中位于其最终水平位置的上方,呈"自由悬浮状态"。3个跨径的张拉可同时进行,但主跨的张拉应比边跨先完成。

d. 利用鞍座处的倒链葫芦将索股提升横移至鞍座上方,准备入鞍。

②整形入鞍。预制平行索股的外形为保持其截面稳定性和排列密实,一般截面是正六边形,但在鞍座内为了排列最紧密和保持索股的位置,应将其索股形状改为四边形。由六边形改为四边形的过程就是整形,只有在鞍座附近被改为四边形后才能放入鞍座内。下面以虎门大桥为例,介绍整形入鞍的过程。

索股提起移到排放位置后,在索鞍区段内处于无应力状态下进行整形,目的是把在索鞍前3m至索鞍后3m段,将正六边形的索股变成矩形,如图9-29所示。散索鞍处整形方向是从锚跨向边跨方向进行,主索鞍处整形是从边跨向中跨方向进行。整形分为初整形和连续整形两个阶段:

初整形是用整形器在局部把正六边形的索股整理成矩形索股,具体做法是:在索鞍端部安装初整形器。距初整形器约1000mm处用钢插片(整形配件)分层,从上到下,每层丝数分别为11、11、10、11、10、11、10、11、10、11、10、11,共12层。将水平方向尺寸压成57.2mm左右,垂直方向尺寸压成55.4mm左右,最后从两个方向压紧索股,去除插片。

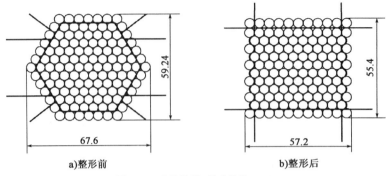

图 9-29　索股整形(尺寸单位:mm)

连续整形是用连续整形器,将用初整形器整成的局部矩形索股往前延伸,把索鞍段索股全部整成矩形。具体做法如下:

a. 将连续整形器安装在初整形器旁边,用垫片调整整形后的尺寸(以确保入鞍),并用 $\phi 10$ 钢丝绳、索卡、开口式滑车将连续整形器与手拉葫芦接好。

b. 开启振动器。

c. 手拉葫芦牵引连续整形器。

d. 将连续整形后已经整成矩形的索股每隔 1m 左右用临时扁钢带保持矩形形状。

e. 逐渐解除前方临时吊挂和绑带。

f. 在整形完成后,先关闭振动器,再拆卸。

整形后进行入鞍。入鞍时,先主鞍,后散索鞍。在主鞍处,从边跨端向主跨方向进行;在散索鞍,从锚跨端向边跨方向进行。入鞍时要严格控制索股的着色丝在鞍槽中的位置,以防索股扭转,为防止已入鞍索股的侧向力使隔板变形,应在该索股的相邻鞍槽内填进楔形块。

入鞍后,索股高于其最终位置,一个桥塔处的索股标记处在鞍座的中线上,而另一桥塔处索股标记向边跨偏离主鞍中线一定的距离。

(5)索股线形控制。

为了使架设后的主缆线形与设计一致,必须在施工中对主缆的形成进行控制。主缆由基准索股和非基准索股组成,索股线形控制就是指索股架设时,基准索股的跨中绝对高程和非基准索股的跨中相对高程及锚跨张力控制。

基准索股是非基准索股调整的参照标准,因此,首先要选定和监控好基准索股。基准索股的选择原则是:索股要处于相对自由状态,周围索股对其干扰最小;便于测量其他索股;每根基准索股作为一定数量非基准索股的参照标准,索股分组以减少误差累积。

一般选择第一根索股作为主缆的基准索股。

白天架设完的索股,其矢度调整一般选择在温度相对稳定,风力不大的夜间进行。调整前要先进行外界气温和索股温度的计测,一般桥的索股调整时间选择在晚上 12 点到次日早上 6 点之间,主要根据当地气候条件确定。温度对索股的线形影响很大,如广东虎门大桥,中跨为 $\pm 40mm/℃$,边跨为 $\pm 2.4mm/℃$,线形调整前先要监测好温度。索股温度的测定用接触温度计,沿长度方向布置,一般在边跨 1/2 处、东、西塔顶处及中跨 1/4、1/2、3/4 处,沿断面方向布置在索股上缘、下缘。每隔 5~10min 同时读数一次,并注意不要让灯光直接照射索股。判定索股温度稳定的条件:

长度方向索股的温差:$\Delta T \leqslant 2℃$;断面方向索股的温差:$\Delta T \leqslant 1℃$。

不符合温度稳定的条件,或者当风力超过12m/s(索股摆动太大)以及雾太浓(测量目标不清楚)时都不能进行索股调整。

在满足温度稳定的条件下,根据监控给定的在不同温度下的设计垂度调整索股的垂度及锚固张力。

中跨与边跨跨中基准索股的垂度调整方法一般是采用三角高程法测量,利用在跨中悬挂反光棱镜测出基准索股跨中点高程,计算出索股跨中点垂度,与设计垂度比较,依据垂度调整表,计算出索股需移动调整的长度,同时进行温度修正,来进行垂度调整。

调整时,首先锚固一侧塔顶主索鞍鞍槽内的索股(固定侧),适当放松另一塔主索鞍处的锚固点,利用倒链葫芦及专用夹具调整中跨索股长度,并用木榔头敲打索鞍附近的索股,使索股在鞍槽内滑动,直至调整好中跨索股。为了加快调整速度,在进行中跨索股的垂度调整的同时,调整靠索股固定塔侧的边跨索股的垂度。在中跨跨中垂度符合设计要求后,活动侧塔主索鞍处索股锚固好,进行另一边跨索股垂度调整,如图9-30所示。

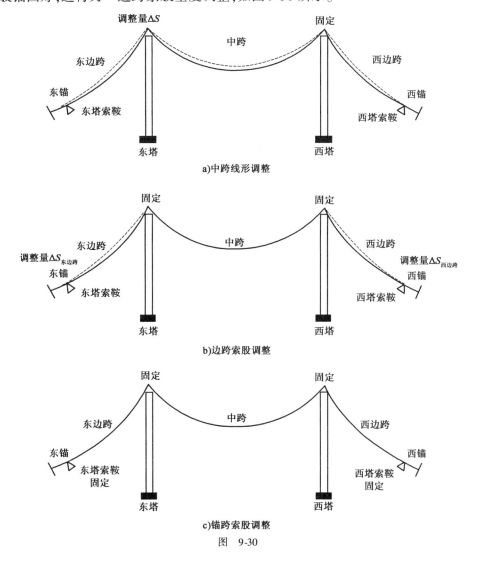

图 9-30

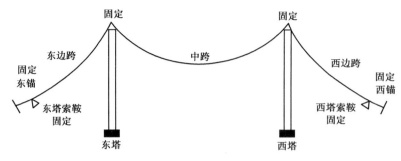

d) 索股调整完毕

图9-30 索股线形调整过程

中边跨垂度调整好后,再调整锚跨拉力,施工中用专用千斤顶顶压索股锚头,通过松紧拉杆螺母使锚跨索股拉力达到设计要求。为了确保基准索股拉力值的精度,一般还利用传感器及索力仪进行双重校核。

在稳定的温度时间内,多次观察索股垂度,并连续观察3个夜晚以上,确认基准索股垂度稳定度达到要求。如观察期间,垂度变化超过允许的架设精度范围,需重新调整直至达到施工精度要求。单根基准索股的绝对垂度满足要求的同时,还要求上下游两根索股的相对垂度也满足施工精度要求。

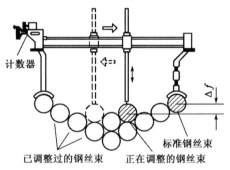

图9-31 相对垂度的测量与调整

一般索股的架设方法、垂度调整顺序同基准索股。垂度调整方法采用相对垂度调整法,在各跨垂度调整点,利用专用大型卡尺测出待调索股与基准索股之间相对垂度差,根据垂度差计算调整量,并结合温度修正,利用手拉葫芦纵移索股,直至满足相对垂度差0~5mm的要求,如图9-31所示。

垂度调整过程中,根据中、边跨的垂跨比,在索股整形入鞍固定前均进行不同程度预抬高,以确保索股不至于压在已调好的索股上。调整好的索股及时采用硬柞木块填压,并在鞍槽上部施以千斤顶反压索股进行固定,防止产生移动。

索股架设过半时,每隔80m设置V形保持器,同时在V形保持器之间设置主缆竖向形状保持器,并间隔20m用麻绳捆绑,防止大风吹动索股相互撞击、摆动,影响已调索股精度。用此法架设所有主缆索股。施工期间,需要对基准索股进行多次复测。

9.4.5 主缆紧缆

不论AS法还是PS法,在主缆索股架设完毕后,对相应部位各索股排列顺序进行检查,复测基准索股垂度,对有问题的钢丝进行处理,并全面复测锚跨拉力,如有变化适当进行调整后,接下来的工作是紧缆。

紧缆的目的是为了使主缆压紧成圆形,达到设计要求的空隙率,以满足安装索夹和以后长期防护的需要。一般紧缆过程包括初紧缆和正式紧缆两阶段。

1) 初紧缆

紧缆准备工作完毕后,在夜间气温稳定时段进行初紧缆,利用手拉葫芦、千斤顶对主缆进行初整圆,同时拆除形状保持器、V形保持器及捆绑绳。初紧缆按照先疏后密原则进行,每间隔 5m 用临时钢带捆扎。在挤压过程中拆除表面缠包带,用大木槌敲打,直至主缆表面平顺。主缆初紧缆后的孔隙率控制在 28%～30%。

2) 正式紧缆

初紧缆完成后,利用紧缆机进行正式紧缆。4 台紧缆机分别从两条主缆中跨跨中向塔顶方向进行挤紧作业。首先由跨中一侧的两台紧缆机正式紧缆,紧至 5m 左右,另一侧两台紧缆机向已紧缆一侧回退至跨中的第一条钢带就位,开始紧缆。正式紧缆挤紧间距为 1.0m,每隔 1m 打一标志点,并统一编号。用紧缆机挤压蹄块后,在紧靠挤压蹄处用打带机连续打两道 3cm 宽的镀锌钢带,对主缆进行捆扎。双钢带间距为 5cm,这样钢带受力均匀。紧缆过程中测量主缆横径和竖径,计算空隙率,直到空隙率符合设计要求。考虑主缆重力刚度影响,紧缆时通过液压系统适当调整 6 块挤压蹄块上下两块高度,来克服打带后主缆直径回弹影响。当中跨正式紧缆完毕,移至边跨进行,紧缆顺序由锚跨向塔顶进行。紧缆过程中靠近索鞍处挤压力较大。紧缆前后的截面比较如图 9-32 所示。

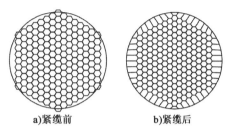

图 9-32 主缆紧缆前后的截面比较

9.4.6 主缆防护

紧缆后,就可进行装索夹铸件的施工(下一节将会详细介绍)。待到梁架设完成,主缆索力已达恒载拉力的 75%,就开始缠缆。及早缠缆可提前拆除猫道和加快随后的工序,并加快施工进度。缠丝机由 2 个可以开闭的钢环组成,缠丝时闭合,打开时能越过索夹。钢环是隔着圆弧形衬板而骑在主缆上,绕在环外的软钢丝被一由电动机驱动而迅速旋转的飞轮抽出,并且紧紧缠在主缆之外。

支承在已包缠表面的压力支脚及手动牵引器的一根拉绳牵引使缠丝机沿主缆前进。其缠绕走向总是向上坡方向前进,这样可用机器重量压紧包缠线。缠丝顺序是先缠边跨,后缠中跨。缠丝机作业如图 9-33 所示。

图 9-33 缠丝机作业

缠丝之前,要在主缆钢丝表面涂抹防护腻子。在缠丝过程中,应随时刮掉挤出的腻子。缠丝后还要进行索夹嵌缝。两个半索夹间顶部接缝,用一层麻絮嵌缝,再用铝绒盖顶。对底部接头,只从索夹铸件每端嵌缝至第一个螺栓,以便主缆的排水,嵌缝用人工和风动工具进行。

包缠的嵌缝完成后,在每个索夹处安装支柱及扶手钢丝绳,安装主缆轮廓照明及航空标志的电器设备。最后进行主缆油漆和猫道拆除。

9.4.7 吊索施工

吊索是悬索桥连接加劲梁、桥面荷载和主缆的传力构件,因此吊索必须具备足够的强度、较高的尺寸精度和良好的抗疲劳性能,并能与主缆上的索夹和加劲梁方便可靠地连接。现在大跨径悬索桥吊索和索夹的连接方式可分为骑跨式和销接式两种。下面以骑跨式吊索安装为例介绍吊索施工工艺。

1)索夹施工

紧缆后,就可进行装索夹铸件的施工。由于每个索夹在主缆上不同位置处,主缆的斜度各不同,所以夹紧两半索夹所需螺栓数量不同,索夹铸件的长度也不同。

索夹的安装需准确定位,当主缆架设完毕并紧缆成形后,在温度稳定的夜晚(凌晨1:00—6:00)进行,此时主缆内外的温度差较小,主缆受其他因素影响较小,容易反映出主缆的实际线形状态。先观测各控制点,取得计算索夹放样点的原始数据,并计算出每一个索夹在不同的温度条件下的位置参数,然后利用全站仪进行测量放样。把索夹在主缆上的安装位置做出标记。索夹放完后,再对每个索夹放样点进行复核,保证放样误差控制在3mm之内。

索夹安装的工作流程为:

(1)搬运。

索夹通常利用载重汽车或驳船运抵桥塔下,利用塔吊将索夹吊至塔柱横梁上。索夹的运输采用缆索吊机。当索夹运输到位后,将索夹临时斜放在猫道面层的木板上。

(2)安装和紧固。

由缆索天车运送索夹,在主缆上进行安装。安装时在索夹的结合部位需注意不让钢丝发生弯曲。安装过程中使索夹分中线与主缆顶面标志线重合。索夹上、下(或左右)两半利用螺栓栓接。

(3)螺栓轴力管理。

索夹螺栓的轴力是通过螺栓沿轴力方向的伸长量来管理的。随着钢箱梁架设,以及后续荷载的增加,主缆将发生微量变化。为保证主缆与索夹之间产生足够的摩擦力,索夹螺栓应分次进行紧固,至少进行3次紧固:索夹安装时进行第1次紧固;加劲梁吊装前后进行第2次紧固;成桥时进行第3次紧固。

索夹的安装顺序一般采用:中跨从跨中向塔顶进行,边跨从散索鞍向塔顶进行。索夹的具体安装步骤见图9-34。

2)吊索施工

吊索可与主缆一样在工厂制作后运至工地,利用塔顶塔吊把吊索吊至塔顶,在各塔顶用简易缆索天车把吊索从放丝架上一边放出,一边吊动到架设地点。在架设地点,预先在猫道上开孔,在开孔部位把吊索沿导向滚筒放置,吊索在猫道开孔处落下,缆索天车移动就位(索夹上马鞍形就位)。吊索运送和就位如图9-35所示。

吊索的安装也可采用直接起吊法,即将吊索索盘运输至要起吊安装的位置下方,通过索夹上的吊绳直接吊放安装。吊索的安装顺序与钢箱梁吊装的安装顺序相同。为缩短工期,钢箱梁吊装与吊索安装平行交叉进行。

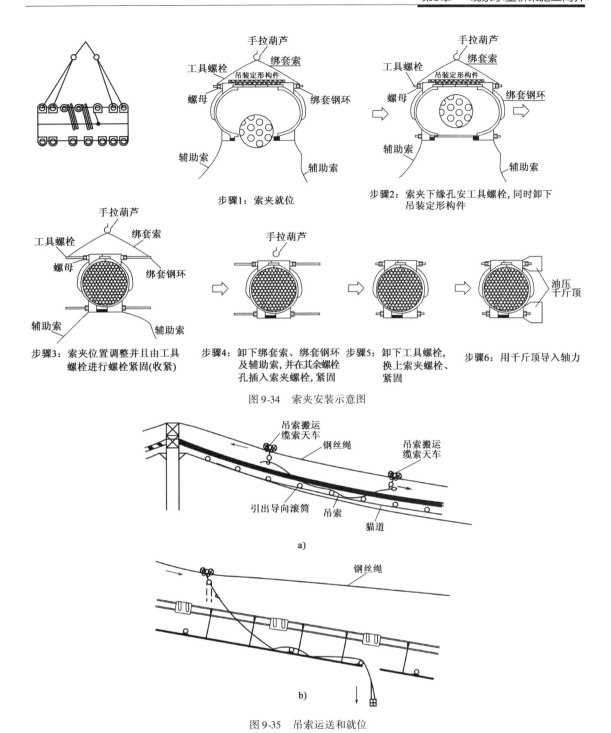

图 9-34 索夹安装示意图

图 9-35 吊索运送和就位

9.5 悬索桥加劲梁的施工

架设悬索桥加劲梁时,可以将先期架好的主缆作为施工脚手架,但是这个脚手架是柔性的,其几何形状随架设梁段的增加而变化,故需考虑主缆变形对加劲梁线形的影响。具体情况是,当所架梁段不多时,梁段的上弦或上翼缘板相互挤压,梁段的下弦或下翼缘板互相分离而出现"张口";若过早使下弦或下翼缘板闭合,则梁段结构或连接就有可能因强度不够而破坏。这就是上述要先做施工临时连接的原因。在有条件时,应在施工前作加劲梁施工架设的模型试验或架设过程模拟计算,根据试验和计算资料来验证或修正架设工序。

在悬索桥架设过程中,为使加劲梁的线形能适应主缆变形,已吊装的各加劲梁节段之间不应马上做刚性连接,可上弦临时铰接、下弦暂不连接。待某一区段或全桥加劲梁吊装完毕,再做永久性连接。

9.5.1 梁段架设顺序与吊装架设

1)梁段架设顺序

悬索桥加劲梁的架设方案按其推进方式划分,主要有两种:

(1)从跨中节段开始向两侧主塔方向推进,此法可避免跨中合龙问题,但预拼段的运输不方便。比如国际上的旧金山—奥克兰海湾大桥、维拉扎诺海峡桥、小贝尔特桥等;国内的大多数悬索桥都是采用从跨中向桥塔(边跨是从锚碇向桥塔)方向施工。

(2)从主塔附近的节段开始向跨中及桥台对称安装,加劲梁在跨中合龙,梁段运输方便。例如金门桥、日本本四联络线上的悬索桥、采用桥面吊机施工的贵州坝陵河大桥,均采用了从桥塔向跨中推进的架设方案。

图9-36为加劲梁从跨中向两侧主塔推进的施工方案,主要步骤如下:

当主墩、主塔和锚碇的施工和主缆架设完成后,从主跨中央开始架设加劲梁,当加劲梁节段的重量逐段加于主缆时,梁的线形不断变化,所以,梁段之间仅做施工临时连接,以避免加劲梁内产生过大的内力;然后架设边跨加劲梁,以减小塔顶水平位移;使主跨和边跨加劲梁在主塔处合龙,之后进行等代压重使加劲梁线形与成桥一致后,所有接头刚性连接。

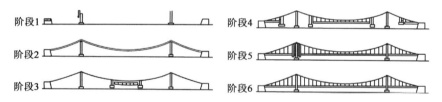

图9-36 加劲梁由跨中向桥塔方向吊装推进图

此架设方法的优点是:靠近塔柱的梁段是主缆刚达到最终线形时就位的,这样,靠近塔柱的吊索索夹的最后夹紧可推迟到加劲梁吊装到近塔处,主缆仅留有很小永久转角,对减小主缆内的次应力比较有利。

图9-37是加劲梁从主塔向跨中架设方法的施工步骤。从图9-37可以看出,此法的施工步骤正好与图9-36的相反。

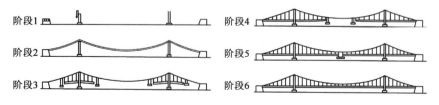

图9-37 加劲梁由桥塔方向向跨中吊装推进图

但图 9-37 所示的架设方法有利于施工操作和管理。这是因为此方法中施工操作和管理人员可以很方便地从桥塔到桥面，主跨和边跨之间通行也方便。而图 9-36 所示方法中，工作人员必须通过狭窄的空中猫道才能到达主跨内已被架好的加劲梁段上。

2）梁段吊装运输和架设

（1）吊装运输。

加劲梁梁段或杆件的常用吊装方式主要分为 3 种形式：采用能沿桁架上弦或纵梁走行的桥面吊机安装、缆索吊机吊装和缆载吊机安装。前两种吊装方式在一般桥梁施工中常用，后一种专用于大跨径悬索桥施工。

第一种方式，梁段的运输依靠已架设的桥面（或地面、水面车船）；第二种方式加劲梁在架设范围内的纵向运输可通过专设的承重索；缆载吊机架设法则需要通过地面或水面将梁段运输到起吊位置的下方，缆载吊机主要作用是起吊梁段。

第一种方式起吊梁段时的支撑结构是已经安装好的梁结构。缆索吊机起吊梁段时的支撑结构是另外架设的承重索（属临时结构）；缆载吊机吊装施工时，是利用已架好的两条主缆为受力支承，将提升梁段用的设备固定于主缆上，进行垂直提升吊装，它的吊装和移动不能同时进行。缆载吊机提升的方式有两种：一种是利用卷扬机收卷钢丝绳，另一种是利用液压提升系统拉拔钢绞线。

（2）架设。

悬索桥钢加劲梁的架设方法与一般钢桁梁的架设方法相差不大，区别处在于：每一钢加劲梁段拼装后，不是靠已成梁段来承受后拼梁段的自重，而是立即将刚拼好的梁段通过吊索悬挂到主缆上，由主缆承担梁段自重。

从减轻施工内力和安全方面考虑，架设常分两期进行。第一期将桥面系等尽量省去，仅将梁段架设并合龙。第二期再做桥面系安装或桥面铺装施工。

悬索桥的加劲梁一般都采用节段架设法。即在工厂预制成节段并进行预拼，然后将梁段用驳船运到现场，用垂直起吊法架设就位，吊装到一定程度后进行焊接。这种方法不仅主要用于桁架式加劲梁大节段单元的架设，也用于钢箱梁和预应力混凝土箱梁的梁段。

按架设单元分类，钢桁加劲梁的架设方法有 3 种：单根杆件、桁片（平面桁架）、节段（空间桁架）架设方法。

单根杆件架设方法是将杆件搬运到现场，安装架设在预定位置完成。此法可使用小型架设机械，但杆件数量多，费工费时。

桁片架设方法是将几个节间的加劲桁架按两片主桁架和上下平联及横联等构成片状构件后运到现场架设。桁片长度一般为 2～3 个节间，质量不大，架设灵活。

节段架设方法是将上述桁片在工厂组装成加劲桁架的整体节段，运至预定位置，然后用吊机垂直启动逐次连接。架设速度快，工期较短，但由于一般需从桥下垂直起吊桁段，故需封航。

钢桁梁焊接包括工地焊接和工厂焊接，工地焊接常采用焊缝连接、高强度螺栓连接或焊缝与高强度螺栓组合连接等方法。对于桁架梁，多采用高强度螺栓连接。

钢箱梁的工地焊接一般指工地大接头焊接。钢箱梁既要提高抗弯刚度，又要提高抗扭刚度，采用全断面焊接更符合受力要求。全焊接还能保证桥面板和加劲肋的全断面连接。钢箱梁还可以采用栓焊结合的方法，即桥面板采用焊接，加劲梁肋采用高强度螺栓连接。

在架设施工中加劲桁梁的连接方法可分为以下几种：全铰法（图 9-38）、逐次刚接法

(图9-39)、有架设铰的逐次刚接法等。西南交通大学沈锐利等在传统方法基础上,发明了"窗口刚接法"。该方法是利用桁梁和桥面板等吊装过程中,梁段间出现的可刚接机会,进行铰接变固结施工的施工方法。一般说来,在加劲梁吊装施工过程中,这种机会会出现两次以上,具体利用哪次机会,可根据结构受力、施工设备能力和人员安排等,综合考虑确定。

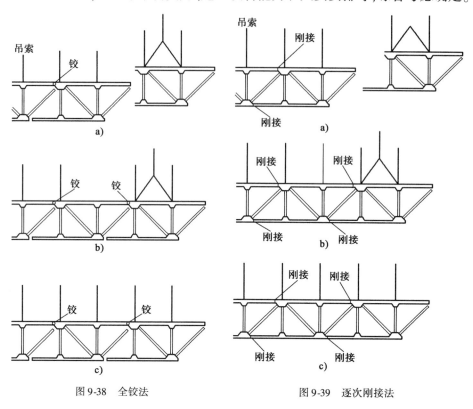

图9-38 全铰法　　　　　　　　　图9-39 逐次刚接法

9.5.2 梁段架设施工方法

1)跨缆吊机施工

跨缆吊机是悬索桥施工中吊装加劲梁的一种专用起重设备。它以主缆为支撑,并行走于其上,能跨越索夹。跨缆吊机采用钢丝绳(钢绞线)、滑轮组(锁紧装置)和卷扬机(液压提升千斤顶)等组成起升机构。由于其提升平稳,适合较大吨位构件的吊装作业,成为目前国内外悬索桥加劲梁吊装施工中使用较多的设备。

跨缆吊机采用垂直提升法进行吊装作业,根据所采用的提升设备,可分为卷扬机提升式跨缆吊机和液压提升式跨缆吊机。

卷扬机提升式跨缆吊机由主梁、行走梁和吊钩(扁担梁)组成,见图9-40。扁担梁通过移动扁担梁上销孔的位置,可满足跨中节段和标准节段加劲梁的吊装要求;为安全、快速地与加劲梁的上吊耳连接,设置了长孔和快速锁定片。卷扬机安装在主塔岸侧的引桥上,钢丝绳通过塔下测力滑轮和塔顶导向滑轮引入跨缆吊机的滑轮组。卷扬机由主机和储绳卷筒组成,主机采用双摩擦滚筒,钢丝绳的拉力由摩擦力提供,其特点是钢丝绳的线速率恒定,使用寿命长。储绳卷筒用来储存钢丝绳,其转速随着缠绕层数的增加而减慢,使主机与储绳卷筒间的钢丝绳保持一定的张力,从而使钢丝绳对牵引滚筒产生初拉力,保证摩擦传动的正常工作。储绳卷筒采用力矩电机传动,可自动调节储绳卷筒的转速与主机同步。

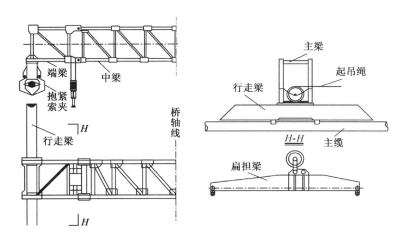

图9-40 卷扬机提升式跨缆吊机构造

液压提升跨缆吊机由起升机构、定位行走机构以及辅助设备等组成,采用连续千斤顶、钢绞线、锚夹具作为提升机构。在起升机构中,单条横向通道梁两端采用铰接各栓连一上扁担梁构成主梁,上扁担梁两端对称于主缆各布置一台液压式连续提升千斤顶。上、下扁担梁铰接,通过下扁担梁下方的小扁担梁将梁段上的4个吊点转换为2个吊点,保持梁段的水平、静定、平移提升。行走结构采用液压伸缩油缸提升和下降走轮,吊装作业时行走轮提起,夹紧结构抱紧主缆(图9-41)。

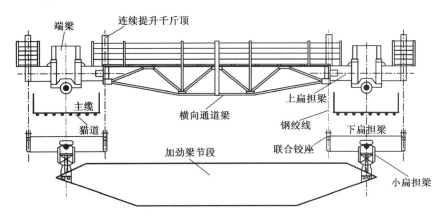

图9-41 液压提升跨缆吊机总体布置图

无论是液压提升式跨缆吊机还是卷扬机提升式跨缆吊机,其吊装工艺大体相同,根据具体情况选用。首先将跨缆吊机在主缆上安装好,根据吊装需要沿两条主缆行走,即纵移。纵移分向塔顶移和向跨中移,简称上移和下移。牵引力 F 与运行阻力 R 和自重下滑力 P 之间的关系为 $F = R \pm P$,上移取"+",下移取"-"。上移时牵引力始终为正,下移时牵引力可正可负;跨缆吊机位于近塔处时,下滑力大于运行阻力,吊机后端需施加拉力以避免滑移;当位于近跨中时,下滑力小于运动阻力,吊机前端需施加牵引力。

国内在大跨径悬索桥施工中,采用跨缆吊机架设加劲梁的较多。江阴长江大桥(1999年)全桥共计44个节段,除了两主塔位置的特殊梁段采取辅助措施外,其余标准梁段均采用大型驳船配合跨缆吊机吊装架设。润扬长江大桥(2005年)南汊桥的加劲梁为双铰钢箱梁,全桥共分为93个梁段,最小吊装质量404t,最大吊装质量520t,采用跨缆吊机双机抬吊方案,单机安全起吊能力不小于370t,控制系统采用了多种传感器和电子控制触电开关等先进技术。广州珠江黄埔大桥(2008年)采用流线型单箱单室钢箱加劲梁,标准梁段质量为215t,最重梁段的质量为230t,采用了最大起吊能力280t的跨缆吊机,该吊机采用卷扬机作为提升动力装置。西堠门大桥(2009年)加劲梁为两跨连续钢箱梁,采用扁平流线型分离式双箱结构,标准梁段长18m,宽36.10m,高3.151m,加劲梁标准吊装质量为260t,最大吊装质量为360t,采用了最大起吊能力为350t的跨缆吊机进行标准架设安装,首先用驳船将加劲梁节段运至水面对应的吊索位置,然后由跨缆吊机垂直起吊就位。超过跨缆吊机起吊能力的梁段,采用了专门制作的卷扬式跨缆吊机起吊。

2) 桥面吊机法施工

桥面吊机悬臂拼装架设法是大跨径斜拉桥常用的施工方法,它也适用于大跨径悬索桥钢桁加劲梁的架设。桥面吊机悬臂拼装架设法,是将吊机放置于已安装梁段的桥面上,将运输到吊机可起吊位置的梁段起吊后进行悬臂安装,安装好梁段后,吊机前移固定,再进行下一梁段吊装。该方法的优点是,加劲梁的架设方向为从两侧索塔向主跨跨中方向对称施工,对桥位地形环境的适应性强,而且施工设备较少,施工场地紧凑,工作效率高。但是,这种架设方法对机械化程度要求较高。在我国大跨径钢桁加劲梁悬索桥建设中,截至2018年,仅2009年建成的坝陵河大桥采用了此方法。

3) 缆索吊机吊装法施工

缆索吊机最初被称为无支架吊装,是我国20世纪70年代独创的一种在大江大河上架设拱桥节段的方法。这种方法在江河桥梁施工中无须搭设支架,后来得到广泛应用。20世纪90年代末及21世纪初,缆索吊装法在受地形条件限制的山区大跨径悬索桥施工中得到了应用,如图9-42所示。1997年建成的丰都长江大桥(主跨450m)采用缆索吊机作为吊装加劲梁的施工机具,架设速度快、经济性比较好;随后,重庆鹅公岩长江大桥(2000年,主跨600m)、忠县长江大桥(2001年,主跨560m)、万州长江二桥(2001年,主跨580m)、四渡河大桥(2009年,主跨900m)、云南龙江大桥(2015年,主跨1196m)均采用了缆索吊装法进行加劲梁吊装施工。

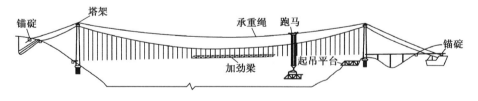

图9-42 缆索吊机吊装悬索桥加劲梁

缆索吊机的主要组成部分有:主索、背索、塔架、锚碇、索鞍、起吊系和牵引系。

4) 轨索滑移法施工

轨索滑移法是我国在湖南省矮寨大桥建设中独创的一种悬索桥架梁方法。矮寨大峡谷谷深坡陡,高差达350m,地质情况复杂,桥型方案为(242+1176+116)m钢桁加劲梁单跨悬索桥。由于主跨过大,采用缆索吊装法和桥面吊机法都存在很多不足,因此,工程技术人员通过理论分析、试验室试验及现场试验研究,借鉴货运索道及林业运输索道的工作原理,提出了这种悬索桥加劲梁施工方法。

轨索滑移法利用主缆作承重结构,张紧悬挂于主缆下接近吊索位置的轨索作为轨道,运梁车系统在轨索上纵向滚动运送钢桁加劲梁段,简易吊机垂直起吊进行加劲梁的安装。该方法是缆索吊机和索道运输、跨缆吊机吊装等多项成熟技术的综合运用,属于集成创新的大跨径悬索桥加劲梁施工方法,特别适用于跨越高山峡谷的大跨径悬索桥。

轨索滑移法加劲梁架设方案的施工流程为:主缆架设完成之后,利用猫道安装吊索和吊鞍;利用吊鞍做托架,牵引架设轨索;将轨索与两端的锚固系统连接,并调整吊鞍的纵向位置、张拉轨索力至设计值;将加劲梁通过运梁小车悬挂于轨索上,通过牵引将加劲梁从索塔处向安装位置运输。

9.5.3 悬索桥钢加劲梁架设施工案例

1)液压式缆载吊机吊装施工

以润扬大桥南汊悬索桥为例,介绍采用液压式跨缆吊机进行悬索桥梁段架设施工的方法。

(1)吊装方法。

润扬大桥南汊悬索桥钢箱梁的梁段划分如图 9-43 所示。吊装顺序从跨中开始,先吊装跨中中央扣及 0 号梁段,然后从跨中向南北两塔方向对称交替吊装架设标准梁段,即南岸从 S_1 到 S_{18},北岸从 N_1 到 N_{21}。根据吊装期间长江水位情况和南岸地形情况,分别将南岸 S_{19} 梁段、北岸 N_{22} 梁段作为合龙梁段。当钢箱梁吊装至 N_{22} 和 S_{19} 梁段时,两岸都先吊装靠塔的 N_{23}、S_{23} 端部梁段,然后南岸再从南塔向跨中依次吊装 S_{22}、S_{21}、S_{20},最后吊装合龙段 S_{19},北岸吊装合龙段 N_{22}。吊装工艺流程见图 9-44。

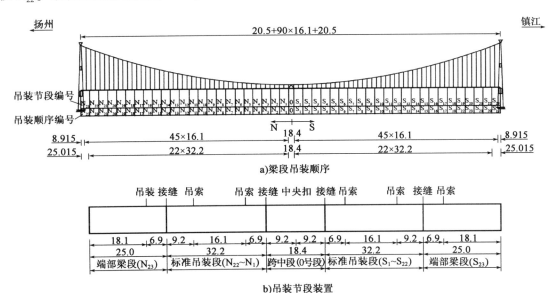

图 9-43 钢箱梁吊装顺序及吊装节段布置(尺寸单位:m)

在梁段吊装时,完成梁段上部拉杆式临时连接件的安装,梁段上缘顶紧间隙闭合后,用手动扳手等紧固拉杆螺栓。在钢箱梁吊装初期,梁段下部的临时连接件呈开放状态,在大约 2/3 梁段吊装完成后,跨中部梁段之间下部的间隙开始闭合,止顶板(图 9-45)顶紧,将临时连接件连接拉杆螺栓紧固。

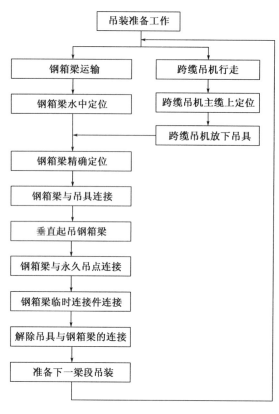

图 9-44　钢箱梁吊装工艺流程

(2) 吊装设备。

2002 年，中交第二公路工程局研制出我国第一台"特大跨径悬索桥 KLD3700 型全液压跨缆吊机"，并应用于润扬大桥南汊悬索桥的钢箱梁吊装。该机主要由液压起吊提升系统、缆上支撑及走行系统、钢结构桁梁、控制室、动力系统、扁担梁、辅助系统、临时安装托架以及安全防护系统等组成，如图 9-46 所示。

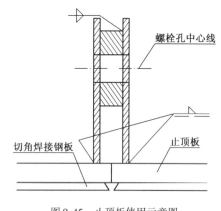

图 9-45　止顶板使用示意图

图 9-46　润扬长江大桥液压提升式跨缆吊机

该机采用两台起吊能力为 185t 的提升用索股千斤顶起吊，走行系统的机构组成和走行方式与青马大桥的液压提升式跨缆吊机结构相似。液压提升系统的钢绞线回绳器是用钢管焊成的圆形钢管笼,可容纳200m钢绞线。它自身无动力,通过主液压千斤顶顶升或下降,带动倾斜放置在带轴承座支架上的转动轴回转卷入和放出钢绞线。润扬长江大桥液压提升式跨缆吊机钢箱梁吊装作业图如图9-47所示。

图9-47 润扬长江大桥液压提升式跨缆吊机钢箱梁吊装作业图

2)桥面吊机法施工

以贵州坝陵河大桥为例,介绍桥面吊机法进行悬索桥梁段架设施工的方法。

(1)施工方法。

贵州坝陵河大桥主跨跨径1088m,采用钢桁加劲梁,桁架标准节间长度为10.8m,端部节间长度为12.98m。施工中采用桥面吊机法架设加劲梁,为满足桥面上运梁需求,需要将已安装的梁段连接成整体。但是若所有安装后的梁段都连接成整体,则会出现加劲梁受力过大、强度不能满足要求的情况。为此在主桁架第10节间、第20节间、第81节间、第91节间(图9-48的铰1~铰4位置)的上弦杆设置临时铰,下弦杆断开不连接,并在临时铰处的横梁上安装抗风拉索。采用运梁台车运送桁架节段和桥面吊机吊装桁架,完成加劲梁的架设。

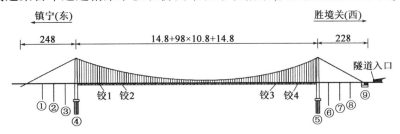

图9-48 坝陵河大桥梁段划分及设临时铰位置(尺寸单位:m)

①桥塔附近梁段架设。

为加快施工进度以及给桥面吊机提供初始架设的平台,桥塔附近的2个节段采用了节段整体吊装。在塔前场地相应位置搭设的拼装平台或胎架上,采用50t吊车单根杆件立体拼装完成。由于场地限制,第1节段、第2节段钢桁梁分别进行拼装,且只拼装各个节段的主桁架和主横桁架,其他部件待节段吊装到位后进行安装。

第1节段、第2节段钢桁梁整体起吊到安装位置后,直接与永久吊索连接。然后安装桥面吊机上的车体、吊臂等设备,形成完整起吊系统。之后,安装牵引系统牵引第 2 节段,再利用桥面吊机安装第 1 节段、第 2 节段的上、下平联和附属设施。

在初始节段架设到位后,桥面吊机开始安装第 1 节段、第 2 节段中部的桥面板和运梁小车轨道。然后行走到第 2 节段端部,进行下个节段的吊装作业。

②标准节段架设。

除了初始第 1 节段、第 2 节段和跨中合龙段外,其余节段均采用桥面吊机悬臂拼装架设。运梁台车将拼装好的主桁架节段运到桥面吊机附近;桥面吊机起吊主桁架,旋转就位到已架设好的上一个节段端部的连接位置,安装连接板;一侧主桁架的高强度螺栓全部安装完成后,桥面吊机方可脱钩,起吊安装另一侧主桁架。

2 片主桁架的安装完成后,由桥面吊机进行第 1 片主横桁架吊装作业,就位后安装连接板及高强度螺栓。此时 2 片主桁架和一片主横桁架组成了一个框架,并将悬臂挂在已架好的梁段上;采用牵引装置将主桁架引入至永久吊点位置,将吊索与桁架上的吊点连接。

当一个吊点永久连接完毕后,依次安装下平联、附属设施、上平联、桥中线侧正交异性钢桥面板等构件。

然后解锁移动防护平台的锚固装置,由悬挂台车将其推进到当前节段,悬臂伸出一个节间长度,然后将锚固装置锁定于下弦杆。之后,桥面吊机推进到这个节段的一个节间上并固定。由桥面吊机进行第 2 片主横桁架吊装作业。第 2 片主横桁架安装完成后,拆除前一个吊点处的牵引装置,移往下一个吊点处,进行第 2 个吊点的引入作业。然后安装其他设施,并对钢桁架上的高强度螺栓进行涂装。桥面吊机和移动防护平台再次前移一个节间。标准节段架设工序见图 9-49。

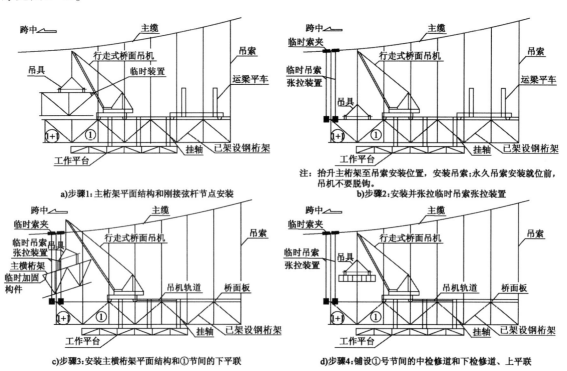

图 9-49

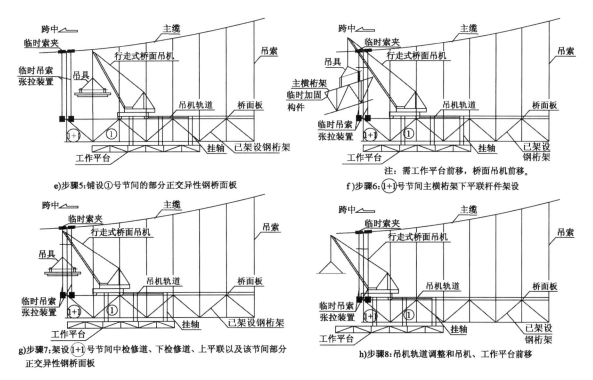

图 9-49 标准节段钢桁加劲梁安装流程图

③跨中部分节段架设。

随着钢桁加劲梁的架设向跨中推进,主缆的位置越来越低,桥面吊机的吊臂会接触到主缆、猫道,不能进行直接架设。这时,需要将单片主桁架用吊具或临时吊索靠近主缆吊起,或利用跨越主缆、猫道的扁担梁吊起主桁架的方式进行倒装架设。

④临时铰处的钢桁架安装。

为了释放由于悬臂拼装引起的吊索和主桁架杆件的过大内力,在主桁架第 10 节间、第 20 节间、第 81 节间、第 91 节间的上弦杆设置临时铰,下弦杆断开。临时铰的构造为:上弦杆的两侧腹板各向上伸出一个耳板,并在外侧各安装一个带耳板的拼接板,其中耳板处设置销轴孔,与销轴形成铰节点。在临时铰所处的节间,上弦杆与斜腹杆、上平联、下平联之间设置临时连接构件,通过临时连接构件来约束斜腹杆和上平联、下平联的运动。

在安装设有临时铰的节段时,不像一般标准节段那样与上一个节段用高强度螺栓连接,其上弦杆改用临时铰连接,下弦杆则不做任何连接。由于下弦杆断开,在安装完主横桁架后,要在上、下横梁处安装抗风拉索,见图 9-50,其拉力按 50t 控制。为满足临时铰处的折角要求,该处的一个节间不安装上、下平联和附属设施,不安装桥面板或采取特殊措施后安装桥面板。在主桥合龙时,铰接处的杆件缺口将恢复到安装位置,可在此时恢复为刚接。按刚接斜腹杆→刚接上、下平联→刚接下弦杆→拆除临时铰→刚接上弦杆的顺序,进行设临时铰处的刚接安装作业。

(2)桥面吊机架设的主要设备。

①桥面吊机。

桥面吊机为全回转、全液压式吊机,自身质量为 137.5t,最大起吊质量为 70t,最大起重力矩 15400kN·m(最大吊距 22m)。主要由主钩卷扬机、副钩卷扬机、变幅卷扬机、回转等机构

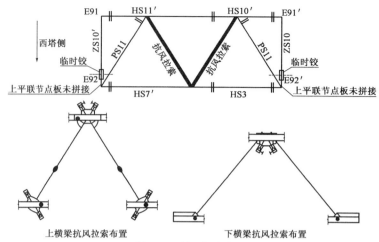

图 9-50 抗风拉索布置

图 9-51 桥面吊机照片

组成。主要工作机构采用变频调速控制技术。桥面吊机构造如图 9-51 所示。

桥面吊机具有双重安全保障系统,包括力矩限制器及风速仪组成的安全监控系统、各极限位置限动装置组成的保障措施和棘轮停止器。力矩限制器在起重量超过额定值 90% 时报警,超过 104% 时限动。

桥面吊机在架梁时不挂配重,通过回转支承来维持上车平衡,用锚钩或栓接方式连接在钢桁梁上提供拉反力来维持整机的平衡。

桥面吊机具有自立走行的功能,走行速率 2.2m/min,最大走行坡度为 10%。吊机靠安装在钢桁梁上的轨道梁实现步履式移动,轨道梁安装在主横桁架靠近腹杆位置,长 24m。

② 运梁台车。

运梁平台车在轨道上行走,轨道布置在桥面板上,轨道间距设置为 6.4m,最大负载质量 56t,最大走行坡度 16%。

运梁平车由两个小车组成,采用连杆连接。两小车之间的距离可以根据运输的构件尺寸调节。每个小车由横梁、立柱、纵梁等组成,小车的轮距与轨道间距相同,设为 6.4m。图 9-52 为运梁平车示意图。

图 9-52 运梁平车示意图

3）缆索吊机法施工

重庆鹅公岩长江大桥、四渡河大桥、北盘江大桥、龙江特大桥、普立特大桥等均采用缆索吊机法施工。以云南龙江特大桥为例，介绍缆索吊机法施工悬索桥加劲梁。

2016年建成的云南龙江特大桥，是一座主跨1196m、跨越龙江峡谷的单跨悬吊的钢箱加劲梁悬索桥，由于不具备桥下运输条件，施工中采用了缆索吊机法运输和吊装加劲梁。

（1）设备系统及施工过程。

① 主索及其架设。

全桥上下游两幅缆索吊，单幅缆索吊的主索由10根钢丝绳组成。主索由主缆索股架设牵引系统从保山侧锚固处向腾冲侧进行牵引架设。

钢丝绳主索顺桥向牵引就位后，利用桥塔顶部的卷扬机和塔吊，将主索提升后横桥向移动至主索索鞍处，初步调整主索垂度，再将保山侧主索钢丝绳连接锚固系统滑轮后临时锚固。待全部20根主索钢丝绳架设完毕后，利用锚碇处的卷扬机逐一调整主索垂度。第一根主索的垂度调整通过测量来监控，其他主索参照第一根主索进行调整。垂度调整完毕后，用锁紧装置在滑轮前将各钢丝绳锁紧固定，形成缆索吊机系统的承重索。

② 安装起重小车。

起重小车由行走及牵引机构（简称跑车）、上挂架和下挂架3部分组成，安装过程按照先安装上挂架和下挂架，再安装跑车的顺序进行。用钢丝绳临时连接上挂架和下挂架，连接后上下挂架间距不宜太大。再用塔吊吊运挂架至索鞍支架附近，将挂架固定在主索上，上挂架与主索的竖向距离不超过1m，以便与跑车连接。用塔吊将跑车吊运到位后，用钢丝绳将跑车和索鞍临时固定防止跑车下滑，然后将上挂架与跑车连接成一体。

③ 安装牵引索。

起重小车安装完毕后，进行牵引索的安装。首先在大桥两侧桥塔和锚碇之间的路基上布置8台20t牵引卷扬机和地面导向滑轮。将牵引索钢丝绳一端与保山侧牵引卷扬机连接，另一端由人工牵引钢丝绳绕过地面导向滑轮后牵引至桥塔底部。用塔吊提升牵引索钢丝绳至塔顶索鞍处，用人工方法将钢丝绳绕过索鞍导向滑轮和跑车牵引转向滑轮后，牵引至桥塔顶部边跨一侧临时锚固。

用加配重的塔吊将牵引索钢丝绳缓慢牵引下降至地面，再人工牵引钢丝绳穿过同侧另一个地面导向滑轮后与卷扬机连接。通过2台卷扬机的收放来调整牵引索在2台卷扬机内的储备长度。使用相同的方法完成保山侧另一根牵引索的安装。待保山侧两幅牵引索安装完毕后，用主缆索股架设牵引系统，将起重小车牵引至腾冲侧，进行腾冲侧牵引索的安装。

④ 安装起重索。

起重索与牵引索的不同之处在于起重索钢丝绳是一端连接卷扬机，另一端锚固在地面上。因此，需在保山侧桥塔和悬索桥锚碇之间的路基上安装2台25t卷扬机和地面导向滑轮，在腾冲侧桥塔和悬索桥锚碇之间设置起重索锚固装置。

使起重索钢丝绳一端连接卷扬机，牵引另一端绕过地面转向滑轮后至塔顶处临时锚固，再人工牵引起重索穿过塔顶索鞍导向滑轮及起重小车上挂架和下挂架的滑轮组，然后与跑车临时锚固，再用之前安装好的缆索吊机牵引系统，将起重小车牵引至腾冲侧桥塔处，再牵引起重索端头穿过索鞍导向滑轮后与腾冲侧的20t牵引卷扬机钢丝绳临时连接，解除起重索和跑车的临时连接。通过腾冲侧20t牵引卷扬机的收放拉动起重索钢丝绳，牵引起重索至腾冲侧与地锚锚固。最后，需解除起重小车上挂架与下挂架之间的钢丝绳临时连接，再解除起重索和牵引索的临时连接,完成一侧起重索的安装。另一侧起重索的安装过程相同。

(2)主要施工设备。

①主索。

每幅主索由 10 根 φ60mm 钢丝绳组成。主索架设时在锚固端采用滑轮组将各钢丝绳串联后锚固,使调整主索线形更加方便。线形调整完毕后,在锚固端采用锁紧装置将各钢丝绳并联锁紧,以防起吊和运输过程中出现偏载情况。主索钢丝绳走线如图 9-53 所示。

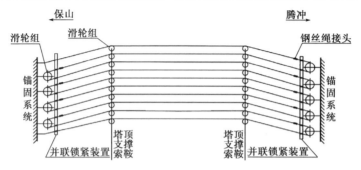

图 9-53 主索钢丝绳走线示意图

②起重系统。

左右幅各设置一套起重系统。起重系统主要包括起重卷扬机、起重索和起重小车。龙江大桥采用 25t 起重卷扬机。起重索走 8 线,采用 φ36mm 钢丝绳。一端连接起重卷扬机,另一端与地面锚固。起重索走线如图 9-54 所示。起重小车包括跑车、上挂架和下挂架 3 部分。跑车轮组为 4 轮结构,车轮直径 600mm。由于单幅主索走 10 线,每台跑车共有 40 个车轮,如图 9-55 所示。

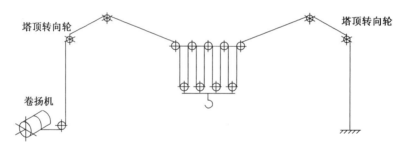

图 9-54 起重索走线示意图

③牵引索。

龙江大桥的缆索吊机左右幅各设置一套牵引系统。牵引索走 4 线,采用 φ36mm 钢丝绳。两岸各设置 2 台 20t 牵引卷扬机。牵引索走线如图 9-56 所示。

④塔顶索鞍。

缆索吊索鞍布置在桥塔上横梁顶面,中心间距 16.2m。索鞍顶部设置滑轮组,以减少缆索吊机工作索对桥塔的水平作用力。塔顶索鞍结构如图 9-57 所示。

⑤主索锚固系统。

主索锚固于散索鞍支墩上,利用散索鞍支墩作为主要承载结构,在主缆散索鞍支墩埋设钢板带,在支墩前斜面安装锚固梁及滑轮组,形成主索锚固系统,如图 9-58 所示。

其他桥的缆索吊系统与龙江桥类似,不再赘述。云南普立特大桥与其他桥不同的是加劲梁起吊后还进行了旋转 90°的施工工序,以下仅介绍箱梁吊装后转体施工情况。

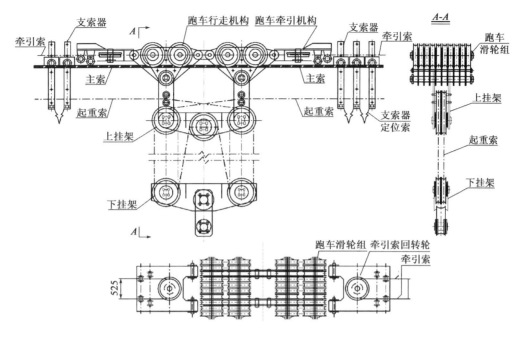

图 9-55 起重小车装配示意图(尺寸单位:mm)

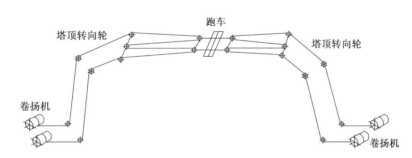

图 9-56 牵引索走线示意图

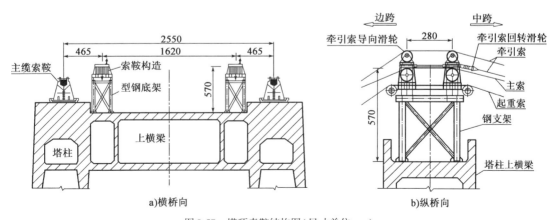

图 9-57 塔顶索鞍结构图(尺寸单位:cm)

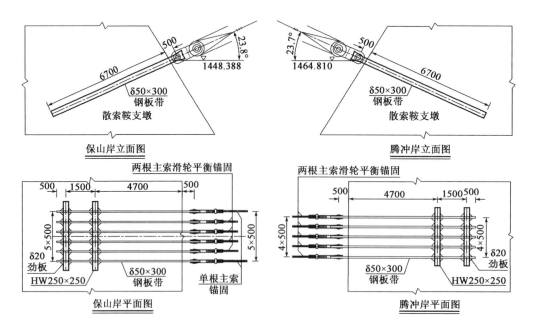

图 9-58 缆索吊主索锚固系统布置图(尺寸单位:mm)

普立特大桥位于艰险山区,桥位处主跨内无法设置地面起吊平台,无法采用在主缆外侧设置缆索吊机的方法进行钢箱梁架设。因此,提出该桥采用"缆索吊机旋转架梁法"架设钢箱梁。从跨中向两侧方向架设钢箱梁节段。由于主梁宽度大于桥塔塔柱间距,需将所有钢箱梁节段旋转 90°后通过桥塔,在桥轴线位置设置双主索缆索吊机,利用 2 组缆索吊机起吊钢箱梁。为避免钢箱梁与吊索相碰,钢箱梁仍保持旋转 90°的姿态不变,通过缆索吊机将钢箱梁从已架梁段的上方纵移至设计位置后,旋转 90°成设计姿态,下放至设计高程后安装钢箱梁。钢箱梁吊装施工见图 9-59。为实现钢箱梁空中旋转,研制了缆索吊机的旋转吊具,该旋转吊具的转轴主要由竖向转轴、滚子轴承、传力杆、动力卷扬机和万向铰组成,转轴的旋转通过电力控制。

加劲梁具体的吊装施工过程是:使用液压动力运梁平板车把钢箱梁运至引桥上。在运输过程中,钢箱梁与设计状态呈旋转 90°姿态放置于缆索吊机吊钩下方的指定位置,以便吊装时钢箱梁节段长度能够顺利通过桥塔,如图 9-60 所示。

图 9-59 旋转 90°的钢箱梁吊装施工示意图

图 9-60 旋转 90°的钢箱梁地面运输

下放缆索吊机吊钩,连接吊钩与钢箱梁上的 4 个临时吊点,缓慢启动缆索吊机吊钩并驱动吊机的牵引系统,钢箱梁被吊起的同时可在空中沿桥纵轴向行走,将钢箱梁运送至桥跨设计位置,如图 9-61 所示。

启动安装在旋转吊具上的小型电动机,驱动吊具的旋转轴承使之旋转,钢箱梁在空中旋转 90°后至设计姿态,然后下放缆索吊机吊钩使钢箱梁到达设计安装位置,与其他桥一样进行箱梁安装。旋转吊具如图 9-62 所示。

图 9-61　旋转 90°的钢箱梁吊装运输

图 9-62　旋转吊具

4)轨索滑移法施工

矮寨大桥主跨跨径布置为(242 + 1176 + 116)m,钢桁梁全长 1000.5m,共分为 69 个节段,标准节段长 14.5m、宽 27m、质量为 150t,跨中节段质量接近 200t。大桥跨越 U 字形的大峡谷,桥面距峡谷底部 255m。针对矮寨大桥地形条件,采用了一种新的加劲梁架设方法,即利用张紧的钢丝绳作为轨索,利用轨索运送加劲梁,简称"轨索滑移法"。该方法解决了在常规运输方式受地形限制的情况下,大吨位悬索桥加劲梁水平运输的难题。

(1)施工工序。

钢桁梁采用轨索滑移法架设安装的施工流程见图 9-63。以主缆及永久吊索作为支撑,设置水平轨索,锚固于两岸岩体;钢桁梁杆件分别在两岸桥头组拼成梁段;通过运梁小车将单个梁段在轨索上纵向运输至吊索下方;用跨缆吊机接住钢桁梁,退出运梁小车;跨缆吊机提升,梁段对接并销接吊索;逐节段由跨中向两岸对称施工,直至全桥贯通。

(2)主要施工设备。

轨索滑移系统由主缆、吊索、吊鞍、轨索、运梁小车、跨缆吊机等部分组成。运梁小车以轨索作为支撑轨道。锚固于两岸山体的轨索通过吊鞍支承在永久吊索下端,传力至主缆,由此形成轨索滑移运梁系统,见图 9-64。

①轨索。

轨索作为运梁小车的运行轨道,是整个系统的核心构件。轨索采用 60-ZZZ-1570 型密封钢丝绳,对应一根主缆下方布置 4 根,共 8 根。在设计时进行了周详的考虑:如果轨索两端都设置为固结,夏天轨索遇热会膨胀,结构松弛,运梁小车就无法在上面行走;冬天张紧收缩,再放上运梁小车,可能会超过轨索的承载力。为此,把轨索设计为一端固结;另一端连接张紧装置,作为活接头挂上平衡重。这样可以始终保持每根轨索都承受近百吨的恒力,防止轨索松弛或太紧。

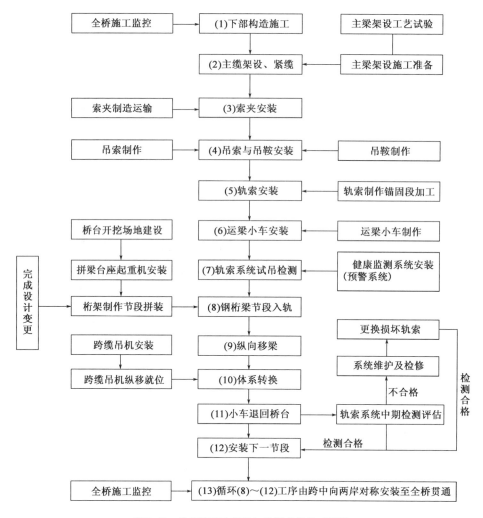

图 9-63 轨索滑移法架设加劲梁总体施工流程

② 吊鞍。

吊鞍的作用是给轨索提供支承,并将轨索的荷载传至吊索和主缆。吊鞍由鞍体、吊耳、轨索鞍座等构件组成,采用铸钢制造。吊鞍构造见图 9-65。在鞍体纵向侧面设置吊耳,与永久吊索下端的叉形耳板销接,悬挂于吊索下端。在鞍体顶面、吊索两侧设置轨索鞍座,轨索放置于鞍座上。

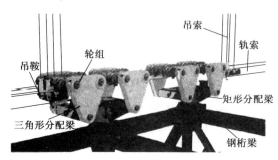

图 9-64 轨索移梁系统

③ 运梁小车。

每个钢桁梁节段由 4 台运梁小车运输。每台小车负载能力为 600kN,牵引力为 200kN。运梁小车由前后 2 个结构相同的滑轮机构(滑轮组和三角形分配梁)和矩形梁组成,如图 9-66 所示。每台运梁小车共有 16 个轮子,轮子横向 2 排,每排沿顺桥向设置 8 个,以分散荷载。为保证所有轮子受力均匀,利用二力杆原理,通分配梁和矩形梁,将荷载传至钢桁梁。

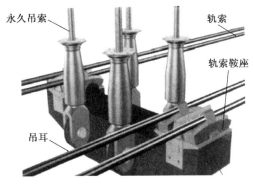

图 9-65　吊鞍构造图

图 9-66　运梁小车构造图

5)梁段的荡移吊装

采用缆载吊机等吊装梁段施工时,当梁段不能直接垂直吊装就位时,需要进行梁段荡移吊装。在桥塔附近或过桥塔的梁段,如果不设移梁支架,一般也采用荡移吊装,或者荡移吊装与移梁支架配合吊装。以下以厦门海沧大桥的施工为例,介绍特殊梁段的施工方法。

(1)桥梁概况。

海沧大桥呈东西走向,其东桥塔位于厦门本岛的码头上,西桥塔位于火烧屿岛的浅滩处,如图 9-67 所示。东边跨距离东塔东侧约 30m 处有一条高产植物油运输管道及宽约 16m 的 3 条港区专用铁路线,东锚碇西侧约 32m 处也有一条宽约 6m 的铁路支线,东塔西侧约 85m 是码头边缘;西边跨位于浅滩上,高潮水位时的水深仅 6m 左右。

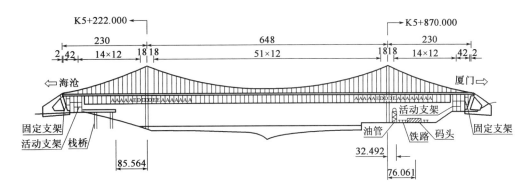

图 9-67　海沧大桥桥位布置图(尺寸单位:m)

海沧大桥主桥为(230 + 648 + 230)m 三跨连续钢箱加劲梁悬索桥,全桥由 94 段钢箱梁组成。中跨有 54 段钢箱梁,其中标准梁段 51 段,梁段长为 12.0m。非标准梁段 3 段,分别为中跨跨中梁段 1 段,梁长为 11.0m;东、西塔根部梁段各 1 段,梁长为 9.0m。单边跨有 19 段钢箱梁,其中标准梁段 15 段,梁长为 12.0m。东、西塔根部各 1 段(梁长为 9.0m),锚碇区梁段 3 段(梁长分别为 11.5m、12.0m、12.0m),东、西塔柱下横梁顶有 2 段(梁长为 7.0m)为非标准梁段。

梁段编号从 A~K,编号 A 为标准梁段,编号 F、J、C 为短吊索梁段,编号 H、K、I 为锚碇区梁段,标准梁段质量为 157.5t,其余梁段最大质量达 206.6t,最小质量为 127.4t,梁段划分如图 9-68 所示。

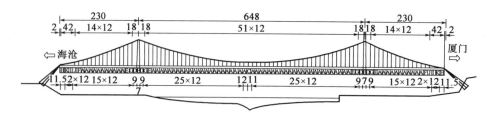

图 9-68　海沧大桥梁段划分图(尺寸单位:m)

每段钢箱梁上均设有 4 个临时吊点,临时吊点顺桥向间距随梁段类型不同而变化,基本间距为 6.0m,横桥向间距为 28.80m,除塔根部 B、D 梁段,锚碇区 H、K、I 梁段外,每段钢箱梁上设有 2 个永久吊点。钢箱梁顺桥向每 3.0m 处设置一道横隔板(设人洞、管线孔),在桥塔区 B、D、G、E 梁段长度约 72.0m 范围内及锚碇区 F、J、I、K、H 梁段长度约 59.0m 范围内均对称设置 2 道纵隔板。

(2)钢箱梁吊装顺序。

海沧大桥钢箱梁的吊装顺序是按照设计要求,并结合现场施工的实际情况确定的(图 9-69),首先,从中跨跨中向两塔柱方向对称架设跨中 11 对梁段;然后,分别从边跨(锚碇区 H、K、I 及边跨合龙梁段 J、F 暂不架设)和中跨对称向桥塔方向架设。待架设完塔根部的 G 梁段时,先架设塔柱横梁上的 B 梁段,并将 B 梁段向中跨侧预偏 20cm;然后,架设边跨侧的 D 梁段,恢复 B 梁段预偏,并将整个边跨箱梁向锚碇方向预偏 20cm;再吊装中跨侧 D 梁段,并恢复边跨钢箱梁的预偏;对塔根部区的 G、D、B、D、G 梁段进行必要的线形调整后,焊接 G、D、B、D、G 梁段之间的焊缝;然后,吊装锚碇区 H、K、I 梁段,并向锚碇方向预偏 50cm;最后,依次吊装边跨 F、J 合龙梁段;在吊装合龙梁段 J 之后,恢复 H、K、I 的预偏,对锚碇区的 H、K、I、J、F 梁段进行必要的线形调整,符合设计要求后,焊接各梁段之间的焊缝。

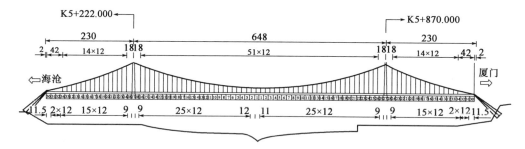

图 9-69　加劲梁吊装顺序编号

全桥的 94 段钢箱梁,位于塔根部区的 B、D 梁段,东塔东侧植物油管上方的 G 梁段,铁路上方的 E、A 梁段,锚碇区的 H、K、I,边跨短吊索 J 梁段以及东塔西侧码头边缘的 A 梁段,均不能用车或驳船运输至垂直起吊位置,称作特殊梁段,其余的梁段都可以利用车或船直接运抵吊点之下,直接由缆载吊机垂直起吊安装,称为普通梁段。

普通钢箱梁计 78 段,其中,中跨有 46 段在水中吊装;西边跨有 5 段在水中吊装,有 11 段在栈桥上吊装;其余的 16 段均在岸上吊装。由于中跨有 26 段钢箱梁位于主航道上方,为保证钢箱梁吊装及航运安全,在吊装这 26 段箱梁时需全面封航,考虑航道运输等实际情况,封航选在上午 8:30 至下午 13:30 的时间段内。对偏离主航道两侧的水上钢箱梁吊装,采用海上交通管制,进行区域性封航。

普通梁段的吊装施工与前面介绍的润扬桥基本相同,这里不再赘述。

(3) 特殊梁段的吊装工艺。

海沧大桥特殊梁段有 16 段,因其所处位置不同,吊装方法也不相同。

① 东塔东侧 E 梁段吊装。

E 梁段,长度为 12.0m,质量为 171.1t,位于东塔东侧铁路上方,不能垂直起吊,且地面停放最近位置距安装位置重心偏离约 6m。根据 E 梁段停放在地面上的位置以及吊具形式,采用由东向西荡移的方案,但由于受先前吊装 A 梁段的影响,不能斜吊荡移,只能先垂直起吊后荡移就位。因此,为保证 E 梁段一次荡移就位,需将梁段设计吊装顺序调整一下。即 E 梁段东侧的 A 梁段暂不架设,将缆载吊机停放在 E 梁段地面位置的重心处,垂直提升 E 梁段,待 E 梁段提升至高于设计位置一定距离后,停止提升,将永久吊索斜拉至 E 梁段上,并与永久吊耳连接,逐渐放松缆载吊机,钢箱梁在自重作用下逐渐向西摆移,最后摆移至设计位置(图 9-70)。

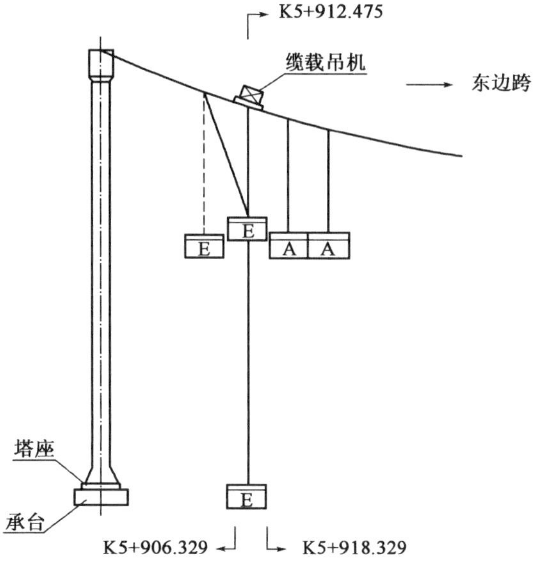

E 梁段吊装完成后,缆载吊机向东行走到 A 梁段吊索处;吊装 E 梁段东侧的 A 梁段,此梁段可以垂直起吊,并需将 E 梁段向西侧牵拉 50cm 左右,以方便 A 梁段吊装。

② 东塔东侧 G 梁段吊装。

G 梁段长 12.0m,质量为 181.8t,合龙时理论位置为 K5+882.5～K5+894.5m(钢箱梁两端面桩号),位于东塔东侧植物油管上方,受油管影响不能垂直起吊安装。G 梁段在地面最近摆放位置为 K5+877.8～K5+889.8m,其重心桩号为 K5+883.852m,而 G 梁段合龙后理论重心桩号为 K5+888.552m,因此 G 梁段需荡移 4.7m。缆载吊机停在 K5+888.552m 位置处(吊钩中线桩号),G 梁段利用缆载吊机由西向东斜拉起吊;为防止钢箱梁起吊时撞击油管,利用码头上的系缆桩作为反力点,通过卷扬机滑车组组成反拉系统,控制 G 梁段的吊装位置,使得 G 梁段斜拉起吊平稳,一边收紧起重卷扬机一边放松反拉卷扬机,以钢箱梁东侧端面不触碰植物油管道为原则。直至 G 梁段底面高于植物油管一定高度,完全放松反拉卷扬机,G 梁段在自重作用下逐渐摆移至垂直位置,再次垂直提升,使 G 梁段达到设计位置,并与其相邻梁段临时连接(图 9-71)。

图 9-70 E 梁段垂直提升,斜向安装吊索后荡移就位

③ 东塔根部 B 梁段吊装。

B 梁段质量为 127.4t,梁段长度为 7.0m,重心基本与几何中心重合,属无吊索梁段,B 梁段需在中跨侧起吊。B 梁其地面停放在:K5+863.2～K5+856.2m 的范围内,其起吊重心桩

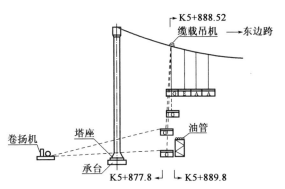

图 9-71 G 梁段斜向起吊,垂直就位

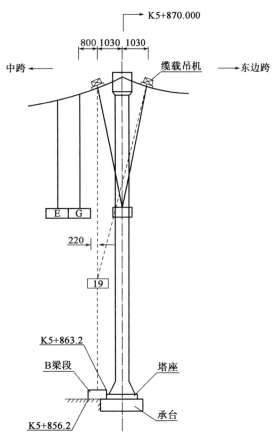

图 9-72 B 梁段无索区梁段两台吊机合作荡移

号为 K5+859.7m,缆载吊机吊钩中线桩号也为 K5+859.7m。尽管 B 梁段停放位置已经很靠近塔柱,在 B 梁段垂直起吊时,先前吊装上去 G 梁段仍然阻挡 B 梁段约 1.3m 长度,在吊装 B 梁段距 G 梁段底板一定高度时,需在上横梁上设置牵拉装置,使 B 梁段向塔柱侧平移 1.5m,缆载吊机继续提升,直至将 B 梁段提到与 G 梁段平齐。此时将停在 K5+880.3m 位置处的边跨侧缆载吊机吊钩(已去掉扁担梁)斜拉至 B 梁段顶面,并与中跨侧缆载吊机用钢绳连接,连接完成后,收紧边跨侧缆载吊机,放松中跨侧缆载吊机,使 B 梁段在自重作用下摆移,直至将 B 梁段放置在下横梁支架上(图 9-72)。

④东塔根部 D 梁段吊装。

D 梁段质量 127.8t,长为 9.0m,吊点几何中心与梁段重心距离为 71.3cm,由于缆载吊机吊钩中线位置只能在 K5+881.063(边跨缆载吊机)~K5+858.937(中跨侧缆载吊机)之间,因此,边跨侧 D 梁段停放位置为 K5+876.350~K5+885.350m,其重心位置桩号应为 K5+881.063m;中跨侧 D 梁段停放位置为 K5+863.65~K5+854.65m 之间,重心桩号为 K5+858.937m,D 梁段可垂直起吊,由于受已吊装的 G 梁段影响,当其吊装接近 G 梁段底面时,需牵拉荡移距离为 2.85m。

东塔西侧海堤处 A 梁段吊装及西边跨 B 梁段和 D 梁段的吊装与上述的方式基本相同,只需根据不同的情况设置反拉装置等施工辅助设施。

⑤东西岸锚碇区 H、K、I 梁段吊装。

东西岸锚碇区的 H、K、I 梁段靠近锚碇,属无吊索梁段,且箱梁顶面高程高于主缆,缆载吊机无法进行垂直起吊安装。经过充分的方案比选,确定采用活动支架配合固定支架法架设。

固定支架、活动支架用万能杆件及 $\phi 900$ 钢管拼装,支架顺桥向总长为 47.5m,宽为 22m,高度约 50m(图 9-73),横桥向宽度与钢箱梁临时支撑间距 20.4m 相匹配,在支架顶面对应钢箱梁支撑线位置处设置滑槽,以便钢箱梁沿支架顶面纵移。

活动支架纵桥向长度为 14.0m,位于合龙梁段正下方,在进行锚碇区梁段架设时,缆载吊机

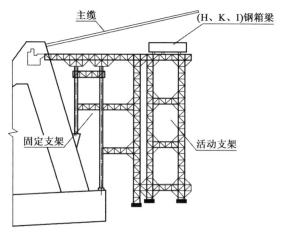

图 9-73 锚碇处支架示意图

位于J梁段理论重心位置。

当缆载吊机完成塔根部梁段吊装,并协助调整线形完成后,由焊接单位完成塔根部梁段焊缝焊接任务。待塔根部段焊接完成后,边跨缆载吊机向锚碇区行走,并停置在J梁上方固定,准备进行锚碇区梁段吊装。

按照设计吊装顺序,先进行锚碇区H梁段架设。此时将活动支架沿横桥向轨道移开,由钢箱梁运输单位沿纵桥向将钢箱梁运输至缆载吊机起吊位置,利用缆载吊机垂直提升H梁段,直至使H梁段底面高于活动支架顶面滑道位置时停机;然后,将活动支架移回设计位置,并与固定支架对接,在滑道上对应于H梁段支撑点位置处安装重物移位器,缓慢放松缆载吊机,使H梁段平稳落在活动支架顶部的移位器上;解除缆载吊机吊钩,利用设在锚碇横梁上的卷扬机牵拉H梁段,使得H梁段沿固定滑道向锚碇方向纵移,直至移到设计合龙位置。锚碇区的另几个梁段均采用类似方法架设。

当完成锚碇区梁段架设后,再进行边跨J、F合龙梁段架设,J、F梁段可垂直提升就位,待全桥合龙后,利用千斤顶配合,调整锚碇区各梁段的坡度,达到设计要求后,进行焊接作业。至此完成了锚碇区梁段架设。

从以上的施工过程可以看出,利用缆载吊机架设加劲梁段的方法很多,可根据具体的地形和交通运输情况,采用垂直起吊、荡移和支架平移等多种手段,施工中还可创造出更多的施工方法,本课程的介绍只能起一个抛砖引玉的作用。

在山区大跨径悬索桥施工中,由于没有水上运输条件,无法直接应用缆载吊机法进行吊装施工,这时可采用缆索吊机、桥面吊机悬臂施工法和轨索运梁法组合施工架设。

9.5.4 混凝土加劲梁施工

预应力混凝土加劲梁一般采用箱型截面,与钢箱梁一样,都是根据起重设备能力分阶段在工厂预制,由驳船运到现场起吊的方法进行架设。不同的是架设到位的混凝土节段之间要灌注混凝土湿接缝,在数段中或沿全长穿预应力钢丝束。由于混凝土箱梁和钢箱梁的施工相似,且应用较少,不再赘述。

9.6 斜拉桥主梁的施工

斜拉桥钢主梁的架设与一般钢梁在本质上没有差别,但对架设方法的选择要同时考虑桥塔和主梁的应力与变位。此外,还要考虑斜拉索的安装方法。因此,架设时必须注意以下几点:

(1)主梁在合龙时的合龙节段可以根据现场实测的尺寸来开孔连接,也可用按设计图制造好的合龙段,在合龙时采用平衡重等方法来消除误差,进行强制性合龙。当跨径特别大时,有时必须将合龙段再次切割。进行强制性合龙时结构应能够向后退移,并采用移动吊机位置的方法调整主梁的变形。

(2)斜拉桥是内外高次超静结构,特别是内高次超静,斜拉索索力的调整可导致主梁应力发生变化。

(3)斜拉桥的主梁是用斜拉索吊拉在桥塔上的,因此,塔和梁都会产生弯矩和轴力。

(4)斜拉桥的主梁可以边架设边用斜拉索吊拉于桥塔,因此,常采用伸臂法施工。必须充分研究施工中结构的抗风和抗震问题,以确保安全。

斜拉桥主梁施工方法与梁式桥基本相同,可以分为4种:顶推法、平转法、支架法和悬臂法。其中悬臂法又分为悬臂拼装和悬臂浇筑两种。悬臂拼装包括桥面吊机拼装、浮吊拼装、缆索起吊和千斤顶起吊等几种形式。

斜拉桥主梁4种施工方法的特点及适用性简述如下。

1)顶推法

顶推法的特点是施工时需在跨间设置若干临时支墩,顶推过程中主梁要反复承受正、负弯矩。该法适用于桥下净空较低、修建临时支墩造价不大、支墩不影响桥下交通、抗压与抗拉能力相同、能承受反复弯矩的钢斜拉桥主梁的施工。

2)平转法

将上部构造分别在两岸或一岸顺河流方向的矮支架上现浇,并在岸上完成所有的安装工序(落架、张拉、调索等),然后以墩、塔为圆心,整体旋转到桥位合龙。平转法适用于桥址地形平坦,墩身较矮和结构可整体转动的中小跨径斜拉桥,特别是跨铁路线上的桥梁。四川马尔康地区的金川桥采用的平转法施工。该桥跨径为(68+37)m,是塔、梁、墩固结体系的钢筋混凝土独塔斜拉桥,塔高25m,中跨为空心箱梁,边跨是实心箱梁。

3)支架法

支架法包括在支架上现浇、在临时支墩间设托架或劲性骨架现浇、在临时支墩上架设预制梁段、采用大节段吊装等施工方法。其优点是施工最为简单方便,能确保结构满足设计线形,但仅适用于桥下净空低、搭设支架不影响桥下交通的情况。天津永和桥是在临时支墩上拼装主梁;昆明市园通大桥是一座跨径为(70.5+70.5)m、全宽24m的独塔单索面斜拉桥,采用支架法现浇;成都火车南站的斜拉桥主梁施工也是支架现浇施工的;胶州湾大桥中的红岛航道桥、沧口河航道桥采用稀索体系的钢箱梁,主梁的施工采用了在临时支架+大节段吊装的施工方法。

支架法的施工步骤如图9-74所示。

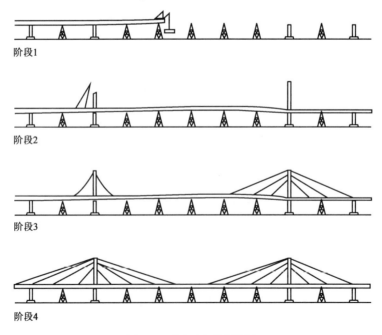

图9-74 支架法架设斜拉桥

步骤1:在永久性桥墩和临时墩上架设主梁,实际上就是一般梁的架设,可以应用梁桥施工中所用的任意一种架设方法。

步骤2:从已完成主梁的桥面上安装塔柱。

步骤3:安装拉索。只需适度地张拉钢索,最终的张拉将在步骤4内实现。

步骤4:全部拉索安装完毕后拆除临时墩,使荷载传至缆索体系。在此过程中梁将向下挠曲,因此,需要先将梁架设在提高的位置,以便当全部恒载传至拉索时梁达到最终要求的几何形状。

以上架设步骤的优点是:可以从一端向另一端连续地架梁,同时,可在已经架设好的桥面部分上运送人员、设备和材料,而且可以有效地控制几何尺寸和拉索的拉力。缺点是必须采用临时墩。在许多情况下因施工期间的净空要求,无法设置必要数量的临时墩。即使净空要求不受限制,设置临时墩需要增加费用,尤其在主跨内水深部分,所增费用可能相当高。

日本在六甲桥的施工时采用了支架法。该桥由于两层桥面的桁架具有很大的弯曲刚度,在主跨内只用两个临时墩,同时,能用浮吊来架设很大的节段;而且,由于此桥修建在神户港无繁忙船舶往来的填筑地点,有利于设置临时墩。

4)悬臂法

在支架上修建边跨,中跨采用悬臂施工的方法称为单悬臂法,以塔为中心对称平衡施工的悬臂法称为自由悬臂法或双悬臂法。悬臂施工法一般分为悬臂拼装法和悬臂浇筑法两种。

悬臂拼装法,一般是先在塔柱区现浇一段放置起吊设备的起始梁段,然后,用各种起吊设备从塔柱两侧依次对称安装节段,使悬臂不断伸长直至合龙。

采用自由悬臂法可完全避免临时墩,架设步骤如图9-75所示。

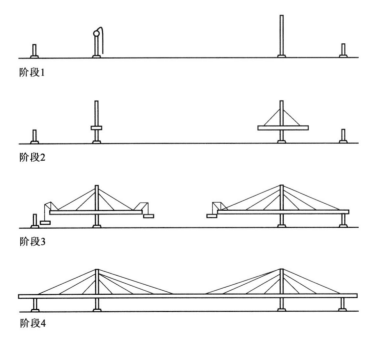

图 9-75　自由悬臂法架设斜拉桥

步骤1:在桥墩上安装墩柱和主墩上的梁段并(临时)固定之。

步骤2:利用在桥面上操作的动臂起重机起吊用驳船运至施工地点的梁段,进行平衡的自由悬臂施工。

步骤3：随着悬臂的伸展，安装拉索，并经初步张拉以降低梁内弯矩。

步骤4：桥梁在主跨中央合龙，进行桥面铺装、安装栏杆等附加荷载。

采用这种架设步骤时，在整个施工期间使上部构造与主墩具有十分有效的固结作用是很重要的，因为，在梁达到边墩之前整个稳定性依赖于这一固结作用。而且，梁的横向弯曲刚度一定要足以保证长度为主跨长度一半的悬臂的稳定性。因此，对于宽跨比大的桥梁，这种架设步骤特别有利。

采用悬臂拼装法架设时，设计中应选择合适的拉索锚固点间距，使梁从一个拉索锚固点至下一锚固点在自由悬出时，不需要设置临时支承（如用临时钢索）。从这一方面来说，该方法更适用于密索体系斜拉桥。

应当强调指出，为了能传递随后张拉拉索时所引起的轴力，斜拉桥要求在梁段就位时就封合全部梁段的接头。

在许多情况下可将支架法和悬臂法结合起来，形成以下4个施工步骤，如图9-76所示。

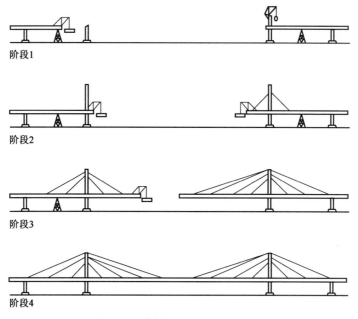

图9-76 边跨支架主跨悬臂的施工方法

步骤1：利用临时墩架设边跨加劲梁，当达到桥墩时就安装塔柱。

步骤2：主跨加劲梁的单侧悬臂施工，当悬拼至主跨内相应锚固点时安装主跨拉索和相应的边跨拉索。

步骤3：完成桥的半跨之后进行另外半跨的悬臂施工。

步骤4：在主跨中央使桥合龙。

采用支架法与悬臂法结合的架设方法时，临时墩的应用局限于满足净空要求且水深不太深的边跨。同时，这意味着主跨的悬臂施工可以从边跨梁构成的稳定体系开始，该体系既支承于主墩也支承于边墩，且十分稳定，这种情况下就不需要梁与主墩的临时固结了。

如果边跨可不用临时墩来架设（或本身设计有辅助墩），在主跨内用单侧悬臂施工的方法会特别有利。只要边跨主梁具有足够强度，作为边墩和主墩间跨越的梁就可以承受其自重。

上海泖港大桥采用了单悬臂法施工,利用挂篮和拼装吊机悬臂拼装河跨预制梁段,节段间用现浇混凝土湿接缝相连。

美国哥伦比亚(P-K)桥,采用双悬臂拼装法。即把钢吊架安装并锚固在架好的梁上,由塔顶的辅助钢束保持平衡。钢架上安装与吊索相连的千斤顶,当驳船将预制块件运至桥下时,吊索与预制梁段铰接,通过千斤顶起吊,使杆件缓缓提升到桥面高程就位。节段间用环氧树脂和预应力相连,待环氧树脂凝固后,张拉斜拉索,重复上述步骤,安装下一节段。

广东九江大桥预制梁段是用大型浮吊进行悬臂拼装。对于中小跨径斜拉桥当构件重量不大时,也可采用缆索吊装,并利用已浇好的塔柱兼作安装索塔,利用缆索吊进行主梁拼装。浮吊和缆索吊的最大优点是施工荷载最轻,不会限制设计。

悬臂浇筑法是从塔柱两侧用挂篮对称逐段就地浇筑混凝土。我国大部分混凝土斜拉桥主梁都是采用悬臂浇筑法施工的。

综上所述,可见支架法和悬臂法是目前斜拉桥主梁施工的主要方法,前者适用于城市立交或净高较低的岸跨主梁;后者适用于净高很大的大跨径斜拉桥主梁。

9.6.1 钢主梁的施工案例介绍

以下以南京二桥和武汉天兴洲长江大桥为例来介绍钢斜拉桥主梁的架设过程。

1)南京长江二桥

(1)桥梁概述。

南京长江二桥跨越流经南京市区的长江,位于1968年建成通车的著名的南京长江大桥下游11km处。南京长江二桥南汊主桥由过渡墩+辅助墩+南塔+北塔+辅助墩+过渡墩支承,跨径组合为(58.5+246.5+628+246.5+58.5)m,共1238m,是南、北对称的双塔空间双索面漂浮体系钢箱梁斜拉桥,结构立面布置如图9-77所示。

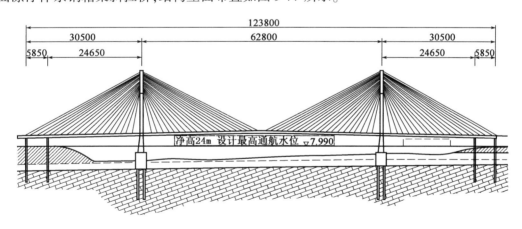

图9-77 南京二桥桥跨布置(尺寸单位:cm)

(2)主梁架设。

根据河床水深情况,主梁架设采用了以下3种方案(图9-78~图9-80)。

①边跨及主跨主梁架设。

桥塔施工完成后,于下横梁处拼装支承0号块的托架(图9-79);利用350t浮吊起吊0号块7段梁段(全桥共14段),并在托架上焊接梁间接头;然后张拉第一对斜拉索,张拉到位后,利用浮吊在梁上拼装桥面悬拼吊机。此后,利用桥面悬拼吊机对称吊装长 15m 标准梁段(全桥共 66 段),如图 9-80 所示。

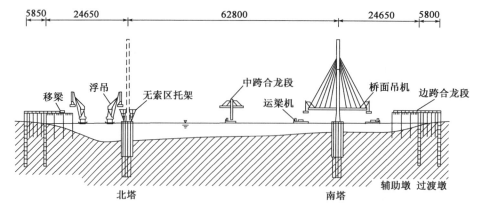

图 9-78 主梁安装总体方案示意图(尺寸单位:cm)

图 9-79 桥塔无索区的支撑托架

图 9-80 钢箱梁的悬拼施工

重复以上施工工序,直至第 12 号索对应梁段吊装完成,将边跨钢箱梁与临时墩连接。重复前述工序,至边跨合龙。边跨合龙完成后,再按前述工序施工至跨中合龙。

吊装钢箱梁使用的桥面悬拼吊机为 VSL 重型起重系统,曾在法国诺曼底大桥成功使用。该系统采用 2 台千斤顶顶抬钢绞线作为起吊设备,受力主构架为钢桁架结构,总质量约为 115t。

采用垂直起吊方式吊装,起吊速率为 19.5m/h,起吊时可通过扁担梁吊点的移动来调整块件的倾斜度,通过撬座的纵向移动实现块件的纵向位置调整,较好地满足了吊梁的需要。

②辅助跨架设。

在辅助墩与过渡墩之间架设支架,并将支架向江中延伸 84m,与临时墩相连。利用 350t 浮吊起吊辅助跨 5 段梁段至支架上,然后,将梁段向过渡墩侧移动,调整就位后将辅助跨 5 段梁段的焊接完成;随后,将包括边跨合龙段在内的另外 6 段梁置放于辅助墩与临时墩间的支架上,待以后用桥面悬拼吊机起吊。

③合龙段架设。

边跨合龙:待 15 号索第一次张拉完成后,将桥面悬拼吊机前移就位。起吊边跨合龙段(全桥共 2 段),精确定位后,将已焊接为一体的辅助跨向江侧顶推到设计位置后,焊接合龙。

主跨合龙:待江侧20号索第一次张拉完后,将桥面悬拼吊机前移就位后,对两合龙梁端位移进行24h或48h测量,根据测量结果确定合龙段长度、吊装及连接时间,以便顺利合龙。中跨梁段合龙示意如图9-81所示。

图9-81 中跨钢箱梁的合龙示意(非南京长江二桥照片)

2)武汉天兴洲长江大桥

(1)桥梁概述。

武汉天兴洲长江大桥(图9-82)位于湖北省武汉市,大桥西北起汉口平安铺,东南止武昌武青主干道。大桥为双塔三索面三主桁公铁两用板桁结合钢桁梁斜拉桥,于2009年12月26日建成通车。

图9-82 武汉天兴洲长江大桥

武汉天兴洲长江大桥是世界上第一座按四线铁路修建的双塔三索面三主桁公铁两用斜拉桥,正桥全长4657m,其中公铁合建部分长2842m。根据武汉市城市总体规划,三环线需在天兴洲桥位处跨越长江,桥梁需提供6车道公路的过江通道;京广铁路客运专线在武汉跨越长江,需提供双线高速铁路的过江通道;沪汉蓉铁路在武汉跨越长江,需提供双线铁路Ⅰ级干线的过江通道。由于过江交通功能的需要,天兴洲长江大桥设计成4线铁路、6线公路的公铁两用桥,铁路、公路分层布置。长江是中国内河航运的黄金水道,天兴洲河段航运繁忙,为满足通航的要求,天兴洲长江大桥主跨布置为504m。

(2)主梁结构。

上层公路为6车道,宽27m。下层铁路为4线,其中2线一级干线、2线客运专线。南汊主桥为(98+196+504+196+98)m双塔三索面公铁两用钢桁梁斜拉桥。斜拉桥主梁为板桁结合钢桁梁,3 片主桁,桁宽(2×15)m,钢梁全长 1092m,钢梁总质量为 46000t。

主梁为 N 形板桁结合钢桁梁,桁宽 30m(图 9-83)。本桥的桥跨布置、塔柱高度选择按正常斜拉桥比例确定,桁梁高度的变化对斜拉桥的总体受力影响不十分明显。因此,桁高主要由行车净空、横向构件受力需要和节点构造细节决定。采用正交异性板作为公路桥面,桁高 15.2m、节间长度 14m。主桁采用焊接整体节点结构,最大板厚 50mm,材质为 Q370qE。主桁弦杆均采用箱形截面,杆内宽 1300mm,下弦杆截面 1300mm×1740mm,每块竖板设 2 道纵向焊缝,水平板设 1 道加劲肋。由于公路路面设置横坡,上弦杆中、边桁采用不同的断面尺寸。

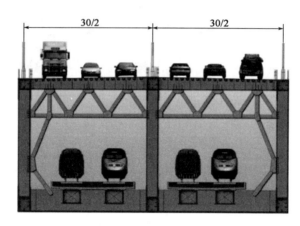

图 9-83　钢桁梁标准断面图(尺寸单位:m)

铁路桥面系采用纵横梁体系,道砟桥面。铁路纵梁为工形截面,每线铁路下设 2 片纵梁,间距 2m。横梁为工形截面。上弦中部 756m 范围是正交异性钢桥面板,为了平衡辅助墩处较大的负反力,在主梁公路路面两端各 168m 范围采用混凝土结合板桥面。公路桥面在中跨 756m 范围内采用正交异性钢桥面板与上弦杆盖板焊成整体的结构形式,其余部分通过剪力钉与混凝土桥面板形成钢-混凝土结合桥面。正交异性钢桥面板板厚 14mm,下设槽形闭口肋。每半幅(15m 宽)桥面设 4 道纵梁,腹板上端与桥面板焊接。沿桥纵向每个节间设 5 道横肋。桥面板与公路横梁焊成一体出厂,桥面板宽 13m,长 14m,单块质量约 65t。安装时钢桥面板 4 片纵梁的竖腹板和下翼缘与公路横梁用高强度螺栓相连,5 片横肋的竖腹板和下翼缘与上弦杆伸出肢用高强度螺栓相连。桥面板分别与上弦杆上水平板、公路横梁上翼缘采用单面焊双面成形焊连。

3 片主桁新型结构、正交异性板与主桁上弦及公路纵横梁结合方式为焊接。如采用常规的桥位散拼架梁方案,对位精度要求高,正交异性板制造、存放、运输、吊装精度要求高,变形控制难度大;桥上焊接工作量大,难以控制焊接变形,焊接残余应力大,焊缝质量不易保证;尤其是正交异性板吊装过程中受外荷载变化的影响,钢桁梁施工质量控制风险大。所以,本桥提出并实施了桁段工厂拼装(图 9-84),桥位现场桁段整体架设的方案。

钢桁梁匹配拼装采用"1+2"连续匹配组装工艺(图 9-85),即一次拼装 3 个节段,拼装精度满足要求后,留下一个节段(母梁),作为下一轮次的拼装基准。拼装在 4 个台座上同时进行,按照架梁先后顺序进行节段总装。

图9-84 工厂加工

图9-85 钢桁梁节段1+2组拼

为满足钢桁梁节段运输及整体提升的需要,增设临时杆件(图9-86),以保证桁段结构的稳定和刚度。正交异性板节段设置临时竖杆、临时横梁及下平联;混凝土桥面板节段增设临时横联。为保证钢梁节段运输到桥位吊装后能正确对位,需在工厂进行对接试验,如图9-87所示。

图9-86 整节段设置临时杆件

图9-87 工厂对接试验

钢桁梁架设主要施工方法:利用120t浮吊架设主塔墩旁托架(图9-88),托架检查合格后,安装滑道及滑座,运输船将杆件运至桥塔旁,用120t浮吊吊装第1节间钢桁梁,然后拖拉到位,再继续安装第2节间、第3节间、第4节间。利用墩旁塔吊和120t浮吊在桥面上安装2台700t架梁起重机(图9-89)。为加快钢梁安装,首次采用整节段吊装的方法,工厂整节段制造完后通过码头下河(图9-90),用船舶运输到桥位(图9-91),用2台700t架梁起重机对称悬臂架设(图9-92)。

9.6.2 混凝土梁的施工案例

混凝土斜拉桥主梁的架设除了与桥塔及斜索的施工有牵连之外,和通常的混凝土梁没有太大的区别。混凝土主梁的架设方法与斜拉桥的跨径和规模有密切关系,一般跨径及规模较小时常采用膺架法施工,跨径及规模较大时常采用伸臂法施工。

大跨径混凝土斜拉桥采用密索方式的较多,密索方式的出现实际上也是伸臂施工法进步的体现。因此,伸臂施工法利用众多的斜索在施工时吊拉主梁,是最能利用斜拉桥结构特点的一种施工方法。在伸臂施工法中由于混凝土浇筑方法、主梁截面形状和施工顺序等不同,其架设方法也有所不同。关于混凝土的浇筑方法一般可分就地浇筑和预制两类。就地浇筑时可采用移动式吊篮施工。通常利用吊篮将主梁分段就地浇筑，每段长为 2~5m。架设预制节段则可使用架设梁或浮吊等来施工。预制节段可在工厂或现场附近的场地制造。就地浇筑与预制虽同为伸臂法，但所用的机具设备有所不同。关于主梁的截面形状大致可分为空心板梁、T梁、工字梁和箱梁等几类。由于截面形状的不同架设方法有时也有区别。在施工顺序方面可以整个截面一起浇筑，也可分次浇筑或一部分截面采用预制构件，另一部分就地浇筑。

图 9-88　120t 浮吊安装墩旁托架

图 9-89　安装 2 台 700t 架梁起重机

图 9-90　码头整节段下河

图 9-91　整节段运输

图 9-92　架梁起重机对称悬臂架设

以湖北荆州长江大桥混凝土梁的施工为例,介绍混凝土梁斜拉桥的施工。

湖北荆州长江大桥北汊通航孔桥为主跨500m预应力混凝土斜拉桥,其跨径居同类桥梁世界第二、亚洲第一。设计行车速率:100 km/h。设计荷载:汽-超20,挂-120。桥面宽度:行车道净宽21.5m,桥面总宽为24.5m,不设非机动车道和人行道。

主桥基础全部设计为钻孔灌注桩基础,两主塔下均为22根直径2.5m桩基,承台直径33.0m,承台厚6.0m。水下基础采用钢管桩支撑平台和双壁钢套箱围堰施工方案。钢套箱内径33m,外径36m,高35m,一次浇筑封底混凝土4250m³。桩基施工采用国产大型钻机配以自制钻头,成功地解决了深水大直径钻孔灌注桩穿越80m砂卵石层的机械设备和施工工艺。主塔采用H形桥塔,北塔高为139.15m,南塔高为150.25m。两塔每根塔柱下边均设有5m高的塔座。塔上横梁截面高度为4m,下横梁截面高度为6m,均设置了预应力筋。

斜拉桥主梁采用预应力混凝土肋板式结构,受力明确,构造轻巧,施工方便。主梁设计成飘浮体系,仅在两端交界墩上设4个拉压球型支座。双主肋梁高2.4m,标准梁段肋宽1.7m,梁顶宽26.5m(底面宽27.0m),桥面板厚32cm。为消除边墩支座负反力,两梁端各70m范围内采用加大主肋宽度的方法,增加自重。主梁采用前支点挂篮施工,节段长4m、6、8m,质量最大节段为530t。总体布置见图9-93和图9-94。

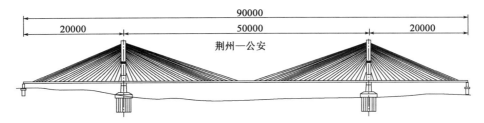

图9-93 湖北荆州长江大桥立面布置图(尺寸单位:cm)

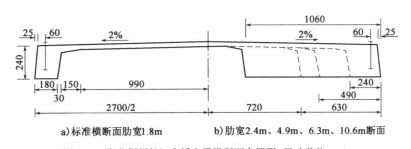

a) 标准横断面肋宽1.8m　　　b) 肋宽2.4m、4.9m、6.3m、10.6m断面

图9-94 湖北荆州长江大桥主梁横断面布置图(尺寸单位:cm)

9.6.3 钢-混凝土组合梁的施工

组合梁架设的主要施工方法有两大类:一类是从塔柱处对称平衡架设;另一类是待边跨先完成支架上架梁后,再从中跨开始悬臂架梁、对称挂索(称为对称架设法)。对称架设法一般先将梁体与主塔临时固结,以承受悬臂施工过程中可能出现的不平衡弯矩和水平剪力。如上海南浦大桥、杨浦大桥的主梁均采用此法架设。

1)施工工艺

(1)组合梁钢梁制作。

组合梁钢梁不论是钢工字形梁还是钢箱梁,均需采用优质厚钢板,板材均要进行超声波探伤检查,同时,焊接时除采用优良工艺外,还必须选择与之匹配的钢结构焊接用材。组合梁钢横梁及其他钢构件也与钢主梁相似,其材料和焊接工艺要求均特别严格。组合梁钢构件的加工焊接要求及组拼等工艺和质量检查与钢箱梁相似。

(2)组合梁混凝土桥面板加工。

混凝土桥面板是组合梁的重要部分,承受桥面上的全部活载和桥面系恒载,以及整体断面的轴力,因此,设计施工时应特别注意以下因素。为尽量减小混凝土桥面板的收缩、徐变所引起的斜拉桥内力,应尽量采用预制桥面板,并在良好条件下养生较长的时间后,方可进行安装。如上海南浦大桥存放期为6个月,以减少后期收缩和徐变变形的影响。徐变、收缩对内力的影响,随着跨径的增大所占的比重也越大,一般应采用高强度等级的硅酸盐水泥,使用高强度混凝土,以获得较低的徐变系数。采用预制桥面板还便于加快架设进度。起吊预制桥面板时,要注意吊点的局部应力控制,并注意吊点处的加强。对于跨径不很大的组合梁,也可采用现浇桥面板。

桥面板是双向受力构件,四周搁置在钢梁上,与钢梁组合,共同承受活载,对桥面板板底平整度要求特别高。为保证桥面板板底平整度符合要求,首先应选择理想的施工台座并控制其平整度误差。最理想的混凝土台座是混凝土水磨石台座。混凝土配合比中应尽量控制水泥用量,即使采用C60混凝土,水泥用量也不宜超过$500kg/m^3$,以减少混凝土的收缩徐变。

各桥面板单元之间纵横向的混凝土灌缝,宜选择低膨胀低收缩混凝土。因接缝混凝土的养生待强时间需占用架设工期,且工期比重较大,所以应选用早强混凝土。

2)临时固结措施

施工临时固结,主要是将0号段钢主梁与塔柱下横梁刚性固结,使大桥在悬臂拼装施工阶段处于稳定状态。施工临时固结装置,有将抗倾覆稳定和纵横向限位装置分开来设置的。如上海南浦大桥的临时固结措施是采用在下横梁的顶面,在2根主梁轴线上各浇筑2个混凝土支墩,将钢主梁放在支墩上,每个支墩内侧各预留$2\phi150mm$的索孔,用于预应力索的锚固,0号段钢框架通过8根锚固索固定在下横梁上,作为抗倾覆稳定装置。同时,在浇筑主桥塔柱时,先在钢主梁相同高度处的左右塔柱内侧各浇筑一个"I"形块,用于纵向限位。横向限位是在主梁外侧的永久性橡胶支座上,分别先用可调节的螺杆顶死,然后浇筑混凝土形成临时横向限位。另一种临时固结,是采用钢管组成的刚性空间框架结构,与钢主梁底板外伸钢板焊接,框架结构下部与塔柱下横梁上的预埋钢板和钢筋焊接,以形成塔梁临时固结,共同抵抗倾覆和进行纵横向限位。

以上两种临时固结措施的实施,前者在安装和全桥合龙后解除该设施时比较烦琐,而后者安装、拆除都很方便,特别是在中孔合龙后,能在很短的时间内顺利解除临时固接,满足结构体系转换内力释放的需要。

3)组合梁架设及定位

(1)无索区梁段施工。

①施工平台安装。组合梁斜拉桥可采用岸上大型吊机或水上大浮吊进行无索区0号块及1号块主梁、横梁安装。在0号块拼装完成后用0号索吊住主梁,再拼装1号块,使主、横梁组成一刚性框架,待1号索及桥面板安装好后,形成一空中施工平台。1号块的接缝混凝土和0号块的现浇段混凝土同时浇筑。

②吊机安装。利用大型浮吊或地面吊机等设备,在平台上组拼2台桥面吊机,然后即可进行两端对称悬臂安装桥面。桥面吊机沿桥轴线由卷扬机等牵引设备前移,吊装时要求4个支腿支撑在钢横梁上。

(2)标准段施工。

组合梁标准段桥面施工的主要构件是梁、索、板。而这些构件均为大重型构件,应着重考虑构件在地面、水面、桥面上的水平和垂直运输。如果桥梁主塔在河中,且河水深度能供船只通行,构件可通过载重车运往下河码头上船,采用驳船运输构件至桥面施工位置,采用浮吊或桥面吊机直接起吊安装。国外很多组合梁斜拉桥(如加拿大安纳西斯桥),构件均采用此运输方法。

如果主塔在岸边或岸上,且岸上运输方便,可通过载重车或轨道龙门吊、平车等设备运至空中施工平台处,再采用高低腿垂直提升架,长腿支撑在地面,短腿支撑在桥面,垂直提升组合梁构件至桥面高度,然后通过顶部的桁车,将构件横移到桥面。桥面运输采用大型载重车运送钢梁、索盘和桥面板到达待装部位的桥面吊机处。如上海南浦、杨浦大桥的组合梁构件运输均用此方法。

标准段构件通过以上方法运至桥面吊机处后,即可进行标准段安装。

(3)特殊段施工。

由于边跨辅助墩位置对应的梁段有锚固拉杆与辅助墩相连,是拉压构件,为保证具有一定的刚度和可靠的稳定性,一般把辅助墩对应的一个或两个钢梁段的上、下翼缘宽度加大,因而质量增大,此时,用桥面吊机无法吊装,需采用大吨位地面吊,在同一位置上同时安装此区段的钢梁。同样,对于连成整体的超长、超重的特殊段钢梁,也可采用大吨位地面吊机一次吊装主梁和横梁。

(4)合龙段施工。

①边跨合龙。边跨钢梁横梁安装完毕后,最边段钢梁需与锚固墩铰接锁住,使锚固墩与斜拉桥形成整体,共同变位。锚固墩锁住后即可施工斜拉桥尾端横梁。端横梁和桥面板施加预应力,随后即吊装过渡孔梁体,并安装斜拉索与锚固墩连接的垂直预应力钢束。然后,可采用大吨位吊机吊装合龙段的钢梁,完成边跨合龙。

②中跨合龙。中跨合龙段是全桥施工难度最大的关键部位,它将影响到全桥的安全、质量和进度。组合梁桥面安装的黄金季节是秋、冬、春三季,此时,气温较低,日温差变化小,日照影响少,所以钢梁及斜拉索长度随气温变化不大,桥面高程容易控制,索力调整也较为方便。而在夏季施工,昼夜温差较大,当桥面悬拼较长时,高程难以控制。为此,应选择在夜间气温偏低时进行。

合龙温度的确定。为了确定合龙时间,要查阅桥梁所在地区近10年合龙日期的气象档案,根据24h气温变化的有关资料,绘制时间-气温曲线,选定温度变化小的时间区间温度作为合龙温度。一般选择自然降温时段合龙较好。因为降温时段合龙,在一段较长的时间内气温变化幅度不大,钢梁伸缩量较小,可为固定钢梁、施拧螺栓赢得较充裕的时间,也便于在合龙后有充足时间拆除0号段的临时固结装置。

合龙段钢梁长度的确定。为了确定合龙段钢梁的下料长度,必须进行24h连续精确实测两合龙边段的空档距离,同时,考虑到已拼好的钢梁桥面长度随气温变化伸缩量、斜拉索的水平分力对钢梁压缩量等因素,留出适当余量后,确定合龙段钢梁的下料长度。并按此长度在确定好的合龙气温条件下下料后,先在加工厂的台座上与边段钢梁进行两段试拼装,确认无误后,再运往现场安装。

合龙段钢梁的安装。根据确定的合龙温度和时间,以及合龙时满足上述条件的合龙段间距,将已制作好的合龙段钢梁吊入合龙段间距内。当合龙段主梁吊入此间距空档后,先与空隙小的边段主梁用销钉固定,然后穿上高强度螺栓,并初拧全部螺栓。待气温下降至符合设计合龙温度时,将合龙段主梁与另一边段主梁上的螺栓孔眼对齐,再用冲钉固定,穿好螺栓进行初拧、终拧。

主梁吊装完成后,立即装好横梁,以减小主梁的自由长度,增大其整体刚度。同时,还必须连夜拆除0号段临时固结装置,使其成为飘浮状态,以免钢梁和混凝土桥面板因气温影响承受压、拉应力而导致结构损坏。

合龙段安装顺利与否,取决于合龙段两端主梁轴线和桥面高程控制。高程控制是由桥塔柱上的斜拉索调控,且在桥面上用压重进行力矩平衡来实现。

4) 组合梁的连接

(1) 钢构件之间连接。

组合梁钢构件之间的连接,与钢箱梁斜拉桥节段连接一样,有3种连接方式:全焊接、栓焊结合、全栓连接。一般多采用摩擦型高强度螺栓连接,这种连接是通过被连接构件的接触面摩擦力来承受外力荷载的。其优点是:受力性能稳定、耐疲劳、能承受动力荷载,适用于承受应力交变和应力急剧变化的连接点。我国上海南浦、杨浦大桥的组合梁钢构件连接均选用摩擦型高强度螺栓连接。组合梁钢构件高强度螺栓施工的具体步骤和质量检查与斜拉桥钢箱梁主梁的全栓接施工相同。

(2) 混凝土桥面板与钢框架的连接。

组合梁钢构件安装后形成了一个钢框架。在安装桥面板前,先在钢框架周边贴上橡胶条,再把桥面板压在橡胶条上,钢梁顶面就成为接缝混凝土底模,而橡胶条可起密封、防滑浆的作用。现浇接缝混凝土通过焊在钢梁顶面上的抗剪焊钉、预制板的外伸筋,以及接缝上的纵横向钢筋,使桥面板与钢梁连成整体,形成组合梁桥面。尤其应重视的是:接缝现浇混凝土宜选择微膨胀低收缩早强混凝土,以减少接缝裂缝的产生,并缩短工期。

因此,现浇连接缝混凝土的浇筑质量和性能、抗剪焊钉的性能与焊接质量,从某种意义上说,是保证整个组合梁结构可靠性的关键。

5) 施工控制及体系转换

(1) 施工控制体系及方法。

由于斜拉桥特别是组合梁斜拉桥刚度较差,属于超静定的柔性结构,有牵一发而动全身之势,施工中,往往会出现实际情况偏离设计目标值,形成一定误差。其中,除了构件制作误差导致构件自重与设计值不符、弹性模量未取准、索力张拉吨位不准等因素外,还因温度变化、日照影响、风力、施工荷载等导致索力大小、塔柱位移、梁板内力等变化,均会使实际的索力和桥面高程与设计不相符,影响施工的质量和结构安全。为此,必须对施工进行控制。

控制方法是采用对桥面高程与索力进行双控。即适当控制索力,使梁、塔的内力处于最优状态。通过索力调整,使桥面高程满足设计要求,但主要以主梁高程和线形顺畅为主。在主梁合龙及体系转换后施加二期恒载,主梁高程与斜拉索索力双控时,则应以索力为主进行控制。对于组合梁,相对自重较轻且刚度较小,可通过调整斜拉索的索力控制主梁的线形与高程。

(2)体系的转换。

在选定温差变化小的夜晚至凌晨阶段,一气呵成地完成组合梁斜拉桥钢框架部分安装,并完成高强度螺栓连接以后,应立即拆除 0 号段临时固结装置,即拆除临时锚固索和纵向限位装置——抗剪钢箱或者是整体临时固结装置,使整个组合梁体系成为飘浮体系。

在解除临时固结装置后,再进行中跨合龙段桥面板安装并张拉斜拉索,浇筑桥面板接缝混凝土,完成全桥结构上的合龙。

6)实例

经典桥例:上海南浦大桥(1991 年 11 月 19 日建成)。

1991 年建成的南浦大桥(图 9-95)是上海市第一座自行设计、自行建造的跨越黄浦江的斜拉桥,全长 8346m,主跨 423m。大桥主梁为"I 形钢纵梁-混凝土板"结合梁,由纵梁、横梁、小纵梁构成框架,框架上搁置混凝土预制桥面板,钢梁上缘焊接 $\phi 22$ 栓钉作为抗剪器,通过现浇接缝混凝土使桥面板与钢梁连接成整体,形成结合梁。I 形钢纵梁高 2.1m,横向中距 24.55m,梁高 2.21m,钢纵梁之间设有纵向间距 4.5m 的工形钢横梁,并设有纵向小纵梁及人行道挑梁。主梁节段长度为 18m,质量约为 24t。

图 9-95　上海南浦大桥

主梁钢板由德国引进,材质为细晶体高强度合金钢。每个钢梁节段由 2 根工形钢纵梁、4 根工形横梁、4 根小纵梁组成,钢主梁节段之间,以及主梁与横梁之间的连接,采用摩擦型高强度螺栓。钢构件均在工厂加工完成,现场吊装栓接,为了解决 60~80mm 厚钢板的对接,135mm 厚板的焊接,需进行焊接工艺试验和评定。

结合梁上部为宽 30.35m、厚 260mm 的钢筋混凝土板,采用 C60 混凝土。混凝土预制板提前预制,置放五至六个月以完成尽量多的收缩徐变,再吊运至桥面安装。将混凝土预制板搁放在钢梁框架上,再浇筑各预制板之间、钢梁顶面上的连接缝混凝土。通过桥面板之间的外露钢筋相互焊接、钢梁上缘 $\phi 22$ 抗剪焊钉,现浇 C60 微膨胀混凝土将桥面板以及钢梁连成整体,形成结合梁断面。

结合梁施工中,为了保证浇筑混凝土的质量,对预制桥面板混凝土及现浇缝无收缩混凝土均在试验室中进行了专门试验研究,并经过工地调配来达到预期的目的。$\phi 22$ 抗剪焊钉经过产品鉴定、试验室抗剪强度试验和疲劳强度试验,均达到了有关规范和设计的要求。焊钉数量的设计,考虑了纵向轴力由钢梁到混凝土桥面板的传递、纵向弯矩的剪力传递、拉索引起横向偏心弯矩的传递,以及横梁端部局部锚固弯矩引起的剪力传递等因素。主梁下设置了纵向桥面排水管线集中排水,以防桥面污水自然下泄影响钢梁、水上船只和桥头广场环境。主梁下设置了贯通全桥的养护行车道。

为了避免出现加拿大安娜雪丝(Annalies)桥相似的裂缝,在南浦大桥设计中采取下列对策:跨中桥面根据计算要求配置预应力;施工过程中避免混凝土板受负弯矩,利用临时吊架拉索吊住主梁;索梁锚固节点设置在腹板上,避免应力集中;反顶预制桥面板,使湿接缝获得压应力储备,以抵抗拉应力。通过上述措施,南浦大桥没有出现类似于加拿大安娜雪丝桥的裂缝。

9.7 斜拉索的施工

斜拉索一般采用高强度钢筋、钢丝或钢绞线制作。主要有平行钢筋索、平行钢丝索、钢绞线索和封闭钢丝绳等形式,如图 9-96 所示。在我国的大跨径斜拉桥中,主要采用平行钢丝索和钢绞线索。

a)平行钢筋索

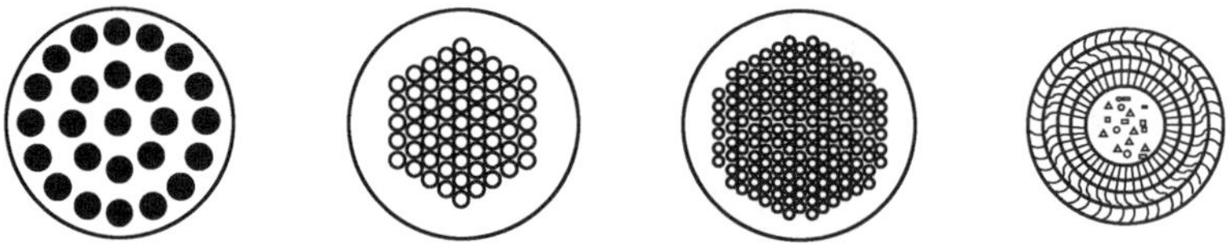

b)平行钢丝索

c)钢绞线索

d)封闭钢丝绳

图 9-96 斜拉索的基本类型

斜拉索可以分为两大类。一类是在工厂内制造后运到现场的"预制索",另一类是与主梁及桥塔的施工同时在现场直接制造的"现制索"。现在斜拉索施工中大多数采用工厂预制索。

预制索一般是直接用吊机将斜拉索起吊就位,或用导向缆绳及绞车等引拉就位的方法来架设。现制索则常用导索缆绳等将保护管先架设好,然后再将斜拉索本身插入保护管。

9.7.1 斜拉索引架

斜拉索的引架方法有:塔顶直接引架法、设置临时钢索并用滑轮吊索引架法、设置临时钢索并用垂直吊索引架法、工作猫道引架法。

1)塔顶直接引架法

使用塔顶吊机将在主梁桥面上展开的斜拉索通过导向滑轮及引拉装置等直接引拉就位[图 9-97a)]。当斜拉索被吊拉到桥塔锚固点附近时,利用该塔上的引拉装置将斜拉索锚头引拉到锚固构件上。此法工作效率较高,根据斜拉索截面大小决定塔顶吊机的大小,一般适用于由单根钢索组成的斜拉索。如果要用于引拉由多根钢索组成的斜拉索时则必须有工作猫道。

2)设置临时钢索并用滑轮吊索引架法

在塔顶与主梁前端之间设置临时钢索,然后用若干根滑轮吊索来引拉预先已展开好的斜拉索[图 9-97b)]。滑轮吊索的下端将斜拉索吊起,上端则有滑轮可沿临时钢索向上滑行。此法的缺点是临时钢索要随着主梁的伸出经常变换位置,架设效率稍低。但与方法1)相比,它可架设大截面的斜拉索。

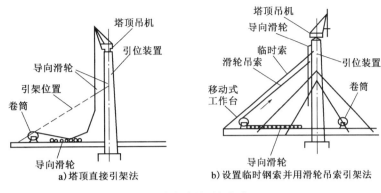

图 9-97 斜拉索的引架方式(一)

3) 设置临时钢索并用垂直吊索引架法

与方法 2) 一样,先要设置临时钢索。临时钢索上设置若干根带有滑车组的垂直吊索,依靠这些吊索将在梁上已展开的斜拉索垂直起吊就位并引入塔内锚固[图 9-98a)]。此法的缺点与 2) 相同,临时钢索的位置要随着主梁的伸出而变化。如果斜拉索可以按从上到下的次序逐根安装时,则可利用前面已安装好的斜拉索来代替安装下一根斜拉索所需的临时钢索。

4) 工作猫道引架法

将若干滑轮安装在工作猫道上,然后将展开的斜拉索放在这些滑轮上向上引拉就位[图 9-98b)],此法常与方法 2) 一起使用,即桥塔方向的斜拉索锚头同时由临时钢索的吊索来吊拉。

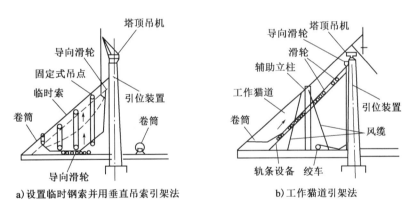

图 9-98 斜拉索引架方式(二)

9.7.2 斜拉索张拉

斜拉索的张拉作业是在斜拉索引架完毕后导入一定的拉力,使斜拉索开始受力而参与工作,图 9-99 为 5 种张拉作业的方法。

1) 用千斤顶直接张拉

在斜拉索的梁端或塔端的锚固点处装设千斤顶直接张拉。采用此法时,设计中要考虑千斤顶所需的最小工作净空。

2) 用临时钢索将主梁前端拉起的方法

依靠主梁伸出前端的临时钢索,先将主梁向上吊起,待斜拉索在此状态下锚固完毕后,再放松临时钢索而使斜拉索中产生拉力。实际上是将临时钢索中的拉力以大于1倍的数值转移到需要张拉的斜拉索中去。

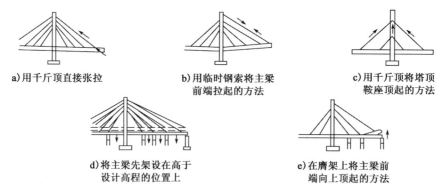

图 9-99 斜拉索张拉作业的 5 种方法

此法虽可省去大规模的机具设备,但光靠临时钢索有时很难满足主梁前端所需的上移量。因此,常还需用其他方法来补充斜拉索的拉力。

3)用千斤顶将塔顶鞍座顶起的方法

安装塔顶鞍座时,先将鞍座放置在低于设计高程的位置上,待斜拉索引架到鞍座上之后,再用千斤顶将鞍座顶高到设计高程,并由此使斜拉索受到所需的拉力。当斜拉索长度很大时,采用此法张拉,鞍座的顶高量有时达 2m 之多。

4)将主梁先架设在高于设计高程的位置上

待全部斜拉索安装锚固好之后再用放松千斤顶来落梁,并由此使斜拉索中受到所需的拉力。

5)在膺架上将主梁前端向上顶起的方法

此法实际上与方法 2)相似,差别是向上拉与向上顶的区别而已。但此法只适用于主梁可用膺架来架设的斜拉桥。如果主梁前端在水面上时,也可采用浮吊将主梁前端吊起,或借助于驳船的浮力抬高主梁前端高程。当然也可以在驳船上将主梁前端顶高。

以下为张拉时应该注意的事项:

(1)为了减少桥塔和主梁承受的不平衡弯矩及扭矩,应该尽可能对称张拉,要准备有足够的千斤顶等张拉机具的数量。

(2)脚手平台等的设置计划要能适应以下各种各样的张拉:斜拉索的张拉,有伸臂架设时最外一根斜拉索的初次张拉、内侧紧邻一根斜拉索的二次张拉、主梁合龙后的最终张拉,以及施工中间的调整张拉等。因此,如果在主梁一侧张拉时,需要有能在主梁下面自由移动的吊篮式脚手平台。

(3)由于千斤顶较大,有时在锚固部位需要有安装设施来安装千斤顶。

(4)由于每一根斜拉索的张拉力很大,并且伸长量也大,千斤顶和座架等均是大型的,因此,要根据千斤顶所需的张拉空间和移动空间等选择张拉位置(在桥塔一侧还是主梁一侧)。此外,对张拉端和非张拉端(固定端)来说,由于锚固体种类的不同,有时其构造是不同的。

9.7.3 斜拉索索力调整

斜拉索的张拉一般可分为拉丝式(钢绞线夹片群锚)锚具张拉和拉锚式锚具张拉 2 种。

其中,拉锚式锚具张拉因施工操作方便及现场工作量较少等优点被更多地采用。根据设计要求及现场实际情况,有采用塔部一端张拉的,有采用梁部一端张拉的,也有采用塔、梁部两端同时张拉的,其中,以塔部一端张拉使用最广泛。

1)拉丝式夹片群锚钢绞线斜拉索的张拉

对于配装拉丝式夹片群锚锚具的钢绞线斜拉索,挂索时先要在拉索上方设置一根粗大钢缆作为辅助索,拉索的聚乙烯套管先悬挂在辅助索上,然后逐根穿入钢绞线,用单根张拉的小型千斤顶调好每根钢绞线的初应力,最后,用群锚千斤顶整体张拉。新型的夹片群锚拉索锚具,第一阶段张拉使用拉丝方式,调索阶段使用拉锚方式。

2)拉锚式斜拉索的张拉

拉锚式斜拉索张拉均为整体张拉。根据目前的技术水平,国内外拉索锚具、千斤顶、拉索的设计吨位已达到"千吨"级水平,大吨位拉索整体张拉工艺已十分成熟。无论是一端张拉还是两端张拉,一般情况下都需在斜拉索端头接上张拉连接杆,之后使用大吨位穿心式千斤顶实施斜拉索的张拉调索,为方便施工,张拉杆大都采用分节接长,而非整根通长。拉锚式斜拉索张拉调索施工要点如下。

(1)张拉调索主要步骤。

①对张拉千斤顶和配套油泵进行标定。同时对预计的调整值划分级别,根据标定得出的张拉值和油表读数之间的直线关系,计算并列出每级张拉值和相应的油表读数。

②对索力检测仪器进行标定。

③计算各级调整值,并列出相应的延伸量。

④做好索力检测和其他各种观测的准备工作。

⑤张拉工具、设备一一就位,先用手拉葫芦将千斤顶撑架等固定在斜拉索锚固面上,然后将千斤顶用螺栓连接在撑架上;将张拉杆穿过千斤顶和撑架,旋接在斜拉索锚头端,再将张拉杆上的后螺母从张拉杆尾端旋转穿进;将千斤顶与油泵用油管接好,开动油泵,使千斤顶活塞空升少许(如调索要求降低索力,可根据情况多升一定量);接着将后螺母旋至与活塞接触紧密。如调索是在斜拉索锚头还未被牵出锚固面的情况下进行,则上述过程已在牵索过程完成。如索力检测采用测量张拉杆拉力的方式,则应在张拉杆后螺母之间安装穿心式压力传感器测量张拉力,需先将传感器从张拉杆后端插入,再将张拉杆后螺母旋入。

⑥按预定级别的相应张拉力,通过电动油泵进油或回油逐级调整索力。如果是降低索力,则先进油拉动斜拉索,使锚环能够松动,在旋开锚环后可回油使斜拉索索力降低。在调索过程中,如千斤顶达到行程允许伸长量,即可将斜拉索锚头的锚环旋紧,使其临时支承于锚固支承面上,这时千斤顶可回油并进行下一行程的张拉。如果调索是在斜拉索锚头还未牵出其锚固面的情况下进行,则临时锚固由叠撑在锚环上的张拉杆前螺母(即两半边螺母)承担临时锚固。

张拉调索过程中,应以检测、校核数据配合油表读数共同控制张拉力,并通过对结果的随时观测防止不正常情况的发生。

(2)张拉调索注意事项。

①千斤顶和油泵等张拉机具应由专人使用和管理,并应经常维护,定期检验。出现千斤顶或油泵出厂初次使用、千斤顶使用超过6个月或200次、千斤顶或油泵在使用过程中出现不正常现象、千斤顶或油泵经过检修、千斤顶和油泵重新配对等情况时,均应对千斤顶和油泵配置

进行重新标定。

②对千斤顶和油泵进行编号,以免标定结果出错。

③斜拉索的索力调整应由专业人员进行,并须经设计部门同意。

④张拉调索调整前,应将锚头散锚固锚环配对并检查其质量。将斜拉索锚固面、各个张拉受力支承面及锚头、锚环、张拉杆、张拉杆锚固螺母等丝齿内的杂物逐一清除。

⑤锚环、张拉杆、张拉杆螺母等旋紧程度要一致,以免斜拉索、张拉杆在索力调整过程中受力不均匀。

⑥斜拉索、撑架、千斤顶、张拉杆在调索施力过程中位置要居中,以免拉索、张拉杆受力不均匀。索力调整过程中应注意保护拉索不受伤害。

⑦索力调整过程中,必须同时进行梁段和桥塔变位观测,并与设计变位值校核。超过设计规定范围或出现其他不正常情况时,应停工检查原因,并与设计单位研讨,采用适当方法进行修正。

⑧调索过程中要密切注意油泵的压力表值,如遇压力突升应及时关机,查明原因并解决后才能继续工作。

⑨桥塔上张拉调索系高空作业,对施工人员、设备的安全保护应有可靠措施。

(3)斜拉索索力量测。

斜拉索的索力是斜拉桥设计的一个重要参数,必须确保准确可靠。而采用可靠的索力量测手段及工具是确保索力准确的根本。根据国内外多座斜拉桥的施工实践,目前,比较常用且成熟的索力量测方法有压力表测定法、压力传感器测定法和频率法等3种。

①压力表测定法是利用张拉千斤顶的液压与张拉力之间的直接关系,通过测定张拉过程中的油压,而后换算成索力的一种索力测定方法。采用此法测定索力时,需使用0.3~0.5级精密压力表,使得压力表测定的索力精度达到1%~2%。此法测量索力简单易行,是斜拉桥施工过程中最为常用的一种索力测量方法。

②压力传感器测定法是在张拉连接杆套一个穿心式压力传感器,张拉时处在千斤顶和张拉螺母之间的传感器受压发出电讯号,在配套的二次仪表上读出千斤顶张拉力,从而得到索力值。采用此法精度较高,可达到1%以下,但价格比较昂贵,只能在特定条件下使用。

③频率法是利用斜拉索振动频率和索力之间的关系,通过测定频率间接换算索力的办法量测索力。采用此法量测索力时,首先,要根据不同工况及斜拉索相应的约束条件准确设定斜拉索的计算长度;其次,要准确测定斜拉索振动频率,特别是低阶频率。当前随着科技发展,测定斜拉索振动频率的电子仪器日趋成熟,整套仪器携带、安装都十分方便,测量结果也比较可信,故采用此法量测索力比较普遍。

9.7.4 斜拉索防腐

斜拉索防护可分为临时防护和永久防护两种。

1)临时防护

(1)钢丝或钢绞线从出厂到开始做永久防护的一段时间内所需要的防护称为临时防护。国内目前采用的临时防护法一般是钢丝镀锌,即将钢丝纳入聚乙烯套管内,安装锚头密封后喷防护油,并充氮气。以及涂漆、涂油、涂沥青膏处理等。具体实施可根据防锈蚀效能、技术经济比较、设备条件及材料种类决定。

(2）通常在钢丝或钢绞线穿入套管前，每根钢丝或钢绞线应在水溶性防腐油中浸泡或喷一层防腐油剂。

(3）在临时防护中，镀锌钢丝的锌层应均匀连续，附着牢固，不允许有裂纹、斑痕和漏块。另外，不镀锌处理的钢丝，在储存和加工期间应进行涂漆、涂油等其他临时防护措施。

2）永久防护

从拉索钢材下料到桥梁建成及长期使用期间，应做永久防护。永久防护应满足防锈蚀、耐日光曝晒、耐老化、耐高温、涂层坚韧、材料易得、价格低廉、生产工艺成熟、制作运输安装简便、更换容易等要求。永久防护包括内防护与外防护，内防护是直接防止斜拉索锈蚀，外防护是保护内防护材料不致流出、老化等。

（1）内防护。

内防护所用的材料一般有沥青砂、防锈脂、黄油、聚乙烯塑料泡沫和水泥浆等，这些材料各有优缺点。

（2）外防护。

外防护所用的材料亦各有优缺点，聚氯乙烯管质脆，抗冻和抗老化性能差，易破裂失效；铝管则需注水泥浆，而水泥浆的碱性作用易使铝管腐蚀；钢管作外套时本身尚需防腐蚀且笨重；多层玻璃丝布缠包套，目前效果尚可，但价格高，施工烦琐。我国目前一般采用碳黑聚乙烯在塑料挤出机中旋转挤包于斜拉索上的热挤索套防护方法，即 PE 套管法，所用高密度聚乙烯（PE）与其他方法所用材料相比具备以下优点：

①在设计寿命期限内能抵抗循环应力引起的疲劳。

②在聚乙烯树脂中加炭黑能有效抵抗紫外线的侵蚀。

③与灌浆材料和钢材无化学反应。

④在运输、装卸、制造、安装和灌注时能抗损坏。

⑤能防止水、空气和其他腐蚀物质的入侵。

⑥徐变小。

⑦对周围环境有一定的适应性。

同时，黑色 PE 管的热膨胀系数大约是水泥浆和钢材的 6 倍。因此，为了控制温度变化，并减小可能导致 PE 管损坏的不均匀应力，通常在 PE 管上缠绕或嵌套一层浅色胶带或 PE 面层。采用热挤索套与 PE 管压浆工艺不同，存在斜拉索钢丝早期锈蚀问题，可在很短的时间内完成防腐、索套制作、斜拉索密封等工艺。

总之，斜拉索防护绝大多数是在生产制作的过程中完成的，与生产材料、工艺以及生产标准、管道等密切相关，故此，要做好斜拉索的防护工作，就必须严格控制好生产的各个环节、工序，以确保斜拉索的质量。

（3）防护施工注意事项。

虽然在生产制作过程中采取了很多防护手段防止斜拉索腐蚀，但在斜拉桥的施工过程中还有很多问题会对正常防护产生影响。首先，在斜拉索的运输、存放过程中卷盘和展开时，PE 管的柔度受温度影响比较大，在低温下卷盘或展开斜拉索索盘可能会导致 PE 管破裂。另外，运输及吊运索盘时也会由于不慎而对 PE 套管及钢管造成损伤，出现损伤时要及时采取措施修补和加强防腐处理。在实施挂索及其他施工中，还要注意对斜拉索的保护，在拖索、牵引、锚固、张拉及调整的各道工序中，均要注意避免碰伤、刮伤斜拉索。

9.7.5 斜拉索施工实例

武汉白沙洲大桥斜拉索设计采用平行钢丝束成品索,为扇形双索面,每塔96根斜拉索,每肢24对索,拉索型号共分为5种PES:73ϕ7mm、91ϕ7mm、136ϕ7mm、167ϕ7mm、223ϕ7mm。梁部标准斜拉索水平间距为12m,非标准索水平间距分别为:9m、6m、4.5m。最长索长331.36m,重163.1kN,要求最小提升力为735kN。

1)斜拉索水平运输

重80kN以下的索由塔吊直接吊运到桥面。80kN以上的则采用龙门吊吊运到引桥,再用50kN卷扬机将其水平牵引到设计位置。

2)索盘放索及水平牵引

(1)对80kN以下的索,挂上塔端索后,塔吊提起斜拉索着梁部分,将锚杯固定于小平车上,由卷扬机水平牵引到索管上口附近锁定。牵引过程中沿运动方向在索下间隔3m铺设硬度小于PE套的光滑圆木支垫或辅设钢滚筒,以防斜拉索PE套损伤。

(2)80kN以上索,在盘上用卷扬机水平均匀牵引,当水平牵引距离较大、圆木支垫较多时,应适当放慢速度。牵引到塔位时应留足挂索长度,挂完塔端索后,回牵斜拉索到梁端索管口附近锁定。

3)斜拉索挂索

(1)塔端挂索。

塔端挂索系统由塔吊、张拉小车和卷扬机组成。张拉小车为挂索张拉的施工平台,结构为框架承重结构,共分两层,底层为油泵工作平台,顶层为张拉工作平台。张拉小车设4只滚动轮,沿塔内斜侧面坡度升降。卷扬机为张拉小车升降牵引动力和挂索牵引动力,一机两用。当张拉小车升到位时,用索引卡将张拉小车临时卡固于预设吊缆上,再用卷扬机,牵引由塔吊运至索管下口的斜拉索锚杯进入索管锚垫板以上时,临时锚固。

①吊点选择:吊点选择在索的自然弯曲点(系指索在无回弹力状态下的最小弯曲长度$L=\pi R$)。吊点选择除应考虑索管长度和拆卸吊具方便的长度外,最小长度应不小于索的弯曲直径,即$\pi R \geq L > 2R$。在索的自然弯曲点吊装,有利于索的入管牵引,当索被牵引入索管后,处于自然顺应牵引行走状态,不易挂拉损伤锚杯螺纹,可避免因吊点不合适导致索在管内滑动、扭曲等引起的锚杯划擦受损、螺纹变形等问题。

②设备能力的确定:塔吊最大起重能力130kN,最大起吊高度150m。重163kN的斜拉索采用一端张拉(塔端),因塔吊起吊能力不足,需采用两端张拉方案,在塔吊起吊斜拉索过程中塔吊只承受提升的垂直段和离开桥面的悬链线段的斜拉索重力。

③塔端挂索:塔吊起吊拉索到上横梁后,将柔性软牵引钢缆从索管内下放与锚杯拉环连接,由塔顶卷扬机从塔肢内导向、牵引软牵引钢缆,卷扬机以50kN×4的牵引力将锚杯拉至索管上口就位锚固。

(2)梁端挂穿索。

梁端穿索系统由卷扬机、50kN手动葫芦(或滑轮组)、斜拉索抱箍和刚性(软)牵引结构组成。以卷扬机为水平牵引动力,以50kN手动葫芦(或滑轮组)为拉索斜向导向对中牵拉动力,由刚(软)性牵引拉索进入索管下口临时锚固。根据拉索的受力特性大小和索长分为短(150m以下)、中(150~270m)、长(270m以上)3种类型,分别采取单根刚性牵引张拉、双根刚性牵引张拉和软牵引张拉的相应措施,刚性牵引杆采用φ32精轧螺纹钢,软牵引采用7φ5钢绞线束。短索采用1500kN穿心式千斤顶张拉,中长索采用2500kN穿心式千斤顶张拉。

①斜拉索水平牵引:根据索牵引力大小的要求,采用50kN卷扬机和5门导向滑轮组作为水平牵引系统,使用50kN手动葫芦或滑轮组顺斜拉索坡度导向,促使拉索与索管对中。在水平牵引力和斜拉索导向的连动作用下,使斜拉索偏角引起的矢向偏移逐步消除,安装牵引设备通过千斤顶施拉,对斜拉索锚杯进行临时锚固。

②刚性牵引张拉系统:由拉杆、锚固螺母、反力架、千斤顶和油泵组成。拉杆φ32精轧螺纹钢的极限应力为1000MPa,容许应力为750MPa,单根容许拉力为600kN。刚性拉杆与锚杯的连接器采用与锚杯材质相同的45号钢加工。连接器内螺纹及各部位尺寸与拉杆相同,连接器外螺纹及各部尺寸与锚杯内螺纹及各部位尺寸相同。

刚性牵引张拉施工程序:启动油泵进油→前锚固工具螺母跟进紧固→千斤顶行程控制→油泵持荷3min→锚固前工具螺母→油泵回油→锚固后工具螺母→开始下一张拉程序。

在张拉过程中应严格控制拉杆的拉力。当拉应力油表读数发生剧增突变时,应停机查明成因。考虑钢梁锚箱的结构特点,在斜拉索锚杯未拉出锚垫板前,应特别注意锚垫板进口处钢件对锚杯丝口的挂拉,及时调整导向控制。

③软牵引张拉:柔性软牵引张拉采用φ75钢绞线,由12根钢绞线组成牵引张拉束,前、后工具锚采用12孔OVM工具锚,使用2500kN千斤顶及反力架,配套校正油泵张拉力1710kN,单根钢绞线控制张拉力142.5kN。软牵引的连接器除材质与刚性牵引连接器相同外,直径、长度均与锚杯内螺纹相同。

软牵引张拉程序:安装张拉设备及导向→调正对中索管、开启油泵→前工具锚跟进、打紧夹片→应力及千斤顶行程控制→持荷3min→锚固前工具锚、打紧夹片→油泵回油→退出后工具锚夹片→安装后工具锚打紧夹片→开始下一行程张拉。

在软牵引张拉过程中,前工具锚跟进、打紧夹片工作要及时,一是防止夹片脱落,二是防止跟进锚固中当发生断、滑丝时会使梁体产生较大力量的振动。这些情况都会对施工安全带来威胁,因此在完成每一次张拉任务后,都应对钢绞线、冷压套、工具夹片进行全面检查,对有破损的构件应及时更换。

4)斜拉索张拉调索

(1)武汉白沙洲大桥斜拉索采用两端张拉,张拉过程要求对称进行。每完成一根索的索力线形控制张拉,要测量紧前连接5根索的索力变化,为检核设计数据和调整索力提供参数,同时,进行轴线偏移和高程测量。具体张拉程序为:安装张拉设备→启动油泵进油张拉→锚固螺母跟进紧固→应力、伸长量控制→油表读数控制→伸长量校核→持续5min→紧固锚螺母。

(2)在施工阶段,随着结构体系和荷载状态的不断变化,索力及线形也不断变化,因此,采用索力、线形双控进行两次张拉,使塔梁受力基本保持平衡状态。斜拉索的索力控制张拉以及调索张拉均为塔端张拉,梁端张拉仅为塔端张拉的前期辅助措施。

(3)斜拉索调索主要分3次进行,在边跨合龙前进行一次全面调索,使合龙段线形要求得到满足,中跨合龙前进行一次全面调索,除满足合龙线形要求外,还存在纠正塔的变形,使塔体在预设的偏向边跨的偏移量在允许范围内。当施加成桥后的二期恒载和运营荷载以后,由偏移量形成的应力对特大跨径的中跨受力起着控制作用。全桥贯通后进行全桥索力调整,其主要目的除满足线形要求外,对各索索力进行平衡调整,使高次超静定梁的受力状态达到设计要求的误差±3%以内。武汉白沙洲大桥原则上进行3次调索,在施工中索力误差大于±3%时进行了阶段性调索,满足了高次超静定梁的工况要求,减少了由累积误差引起的不平衡作用力影响。

复习思考题

9-1　缆索承重桥梁的施工包括哪几部分?

9-2　钢桥塔的节段安装方法有哪几种?

9-3　混凝土桥塔现场浇筑施工的方法有哪几种?

9-4　一般采用什么形式的结构进行主鞍座和散索鞍的吊装?

9-5　大体积的锚碇施工应注意控制哪些方面?有哪些形式的分批浇筑施工?

9-6　防止大体积混凝土开裂的措施有哪些?

9-7　简述主缆架设的施工流程。

9-8　先导索的作用是什么?

9-9　架设先导索的方法主要有哪几种?

9-10　牵引系统常用的有哪几种类型?

9-11　猫道的作用是什么?猫道结构的主要受力结构是什么?

9-12　猫道之间设置横向通道有哪些作用?

9-13　简述AS法的施工步骤。

9-14　简述PPWS法的施工步骤。

9-15　标准丝与标志丝有何区别?

9-16　简述平行索股的制作工序。

9-17　简述平行索股的架设工序。

9-18　平行钢丝索股的牵引方式有哪几种?

9-19　简述索股的线形调整过程。

9-20　为什么要进行紧缆?简述紧缆过程。

9-21　斜拉索的引架方式有哪几种?

9-22　斜拉索的张拉有哪些方式?目前常用哪些方式?

9-23　通过哪些方式控制或测量斜拉索力?

9-24　悬索桥加劲梁的吊装方式有哪几种?

9-25　斜拉桥主梁的施工方法有哪几种?目前主要采用什么方法?

参 考 文 献

[1] 中国大百科全书土木卷[M].北京：中国大百科全书出版社,1987.
[2] 周念先.桥梁方案比选[M].上海：同济大学出版社,1997.
[3] 唐寰澄,唐浩.中国桥梁技术史第一卷古代篇(上)[M].北京：北京交通大学出版社,2017.
[4] 王应良,高宗余.欧美桥梁设计思想[M].北京：中国铁道出版社,2008.
[5] 王伯惠.斜拉桥结构发展和中国经验(上)[M].北京：人民交通出版社,2003.
[6] 项海帆,潘洪萱,张圣城,等.中国桥梁史纲[M].上海：同济大学出版社,2009.
[7] 钱冬生.大跨悬索桥的设计与施工[M].成都：西南交通大学出版社,1999.
[8] 项海帆.桥梁概念设计[M].北京：人民交通出版社,2011.
[9] 肖汝诚.桥梁结构体系[M].北京：人民交通出版社,2012.
[10] 孟凡超.悬索桥[M].北京：人民交通出版社,2011.
[11] 严国敏.现代悬索桥[M].北京：人民交通出版社,2002.
[12] 尼尔斯 J.吉姆辛(Niels J. Gimsing).缆索支承桥梁：概念与设计[M].金增洪,译.北京：人民交通出版社,2002.
[13] 严国敏.现代斜拉桥[M].北京：人民交通出版社,1996.
[14] 刘士林.斜拉桥设计[M].北京：人民交通出版社,2006.
[15] 林元培.斜拉桥[M].北京：人民交通出版社,1995.
[16] 王伯惠.斜拉桥结构发展和中国经验(下册)[M].北京：人民交通出版社,2003.
[17] 埃尔莎.德.萨.卡埃塔诺.斜拉桥的拉索振动与控制[M].张德祥,译.北京：中国建筑工业出版社,2012.
[18] 肖汝诚,项海帆.斜拉-悬吊协作体系桥力学特性及其经济性能研究[J].中国公路学报,1999,12(3)：43-48.
[19] 梁鹏,肖汝诚,夏明,等.超大跨径缆索承重桥梁结构体系[J].公路交通科技,2004,21(5)：53-56.
[20] 杨进.悬吊斜拉组合桥结构应用于武汉市杨泗长江大桥的技术经济优势分析[J].桥梁建设,2010(5)：1-2.
[21] 沈锐利,谢尚英,邱景.虎门二桥坭洲水道斜拉-悬吊组合体系桥梁方案设计构思[C].中国土木工程学会.第十九届全国桥梁学术会议论文集.北京：人民交通出版社,2010：117-123.
[22] 张劲泉,曲兆乐,宋建永,等.多塔连跨悬索桥综述[J].公路交通科技,2011,28(9)：30-45.
[23] 中华人民共和国行业推荐性标准.公路斜拉桥设计规范：JTG/T 3365-01—2020[S].北京：人民交通出版社股份有限公司,2020.
[24] 中华人民共和国行业推荐性标准.公路悬索桥设计规范：JTG/T D65-05—2015[S].北京：人民交通出版社股份有限公司,2015.
[25] 中华人民共和国行业推荐性标准.公路桥梁抗震设计细则：JTG/T B02-01—2008[S].北京：人民交通出版社,2008.

[26] 中华人民共和国行业推荐性标准.公路桥梁抗风设计规范:JTG/T 3360-01—2018[S].北京:人民交通出版社股份有限公司,2018.
[27] 周孟波.斜拉桥手册[M].北京:人民交通出版社,2004.
[28] 吴冲.现代钢桥[M].北京:人民交通出版社,2009.
[29] 徐恭义.在悬索桥中再度设计应用板式加劲梁[D].成都:西南交通大学,2005.
[30] 姜友生.桥梁总体设计[M].北京:人民交通出版社,2012.